本书为教育部哲学社会科学研究重大课题攻关项目
"中国社会保障制度整合与体系完善研究"（13JZD019）的研究成果

华中科技大学社会学文库

教授文集系列

社会保障制度论

西方的实践与中国的探索

THE SOCIAL SECURITY SYSTEM

Practices of Western
and Exploration in China

丁建定　著

社会科学文献出版社
SOCIAL SCIENCES ACADEMIC PRESS (CHINA)

华中科技大学社会学文库总序

在中国恢复、重建社会学学科的历程中，华中科技大学是最早参与的高校之一，也是当年的理工科高校中唯一参与恢复、重建社会学的高校。如今，华中科技大学（原为华中工学院，曾更名为华中理工大学，现为华中科技大学）社会学学科已逐步走向成熟，走在中国高校社会学院系发展的前列。

30多年前，能在一个理工科的高校建立社会学学科，源于教育学家、华中工学院老院长朱九思先生的远见卓识。

20世纪八九十年代是华中科技大学社会学学科的初建时期。1980年，在费孝通先生的领导下，中国社会学研究会在北京举办第一届社会学讲习班，朱九思院长决定选派余荣珮、刘洪安等10位同志去北京参加讲习班学习，并接见这10位同志，明确学校将建立社会学学科，勉励大家在讲习班好好学习，回来后担起建立社会学学科的重任。这是华中科技大学恢复、重建社会学的开端。这一年，在老前辈社会学者刘绪贻先生、艾玮生先生的指导和领导下，在朱九思院长的大力支持下，湖北省社会学会成立。余荣珮带领华中工学院的教师参与了湖北省社会学会的筹备工作，参加了湖北地区社会学界的许多会议和活动。华中工学院是湖北省社会学会的重要成员单位。

参加北京社会学讲习班的10位同志学习结束之后，朱九思院长听取了他们汇报学习情况，对开展社会学学科建设工作做出了重要指示。1981年，华中工学院成立了社会学研究室，归属当时的马列课部。我大学毕业后分配到华中工学院，1982年元旦之后我去学校报到，被分配到社会学研究室。1983年，在朱九思院长的支持下，在王康先生的筹划下，学校决定在社会学研究室的基础上成立社会学研究所，聘请王康先生为所长、刘中庸任副所长。1985 年，华中工学院决定在社会学研究所的基础上成立社会学系，聘请王康先生为系主任、刘中庸任副系主任；并在当年招收第一届社会学专业硕士研究生，同时招收了专科学生。1986 年，华中工学院经申报获社会学硕士学位授予权，成为最早拥有社会学学科硕士点的十个高校之一。1988 年，华中理工大学获教育部批准招收社会学专业本科生，当年招收了第一届社会学专业本科生。至此，社会学有了基本的人才培养体系，有规模的科学研究也开展起来。1997 年，华中理工大学成立了社会调查研究中心；同年，社会学系成为独立的系（即学校二级单位）建制；2016 年 5 月，社会学系更名为社会学院。

在 20 世纪的 20 年里，华中科技大学不仅确立了社会学学科的地位，而且为中国社会学学科的恢复、重建做出了重要的贡献。1981 年，朱九思先生批准和筹备了两件事：一是在学校举办全国社会学讲习班；二是由学校承办中国社会学会成立大会。

由朱九思先生、王康先生亲自领导和组织，中国社会学研究会、华中工学院、湖北社会学会联合举办的全国社会学高级讲习班在 1982 年 3 月 15 日开学（讲习班至 6 月 15 日结束），上课地点是华中工学院西五楼一层的阶梯教室，授课专家有林南先生、刘融先生等 6 位美籍华裔教授，还有丁克全先生等，学员是来自全国十几个省、市、自治区的 131 人。数年间，这些学员中的许多人成为各省、市社科院社会学研究所、高校社会学系的负责人和学术骨干，有些还成为国内外的知名学者。在讲习班结束之后，华中工学院社会学研究室的教师依据授课专家提供的大纲和学员的笔记，整理、印刷了讲习班的全套讲义，共 7 本、近 200 万字，并寄至每一位讲习班的学员手中。在社会学恢复、重建的初期，社会学的资料极端匮乏，这套讲义是国内最早印刷的社会学资料之一，更是内容最丰富、印刷量最大的社会学资料。之后，由朱九思院长批准，华中工学院出版社（以书代刊）出版了两期《社会学研究资料》，这也是中国社会学最早的正式出版物之一。

1982 年 4 月，中国社会学会成立暨第一届全国学术年会在华中工学院召开，开幕式在学校西边运动场举行。费孝通先生、雷洁琼先生亲临会议，来自全国的近 200 位学者出席会议，其中主要是中国社会学研究会的老一辈学者、各高校社会学专业负责人、各省社科院负责人、各省社会学会筹备负责人，全国社会学高级讲习班的全体学员列席了会议。会议期间，费孝通先生到高级讲习班为学员授课。

1999 年，华中理工大学承办了中国社会学恢复、重建 20 周年纪念暨 1999 年学术年会，全国各高校社会学系的负责人、各省社科院社会学所的负责人、各省社会学会的负责人大多参加了会议，特别是 20 年前参与社会学恢复、重建的许多前辈参加了会议，到会学者近 200 人。会议期间，周济校长在学校招待所二号楼会见了王康先生，对王康先生应朱九思老院长之邀请来校兼职、数年领导学校社会学学科建设表示感谢。

21 世纪以来，华中科技大学社会学学科进入了更为快速发展的时期。2000 年，增设了社会工作本科专业并招生；2001 年，获社会保障硕士点授予权并招生；2002 年，成立社会保障研究所、人口研究所；2003 年，建立应用心理学二级学科硕士点并招生；2005 年，成立华中科技大学乡村治理研究中心；2006 年，获社会学一级学科硕士点授予权、社会学二级学科博士点授予权、社会保障二级学科博士点授予权；2008 年，社会学学科成为湖北省重点学科；2009 年，获社会工作专业硕士点授予权；2010 年，招收第一届社会工作专业硕士学生；2011 年，获社会学一级学科博士点授予权；2013 年，获民政部批准为国家社会工作专业人才培训基地；2014 年，成立城乡文化研究中心。教师队伍由保持多年的十几人逐渐增加，至今专任教师已有 30 多人。

华中科技大学社会学学科的发展，历经了两三代人的努力奋斗，先后曾经在社会学室、所、系工作的同志近 60 位，老一辈的有刘中庸教授、余荣珮教授，次年长的有张碧辉教授、郭碧坚教授、王平教授，还有李少文、李振文、孟二玲、童铁山、吴中宇、陈恢忠、雷洪、范洪、朱玲怡等，他们是华中科技大学社会学学科的创建者、引路人，是华中科技大学社会学的重大贡献者。我们没有忘记曾在社会学系工作、后调离的一些教师，有徐玮、黎民、王传友、朱新称、刘欣、赵孟营、风笑天、周长城、陈志霞等，他们在社会学系工作期间，都为社会学学科发展做出了贡献。

华中科技大学社会学学科的发展，也有其所培养的学生们的贡献。在 2005 年社会学博士点的申报表中，有一栏要填写 20 项在校学生（第一作者）发表的代表性成果，当年填在此栏的 20 篇已发表论文，不仅全部都是现在的 CSSCI 期刊源的论文，还有 4 篇被《新华文摘》全文转载、7 篇被《人大复印资料》全文转载，更有发表在《中国人口科学》等学界公认的权威期刊上的论文。这个栏目的材料使许多评审专家对我系的学生培养打了满分，为获得博士点授予权做出了直接贡献。

华中科技大学社会学学科发展的 30 多年，受惠、受恩于全国社会学界的鼎力支持和帮助。费孝通先生、雷洁琼先生亲临学校指导、授课；王康先生亲自领导组建社会学所、社会学系，领导学科建设数年；郑杭生先生、陆学艺先生多次到学校讲学、指导学科建设；美籍华人林南教授等一大批国外学者及宋林飞教授、李强教授等，都曾多次来讲学、访问；还有近百位国内外社会学专家曾来讲学、交流。特别是在华中科技大学社会学学科创建的初期、幼年时期、艰难时期，老一辈社会学家、国内外社会学界的同仁给予了我们学科建设的巨大帮助，华中科技大学的社会学后辈永远心存感谢！永远不会忘怀！

华中科技大学社会学学科在 30 多年中形成了优良的传统，这个传统的核心是低调奋进、不懈努力，即为了中国的社会学事业，无论条件、环境如何，无论自己的能力如何，都始终孜孜不倦、勇往直前。在一个理工科高校建立社会学学科，其"先天不足"是可想而知的，正是这种优良传统的支撑，使社会学学科逐步走向成熟、逐步壮大。"华中科技大学社会学文库"，包括目前年龄大些的教师对自己以往研究成果的汇集，但更多是教师们近年的研究成果。这套文库的编辑出版，既是对以往学科建设的回顾和总结，更是目前学科建设的新开端，不仅体现了华中科技大学社会学的优良传统和成就，也预示着学科发挥优良传统将有更大的发展。

雷　洪
2016 年 5 月

前　言

　　我从 1993 年开始从事社会保障研究，其间经历了一个从英国社会保障制度史走向西方社会保障制度史、从社会保障制度史走向社会保障思想史、从西方社会保障制度和思想史走向中国社会保障制度体系完善研究的过程。当然，社会保障制度和思想史始终是我坚守的主要研究领域，但是，"古为今用、洋为中用"，我的研究必须走向对中国社会保障制度现实改革和体系完善的方向。

　　20 多年来，撰写和发表学术论文是我学术生活的重要工作之一，在相关学术论文基础上，出版相关研究专著也是一个重要的总结性工作。回头一看，不觉中已发表社会保障制度研究相关论文 130 余篇，即使以我作为第一作者发表的论文计，亦有 100 多篇。借华中科技大学社会学文库之助，我方可选择一些代表性论文结集出版，这便是本书出版的起因。

　　随着研究工作的进展，我的研究偏好逐渐从社会保障制度史、思想史转向关于社会保障制度体系、功能、共识等的研究，并逐渐认识到社会保障制度和思想史的研究是一项基础性研究，其实就是为了进一步总结和提炼社会保障制度变迁的规律性，这种规律性中必然包含社会保障制度体系、功能以及在该制度建立过程中各种利益相关群体从意见分歧到达成共识的过程。这对中国社会保障制度体系完善是非常重要和具有直接意义的。我想，历史研究服务于现实需要的意义也许就在于此。

　　基于此，本书的内容分为社会保障制度历史论、改革论、体系论、功能论、共识论和完善论六个部分也就是自然的了。在历史论中，中国社会保障制度史当然应具重要地位，这可以和西方国家的社会保障制度史形成比较，可惜之处在于我还没有投入更多的时间和精力去研究中国社会保障制度史，我想，这方面的研究不仅于我甚至对于中国社会保障学界来说，都应是亟须加强和弥补的。在改革论中，社会保障制度改革的措施固然重要，但是，改革的理念应该受到足够的重视，思想可以改变和提升理念，理念将决定社会保障制度的选择。在体系论中，西方的实践与中国的探索体现出在遵循社会保障制度一般规律的同时，应该更加关注中国的基本国情。在功能论中，如何客观考察社会保障制度建立的预期与社会保障制度发展的现实、如何根据社会发展变化重新认识和确立社会保障制度的作用与功能更为关键。在共识论中，探讨社会保障制度的共识是基础性研究，发现相关利益群体如何从分歧走向共识，不仅对于认识社会保障制度自身的发展，而且对于该制度的稳定发展更为关键。在完善论中，必须将研究的落点放在中国社会保障制度的完善上，这应该是作为人文社会科学研究的成果须具有的基点之一。

本书将副标题命名为"西方的实践与中国的探索"，旨在对社会保障制度历史论、改革论、体系论、功能论、共识论和完善论进行系统研究的基础上，更加关注西方国家社会保障制度的实践经验与教训及其对中国社会保障制度完善的借鉴意义，尤其是中国社会保障制度在历史发展、改革路径、体系建设、功能定位、认识变化与完善措施方面的探索，希望能够从中勾勒出社会保障制度的一般规律与国别特色之间、历史变迁与现实政策之间、功能定位与制度安排之间、共识达成与群体利益之间的联系。一句话，作为现代社会政策重要内容之一的社会保障制度绝不可能是凭空而来的，它必然植根于社会保障制度发展变迁的一般规律与各国基本国情紧密联系和结合的环境之中。

本书所选论文绝大部分为我独立撰写，有几篇论文是我作为第一作者和我的博士研究生合作发表的。合作发表的论文都是由我提出研究思路或者大纲，由我的博士研究生起草初稿后交由我修改定稿，这些合作论文饱含着他们的学术视野、方法和思考，所谓"师不必贤于弟子"对于我来说是深有体会的！

我也很感谢同事们为编辑本书所付出的努力！我电脑操作能

力有限，加之有些文章早已被我从电脑中删除，只好麻烦一些同事帮忙，他们帮我做了许多工作，特别是周清平老师，在我电脑操作的任何"卡壳"时间都可以向他请教，还要帮助我做文档转换的细致工作！杨植强老师帮我查询、复印、核对原发和转载之处，其所提供的诸多便利唯我自知！

学无止境。作为社会保障学术研究中的一名耕耘者，唯以勤奋、进取和更多的好成果，方可向长期支持和辅助我的老师、家人和朋友汇报。

丁建定

2016 年 7 月 10 日于紫菘公寓

目 录

社会保障制度功能论

社会保障制度共识论

社会保障制度完善论

社会保障制度历史论

中国唐代社会保障思想、实践及其评价[*]

一 唐代社会保障思想具有系统性和进步性

唐代统治者的社会保障思想在社会保障制度史中具有重要地位，《贞观政要》即一部全面反映唐太宗社会保障思想的重要著作，其内容主要包括如下几方面。一是强调民本。"为君之道，必须先存百姓，若损百姓以奉其身，犹割股以啖腹，腹饱而身毙。"二是体恤民众疾苦、减轻百姓徭役。"劳弊之事，诚不可施於百姓。"三是崇尚节俭。"知存亡之所在，节嗜欲以从人，省游畋之娱，息靡丽之作，罢不急之务……惜十家之产，顺百姓之心。"四是强调基本民生。"国以民为本，人以食为命，若禾黍不登，则兆庶非国家所有。"五是提倡仓储。贞观初年，当戴胄提出重建义仓的建议时，太宗曰："既为百姓，先做储贮，官为举掌，以备凶年。"太宗还强调："凡理国者，务积于人，不在盈其仓库。"① 武则天认为，"建国之本，必在于农"，"家足人足则国自安焉"。"劝农之急，必先禁末作……田垦则粟多，粟多则人富"。唐玄宗也指出："有国者必以人为本，固本者必以食为先。"②

宰臣的社会保障思想具有重要影响。姚崇指出："农安则物丰，除害则人丰乐；兴农去害，有国之大事也。"③ 玄宗开元初，

---

* 本文以《唐代社会保障：思想、实践及其评价》为题发表于《中国人民大学学报》2014 年第 1 期。

① 《贞观政要》，中华书局，2009，第 170~287 页。

② 董浩：《全唐文》卷二九《置劝农使昭》，中华书局，1983，第 328 页。

③ 《开天传信记》，文渊阁四库全书影印本，子部。

山东蝗灾，姚崇提议，"夜中设火，火边掘坑，且焚且瘗，除之可尽"。其提议遭反对派抵制，卢怀慎提出，"蝗是天灾，岂可制以人事？外议咸以为非。又杀虫太多，有伤和气"。① 唐玄宗问姚崇曰："蝗，天灾也。诚由不德而致焉。卿请捕蝗，得无违而伤义乎？"② 姚崇直言："事系安危，不可胶柱，纵使除之不尽，犹胜养以成灾。"③ 姚崇的主张最终为玄宗采纳。魏征于贞观十一年（637年）在给唐太宗的上疏中指出："夫事无可观则人怨，人怨则神怒，神怒则灾害必生，灾害既生，则祸乱必作。"④ 唐僖宗时期，宰相卢携指出："国家之有百姓，如草木之有根柢，若秋冬培溉，则春夏滋荣。"⑤ 唐德宗时期，宰辅陆贽指出："仁君在上，则海内无饿莩之人。盖以虑得其宜，制得其道，致人于歉乏之外，设备与灾沴之前耳。"⑥ 唐朝初年，尚书左丞戴胄上书唐太宗："今请自王公以下，爰及众庶，计所垦田稼穑顷亩，每至大熟，准其见苗，以理劝课，尽令出粟，稻麦之乡，亦同此税。各纳所在，为立义仓。若年谷不登，百姓饥馑，当所州县，随便取给。"⑦ 唐高宗时期，韩思复"调梁府仓曹参军，会大旱，辄开仓赈民。州劾责，对曰：'人穷则滥，不如因而活之，无趣为盗贼。'州不能诘"。⑧ 武则天时期，狄仁杰提醒朝廷："方今关东饥馑，蜀汉逃亡……人不复业，则相率为盗，本根一摇，忧患不浅。"⑨

值得注意的是，唐代对自然灾害及贫困发生的原因的解释除了天人感应等迷信思想外，还从自然与社会因素等多种角度加以解释，并提出及时、积极加以救济的主张。权德舆在《论旱灾表》

① 《旧唐书》卷九六《姚崇传》，中华书局，1975，第3024页。
② 《开天传信记》，文渊阁四库全书影印本，子部。
③ 《旧唐书》卷九六《姚崇传》，中华书局，1975，第3024页。
④ 吴兢：《贞观政要》卷一《君道》，中华书局，2009，第13页。
⑤ 董浩：《全唐文》卷七九二《乞蠲租赈给疏》，中华书局，1983，第8302页。
⑥ 《陆宣公集》，转引自孙绍骋《中国救灾制度研究》，商务印书馆，2004，第47页。
⑦ 杜佑：《通典》卷一二《食货十二·轻重》，中华书局，1982，第290页。
⑧ 《新唐书》卷一一八《韩思复传》，中华书局，1975，第4271页。
⑨ 董浩：《全唐文》卷一六九《请罢百姓西戍疏勒等四镇疏》，中华书局，1983，第1726页。

中写道："水旱之沙，阴阳之变，前哲王之所不免。"他针对天人感应及祈天弥灾之说明确指出："臣伏以今年饥旱，京师艰食……臣谓救之者，不在于祷术，乃在于事实。"① 裴守真指出："微有水旱，道路逞逞，岂不以课税殷繁，素无储积故也？"② 杜佑强调："若赋敛之数重，黎庶之力竭，而公府之积无经岁之用，不幸有一二千里水旱虫霜……人流而国危者哉！"唐中宗时期，宋务光对救济持续时间太短而提出严肃批评："今暂逢霖雨，即闭坊门……何其谬哉！……悠悠苍生，复何所望。"③

可见，唐代社会保障思想在继承祈天弥灾、民本、仓储与积贮、移民调粟等思想的基础上有所发展，这主要表现在：唐代出现了系统阐述包括社会保障思想在内的各种社会治理思想的经典著作《贞观政要》，从皇帝到宰臣有许多人都提出了比较系统的防灾、减灾及其他社会保障思想，开始从人与自然的关系和治理不善等方面解释灾害发生的原因，开始提出对贫民加以区分以便更好地实施救济的思想。此外，唐代关于一些灾害的成因与应对之举的激烈争论表明，这一时期的社会保障思想正在发生一些显著的变化，也表明中国古代社会保障思想的发展开始进入新的时期。

二 唐代制度性社会保障具有全面性和体系性

社会救助制度是唐代社会保障制度的核心内容，灾害救助制度则是唐代社会救助制度的主要内容，而义仓制度是唐代灾害救助制度的基础。贞观二年（628 年）四月，尚书左丞戴胄上言曰："水旱凶灾，前圣之所不免。……今请自王公已下，爰及众庶，计所垦田稼穑顷亩，每至熟，准其见在苗，以理劝课，尽令出粟。稻麦之乡，亦同此税。各纳所在，为立义仓。若年谷不登，百姓饥馑，当所州县，随便取给。"太宗曰："既为百姓，先做储贮，

---

① 董浩：《全唐文》卷四八八《论旱灾表》，中华书局，1983，第 4981 页。
② 王溥：《唐会要》卷八三《租税上》，中华书局，1998，第 1532 页。
③ 董浩：《全唐文》卷二六八《洛水涨应召上直言疏》，中华书局，1983，第 2730 页。

官为举掌，以备凶年。""自是天下州县始置义仓，每有饥馑，则开仓赈给。以至高宗、则天，数十年间，义仓不许杂用。其后公私窘迫，渐贷义仓支用。自中宗神龙之后，天下义仓费用向尽。"① 唐代义仓从功能上来说，不仅对灾民提供必要的赈济，而且还对"鳏寡癃残无告不能自存者"提供一些必要的救济。

赈济和养恤是唐代重要的救灾措施。赈济分为赈穀、赈银和工赈等，其中赈穀是主要的形式，赈银是补充形式，工赈虽不常用但亦不乏其例。开元十五年（727年），"河北州县水灾尤甚……令所司量支东都租米二十万石赈给"。"卢坦为宣州刺史，江淮大旱，当涂县有渚田久废，坦以为岁旱，苟贫人得食取佣可易为功，于是渚田尽开，藉佣以活者数千人。""李频迁武功令，有六门堰者，废废百五十年，方岁饥，频发官廪庸民浚渠，按故道厮水溉田，穀以大稔。"② 养恤包括施粥与居养。施粥是养恤的首要办法，居养属于临时收容抚恤的方法，"乾元三年，二月以来，米贵，斗至五百文，民多饥死。令遣使于西市烹粥，以饲饿者"。③

唐代还采取许多间接性救灾措施。蠲免即是一项重要措施。根据相关研究统计，唐代因水旱灾害而下的蠲免诏书，太宗时1次，高宗时2次，中宗时1次，玄宗时9次，肃宗时2次，代宗时5次，德宗时6次，宪宗时10次，穆宗时3次，文宗时9次。④ 移民调粟也是应对灾害的重要制度。"其凶荒则有社仓赈给，不足则徙民就食诸州。"⑤ 平粜之法在唐代得到发展，"开元十二年，八月，诏曰：蒲、同等州，自春偏旱，虑来岁贫下少粮。宜令太原仓出十五万石米付蒲州，永丰仓出十五万付同州，减时价十钱，粜于百姓"。⑥

贫民救助是唐代社会救助制度的重要内容，其救助对象主要

① 《旧唐书》卷四九《食货志》，中华书局，1975，第2122~2123页。
② 《新唐书》卷二〇三《李频传》，中华书局，1975，第5794页。
③ 《册府元龟》卷一〇五《帝王部·惠民一》，中华书局，1960，第1262页。
④ 张学锋：《唐代水旱赈恤、蠲免的实效与实质》，《中国农史》1993年第1期。
⑤ 《新唐书》卷五七《食货志》，中华书局，1975，第1344页。
⑥ 《册府元龟》卷一〇五《帝王部·惠民一》，中华书局，1960，第1259~1262页。

是鳏寡孤独废疾者。救助内容主要包括如下几方面。一是田地救助。"武德七年，始定律令……丁男、中男给一顷，笃疾、废疾给四十亩。"① 二是蠲免制度。"凡主户内有课口者为课户。若老及男废疾、笃疾、寡妻妾、部曲、客女、奴婢及视九品以上官，不课。"② 三是免除劳役。"其十五以下、七十以上及废疾，既不任徒役，庸力合减正丁，宜准当乡庸作之价。"③ 四是以较轻的杂役替代徭役。"凡州、县城门及仓库门须守当者，取中男及残疾人均为番第以充，而免其徭赋焉。"④ 五是收养制度。"诸鳏寡孤独贫穷老疾不能自存者，令近亲收养，若无近亲，付乡里安恤。在路有疾患，不能自胜者，当界官司收付村坊安养。"⑤ 六是侍丁制度。"祖父母、父母，通曾、高祖以来，年八十以上及笃疾，据令应侍。"⑥

医疗救助制度是唐代社会救助制度的另一重要内容，"悲田养病坊"是唐代医疗救助制度发展的标志。唐武宗会昌五年（845年）十一月，李德裕奏云："国朝立悲田养病，置使专知。开元五年，宋璟奏'悲田'乃关释教，此是僧、尼执掌，不合定使专知，玄宗不许。至二十二年，断京城乞儿，悉令病房收管，官以本钱收利给之。今缘诸道僧尼尽已还俗，悲田坊无人主领，恐贫病无告，必大致困穷。臣等商量，'悲田'出于释教，并望改为'养病坊'。其两京及诸州，各于录事耆寿中，拣一人有名行谨信为乡里所称者，专令勾当。其两京望给寺田十顷，大州镇望给田七顷，其他诸州望委观察使量贫病多少给田五顷，以充粥食。"⑦ 敕曰："悲田养病坊，缘僧尼还俗，无人主持，恐残疾吴毅取给，两京量给寺田拯济，诸州府七顷至十顷。各于本置选耆寿一人勾当，以

① 《旧唐书》卷四八《食货志》，中华书局，1975，第2088页。
② 《新唐书》卷五一《食货志》，中华书局，1975，第1343页。
③ 《唐律疏议》卷一一《役使所监临》，中华书局，1983，第224~225页。
④ 李林甫：《唐六典》卷五《尚书兵部》，中华书局，1992，第162页。
⑤ 仁井田升：《唐令拾遗》卷九《户令》，长春出版社，1989，第134页。
⑥ 《唐律疏议》卷三《犯死罪应侍家无期亲成丁》，中华书局，1983，第69~71页。
⑦ 董浩：《全唐文》卷七〇四《李德裕论两京及诸道悲田坊状》，中华书局，1983，第7224页。

充粥料。"①

优抚制度是唐代社会保障制度的核心内容。在役军人优抚是优抚制度的重点。从军将士可享有税赋蠲免及田地优惠政策。《新唐书》记载，"皆择下户白丁、宗丁、品子强壮五尺七寸以上，不足则兼以户八等五尺以上，皆免征镇、赋役"。唐高宗时期，"卫士八等以下，每年五十八放令出军，仍免庸调"。② 大唐开元二十五年（737年）令："诸因王事没落外藩不还，有亲属同居，其身分之地，六年乃追。身还之日，随便先给。即身死王事者，其子孙虽未成丁，身分地勿追。其因战伤及笃疾废疾者，亦不追减，听终其身也。"③ 在役将士享有医疗和法律保护，"令医人巡营，将药救疗。如发，仰营主共检校病儿官，量病儿气力能行者，给僮一人；如重，不能行者，加给驴一头；如不能乘骑畜生，通前给驴二头，僮二人，缚舆将行。如弃掷病儿，不收拾者，不养饲者，检校病儿官及病儿僮人各杖一百；未死而埋者，斩"。④

退役将士优抚是优抚制度的重要内容。退役将士可以获得垦田籍账。"凡是军人，可悉属州县，垦田籍账，一同编户。军府统领，宜依旧式。"阵亡将士得到不同规格的丧葬保障。"诸从征及从行、公使于所在身死，依令应送还本乡。"⑤ "从行身死，折冲赙三十段，果毅二十段，别将十段，并造灵轝，递送还府。队副以上，各给绢两匹，卫士给绢一匹，充殓衣，仍并给棺，令递送还家。"⑥

军属优抚是唐代优抚制度的另一内容。政府向随军家属提供必要的衣食条件。元结就曾向皇帝提请奏状，希望为随军家属提供口粮，"今军中有父母者，皆共分衣食，先其父母，寒馁日甚，未尝有辞。其将士父母等，伏望各量事给其衣食，则义有所存，

---

① 《旧唐书》卷一八上《武宗纪》，中华书局，1975，第607页。
② 李林甫：《唐六典》卷六《尚书刑部》，中华书局，1992，第178~213页。
③ 杜佑：《通典》卷二《食货二·田制下》，中华书局，1982，第31页。
④ 杜佑：《通典》卷一四九《兵二·杂教令》，中华书局，1982，第3819页。
⑤ 《唐律疏议》卷二六《从征从行身死不送还乡》，中华书局，1983，第490页。
⑥ 《唐律疏议》卷二六《从征从行身死不送还乡》，中华书局，1983，第490页。

恩有所及，俾人感劝，实在于此。谨录状上"。①

　　社会福利制度是唐代社会保障制度的另一核心内容，其主要包括以下几个方面。首先是官员致仕福利制度。唐代致仕标准较为灵活，但绝大多数朝中官员都是七十而致仕，其他官吏年到七十则一律致仕。② 致仕官员的养老待遇主要由政府供给，俸禄的多少主要和职位的高低密切相关。唐前期实行致仕官半禄制，但仅限于五品以上官员，五品以下官员仅享有4年的半俸、半禄。唐玄宗天宝九年（750年）颁诏："应五品以下致仕官，并终其余年，仍永为常式。"③ 此后，五品以下官员致仕领取俸禄的时间规定开始与五品以上官员一样。朝廷有时为了奖励功臣或体恤贫困致仕官员也会给予全俸禄的特殊待遇。致仕官还享有一些具有救恤性的养老待遇。如致仕官年老体弱欲还乡者，给公乘送行。对于老病或精力衰退致仕者，政府规定其子弟、兄弟停官侍养，以确保致仕官的晚年生活。官员身亡后，按照其品级、功勋及宠幸程度，政府都要赠给助葬物品。④

　　其次是普通老年福利制度。"赐高年"与"版授"构成老年福利制度的重要内容。"赐高年"主要是从八十岁开始，且主要针对普通老人。国家每当有重大政治活动时，就会赏赐高年，赏赐也主要以京都地区为中心，然后是环卫京都的外围地区。⑤ 赏赐物品主要以生活用品和纺织品为主，数量不定。版授官职的品级没有定制，一般随年龄增大品级相应地增高，八十岁以上的老人版授县级官员，九十岁以上、百岁以上的老人版授州级官员。同时，伴随赏赐物品，还有赐爵、赐几杖、赐黄被等敬老之礼。免除赋税课役也是唐代老年福利制度的重要内容。高祖武德二年（619

① 董浩：《全唐文》卷三八一《请给将士父母粮状》，中华书局 1983，第3867~3868页。
② 邓志：《唐代官员待遇研究》，西北大学硕士学位论文，2010，第31页。
③ 王溥：《唐会要》卷六七《致仕官》，中华书局，1998，第1174页。
④ 邓志：《唐代官员待遇研究》，西北大学硕士学位论文，2010，第32~40页。
⑤ 盛会莲：《唐五代社会救助研究》，浙江大学硕士学位论文，2005，第15~16页。

年）即颁诏："百姓年五十者，皆免课役。"① "若老及男废疾、笃疾、寡妻妾、部曲、客女、奴婢及视九品以上官，不课。"② 卫士"凡三年一检点，成丁而入，六十而免，量其远迩以定番第"。③ 提供必要的养老服务是老年福利制度的又一重要内容。唐朝时期，家有八十岁以上高龄老人或重病之人，允许常年留有侍丁，并给有孝假。贞观十一年（637 年）二月太宗下诏："给民百岁以上侍五人。"④ 开元二十五年（737 年）规定："诸年八十及笃疾，给侍丁一人，九十二人，百岁三人，皆先尽子孙，次取亲邻，皆先轻色。无近亲外取白丁者，人取家内中男者，并听。"⑤

再次是妇女与儿童法律保护制度。唐代对妇女、儿童实施了法律保护政策。"诸妻无七出及义绝之状，而出之者，徒一年半。"⑥ "诸妇人犯死罪，怀孕，当决者，听产后一百日乃行刑。""诸妇人怀孕，犯罪应拷及决杖笞，若未产而拷、决者，杖一百。"⑦ "十五以下及废疾者，并不合拷讯，皆据众证定罪，违者以故失论。""诸年七十以上、十五以下及废疾，犯流罪以下，收赎。"⑧ "八十以上、十岁以下及笃疾，犯反、逆、杀人应死者，上请。"⑨

最后，唐代还建立教育福利制度。政府为中央诸馆学子提供免费食宿。"两京国子监生二千余人，弘文馆、崇文馆学生，皆廪饲之。"同时，实行国子监生食宿待遇与考试成绩挂钩的激劝制度。元和元年（806 年）四月，国子祭酒冯伉奏："其礼部所补生，到日，亦请准格帖试，然后给厨役，每日一度。试经一年，

---

① 《册府元龟》卷四八六《帮计部·户籍》，中华书局，1989，第 5809 页。
② 《新唐书》卷五一《食货志》，中华书局，1975，第 1343 页。
③ 李林甫：《唐六典》卷五《尚书兵部》，中华书局，1992，第 156 页。
④ 《新唐书》卷二《太宗纪》，中华书局，1975，第 37 页。
⑤ 杜佑：《通典》卷七《食货七·丁中》，中华书局，1982，第 155 页。
⑥ 《唐律疏议》卷一四《妻无七出而出之》，中华书局，1983，第 267 页。
⑦ 《唐律疏议》卷三〇《妇人怀孕犯死罪》《拷决孕妇》，中华书局，1983，第 570 页。
⑧ 《唐律疏议》卷四《老小及疾有犯》，中华书局，1983，第 80～83 页。
⑨ 《唐律疏议》卷二九《议请老小疾不合拷讯》，中华书局，1983，第 550～551 页。

等第不进者，停厨。庶以上功，示其激劝。又准格，九年不及第者，即出监。"① 此外，唐时还免除学生的课役，"国子、太学、四门学生、俊士……皆免课役"。② 政府还给省试或制举落第者发放归粮。唐高祖武德五年（622 年）十二月，史部省试"其下第人各赐绢五匹，充归粮，各勒修业"。③

显然，唐代已经建立包括社会救助制度、优抚制度与社会福利制度在内的比较完善的制度性社会保障。社会救助制度中灾害救助制度具有核心地位和作用，其中义仓制度已成熟，直接性灾害救助与间接性灾害救助措施都有明显的发展。贫民救助制度的主要对象是鳏寡孤独废疾者，以悲田养病坊为典型的医疗救助制度的出现，表明唐代社会救助制度的新发展。优抚制度包括在役将士、退役将士和军属等不同人群的优抚，也包括对受伤将士的医疗、阵亡将士的丧葬和对将士的褒扬与精神慰藉等不同项目。社会福利制度以老年人、残疾人、儿童与妇女为现代社会福利制度的基本对象，尤以老年福利制度最为受到重视，其中既有官员致仕福利，也有普通老年人福利，在普通老年人福利中，既有"赐高年"和"版授"等荣誉性福利，也有"给侍丁"等服务型福利，更有免除相关赋税徭役等经济性福利，从而使得唐代成为中国古代制度性社会保障比较系统和完善的时代。

三　唐代非制度性社会保障具有全面性和补充性

唐代宗亲保障是非制度性社会保障的重要内容。家庭养老保障构成宗亲保障的主要内容，朝廷对家庭养老表现突出者予以褒扬：一是旌表门闾，以示褒扬；二是将孝悌事迹上报朝廷，存于史馆；三是地方州县岁时进行慰问；四是若其人有学问还可以授

---

①　王溥：《唐会要》卷六九《国子监》，中华书局，1982，第 1159 页。
②　《新唐书》卷五一《食货志》，中华书局，1975，第 1343 页。
③　王保定：《唐摭言》，上海古籍出版社，1978，第 159 页。

以官爵。相反，对家庭养老中表现恶劣者，要施以法律制裁，"诸子孙违反教令及供养有缺者，徒二年"。① "子孙于祖父母、父母，情有不顺而辄詈者，合绞；殴者，斩。"② 宗族救助是唐代社会保障的重要方面。颜真卿在书信中训诫子弟，特别要求子弟恤养族内之孤。"每与诸子书，但戒严奉家庙，恤诸孤，讫无它语。"③ 宗族在养育族内孤幼方面作用突出，其主要途径有叔父养、兄姊养和母训养。宗族间的经济互救是士族保持门第不衰、寒素免于饥寒困窘的重要手段。"是时（四月）也，是谓乏月，冬谷既尽，宿麦未登，宜赈乏绝，救饥穷。九族不能自活者，救亡。"④ 一些官员也十分注意宗亲互助，曾任扬州刺史的李袭誉 "居家俭，厚于宗亲，禄禀随多少散之"。⑤ 姻亲保障主要表现为恤养孀妇幼孤、仕进、奉养与助葬、姻亲间的经济互助等。如张说之姊为临淄李伯鱼亡妻，李伯鱼被 "出为青州司功而卒。夫人寡居无子，以归宗焉，长安二年，四十有八，倾逝于康俗里，殡于永通门外。景龙三年，家疚居贫，季弟说赘词取给，冬十月，安膺伯姊于万安山阳"。⑥ "崔相国圆，少贫贱落拓，家于江淮间，表丈人李彦允为刑部尚书。崔公自南方至京，候谒，将求小职。" 刘寂妻夏侯父丧明，"时刘已生二女矣，求与刘绝，归侍父疾"。⑦ 唐高宗时期，裴守真 "养寡姊谨甚，士推其礼法"。⑧ 此外，姻亲之间散施俸禄、资财，也可以视作姻亲间经济互助的表现，刘弘基临终前，将家产分散，给诸子奴婢各十五人，田五顷，"余悉散之亲党"。⑨

　　互助是唐代非制度性社会保障的一个重要内容。社邑互助是

---

① 《唐律疏议》卷二四《斗讼》《子孙违犯教令》，中华书局，1983，第437页。
② 《唐律疏议》卷二三《斗讼》《殴詈祖父母父母》，中华书局，1983，第414页。
③ 《新唐书》卷一五三《颜真卿传》，中华书局，1975，第4859页。
④ 韩鄂：《四时纂要》，农业出版社，1981，第116页。
⑤ 《新唐书》卷九一《李袭誉传》，中华书局，1975，第3791页。
⑥ 董浩等：《全唐文》卷二三二《李氏张夫人墓志铭》，中华书局，1983，第2346页。
⑦ 《新唐书》卷二〇五《列女传》，中华书局，1975，第5819页。
⑧ 《新唐书》卷一二九《裴守真传》，中华书局，1975，第4473页。
⑨ 《新唐书》卷九〇《刘弘基传》，中华书局，1975，第3766页。

具有重要影响的互助形式。丧葬互助是社邑互助的重要内容。其主要有三种类型：第一种是纳粟、麦、面、饼、油、酒等食品及柴，供丧家及吊者饮食及做吊祭死者的祭盘及出殡醉酒之用；第二种是布褐麻、绩绢绣等织物、丝织物；第三种为"立三駄目举名请赠"的办法。办法是社人可向社邑请求"立三駄名目"，列名登记在案，缴纳三駄（粮食之类）之后，再请"上駄局席"，宴请社众一次，便取得了"请赠"的权利，死亡时，社众按规定纳赠物品。修舍及婚嫁互助是社邑互助的另一重要内容。有社文曰："若有立庄造舍，男女婚姻，人事少多，亦乃真绝。"社人出行，同社之人也要提供一定的援助，"社内至亲兄弟姊妹男女妇远行，回及亡逝，人各助借布壹匹吊问。远行壹千里外，去日，缘公事送酒壹瓮；回日，旗脚置酒两瓮，如有私行，不在送限，请依此状为定"。① 生产互助也是唐代社邑互助的重要内容。《新唐书·韦丹传附子宙传》载：大中十年前后，韦宙出为永州刺史，"民贫无牛，以力耕，宙为置社，二十家月会钱若干，探名得者先市牛，以是为准，久之，牛不乏"。

乡里互助在唐代具有重要地位，政府提倡和鼓励乡里分灾恤患。唐玄宗曾制："分灾恤患，州党之常情；损余济阙，亲邻之善贷。"② 唐玄宗开元十二年（724年），宇文融为劝农使时上奏皇帝建立农社。咸亨元年（670年），关中旱饥，雍州人梁金柱次年二月助官赈济，"请出钱三千贯赈济贫人"。③ 武则天时期，李邕提出"所能者，拯孤恤穷，救乏赈惠，积而便散，家无弘聚"。④ 高士甄济之子宪台，"岁饥，节用以给亲里；大穰，则振其余于乡党贫狭者，朋友有急缓，辄出家赀周赡"。高士阳城，"岁饥，屏跡不过邻里，屑榆为粥，讲论不辍"。薛约"日炊米二斛，鱼一大鬻，置

---

① 宁可：《述"社邑"》，《北京师院学报》（社会科学版）1985 年第 1 期。
② 《旧唐书》卷一〇五《宇文融传》，中华书局，1975，第 3220 页。
③ 《旧唐书》卷五《高宗本纪》，中华书局，1975，第 95 页。
④ 《旧唐书》卷一九〇《文苑中》，中华书局，1975，第 5041 页。

瓯杓道上，人共食之"。① 乡里邻里也提供丧葬互助。"大历初，关
东人疫死者如麻。荥阳人郑损，率有力者，每乡大为一墓，以葬
弃尸，谓之'乡葬'，翕然有仁义之声。"②

慈善救济是唐代非制度性社会保障的另一重要方面。宗教慈
善是唐代慈善事业的重要方面。佛教慈善救济主要包括对贫弱者
的一般性救济，如贫困救济、养老救济、灾害救济和教育救济等，
还包括为贫病者提供药品和服务，为大众提供临时性住所等。唐
代还出现了专门、经常性的救济组织"粥院"。唐玄宗开元年间，
五台山清凉寺专门设"粥院"供养各地来的游方僧，同时也周济
贫民。唐肃宗至德初年，成都僧人英干"于广衢施粥以救贫馁"。
佛教寺院也为一般民众提供短期临时性住所，并为一些有特殊需
求的人群如商人和学生提供经常性较长时间的住所。佛教寺院为
一些有病的人施药，并加以照顾。"若彼病者，慈心施食，随病所
宜。""若和尚父母在寺疾病，弟子亦得为合药……净人兄弟、姊
妹、叔伯及叔伯母、姨舅，并得为合药。"③ 唐代宗教组织还从事
公益活动，为平民百姓提供相关福利。京城弘福寺的僧人慧斌为
了报答父母的养育之恩，在汝水的边上开挖义井，著名僧人澄观
也曾经在江宁普慧寺以及北门凿井，以供民众使用。个人慈善救
济在唐代发挥了重要作用。武后长安年间，太常博士尹知章勤于
讲授，"弟子贫者，赒给之"。④ 唐宪宗时期，杨虞卿"来淮南就
李郃亲情，遇前进士陈商启护穷窘，公未相识，问之，倒囊以
济"。⑤ 武德五年（622年），李义琛与弟义琰、从弟上德同年三人
进士，"随计至潼关，遇大雪，逆旅不容，有咸阳商人见而怜之，
延与同寝处。居数日，雪霁而去。琛等议鬻驴，以一醉酬之。商

---

① 《新唐书》卷一九四《甄济传》《阳城传》《薛约传》，中华书局，1975，第
5568～5572页。
② 李肇：《唐国史补》，上海古籍出版社，1957，第22～23页。
③ 高楠顺次郎：《大正新修大藏经》，台北新文丰出版公司，1990。
④ 《新唐书》卷一一九《尹知章传》，中华书局，1975，第5671页。
⑤ 王保定：《唐摭言》，上海古籍出版社，1978，第53页。

人窃知，不辞而去。复先赠以稻粮"。①

由上述可见，唐代非制度性社会保障具有全面性，总的来说既有宗亲保障，也有互助保障，还有慈善救济。唐代宗亲保障包括家庭保障、宗族保障与姻亲保障三个基本方面，涵盖养老保障、抚幼、仕进与助葬等多种内容；唐代互助保障的发展具有重要特点，不仅邻里互助得到继续发展，而且有组织的互助发展起来，社邑互助与农社养老互助成为唐代有组织的互助的典型方式；唐代慈善救济包括宗教慈善救济与个人慈善救济两个方面，宗教慈善救济主要提供生活赈济、住所救济、医疗救济等，个人慈善则因人因事不一而同。唐代非制度性社会保障的全面性使其成为制度性社会保障的重要补充。制度性与非制度性社会保障相互补充，既完善了非制度性社会保障，也很好地补充了制度性的社会保障，使唐代成为中国古代非制度性社会保障比较全面的时代。

四 唐代社会保障管理具有规范性和有效性

唐代社会保障管理机构与职官设置逐步完善，尤其是在灾害救助制度管理方面，形成了一种中央政府多部门合作、中央政府与地方政府分责与协调的管理机制。义仓管理机构在中央为尚书省之户部。"若有不熟之处，随须给贷及种子，皆申尚书省奏闻。""凡常平仓以均贵贱。今大府寺属官有常平署。"② 各个州道定期向户部提交义仓收支账目。在地方义仓由仓曹司仓参军事执掌，由仓督进行管理，万户以上的县需专门设置三名义仓督。由州府派遣"清干官"到所属各县主持赈济和赈贷事务。各个州县需按中央政府的规定，每年向尚书省报送义仓出纳账目。开元后期设置了十五道采访使，而后，在本道采访使的监督下，先赈后奏，以利于救灾赈济的及时性。义仓粮食的收集由专门的社司负责，而

① 李昉：《太平广记》，中华书局，1961，第 1300 页。
② 李林甫：《唐六典》卷三《尚书户部》，中华书局，1992，第 84 页。

义仓粮食的具体发放是在尚书省批准后由司农丞负责。

唐代与灾害救助管理相关的机构与职官繁多，在中央政府，中书省是决定救灾事宜和拟定救灾诏书的核心机构，参加重大救灾事宜决策的官员则包括宰相，中书省、门下省与尚书省最高官员以及负责到各地查灾和访灾的各种采访使。救灾工作的中央常设机构是尚书省下的各部，具体包括户部中的仓部司、工部中的水部司，还有都水监以及唐后期的户部司、度支司等，中央政府的临时性救灾机构的职官是救灾专使，如宣抚使或宣抚处置使。而救灾工作的中央监督机构的职官主要包括谏官系统，如左右散骑常侍、左右谏议大夫、左右补阙、左右拾遗、监察御史、宣抚使，甚至宦官等。地方政府负有访灾、防灾与救灾的具体责任，州、县官员乃至主司（里正以上）必须及时逐级上报灾情并实施具体救济工作。

唐代其他社会保障管理依项目的不同由不同部门加以管理。优抚制度由尚书省的兵部来实施和管理，虑囚在中央政府由刑部与大理寺管理，在地方则由各州、县相关部门管理，蠲免与移民调粟则由中央政府的户部负责决策，由地方政府加以实施。武后还设置悲田使一职来管理悲田养病坊。

唐代社会保障法律管理可以划分为救灾管理与其他社会保障管理两个部分。法律对义仓与救济物资的使用管理做出明确规定："凡义仓之粟，唯荒年给粮，不得杂用。"① 关于老年年龄，唐高祖武德七年（624年）令云："二十一为丁，六十为老。"唐中宗神龙元年（705年）改为："二十二为丁，五十八为老。"② 唐玄宗开元二十五年（737年）令云："二十一为丁，六十为老。"③ 唐代宗广德元年（763年）诏云："二十五为成丁，五十五为老。"④ 关于敬老和养老，法律对行孝道、敬老人的孝义之家及高寿老人都有赏赐规定。贞观三年（629年）诏曰："其孝义之家，赐粟五石，

---

① 李林甫：《唐六典》卷三《尚书户部》，中华书局，1992，第84页。
② 《旧唐书》卷四八《食货志》，中华书局，1975，第2089页。
③ 仁井田升：《唐令拾遗》卷九《户令》，长春出版社，1989，第134页。
④ 《新唐书》卷五一《食货志》，中华书局，1975，第1347页。

高年八十以上，赐粟二石，九十以上三石，百岁加绢二匹。"① 永徽六年（655 年）十月，赦"天下八十以上老人各赐粟二石，帛三段，百岁以上各赐粟五石，帛十段"。②

唐代建立起规范的灾害救助程序，灾害信息奏报制度得以建立。唐律规定："诸部内有旱涝霜雹虫蝗为害之处，主司应言而不言及妄言者，杖七十。覆检不以实者，与同罪。""其应损免者，皆主司合言。主司，谓里正以上；里正须言于县，县申州，州申省，多者奏闻。"③ 唐宣宗特意重申："自今已后，所在时雨稍愆，有伤农亩，即仰长吏当时闻奏，如涉隐蔽，必节级处分。"④ 唐朝救灾咨询和决策机制已经比较完善。贞观十一年（637 年）七月，"诏以灾，命百官上封事，极言得失"。⑤ 唐文宗大和六年（832 年）五月诏曰："如闻诸道水旱害人，疾疫相继，……并委中外臣僚，一一具所见闻奏，朕当亲览，无惮直言。"⑥ 唐玄宗开元初，"敕河南、河北检校捕蝗使狄光嗣、康瓘、敬昭道、高昌、贾彦璿等，宜令待虫尽而刈禾将毕，即入京奏事"。⑦ 救灾行政决策权归于中央政府，皇帝是救灾决策的中枢，具有最终决策权。权德舆在《论江淮水灾上疏》中说："伏望与元老台司定议，速下德音，遣使臣之有明识通方者，将恤隐之命，尽劳俫之方，访其疾苦，蠲其租入。"⑧

唐代救灾执行采取常设性执行机构与临时性执行机构并行的二元体制。中央政府部门如尚书省户部中的仓部司、工部中的水部司，还有都水监以及唐后期的户部司、度支司等，在各自职能范围内，分别承担相应的救灾责任，主要是分掌有关救灾的政令和物资储备，参与中央减灾决策预算方案的制定，协助或督促地

① 《唐大诏令集》卷八〇《赐孝义高年粟帛诏》，中华书局，2008。
② 《册府元龟》卷五五《帝王部·养老》，中华书局，1960，第 618 页。
③ 《唐律疏议》卷二七《杂律》，中华书局，1983，第 506～523 页。
④ 董浩：《全唐文》卷八二《大中改元南郊赦文》，中华书局，1983，第 856 页。
⑤ 《旧唐书》卷三《太宗本纪》，1975，第 48 页。
⑥ 《旧唐书》卷一七下《文宗本纪》，中华书局，1975，第 545 页。
⑦ 《旧唐书》卷三七《五行志》，中华书局，1975，第 1364 页。
⑧ 董浩：《全唐文》卷四八六《论江淮水灾上疏》，中华书局，1983，第 4963 页。

方政府实现中央政府减灾决策的目标等。地方政府常设减灾执行机构，按照法定程序执行中央政府所确立的减灾政策。[1] 临时性机构由朝廷临时所遣减灾专使，会同地方政府和中央有关职能部门，按照一定的程序和制度，实施中央政府的救灾决策。唐朝救灾专使称作宣抚使、宣抚处置使、宣慰使或者赈恤使，其职能首先是体察灾情，陆贽曾说过："分道命使，明敕吊灾，宽息征徭，省察冤滥。"[2] 其次是代表皇帝巡抚灾区，宣布赈济诏令，体现皇帝爱民之心。最后是监督救灾工作的实施。[3]

在救灾过程中，地方政府与中央政府部门之间，抑或在同级政府之间，还经常遵照中央的部署或在朝廷支持下进行沟通协调、互相配合以便有效地实现救灾目标。唐德宗在《水灾赈恤敕》中指示："应诸道遭水漂荡家产，淹损田苗乏绝户，宜共赐米三十万石。所司务据州府乏绝户多少，速分配每道合给米数闻奏，并以度支见贮米充。度支即与本道节度、观察使计会，各随便近支付，委本使差清干官请受分送。合赈给州县，仍令县令及本曹官同付人户，务从简便，无至重扰，速分给讫，具状闻奏。"[4]

唐代救灾的监督机制也非常完善。救灾执行的监督职责由来自不同机构的官员分别承担。如监察御史专门对地方政府的减灾活动进行监督，宣抚使肩负协调和督察地方政府执行中央减灾活动的职能，有权及时纠正渎职或免职地方官吏，先行后奏，从而成为减灾行政监督系统内权限最大的官员。如唐玄宗在《遣使宣抚河南北道诏》中曰："其有官吏纵舍，赈给不均，亦须纠正。回日奏闻。"[5]

总之，唐代社会保障管理依然呈现以中央政府决策为主，地方政府负责实施的特点，中央政府对核心性的社会保障，如灾害

---

① 李帮儒：《论唐代救灾机制》，《农业考古》2008 年第 6 期。
② 孙绍骋：《中国救灾制度研究》，商务印书馆，2004。
③ 毛阳光：《遣使与唐代地方救灾》，《首都师范大学学报》2003 年第 4 期。
④ 董浩：《全唐文》卷五四《水灾赈恤敕》，中华书局，1983，第 582 页。
⑤ 董浩等：《全唐文》卷二九《遣使宣抚河南北道诏》，中华书局，1983，第 333 页。

救助的管理极为严格，不仅由尚书省的户部及相应的职官具体负责，而且建立了比较完善的访灾、防灾与救灾的管理体制。中央政府在优抚、恤囚、蠲免与移民等社会保障项目管理方面也发挥直接的作用，甚至皇帝本人也直接干预相关社会保障的实施。不过，唐代针对非受灾人群的社会保障的实施与管理主要由地方政府负责，尤其是关于鳏寡孤独废疾者的社会保障。唐代社会保障管理法制化明显增强，社会救助、优抚以及社会福利等社会保障制度都具有比较系统的法律规定，从而使得唐代社会保障管理规范化。唐代建立了比较完善的社会保障实施程序，尤以具有核心地位的灾害救济实施程序最为典型，不仅建立了灾害信息奏报制度，还建立起救灾咨询和决策机制，更建立了救灾执行机制和监督机制，使得唐代成为中国古代社会保障管理比较规范和有效的朝代。

英国新济贫法的实施及其评价*

一 19 世纪中期英国的社会
问题与社会思潮

19 世纪中期，英国完成工业革命，在社会经济快速发展的同时，英国的社会问题也逐渐严重化，尤其是经济危机在 19 世纪中期以后的周期性爆发，对英国社会产生重要的影响，失业和贫困问题不断加剧。1842 年 5 月，曼彻斯特有 116 家工厂停工，7 月，斯托博尔特的失业工人已经达到 1 万人。英国失业工人总数达到100 万人。失业增长的同时，工人的工资也在下降，1842 年春，英国大部分工厂将工资减少 10%，有些地方甚至减少 20% ~ 30%。失业增加、工资下降的同时，乞丐的人数也在增加，1842 年，英格兰中部和威尔士一带的乞丐多达 143 万人。[①] 当时的一首诗歌这样形容英国普通民众的生活条件："面包价昂，血汗便宜。"[②] 1847年，英国再次爆发经济危机，1848 年 1 月的《北极星报》指出，完全失业的人数已经达到 400 万人。工资下降接踵而至，1847 年秋，在业工人工资下降 10% ~ 15%，粮食价格却快速提高，小麦价格比 1845 年上涨 40%。[③]

经济危机、失业增加、工资下降和物价上涨使得普通民众生

---

* 本文以《英国新济贫法制度的实施及其评价——19 世纪中期英国的济贫法制度》为题发表于《华中师范大学学报》（人文社会科学版）2011 年第 4 期。

① 王荣堂：《英国近代史纲》，辽宁大学出版社，1988，第 286 ~ 287 页。

② 勃里格斯：《英国社会史》，中国人民大学出版社，1991，第 234 页。

③ 王荣堂：《英国近代史纲》，辽宁大学出版社，1988，第 302 页。

活贫困。1842 年，1 对夫妇 3 个孩子的家庭每周食品的最低支出约为 1 英镑 3 先令 9.5 便士，而每周收入仅为 1 英镑 6 便士，收支差额 3 先令 3.5 便士。[①] 1845 年，迪斯累利对马尔奈的农村市镇的描述足以证明英国普通民众的贫困，他指出："在拥挤的工人茅舍门前，流淌着充满了动物排泄物的水沟，腐烂成病，有时，在很不完善的通道中布满污物，或是变成了停滞的水坑……这些环境恶劣的茅舍很少由两个以上的房间组成。在仅有的一个房间中，整个家庭不管有多少成员、不分男女性别、不论有无病患都挤睡在一起，污水从墙下流过，微光穿过屋顶，甚至在冬天也没有火炉。"[②] 英国历史学家赫西在《1815～1939 年的英国史》中留下了时人对 19 世纪中期英国社会贫困状况的记述："在这个世界上最富裕的国家里，差不多 20 个人中就有 1 个人是乞丐；根据济贫法委员会的报告，社会上 1/5 的人衣不蔽体；根据呈递给枢密院的医疗状况报告，农业工人和城镇中的大批劳动者食不果腹，乃至患上众所周知的饥饿症而命丧黄泉；我国绝大部分居民过着枯燥无味而又不停劳作的生活，年老时毫无希望，赤贫如洗，唯有靠教会救济；有 1/3 的家庭——如果说不到一半的话——居住极为拥挤，6 人同居 1 室，难以达到符合正派、健康和道德上的最起码的要求。"[③]

19 世纪中期的英国社会问题引起社会舆论的关注，但是由于受到自由主义思想的影响，当时的英国社会基本上延续了 19 世纪初期关于贫困等社会问题的基本观念，并将其推向新的阶段，这集中体现在功利主义思想家的思想主张之中。穆勒对 1834 年实行的新济贫法表示欢迎和支持，他指出，新济贫法不仅可以使人人获得帮助，更重要的是它还可以使人人都尽力争取摆脱这种帮助，

---

① Eric Hopkins, *A Social History of the English Working Class*, 1815 – 1945, London: Edward Arnold Ltd., 1984, pp. 25 – 26.

② Janet Roebuck, *The Making of Modern English Society from 1850*, London, 1982, pp. 2 – 3.

③ W. D. Hussey, *British History 1815 – 1939*, Cambridge, 1984, p. 217.

这种制度对大多数人来说是非常有益的。穆勒认为，需要解决的重要问题是如何最大限度地给予必要帮助而又尽量不使个人过分依赖这种帮助。实现这一目标的办法是实施有限救济，尤其是以不损害个人自助精神和自立意识为界限。帮助过多或者没有帮助都会损害人的自立精神。穆勒指出："所有慈善救济计划，无论是针对个人的还是针对各阶级的，无论是民间的还是官方的，都应该接受这一标准的检验。"①

斯宾塞系统全面地阐述了反对实施政府济贫的原因。他认为，政府实施的救济工作不利于人们正常同情心的发展，不利于培养人们适应社会性状态的能力，给正常劳动者的收入状况带来不利影响。斯宾塞支持有助于实现个人自助的其他各种帮助，他指出，这里反对的只是各种不明智的救济行为，对于那些可以帮助人们实现自助的慈善行为应该给予支持和鼓励。因为帮助人们实现自助为发挥人的同情心留下了充分的余地。那些由意外事件造成的受害者，那些缺乏他们无法得到的知识的失败者，那些被他人的不诚实损害的人，等等，都可以在有利于各方的情况下得到帮助。甚至挥霍浪费者在极度的艰难困苦把他必须服从的社会生活的无法改变的条件铭刻在他的记忆中以后，也可以适当地再给他一次尝试的机会。斯宾塞指出："虽然由于这些改善措施，适应的过程必然要稍稍受到一些妨碍，但在大多数情况下，它在一个方面所受到的阻碍不会像它在另一方面所受到的推动那么大。"②

斯迈尔斯更加提倡贫民通过自助解决生活中面临的问题，在其1859年出版的《自助》一书中，他对自助社会价值做了经典阐释："'天助自助者'是一句屡被证实的格言。它在一定范围上体现了广泛的人类实践经验的结果，自助的精神是个人所有的、真正成长的动力，它体现在许多人的生活之中，并构成了民族精神

① 穆勒：《政治经济学原理》下卷，商务印书馆，1991，第558～559页。
② 斯宾塞：《社会静力学》，商务印书馆，1996，第146页。

与力量的真正源泉。来自外部的帮助使人趋于衰落，而来自个人的内在自助则一定使人强壮并充满活力，从一定程度上说，对个人或者对阶层所做的任何事情都将削弱他们自己行动的动力及欲望，只要人们受制于过分的保护或者过度的政府，他们就会不可避免地使自己处于相对无助之中。"①

二　19世纪中期英国院内救济的艰难实施

19世纪中期，英国济贫制度的法律基础是1834年济贫法。1834年济贫法最重要的特点是确立了济贫院内救济的原则，任何贫民如要得到救济必须进入济贫院。为了保证院内救济原则的推行，英国各地开始广泛建立济贫院，到1840年，已经有271个联合济贫教区制订出了建立联合济贫院的计划，85个联合济贫教区已经租用或者将旧的济贫院改造成新的联合济贫院，34个联合济贫教区已经购买了用于建立联合济贫院的建筑物，24个联合济贫教区已经将旧建筑改造成联合济贫院。② 1846年，英格兰和威尔士的643个济贫单位，即联合教区或单独的大城市教区已经建立了707个济贫院，平均每个济贫院能够容纳270人。③ 但是，总的来说，各地建立联合济贫院的进程缓慢，其重要原因之一是建立新的联合济贫院的成本较高，如1840～1857年，83个联合济贫教区共花费了100万英镑用于建立新的联合济贫院，每个联合济贫院的平均成本为11602英镑，其中54个联合济贫院的成本不超过10000英镑，而伦敦城联合济贫院耗资59215英镑，利物浦联合济贫院则耗资120121英镑。④

---

① Geoffrey Finlayson, *Citizen, State, and Social Welfare in Britain 1830 - 1990*, Oxford: Clarendon Press, 1994, pp. 19 - 20.

② M. A. Crowther, *The Workhouse System*, *The History of One English Social Institution*, *1834 - 1929*, London: Methuen, 1983, p. 48.

③ 克拉潘：《现代英国经济史》上卷，商务印书馆，1964，第574页。

④ M. A. Crowther, *The Workhouse System*, *The History of One English Social Institution*, *1834 - 1929*, London: Methuen, 1983, p. 49.

表1 1834~1870 年英国新建济贫院的教区数比较

单位：个

年份	教区数量				教区性质	
	确定	很可能	可能	总计	乡村	城镇
1834~1839	325	6	6	337	106	45
1840~1849	40	22	9	71	13	29
1850~1859	27	36	9	72	7	32
1860~1869	1	28	10	39	3	19
1870		4		4		2

资料来源：Karel Williams, *From Pauperism to Poverty*, London, 1981, pp. 220 - 221.

1834 年后，英国建立的济贫院大多为混合济贫院，这些混合济贫院内实行严格的人群区分和分隔，济贫院的贫民被分为七种类型：①老年及体弱的男人；②健康的男子及 13 岁以上的青年男子；③7~13 岁的男孩；④老年和体弱的妇女；⑤健康的妇女和 16 岁以上的女孩；⑥7~16 岁的女孩；⑦7 岁以下的儿童。① 每种类型的人被安置在不同的房间或者建筑里。在这里，家庭被分离，丈夫与妻子、孩子与父母都被拆散，"隔离是济贫院制度的一个特征"。②

济贫院中的食品比较简单，居住者每星期中前 3 天的每日食谱包括：1.5 品脱肉汤，1.5 品脱稀粥，5 盎司煮肉，12 盎司面包，8 盎司土豆。另外 3 天每日提供的食物是：12 盎司面包，1.5 品脱肉汤，1.5 品脱汤，2 盎司奶酪。每周五提供 12 盎司面包，1.5 品脱稀粥，14 盎司板油或大米布丁，2 盎司奶酪。妇女得到的食物更少，9 岁以下儿童的饮食由联合济贫院管理者料理。除了土豆外，食物里没有什么其他蔬菜、水果，也没有鸡蛋，发放的稀粥是可以任意稀释的。③

---

① Sir George Nicholls, *A History of the English Poor Law*, *Revised Edition*, Vol. Ⅱ. London, 1967, pp. 301 - 302.

② David Englander, *Poverty and Poor Law Reform in Britain*: *From Chadwick to Booth*, *1834 - 1914*, London: Longman, 1998, p. 38.

③ 郭家宏：《19 世纪英国济贫院制度评析》，《史学月刊》2007 年第 2 期。

在济贫院内接受救济的贫民的选举权被剥夺。根据 1867 年选举权改革法，凡居住在城市的房屋持有者和居住 1 年以上有能力缴纳济贫税和缴纳 10 英镑以上房租的房客具有选举权。① 显然，选举权改革法使得接受济贫法救济者无法获得选举权，这便是英国济贫法制度史上臭名昭著的政治侮辱性条款。

济贫院中的状况悲惨不堪。1839 年，1 名济贫法检察官从肯特郡报告说："不久前，这个郡到处都在流传说，济贫院中的孩子被杀死用于做肉饼，同时，济贫院中死去的老人也被埋在济贫监督官家中的土地上，据说是为了节省购买棺材的支出。"② 博尔顿混合济贫院的悲惨情况也很典型，"那里没有任何区分，男女同住一个房间，甚至使用同一个厕所，没有澡堂用于洁身，没有临时房间用于贫民申请……也没有任何用于患病贫民的单独房间，总之，济贫院现在的状况未能与经济和济贫法的原则相协调"。③

值得指出的是，1834 年以后，新济贫法制度在英格兰东南部的实施比较顺利，但是，在英格兰北部地区以及其他地区的实施极为困难。新济贫法明文规定从 1837 年 7 月 1 日起一律停止对济贫院外所有壮年男子的救济，济贫委员会在英格兰东南部地区建立联合教区，并成立济贫院。到 1837 年 7 月，英格兰东南部的 13433 个教区中只有 1300 个还没有按新济贫法的规定进行改革，其余的教区都合并为联合教区，并建立了济贫院。但是，在英格兰北部地区，新济贫法制度的推行遭遇严重阻力，进展缓慢。到 1856 年，英格兰和威尔士 50 个最著名的教区中的 12 个仍然依据地方法令而非新济贫法运行，济贫监督局只是削弱了它们的自治权，南安普顿、布里斯托尔和埃克塞特在 19 世纪 50 年代被纳入中央控制之下，切斯特和诺维奇在 19 世纪 60 年代服从中央控制，而

---

① 蒋孟引：《英国史》，中国社会科学出版社，1988，第 574～576 页。

② M. A. Crowther, *The Workhouse System*, *The History of One English Social Institution*, *1934–1929*, London: Methuen, 1983, p. 31.

③ M. A. Crowther, *The Workhouse System*, *The History of One English Social Institution*, *1934–1929*, London: Methuen, 1983, p. 50.

首都伦敦则保持了长期的独立性。① 此外，尽管新济贫法规定了严格的院内救济原则，但19世纪50~60年代，院内救济的规模一直保持在相对低的水平，而院外救济的规模却始终呈现扩大趋势。1850年，英格兰和威尔士约有100万人接受院内外救济，1860年，约为84.5万人。其中，接受院内救济的有11万~12.5万人。②

新济贫法制度推行缓慢的主要原因是普通民众的反对。在英格兰北部的许多市镇，新济贫法颁布实施后的10年或10多年，该法令才开始实行，托德默登的一所济贫院甚至是在新济贫法颁布实施的30年后才建立起来。直到1839年，英国宪章运动第一阶段宣告结束，反新济贫法制度的斗争声势逐渐减弱，于是，新济贫法制度才在英格兰的农村与工业地区开始实施，并开始发挥其预期的作用。③ 此外，院内救济成本过高也是影响院内救济实施的重要原因之一。直到1862年，英格兰和威尔士用于院内救济的人均支出为每周4先令8便士，而院外救济的人均支出则仅为每周2先令3便士，院内救济的人均支出成本超过院外救济人均支出成本的1倍。④

三　19世纪中期英国院外救济的事实存在

1834年新济贫法确立了严格的济贫院内救济原则，但是，实际上，从新济贫法开始实施起，济贫院外救济不仅始终没有停止，而且救济规模还存在不断扩大的趋势。新济贫法制度的推行遭遇极大阻力所导致的济贫院内救济的有限，是济贫院外救济存在和扩大的主要原因。在哈德兹菲尔德，第一批选举出来的新济贫法监督官没有打算采取行动，第二批则受到了群众的围攻，直到

① David Englander, *Poverty and Poor Law Reform in Britain: From Chadwick to Booth, 1834 – 1914*, London: Longman, 1998, p. 14.
② 克拉潘：《现代英国经济史》中卷，商务印书馆，1975，第540~541页。
③ 莫尔顿：《人民的英国史》下册，三联书店，1976，第541~542页。
④ Michael E. Rose, *The Relief of Poverty*, London: Macmillan Press, 1986, pp. 34 – 35.

1838 年，新济贫法才开始在这里生效。在托德默登，发生了关闭工厂以抵制新济贫法制度的行为。在布莱德福，发生了严重的骚动。在兰开郡和西莱定，济贫委员修正了他们对 31 个教区的救济政策，而且没有颁发禁止"发给任何在业的身体健壮的男性贫民或靠他为生的人"现金救济这样的命令，济贫监督官可依照《伊丽莎白济贫法》和"有关济贫事宜的其他一切成文法"处理救济工作，从而使济贫监督官拥有了援引过去为例便宜行事的余地。1839 年，济贫委员在报告济贫法实施状况时，没有声明停发补助工资津贴的禁令已适用于诺森伯兰、坎伯兰、韦斯特木兰、达拉姆、约克郡及兰开郡。1841～1842 年的报告指出，590 个联合教区之中还有 132 个没有收到取缔院外救济的一般禁令。

即使已经实行新济贫法的地方，济贫院外的救济依然存在，而且，新济贫法制度的实施也付出了沉重的代价。诺丁汉是从一开始就以很大的力度和决心来执行拒绝发放济贫院外救济规定的城区，也正是诺丁汉的市长在 1840 年写了下述一段话："拒发临时救济金和只是为了使申请人裹足而提出院内救济的审查的那种苦痛和败坏风俗的后果，是世人所不尽知的。在这个时候，贫民由于怕进济贫院，把衣物家什一件一件地卖掉或当掉，直到身无一物而后已……"[1] 济贫法委员会在 1852 年的一封信件中也指出："即使就身体健全的人来说，绝对禁止济贫院以外的救济也是不合适的。"[2]

虽然新济贫法对院内救济做出了严格规定，但是，19 世纪 40 年代，英国还颁布了一些允许提供院外救济的法令，如 1842 年，济贫委员会颁布了院外劳工监察条例，允许对从事救济性工作的劳动者提供院外救济，这些救济性工作往往是砸石块等枯燥乏味的工作。1844 年，政府颁布《禁止院外救济令》，重申了禁止对身体健康的有工作能力的人的院外救济，但在法令的第一章规定，下列情况可以提供院外救济：①由于突然和紧急需要者；②因疾

---

① 克拉潘：《现代英国经济史》上卷，商务印书馆，1964，第 710～711 页。
② 克拉潘：《现代英国经济史》上卷，商务印书馆，1964，第 540 页。

病、事故或者其他身体或精神原因受到伤害者及其家人；③急需支付家人的部分或者全部丧葬费用者；④成为寡妇的最初 6 个月；⑤有婚生子女依赖其养活而自己无力挣得收入者；⑥守寡后无非婚生子女的寡妇；⑦正在服役的士兵、水手以及海军士兵的妻子和孩子；⑧身体健全的男子虽不在服兵役期，也不住在联合济贫教区，但其妻子和孩子都住在该教区；⑨处于哺育期的孩子。①

1852 年，英国又出台了院外救济规范，其明确规定济贫监督官对老年、疾病、事故或者身体与精神原因导致的贫困者，或者对无力挣得收入以养活其妻子和孩子的寡妇所提供的院外救济的1/3 应该是食品、燃料或其他所需要的实物；而向身体健全的成年男子所提供的院外救济中的一半应是食品、燃料和其他所必需的实物；在任何情况下，济贫监督官所提供的院外救济的期限不能超过 1 周。接受院外救济的身体健全的成年男子必须接受济贫监督官所安排的劳动。② 实际上，完全实行这些法令的地方并不是多数。③ 约翰·威尔斯汉姆在 1857 年致信济贫法局，肯定地说：“毫无例外，当济贫监督官要依法行事时，各地都把院外救济转变为院内救济……《禁止院外救济令》中的例外几乎被各地当作规则来实施，因此，当院外救济应该提供时就会马上提供。”④

显然，正是由于长期以来形成的习惯与贫民的抵制，新济贫法原则在全国的贯彻花费了很多年，中央政府也允许地方根据自身情况做一些变通。当然，中央政府在做出这些变通性规定时，在一定程度上也是出于济贫法支出成本的考虑，19 世纪中期的英国济贫法制度管理者都默认这样的事实，那就是院外救济的成本

---

① David Englander, *Poverty and Poor Law Reform in Britain*: *From Chadwick to Booth*, *1834 – 1914*, London: Longman, 1998, p. 97.
② David Englander, *Poverty and Poor Law Reform in Britain*: *From Chadwick to Booth*, *1834 – 1914*, London: Longman, 1998, p. 101.
③ Karel Williams, *From Pauperism to Poverty*, London, Routledge and Kegan Paul Ltd., 1981, p. 67.
④ W. J. Mommsen, *The Emergence of the Welfare State in Britain and Germany*, London: Croom Helm, 1981, p. 13.

要比院内救济的成本低很多。① 其后，适用上述禁令的济贫联合区的数目逐渐缩减，而不适用这项禁令的济贫联合区数目逐渐增加。在 19 世纪 30 年代曾经被认为是国家政策的东西，到了 19 世纪 70 年代已经变成只适用于拥挤的农村济贫联合区的居民的一种政策了，甚至在农村地区也有例外。② （见表 2）

表 2　1840～1870 年英国院内外救济情况

单位：千人，千英镑

年份	济贫院内救济		济贫院外救济		总计	
	人数	支出	人数	支出	人数	支出
1840	169	808	1030	2931	1199	4577
1846	200	804	1132	3208	1332	4954
1850	123	914	886	3155	1009	5395
1856	125	1140	792	3240	917	6004
1860	101	912	695	2863	845	5455
1866	118	1189	746	3197	916	6440
1870	141	1503	838	3633	1033	7644

资料来源：Karel Williams, *From Pauperism to Poverty*, London, 1981, pp. 158－170.

19 世纪中期，英国接受院外济贫的贫民占了绝大多数，院外救济在英国仍然具有重要地位。接受济贫院内救济的贫民的比例在 1840 年为 14.30%，1844 年为 15.70%，1849 年为 12.26%，1854 年为 12.91%，1859 年为 14.00%，1864 年为 13.17%，1869 年为 15.49%。③ 到 1871 年，6 个联合济贫区中仅有 1 个是按照 1844 年的《禁止院外救济令》中的规定严格实行救济，其余的教区都在事实上实行较为宽松的救济。19 世纪 50 年代，英格兰和威尔士成年健全的男子接受院内救济的人数占成年健全的贫困男子的比例为 13.3%，19 世纪 60 年代为 13.0%，19 世纪 70 年代为

---

① Pat Thane, *Foundation of the Welfare State*, London: Longman, 1982, p. 33.
② 克拉潘：《现代英国经济史》中卷，商务印书馆，1975，第 539 页。
③ Derek Fraser, *The Evolution of the British Welfare State*, *A History of Social Policy since the Industrial Revolution*, London: Macmillan Press Ltd., 1984, p. 52.

16.1%，直到 19 世纪 80 年代以后，这一比例才开始提高到
22.2%，并于 19 世纪 90 年代提高到 31.8%。① 尤其是在对患病者
的救济方面，院外救济发挥了重要的作用。在英格兰和威尔士，
1842～1846 年，接受院外救济者中的 40%～50% 是病人或者遭受
意外事故的受伤者，在 1854 年的兰开郡和西雷丁，接受院内救济
者的 47.2% 是身体不健全的成年人。② 上述事实说明，济贫院并不
代表英国的全部社会救济制度，它只是 19 世纪英国济贫制度的一
部分。对此，历史学家罗斯讲道："尽管 1834 年济贫法强烈谴责
对能自食其力的健壮男子进行救济，但是院外济贫这种形式直到
1860 年还在北部工业城镇存在，在更多的乡村地区，则延续到 20
世纪。"③

四　19 世纪中期英国济贫法 制度的特点与评价

19 世纪中期，英国新济贫法制度开始实施，建立在 1834 年济
贫法修正法基础上的英国济贫法制度具有以下几个方面的特点与
变化。首先，19 世纪中期英国的济贫法制度是在院内救济的基本
原则下实施救济，这是这一时期英国济贫法制度的基本特点，也
是英国济贫法管理当局所欲达到的一种理想状态。为了实现院内
救济的原则，各地纷纷建立起有别于以往的济贫院的新型济贫院，
济贫院内的救济既被严格实施，也因遭遇严重的阻力而进展缓慢。
虽然院内救济的原则没有能够消除院外救济的事实存在乃至扩大
的趋势，但济贫院内救济的原则还是在英国确立起来。

其次，19 世纪中期英国济贫法制度所确立和推行的院内救济

---

① W. J. Mommsen, *The Emergence of the Welfare State in Britain and Germany*, London: Croom Helm, 1981, p. 23.

② Jame H. Treble, *Urban Poverty in Britain, 1830 – 1914*, London: Methuen, 1983, p. 94.

③ Michael E. Rose, *The Relief of Poverty*, London: Macmillan Press Ltd., 1986, pp. 34 – 35.

原则并没有有效地禁止院外救济的继续实施，甚至由于院内救济原则在推行期间所遭遇的阻力及其自身的弊端而存在扩大的趋势，这不仅表现在19世纪中期接受济贫院外救济的人数始终高于接受济贫院内救济的人数，而且表现为济贫法管理当局对院外救济的实施持默认态度，这使得19世纪中期英国的济贫法制度在原则上坚持院内救济，在事实上存在院外救济，从而使得这一时期英国的济贫法制度形成了原则上的院内救济与事实上的院外救济相结合的特点。

再次，19世纪中期英国济贫法制度的另一个重要特点是区别性救济开始出现。济贫法制度出现以来，其所提供的救济基本上是一种综合性救济，所建立起来的济贫院也大都是混合性济贫院，虽然此种综合性救济与混合性济贫院不断受到批评，甚至在济贫法制度的不同发展阶段也曾出现过实施区别性救济的建议乃至实践，但综合性救济与混合性济贫院始终是英国济贫法制度的基本特征。19世纪中期，英国济贫法制度开始实施对患病者、儿童等的区别性救济，从而开始真正地改变英国济贫法制度的综合性救济的传统与特征，区别性救济的实施不仅为不同人群提供了更加直接、更有针对性的救济，也为19世纪末20世纪初英国济贫法制度的进一步变化开辟了道路，甚至为英国现代社会保障制度的产生提供了实践先验。

最后，19世纪中期英国济贫法制度管理体制的变化也具有重要意义。如前所述，19世纪以前，英国济贫法制度的管理体制一直存在地方化趋势，1834年济贫法修正法虽然建立了济贫法委员会，但并未改变济贫法制度管理体制的地方化特征，各地济贫监督局的建立甚至强化了这一特征。1847年济贫法局的出现使得英国济贫法制度管理体制发生重要变化，虽然济贫法管理体制的地方化趋势并未结束，但作为英国中央政府一个部门的济贫法局的出现，预示着济贫法管理中央化趋势的开始，并为19世纪末20世纪初英国济贫法管理最终走向中央政府化开辟了道路。

英国的新济贫法制度自1834年问世以来，人们对其实施效果的评价和争论一直没有间断。1837～1842年的《泰晤士报》曾用

200 多万字的篇幅致力于分析和批判新济贫法制度，并列举了 290 名个人遭受的恶劣待遇的例子，一位评论员写道："先生，当您发现每天的报纸上都有一条或者更多关于饿死的报道，这是不是很恐怖的事情呢？"① 1865 年，《社会科学评论》又发表了对济贫院批评的言论，指出"英国的巴士底狱"般的济贫院没有其他机构的任何优点，而是集所有其他机构的缺陷于一身。② 恩格斯在其《英国工人阶级的状况》一书中也指出，在新济贫法制度下，"一切金钱的或实物的救济都取消了；只承认一种救济方式——把穷人收容到已经在各处迅速建立起来的习艺所里去。这些习艺所（work-houses），或者如人民所称呼的'穷人的巴士底狱'（poor - law - bastilles）的规则，足以吓退每一个还有一点希望可以不靠这种社会慈善事业过活的人"。③ 直到 20 世纪，一些历史学家仍然认为，济贫院是"异常残忍"和"可憎的、粗暴的"，如詹姆斯·凯所说，济贫委员想把济贫院变成监狱。当代英国的一个学术组织曾经选择 72 位历史学家进行有关新济贫法制度的评价调查，其中 34 位历史学家认为新济贫法或其中的部分内容是"残忍的"，26 位历史学家认为新济贫法制度是"有益的"，另有 12 位历史学家保持了中立的态度。④

笔者认同不同历史时期的学者对新济贫法所提出的批评，但是也认为对新济贫法制度的评价过程中，由于过多地关注其残酷、不人道甚至反动的方面，忽略了 19 世纪新济贫法在实施过程中值得肯定的方面，因此，笔者在此仅就这些值得肯定的方面陈述其基本事实，以期进一步促进学界对新济贫法评价的客观性。

首先，新济贫法的实施，使得英国济贫法支出占全部支出的比例呈显著下降趋势，1844 年，英国全部支出为 699 万英镑，济

① David Roberts, "How Cruel Was the Victorian Poor Law?" *The Historical Journal* 1, 1963.
② Derek Fraser, *The Evolution of the British Welfare State*, London: Macmillan Press Ltd., 1984, p. 55.
③ 《马克思恩格斯全集》第 2 卷，人民出版社，1957，第 576 页。
④ 郭家宏：《19 世纪英国济贫院制度评析》，《史学月刊》2007 年第 2 期。

贫法支出占全部支出的比例为 72.69%；1854 年，两者分别为 732
万英镑，72.82%；1864 年，两者分别为 968 万英镑，66.8%；
1874 年，两者分别为 1285 万英镑，59.64%。① 尤其是在 19 世纪
60 年代末 70 年代初，英国人均济贫支出与济贫税率等呈下降趋
势。1868~1869 年，英格兰和威尔士人均济贫支出为 7 先令 0.75
便士，济贫税率为 1 先令 5.9 便士；1873~1874 年，前者下降为 6
先令 6 便士，后者下降为 1 先令 4.4 便士。②

　　其次，济贫法所提供的救济对提高劳动者收入尤其是乡村劳动
者收入产生了重要影响，并对缩小城乡劳动者之间的收入差距发挥
了一定的作用。根据博伊艾尔关于 1839 年英国 15 个郡济贫法支出
用于乡村劳动者及其家庭的不同比例对乡村劳动者收入增长率以及
城乡劳动者收入差距缩小程度的影响的计算，当济贫法支出用于乡
村劳动者及其家庭的比例从 33% 提高到 50% 进而提高到 67% 时，不
仅济贫法支出对乡村劳动者收入增长率的影响显著增强，而且对缩
小城乡劳动者收入差距的积极影响也显著增强（见表 3）。

表 3　1839 年济贫法支出对乡村劳动者收入增长率及
缩小城乡收入差距影响情况

单位:%

郡	收入增长率			城乡收入差距缩小程度			
	33% 的济贫支出用于乡村劳动者时	50% 的济贫支出用于乡村劳动者时	67% 的济贫支出用于乡村劳动者时	城乡收入差距	33% 的济贫支出用于乡村劳动者时	50% 的济贫支出用于乡村劳动者时	67% 的济贫支出用于乡村劳动者时
贝德福德	8.7	13.1	17.4	47.6	18.3	27.5	36.6
伯克	10.0	15.0	20.0	37.8	26.5	39.7	52.9
白金汉	10.7	16.0	21.4	39.6	27.0	40.4	54.0
剑桥	8.4	12.6	16.9	39.6	21.2	31.8	42.7

① W. J. Mommsen, *The Emergence of the Welfare State in Britain and Germany*, London: Croom Helm, 1981, p.20.
② Derek Fraser, *The Evolution of the British Welfare State*, *A History of Social Policy since the Industrial Revolution*, London: Macmillan Press Ltd., 1984, p.144.

续表

郡	收入增长率			城乡收入差距缩小程度			
	33%的济贫支出用于乡村劳动者时	50%的济贫支出用于乡村劳动者时	67%的济贫支出用于乡村劳动者时	城乡收入差距	33%的济贫支出用于乡村劳动者时	50%的济贫支出用于乡村劳动者时	67%的济贫支出用于乡村劳动者时
埃塞克斯	9.1	13.7	18.3	38.0	23.9	36.1	48.2
赫特福德	7.7	11.5	15.4	32.5	23.7	35.4	47.4
亨廷顿	7.8	11.7	15.7	24.4	32.0	48.0	64.3
肯特	10.4	15.6	20.8	12.9	80.6	120.9	161.2
诺福克	10.0	15.0	20.0	29.2	34.2	51.4	68.5
北安普顿	11.6	17.4	23.2	41.8	27.8	41.6	55.5
牛津	11.4	17.1	22.8	50.3	22.7	34.0	45.3
南安普顿	11.6	17.3	23.2	35.2	33.0	49.1	65.9
索福克	10.8	16.3	21.7	40.5	26.7	40.2	53.6
苏赛克斯	12.6	19.0	25.3	26.8	47.0	70.9	94.4
维尔特	12.1	18.1	24.2	68.1	17.8	26.6	35.5

资料来源：George R. Boyer, *An Economic History of the English Poor Law 1750－1850*, Cambridge University Press, 1990, pp. 177－178.

再次，19 世纪中期，英国在实施院内救济的同时，开始尝试对不同贫民提供区别性救济，其中最主要的是开始对患病者和儿童提供区别性救济。19 世纪中期，英国济贫法局开始建立贫民医疗救济制度。1842 年的法令开始指定精神病患者委员，对各郡已经建立的精神病院进行调查，到 1844 年，英格兰和威尔士已经指派了 2800 名医疗官员，其职责是处理由济贫官员提出的患病贫民。1852 年的一项指令指出，在家庭主要成员依然处于受雇状态且尚未沦于贫困的情况下，向其提供的医疗救济是合法的。1862 年精神病法授权各地的精神病监督员可以将精神病患者从济贫院转到精神病院。19 世纪 50 年代开始，许多联合济贫区开始建立公共医院，这些医院逐渐面向一般民众而非仅为提供贫民医疗救济所用。1861 年，英格兰和威尔士共有 6.5 万张医院病床，其中的 80% 约 5 万张是由济贫医院提供的，其余则为慈善医院提供的病床。① 1868 年，英国济贫法局开始为济贫医院添置设备，并开始聘用经过训练的护士。到 1870 年，英格兰和威尔士 800 万英镑济贫支出中的 30 万英镑是用于提供医疗救济的支出的。②

针对贫困儿童的区别性救济也开始出现，济贫法局所建立的学校成为对贫困儿童提供区别性救济的重要场所。这些济贫法学校规模不一，有的可容纳 2000 多名儿童，有的仅能容纳几十名儿童。查理斯·狄更斯在 1850 年参观了位于斯文顿的曼彻斯特济贫法学校后，描述道："我们走进了少年部的运动场，那里集中着 150 名孩子，一些孩子在享受阳光，一些孩子在玩弹子球，一些孩子在快乐地跳跃。这些孩子的年龄在 4~7 岁。"③

最后，19 世纪中期，英国还对济贫法管理进行了合理的调整。在济贫税征收方面，1862 年条例规定：在任何一个教区的济贫捐提高到完税价值每镑 3 先令以上时，联合教区中的其他教区应一律均摊。如果联合教区的济贫捐达到 5 先令以上，济贫委员会得命令其他联合教区分担，但以棉纺区的联合教区为限。1863 年，英国颁布公共工程条例，根据这一条例，财政部和公共工程贷款委员得为排水和其他永久性公用事业贷款给联合教区和地方当局，以便为失业者提供工作。1865 年，英国又颁布联合教区济贫税征收条例，联合教区开始为某些一般用途建立一项公共基金。在济贫法制度管理方面，1847 年，英国颁布济贫法，用济贫法局取代了济贫委员会，其成员包括一些前政府官员，如上院议长、枢密大臣、财政大臣以及内务大臣等，原来归属济贫委员会在济贫法管理方面的所有权利以及义务，将全部转移给经由本法产生的济贫法局及其委员，济贫法局每年应向政府呈递关于其工作的总报告，

---

① Derek Fraser, *The Evolution of the British Welfare State, A History of Social Policy since the Industrial Revolution*, London: Macmillan Press Ltd., 1984, p. 92.

② Edward Royal, *Modern Britain, A Social History 1750 – 1985*, London: Edward Arnold Ltd., 1988, p. 185.

③ Eric Hopkins, *A Social History of the English Working Class, 1815 – 1945*, London: Edward Arnold Ltd., 1984, pp. 135 – 136.

每年的总报告还将送达上下两院。① 济贫法局的出现是 19 世纪中期英国济贫法制度管理领域最重要的变化。1864 年，英国颁布关于首都无家可归贫民的条例，建立了一项首都公共基金，准许贫民监督员给临时收容的贫民和游民提供特殊和适当的救济。

综上所述，19 世纪中期，工业革命的进行及经济危机的出现，使得英国社会的失业与贫困问题非常严重，但是，在自由主义思想家有限救济主张的影响下，英国社会的基本共识是主张实行极为严格和有限的救济。社会现实与社会舆论之间的极大反差，使得院内救济虽然成为这一时期英国济贫法制度的基本原则，但其实施极不顺利。院外救济虽然受到济贫法的严格限制，但院外救济不仅事实上存在，而且规模还有不断扩展的趋势。19 世纪中期英国的济贫法制度一直受到诸多批评，但其在改善救济管理、实施区别性救济方面的措施及其对缩小城乡收入差距和降低济贫支出方面的积极影响是不容忽视的客观历史事实。

---

① Joel H. Wiener, *Great Britain, the Lion at Home, A Documentary History of Domestic Policy, 1689 - 1973*, vol. 2, New York, 1974, pp. 1781 - 1785.

苏格兰新济贫法的颁布与实施[*]

一 苏格兰新济贫法颁布的历史背景

19 世纪初期，苏格兰济贫法制度保持着与英格兰和威尔士济贫法制度不同的特征，最主要的是济贫税的征收是非强制性的，1820～1830 年，"苏格兰几乎所有内地教区和少数城市教区仍然是这样的"。很多内地教区曾经试行过强制征收济贫税，但根据苏格兰教会委员会的报告，其中的大多数教区"在 1817 年以前就已经停止实施，因为它导致贫民的内流"。虽然没有任何正式的强制性济贫税，教区不动产所有者却时常自行按照他们在教区所拥有产业的比例摊派，以弥补教堂所募款项和贫民所需款项之间的差额，很多乡村教区不动产所有者所募款项较少的原因与苏格兰农民当中强烈的家庭和邻里情谊相关，"这种情谊几乎是一切极贫的人一定可以得到相当的私人帮助的保证"。

托马斯·查默斯在 1832 年这样写道："在我们苏格兰的大多数教区中，公共慈善事业的执行人所要负责去做的只不过是'请布施'而已。对于任何贫民的整个生计，他们都不负责任；他们一般凭靠其他来源去推定而不具体地调查它们的性质或数量。这种推定几乎从未使他们失望；无论靠亲戚的善意、邻居的同情，还是靠贫民自己很多说不出的办法和能力而总会有一条为生之路

---

* 本文以《1845 年苏格兰济贫法的颁布与实施》为题发表于《兰州学刊》2012 年第 8 期；发表后被《新华文摘》2012 年第 22 期观点转载，中国人民大学复印报刊资料《社会保障制度》2012 年第 10 期全文复印。

的那个事实，很可以说明我们整个理论（即没有对贫民的强制性供应，反足以刺激博爱和自信）的正确性。"这种情况还和苏格兰教会对强制济贫税的态度有关，长老会议在 1817 年向国会解释说，"在一个苏格兰教区中，只要施行了估征，济贫开支的持续增高就几乎永远无法避免了：贫民一旦得知他们可以染指于一个无底的、非个人的教区所捐的钱袋时，相信他们就不再运用他们的那些'说不出的办法和能力'了"。①

可以说，整个 19 世纪初期，对于英格兰和威尔士济贫法制度来说是一个大变革的时代，而对于苏格兰济贫法制度来说仍处于继续和维持 18 世纪既有制度的时代。苏格兰济贫基金的征收与支出的变化不大，1807～1808 年，包括募捐和征收济贫税等各种来源的济贫基金总额约为人均 1 先令 3.75 便士；1835～1837 年，约为人均 1 先令 3.25 便士；1830～1831 年，苏格兰贫民救济支出总额约为人均 1 先令 3 便士。各教区在不同体制下的济贫效果存在一定差别，例如，在格拉斯哥的男爵领地教区，实行的是征收济贫税的办法，1811 年，该教区有 3.7 万人，每年的济贫支出约为 600英镑；1816～1817 年，该教区人口约 3 万人，而用于济贫的支出则为每年 3000 英镑。相反，在格拉斯哥的另一个教区格贝尔斯，实行的是教会募捐的做法而非征收济贫税的做法，1811～1821 年，该教区人口从 5000 人增加到 2.2 万人，而其每年的济贫支出约为400 英镑。②

苏格兰大部分教区的济贫维持 18 世纪的基本做法，也有少数教区的济贫法实施发生了一定的变化。例如，19 世纪 20 年代初期，托马斯·查默斯在格拉斯哥的圣约翰教区推行自治性救助制度，他将该教区分为一些小的区域，每一个小区域都被置于一名教会会吏的掌管之下，其主要职责是探访和了解其所在教区的贫民家庭。查默斯告诫该教区各区域的教会会吏们，为了避免贫民救济的不足，他们应该首先组织贫民家庭及其亲族的资源，慈善

---

① 克拉潘：《现代英国经济史》上卷，商务印书馆，1964，第 454～456 页。
② 克拉潘：《现代英国经济史》上卷，商务印书馆，1964，第 458～459 页。

救济应是第二道防线，公共救济是最后一道防线。① 显然，查默斯希望格拉斯哥取消对贫民的政府救济，并将救济事务重新返还给基督教会，在他看来，"法定的救济制度并没有自然的和永久的必要性"。查默斯在圣约翰教区所推行的救济改革具有一定的影响，边远地区的苏格兰教区都纷纷效仿圣约翰教区的做法。②

19 世纪 30～40 年代，苏格兰的济贫法制度开始面临一些新的问题。工业革命在推动苏格兰工业化的同时，在苏格兰引发的失业问题也逐渐严重，尤其是在 1839～1842 年的工业危机期间，严重的失业问题所导致的社会贫困使得当时的济贫法制度难以有效应对。苏格兰长老会议在 1839 年的报告书中指出："不应该忽视失业者的处境，在很多场合下对这类人于偶然生病或遭遇非常灾祸时应给以临时救济，虽然这并不是一个权利问题。"但是，地方当局所给予这类人群的救济非常少。如 1840～1843 年，珀斯的失业和贫困已经非常严重，大约有 1 万～1.3 万人依靠救济为生，还有 700 名"合法的贫民"，其救济金共 3682 英镑，当地政府为身体健全的贫民筹得救济金 1227 英镑 14 先令 8 便士，英国政府拨款4715 英镑。③ 严重的失业问题使得苏格兰济贫法制度改革势在必行。

二　1845 年苏格兰新济贫法的颁布

为了对苏格兰济贫法制度进行调查，1843 年 1 月成立了一个皇家调查委员会，几乎全部的苏格兰教区接受了委员会的调查或者提供了调查所需的资料，委员会于 1844 年 5 月 2 日提交了一份长达 7 卷约 1.5 万页的调查报告。④ 该报告奠定了 1845 年苏格兰济

---

① D. Englander, *Poverty and Poor Law Reform in Britain*, *1834 - 1914*, London: Longman, 1998, p. 47.
② 克拉潘:《现代英国经济史》上卷，商务印书馆，1964，第 459 页。
③ 克拉潘:《现代英国经济史》上卷，商务印书馆，1964，第 715 页。
④ D. Englander, *Poverty and Poor Law Reform in Britain*, *1834 - 1914*, London: Longman, 1998, p. 48.

贫法修正法的基础。

报告用大量事实呈现了苏格兰济贫法制度在实施救济方面的不足。格拉斯哥警察局的米勒大佐曾经在接受调查时指出,因济贫法规定身体健全的失业者不能得到救济,通常造成的结果是"在冬季常常无事可做的石匠、砌砖匠和石板匠等等有时陷于贫困不堪之境,除沿街乞讨外别无任何取得救济的方法,而他们除非走投无路是很少或绝不行乞的"。合法贫民中的持证乞丐"不仅仅在高原,而且在珀斯和克科迪也都可以看到"。一位爱丁堡的牧师接受调查时说,贫民"要么偷窃,要么就挨饿"。他甚至质问这种抉择是否促进了人格的独立。调查委员会的报告也指出:"健壮者因不能就业而领得救济金的事例殊不多睹。"

报告举证大量事实来说明苏格兰济贫法机构非常有限。报告指出,格拉斯哥除市立医院外仍一无所有,爱丁堡有 3 个慈善习艺所。在珀斯,"管理人员租下了一幢房子,其中住有 4 位老年妇女"。在格拉斯哥的巴罗尼教区,"无依无靠的贫民和儿童"分住在 4 幢房子里。在第一幢里,18 个儿童分住于 14 英尺见方的 2 个房间里。在第二幢中,14 个人较好地安顿在 4 个房间里。第三幢的 1 个房间,一进门就有"一个赤身裸体的疯子站在火炉旁边,另一个老年人病卧在床上"。在第四幢中,"有 1 间男寝室住了 2 个女白痴"。敦提没有济贫院,生病的贫民都住在院外。委员会的报告得出结论,从济贫所需来说,救济资源、救济范围以及救济发放制度都是不充分的。[①]

调查委员会报告建议将贫民分为两种类型,即经常性和持久性的贫民与偶然性和临时性的贫民,前者主要包括长期患病者、身体残疾者等,此类人员具有合法的领取救济的权利,后者主要包括因暂时性经济危机导致的身体健全的失业者,此类人员不能享有领取救济的权利。委员会的报告指出,"我们因此强烈建议,苏格兰济贫法制度中关于这部分人的救济的规定应该持续不变"。[②]

---

① 克拉潘:《现代英国经济史》上卷,商务印书馆,1964,第 715 ~ 716 页。
② H. E. Raynes, *Social Security in Britain*, *A History*, London, 1960, p. 148.

调查委员会的报告主张，应完全承认医药和教育救济为济贫基金的正式开支，设立更多的济贫院，合法贫民应该得到足够的救济，废除过去用教堂募捐供临时贫民之用的惯例，但鉴于济贫税的不断扩大，委员会并不赞成实施强制性济贫税。关于身体健全的失业者的救济问题，调查委员会的报告指出，在苏格兰低地农业区，此类人员的问题并不迫切；而在苏格兰高原地区，救济"可能是伤风败俗的"。但是，委员会的报告也存在一些意见分歧。来自英国南部的济贫法专家爱德华·特威斯累顿就指出："这种办法甚至不能保证给老弱以安适，因为没有把医药救助确定为强制性的，没有建议在城镇中设立身体健壮者的'收容所'与'避难所'（按照英格兰济贫法上的用语为'临时收容所'），没有坚持设立济贫院，也没有对周而复始的失业问题的解决做出任何建议。"所以，他坚决不同意委员会报告的上述观点。①

在 1844 年苏格兰济贫法调查委员会报告的基础上，1845 年，苏格兰济贫法修正法颁布，该法的正式名称为《苏格兰贫民救济相关法律的更好管理与修正法》，其基本体例由法律条文与济贫法委员会的报告的相关内容结合而成。法令规定，苏格兰成立济贫法监督委员会，委员会设正式委员若干名，其中 3 名由国王委派。委员会每年至少举行两次会议，并向英国议会提交年度报告。委员会在国务大臣的批准下可以制定与济贫法相关的条例，有权批准设立承办济贫法事宜的联合教区。每一个市教区或联合教区成立一个由选举产生的贫民管理委员会。在已经采用缴纳济贫税的教区中，贫民管理委员会采取部分兼任与部分选举的办法产生；在没有实行缴纳济贫税的教区，贫民管理委员会成员由教区不动产所有者与教区长老构成。教区贫民管理委员会在济贫法监督委员会的同意下有权推行济贫税，有权任命贫民检察官。

居民在 5000 人以上的教区可以自愿成立济贫院。任何教区如设有济贫院，就必须有 1 名合格的医务人员为该院服务。不论是否设立济贫院，教区都必须通过公平、节约的方法给生病的贫民提

① 克拉潘：《现代英国经济史》上卷，商务印书馆，1964，第 716～717 页。

供医疗和生活照顾。法令鼓励教区资助疗养院、施药所和救济院，每个教区应有贫民视察员。济贫税可以用于提供对临时性贫民的救济，但身体健全的失业者可否得到救济主要取决于教区济贫资源的情况，法令并未确认此类人群领取救济的权利。法令指出，"本法令所包含的任何内容都不包括授予失业的身体健全的人申请救济的权利"。[①]

1845 年苏格兰济贫法修正法的颁布，并未遇到 1834 年济贫法修正法在英格兰和威尔士那样的强大阻力乃至反对，著名济贫法研究者英格兰德在分析这种现象的原因时指出：首先，苏格兰济贫法的改革者们不是通过法律而是在法庭内找到其满意来源，为了实现济贫法管理的严格性，苏格兰辉格党人早在 1834 年以前已经完成对法律的重写。其次，改革前后的苏格兰济贫法制度保持了较大联系性，中央和地方之间的紧张关系通过给予地方组织更大的空间而得以缓解，苏格兰济贫法管理的改革既不是通过创建济贫法联合教区来实现，也不是通过抵制中央化来实现。再次，关于苏格兰济贫法制度中最易引起争议的济贫税，济贫法修正法采用了一种选择性的表述，从而避免了可能引发的争议，法令虽然要求每个教区为向贫民提供充足的救济而筹集资金，但每个教区有权决定其是否为此而征收济贫税或者将济贫税的征收基于何种财产或个人收入水平之上。最后，苏格兰济贫法改革中没有像查德威克那样的意欲彻底改造苏格兰社会的蓝图的人，法令没有废除院外救济，苏格兰济贫院的地位和性质也没有大的变化，它依然主要是一个老年和失去劳动能力者的家，而非身体健全的失业者的惩罚所，法律将对身体健全的失业者的救济权排除在法律之外，也就意味着在任何情况下这种事情都不会发生。苏格兰济贫院中没有提供有组织的就业的问题，也就不会引发在结果方面的争议。[②]

① H. E. Raynes, *Social Security in Britain*, *A History*, London, 1960, pp. 148 – 149.
② D. Englander, *Poverty and Poor Law Reform in Britain*, *1834 – 1914*, London: Longman, 1998, pp. 50 – 51.

三　苏格兰新济贫法的实施

1845 年济贫法修正法颁布后，依据该法建立济贫监督委员会和教区贫民管理委员会便被提上日程。位于爱丁堡的济贫监督委员会共由 9 人组成，他们是来自政治、管理和法律领域的精英，分别代表了农业、工业和城市的不同利益。其主要作用是在苏格兰的 880 个教区中指导并帮助建立教区贫民管理委员会，济贫监督委员会的权威不是通过将其意志强加于地方，而是通过在济贫事务背后的影响来实现的，由于缺乏资源和强制性权力，该委员会对济贫基金的筹集与发放等重要事务没有介入机会。但是，济贫监督委员会的介入并非都是毫无影响的，例如，该委员会曾经提出适当提高救济标准，这在此后济贫法支出的增长中得以反映出来；各教区为了与济贫监督委员会所规定的最低救济标准保持一致，被迫放弃原来以自愿捐款为主的筹资办法，转而采用征收济贫税的办法。

教区贫民管理委员会由每个教区每年选举产生，教区贫民管理委员会可以指派一名贫民检察官作为教区贫民管理的执行官员，同时也是济贫监督委员会与教区贫民管理委员会的中间人，大部分教区贫民检察官是由低等职员充任，他们将比作为自己的第二职业。1856 年特别法令赋予济贫监督委员会更大的济贫检察权限以后，教区贫民检察官的地位逐渐上升。由于济贫监督委员会未曾试图统一救济标准，因此，确定教区救济标准以及救济的性质与期限的权力就落在了贫民检察官的手中，教区贫民检察官往往根据教区资源、个人状况以及地方传统来决定救济事宜。

济贫院开始在苏格兰逐步建立起来。苏格兰济贫院的建立呈现以下特点。首先，苏格兰济贫院建立的时间较晚，进度较慢。在这项法律修改之前，即使在最大的城镇中医院和济贫院也寥寥无几。教区当局通常的办法之一是租赁普通房屋来收容患病和失去劳动能力的"登记贫民"，或者把他们和贫困的儿童一并寄宿在别人家里。直到 1861 年，仍然有很多这类恶劣的、人满为患的、设备既差又男女混杂的教区寄宿舍。1848 年，只有 8 个新的济贫院得到济贫法监督委员会的核准，但也尚未建成。此后，苏格兰各郡开始逐步建立济贫院。1850～1868 年，苏格兰济贫院的数量从 21 个增加到 50 个；到 1894 年，济贫院的数量增加到 66 个。其次，苏格兰济贫院尤其是联合济贫院的建立并非以教区为单位，大部分济贫院以郡济贫院的形式出现。1870 年，整个苏格兰只有 26 个教区建立了教区济贫院，这些济贫院几乎都设在爱丁堡和格拉斯哥及其附近。整个苏格兰共有 63 个济贫院，其中大多数是为全郡或各郡的大部分地区服务的联合济贫院。最后，苏格兰大部分济贫院的规模较小。1871 年，设在波廷里克的舍德兰郡联合济贫院只能容纳 50 人，而该郡的人口为 2.4 万；克库布里联合济贫院只能收容 250 人，而该济贫院所在郡的人口为 3.6 万。造成这种情况的主要原因是苏格兰传统济贫法制度所提供的院外救济，使得苏格兰人不愿意进入济贫院，达尔基茨济贫院院长在回答为何该济贫院中的贫民寥寥无几时说："啊，先生，他们不愿意进来……送到这里来的人很多，但是他们刚从这边门进来又从那边门出去了。"①

济贫税的推行进度在 19 世纪中期比较明显。苏格兰济贫税不具有强制性，但是，一旦某个教区开始征收济贫税，该教区的贫民管理委员会选举的选票将建立在所拥有土地价值的基础上。苏格兰济贫监督委员会的第一份报告显示，在 878 个苏格兰教区之中，只有 230 个教区实行依法征收济贫税制度，其后，济贫税制度的推进速度很快，到 1848 年，苏格兰全部 880 个教区中，已经有 600 个教区实行依法征收济贫税制度，其余 280 个教区采用的仍然是自愿捐款的方式。1845 年，仅有 25% 的苏格兰教区征收每年调整一次的济贫税，1894 年，按照规定每年征收济贫税的教区达到 95%。②

19 世纪中期，苏格兰济贫法制度所提供的救济同样分为院内救济和院外救济，而与英格兰和威尔士不同的是，院外救济在 19

---

① 克拉潘：《现代英国经济史》中卷，商务印书馆，1975，第 555～556 页。
② H. E. Raynes, *Social Security in Britain*, A History, London, 1960, p. 148.

世纪中期的苏格兰并未被法律禁止，院外救济成为苏格兰济贫法制度的重要组成部分。院外救济一般包括现金救济与实物救济两种，现金救济每周发放，实物救济包括衣服、食品、被子、燃料等，有时甚至提供租金救济，现金救济和实物救济之间有严格的比例规定。病人可以得到医疗救济和特殊食品方面的帮助，那些需要进一步帮助的病人，可以住进济贫院医务所或者慈善医院。贫困儿童可以得到教育救济，儿童救济也开始实施，但只是在其父母完全没有能力养活的时候才提供。1868 年，苏格兰总人口中，每 24 人中就有 1 名贫民，这些贫民大部分依靠院外救济，苏格兰 136444 名接受救济的贫民中，只有 8794 人是泸贫院内的贫民。接受院内外救济人数的显著差异，使得苏格兰社会开始关注现行救济制度，一些济贫法制度的改革者提出严格限制院外救济，严格按照济贫院检验原则实施院内救济，严格控制接受救济的贫民人数，一些教区也开始严格限制接受院外救济者的人数。到 1894 年，根据济贫监督委员会的统计，苏格兰全体人口中，每 44 人中就有 1 个贫民，接受救济的贫民之中，有 91212 人接受的是院内救济，仍有 72891 人接受的是院外救济。[①]

　　苏格兰济贫法制度中院内救济与院外救济具有同样重要地位的事实，使得苏格兰济贫法制度的实施较英格兰和威尔士明显宽松，据来自英格兰的济贫院视察员在 1870 年所提交的报告，苏格兰的济贫院没有 "在济贫法刚刚通过之后建立的那些英格兰济贫院令人望而却步的面貌"。[②] 此外，苏格兰济贫法制度赋予院内外贫民关于贫民救济的申诉权和拒绝权，贫民可以对救济的不足以及济贫院的状况提出申诉，1845 年济贫法修正法还对此做出规定，即贫民有因提出救济申诉而得到免费法律救助的权利，这一规定，比较有效地保证了苏格兰贫民的权益。1845 ~ 1894 年，苏格兰济贫法局共收到 2 万份此类申诉，其中的一半以上被拒绝，有 1/5 的

---

① D. Englander, *Poverty and Poor Law Reform in Britain*, *1834 – 1914*, London: Longman, 1998, p. 52.
② 克拉潘：《现代英国经济史》中卷，商务印书馆，1975，第 556 页。

申诉被苏格兰济贫法局批示后送回相关教区予以解决。①

1845 年苏格兰济贫法修正法对身体健全的失业者是否提供救济所做的含糊表达，虽然可以避免使该法在颁布之时遭遇严重阻力甚至反对，但这种含糊表达必然使得 19 世纪中期苏格兰济贫法制度的实施出现难以避免的问题，19 世纪 40 年代的工业衰弱导致失业问题不断严重，苏格兰济贫法监督委员会曾经做出决定："凡身体健壮者临时或无可避免地遭到失业，从而陷入饥寒交迫之境，得视为依法可领取救济……的临时贫民。"但是，济贫监督委员会的决定很快引发苏格兰各地济贫法管理机构的反对，他们认为这项条例引起了贫民的"非分之想"。② 苏格兰巡回法庭在 1859 年正式做出判决，不得使用由教区贫民管理委员会所筹得的济贫款项向身体健全的失业者提供临时性救济。

综上所述，19 世纪初期苏格兰的济贫法制度仍然保留着与英格兰和威尔士济贫法制度不同的特征，其中济贫税的非强制性、济贫法管理的宗教性与没有普遍建立济贫院是其显著特点。19 世纪中期，工业革命的开展所导致的严重的失业问题和贫困问题，在苏格兰地区同样开始呈现，苏格兰传统的济贫法制度无法有效满足社会的需要，这使得改革苏格兰济贫法制度、颁布新的济贫法势在必行。1845 年新济贫法在苏格兰建立起济贫院制度，推动了济贫税制度实施，并改变了济贫法管理的宗教色彩，这使得苏格兰济贫法制度与英格兰和威尔士济贫法制度出现一致化的倾向，但是，苏格兰新济贫法并未确认济贫院内救济为唯一原则，认可济贫院外救济，并严格限制对失业者的济贫法救济等，又使得苏格兰新济贫法制度仍然存在与英格兰和威尔士新济贫法制度的显著差别。

---

① D. Englander, *Poverty and Poor Law Reform in Britain*, *1834 – 1914*, London: Longman, 1998, p. 54.
② 克拉潘：《现代英国经济史》上卷，商务印书馆，1964，第 718~719 页。

英国现代社会保障制度的建立[*]

现代社会保障制度是工业社会发展到一定阶段的必然产物，它是由中央政府通过社会立法推行的社会保险制度以及其他社会政策和措施，以保证整个社会正常、和谐发展的一种社会安全政策与制度。现代社会保障制度的核心内容是社会保险制度，其基本原则是权利与义务相结合。现代社会保障制度在英国的初步建立是 1870～1914 年。我国史学界对这一问题的研究较少，英国与西方学者对这一问题的研究，多偏重于对某一种社会保障制度建立情况的研究，而针对英国整个社会保障制度如何建立的整体和系统研究成果并不多见。本文试对英国现代社会保障制度建立的复杂历史背景、1870～1914 年英国建立的现代社会保障制度的基本内容、英国社会各阶层在现代社会保障制度建立过程中的不同反应与作用、1870～1914 年英国建立的现代社会保障制度的历史意义与局限性等做了系统的探讨。

一 英国现代社会保障制度
建立的复杂背景①

1873 年以后，刚刚经历了维多利亚繁荣的英国人似乎一下子

---

* 本文以《英国现代社会保障制度的建立（1870－1914）》为题发表于《史学月刊》2002 年第 3 期。

① 关于英国现代社会保障制度的起源，英国与西方学者存在较大学术争议。传统观点认为，英国福利国家的发展是与英国工人阶级的角色和影响的变化紧密相关的。J. R. 海却认为："英国工人阶级对国家福利的态度与观点是十分复杂和矛盾的，他们对社会改革进程的影响尽管绝不是一种无足轻重的因素，但也不是这种社会改革的唯一直接的原因。"加斯顿·V. 里姬林格认为，（转下页注）

置身于另一个世界。农业出现萧条，工业生产下降，失业增加，贫困蔓延，社会问题日益严重，传统的济贫制度无法有效地加以解决，工人运动随之重新高涨，促使社会各界正视社会问题，探索解决问题的新理论，寻找解决问题的新办法。

贫困是 1870 ~ 1914 年英国首要的社会问题。根据时人调查，伦敦人口的 30.7% 处于贫困状态，约克城贫困人口的比例为 28%，南安普顿、沃灵顿、斯坦利和雷丁四城市的贫困人口比例为 16%，且幼儿及学龄儿童的情况较差，在雷丁，45% 的 5 岁以下的幼儿及 47% 的 14 岁以下儿童生活在贫困之中。在收入情况较好的米德尔斯伯，900 家矿工中的 125 家处于贫困之中，另有 175 家是"如此接近贫困线，以至于时常越过此线"。在广泛调查的基础上，有人认为，19 世纪末英国城市人口的 25% ~ 30% 生活贫困。[1]农村贫困现象也很严重，贝德福德郡 34.3% 的老人无法维持生活，牛津郡 5 口之家每天仅有 3/4 便士的生活费。另根据一项全国农村的抽样调查，全部 42 个被调查家庭中的 32 个无法维持基本生活。[2]

失业是困扰人们的又一个问题。哈定认为，1895 年，联合王国 170 万人受到失业影响。托泽尔的估计乐观一些，认为各阶层的失业人数约 28 万。[3]相比之下，贸易部的记录比较可靠，记录显示，英国工会会员失业率 1879 年为 10.7%，1909 年为 8.7%。失

（接上页注①）现代英国社会福利制度的发展至少部分是对英国经济发展过程中劳动生产率的提高和日益增长的劳动力的紧缺的一种反应。琼斯·哈里斯指出，在解释英国福利国家起源时，单单把物质方面的压力作为唯一的理由是全然不够的，"对思想和意识形态的作用，特别是对那些影响了 1870 年到第二次世界大战英国社会政策的各种思想的密切关注就是非常合理又必要的"。希尔认为，在解释英国社会福利制度发展的原因时，不能忽视英国政治民主化进程对社会福利制度发展的影响。有的学者认为，战争对英国社会福利制度的发展也产生了一定的影响。还有学者认为，大英帝国的扩张特别是英国海外投资的发展对英国的社会改革和社会福利制度也产生了重要影响。参见丁建定《从济贫到社会保险》，中国社会科学出版社，2000，第 6 ~ 8 页。

[1] Janet Roebuck, *The Making of Modern English Society from 1850*, London, 1982, p. 73.

[2] John Burnett, *Plenty and Want*, London, 1979, pp. 174 – 175.

[3] J. H. Treble, *Urban Poverty in Britain 1830 – 1914*, London, 1983, p. 58.

业人口中，职业不稳定者占有相当高的比例，临时工尤甚，格拉斯哥码头 6000~7000 名临时工的一半经常处于失业状态。季节性失业也很明显，建筑业工会会员失业率 1879 年为 8.2%，1909 年为 11.7%。生产技术的变化也加剧了失业的程度，布里斯托尔有 1/3 的鞋匠因机器制鞋业的兴起而失业，格拉斯哥 593 名面包师因机制面包的出现而失业。①

贫困和失业使许多人生活艰难，严重影响了身体健康。20 世纪初，英国的婴儿死亡率平均为 127.3‰，约克郡贝特利市贫困家庭儿童死亡率高达 172.5‰。② 人口素质也令人担忧，布尔战争期间征兵时，34% 的英国应征者体检不合格。③ 这样的数字足以使英国人感到震惊："那些被认为是健康的国民——英格兰的脊柱——原来长期处于营养不良状态。"

现代社会保障制度建立前，英国解决社会问题的传统办法大体上分为两类：一类是非官方的措施，另一类是官方措施。自助是非官方措施中最基本的办法，贫困者尽量使其家庭中的每一个成员从事劳动以解决生活问题，还可以通过亲朋邻里的帮助渡过难关，或者通过典当和借贷的办法来解决。在失业人口较多的格拉斯哥，1870 年时就有 100 多个当铺。此外，贫困者还可以通过慈善机构得到救助。英国的慈善事业一直比较发达，1891 年英格兰已有 75 个大型慈善组织，苏格兰也有 9 个。④ 互助在非官方性社会措施中占有重要地位，友谊会是最重要的互助组织。会员交纳一定的会费，当遇到困难时其可以从友谊会得到一定的帮助。1891 年，英国友谊会会员已达 420 万人，基金 2270 万镑，1901 年两者分别增至 620 万人和 4820 万镑。不过，友谊会主要是中产阶

---

① Jose Harris, *Unemployment and Politics*, *A Study in English Social Policy*, *1886 – 1914*, Oxford, 1984, p. 374.
② Pat Thane, *The Foundation of the Welfare State*, London：Longman, 1983, p. 56.
③ Eric Hopkins, *A Social History of the English Working Class 1815 – 1945*, London：Edward Arnold Ltd., 1984, p. 145.
④ Edward Royle, *Modern Britain*, *A Social History 1750 – 1985*, London：Edward Arnold Ltd., 1988, p. 182.

级的组织。普通工人可以通过工会和建立消费合作社以寻求互助，1886年，英国翻砂工会会员的13.9% 领过工会发的福利互助津贴，铁工联合会为14.1%，锅炉制造和造船工会为22.2%，机器统一工会和木工工会均为7%。① 消费合作社是工人为减少生活开支而集股建立的消费性组织，整买零卖，收益按股分红，因出售的商品质优价廉，颇受工人欢迎，因此，消费合作社发展很快，1881年时仅有社员54.6万人，1900年已增至170.3万人。②

官方措施仍然是实施1834年改革后的《济贫法》，它规定济贫院内济贫的原则，任何人要想得到济贫法下的救济必须进入济贫院。济贫院的条件被故意设置得远远低于院外最低生活条件，目的是使所有有工作能力的人能通过个人劳动来维持生计。然而，失业的增长使许多有工作能力的人无法工作，根据《济贫法》，他们只有进入济贫院才能得到救济。于是，济贫院人口骤增，1875 ~ 1884年为167740人，1895 ~ 1904年已达209308人。许多地方不得不违背院内济贫原则，向失业者发放院外救济，这又使得济贫支出直线上升。1871年，英格兰和威尔士济贫支出为780万镑，1906年已达860万镑。济贫院的状况越发恶化，许多人惨死其中，1891年英格兰和威尔士死亡人口的7.1% 死于济贫院，医院为3.5%，疯人院仅为1.1%；1909年，济贫院死亡人口已占死亡人口总数的18.2%。③ 济贫院因此成为社会舆论抨击的中心。20世纪初济贫法体制已不能适应英国社会的需要，自助和互助具有不可克服的局限性，英国需要建立一种新的社会保障体制。

英国工人运动的重新高涨给现代社会保障制度的建立以极大的推动。工人运动的高涨首先表现在工会运动的进一步发展，非熟练工人工会和妇女工会的出现是这一时期英国工会发展的最重要表现，码头工人、铁路工人、制鞋工人、煤气工人和农业工人

---

① 克拉潘：《现代英国经济史》中卷，商务印书馆，1974，第573页。
② C. P. Hill, *British Economic and Social History*, *1700 – 1982*, London：Edward Arnold Ltd. , 1985, p. 172.
③ M. A. Crowther, *The Workhouse System*, *The History of One English Social Institution*, *1834 – 1929*, London：Methuen, 1983, p. 59.

都建立了自己的工会，1873 年农业工会已有 7.2 万名会员和 1000 多个分支机构。1874 年英国出现第一个妇女工会，1912 年妇女工会会员已有 27 万人。英国工会会员总数在 1892 年为 150 万人，第一次世界大战前已达 400 万人。① 罢工运动不断出现并对社会经济产生极大的影响，1893 年因罢工而损失的劳动日达 3044 万个。1899 年伦敦码头工人罢工，1906～1910 年南威尔士矿工、克莱德造船工人罢工以及 1912 年全国百万矿工大罢工无不表明英国处于因社会问题而引发的动荡之中。

工党的产生及迅速发展是这一时期英国工人运动重新高涨的最重要标志。1893 年英国独立工党出现。1900 年建立了工人代表委员会，为工人在议会中争取代表权，当年就得到 6.3 万张选票和 2 个议席。1906 年，工人代表委员会改称工党，同年取得 29 个议席。1910 年，工党已经拥有 42 个议席。工党在地方的影响增长更快，1906 年地方议会中仅有 56 名工党议员，1913 年增至 184 名，利兹郡 14 名工党议员使自由党在该郡的议席数退居末位。工党的地方组织在 1905～1906 年有 73 个，1914 年已经达到 177 个。工人运动的高涨和工党的崛起极大地震动了英国上层统治阶级，阿斯奎斯对同僚说："在一个较短的时期里，国内可能有许多的事情会发生，最近的事情不过是这些运动小小的预兆。"劳合·乔治也认为："劳工骚乱和爱尔兰危机同时发生，这将是几个世纪来政府必须应付的最严重的形势。"②

社会问题的严重化，传统社会政策的失效，工人运动的高涨，促使社会各界对社会问题进行思考并寻找解决问题的办法，于是出现了各种各样的社会理论，其中主要的有费边社会主义、集体主义和新自由主义。费边社会主义者认为，贫困不是个人的错误，而是由资本主义政治、经济本身的不合理造成的。他们主张改革资本主义，认为"消除社会各种灾难的唯一道路是发展社会主

---

① J. D. Young, *Socialism and the English Working Class*, Harvester Wheatsheaf, 1989, p. 123.
② 胡特:《英国工人运动简史》，世界知识出版社，1954 第 51～54 页。

义"，国家要干预社会生活，"社会应该尽力给它的全体成员以同等的机会"，"应该保证我们社会的所有成员拥有起码的基本生活水平"。[①] 韦伯夫妇认为：国家应该规定最低生活标准，给低于该标准者一定的补贴以缓解其贫困状况。费边社成员指出，必须重视居民最低生活标准问题，否则，"国家不仅会在金钱上，而且会在国民体质的衰弱、道德败坏以及社会灾难等方面付出代价"。[②] 费边社成员积极参与有关的社会调查，并为政府制定社会政策提供建议，B. 韦伯就参加了 1905～1909 年皇家济贫法委员会的调查工作，而且是少数派报告的主要起草者。

集体主义在英国产生于 19 世纪中期，当时由于自由主义盛行，集体主义发展缓慢，19 世纪末 20 世纪初，社会问题的日渐严重使集体主义发展起来。"集体主义的一个主要特征是关心公共事务"，把全社会的利益放在首要位置，社会被看作"高于它的各个成员相加之和的东西"，在这个社会中，应该创立一种公共生活的准则，这一准则的宗旨是"公共利益高于个人利益"。集体主义者强调在平等条件下为全体社会成员提供一种基本生活保证的重要性，而实现这一目标的唯一途径是国家干预经济与社会生活，正如 A. V. 戴西所说的那样："集体主义国家观的基本原则是相信广大民众应从国家的行动或干预中得到利益。"在集体主义者看来，公共机构应该为人民多做有益的事，它们应该指导和管理经济生活，提供广泛的社会福利服务，以创建一种和谐的社会。集体主义者的主张符合近代晚期英国社会变化的需要，因此为许多人接受并深深地影响了近代晚期英国的社会改革，S. 韦伯就说过："每一个社会改革的倡导者都别无选择，结果是许多社会改革都沿着集体主义的方向进行。"[③]

新自由主义者认为没有绝对的自由，"当我们谈论自由的时候，我们必须认真考虑我们使用它的意义，这并不意味着不要任

---

① 柯尔:《费边社会主义》，商务印书馆，1984，第 22～25 页。
② J. R. Hay, *The Development of the British Welfare State*, *1880 - 1975*, London: Edward Arnold Ltd. , 1978, p. 67.
③ Grenleaf, *The Rise of the Collectivism*, London, 1983, pp. 20 - 30.

何限制的自由，也不意味着随心所欲行事的自由，更不意味着把自己的快乐建立在别人的痛苦和牺牲上的自由。当我们把自由当作是某种值得赞美的东西时，我们的意思是，自由是一种从事自己愿意并值得去做的事情的力量和能力，也是一种我们可以和他人共享的东西"。新自由主义者一改传统自由主义者对国家干预的厌恶和反对，主张"国家为了自由本身的缘故必须进行干预"，认为"一切关于劳工的教育、卫生及其他各种涉及自由的现代立法都是政府应该做的事情"。① 新自由主义深深地影响了近代晚期英国的政治家们，尤其是阿斯奎斯、劳合·乔治和温斯顿·丘吉尔等人。费边社会主义、集体主义和新自由主义有三个共同特征：一是认为没有绝对自由；二是主张政府干预；三是呼吁社会改革，制定有效的社会立法。这些主张和要求基本上反映了社会各阶层的愿望，因而成为 1870～1914 年英国建立现代社会保障制度的主要理论基础。

二　英国现代社会保障制度的主要内容

英国现代社会保障制度是通过一系列社会立法逐步建立起来的，其中最重要的是 1908 年《养老金法》和 1911 年《国民保险法》。1908 年英国制定并颁布《养老金法》，决定给 70 岁以上的老人以不需缴纳费用的养老金，其数量随收入情况而定。年收入不超过 21 镑者每周领取 5 先令，不超过 23 镑 12 先令 6 便士者领取 4 先令，不超过 26 镑 5 先令者领取 3 先令，不超过 28 镑 17 先令 6 便士者领取 2 先令，不超过 31 镑 10 先令者领取 1 先令。每对夫妇每周最多领取 10 先令。② 1908 年《养老金法》是英国第一部现代社会保障立法，它在英国第一次建立起国家养老金制度，因此成为英国现代社会保障制度开始建立的标志。

① Robert Ecclesall, *British Liberalism, Liberal Thoughts from the 1860s to 1980s*, London: Longman, 1980, pp. 180 - 194.
② Sydney Wood, *The British Welfare State, 1900 - 1950*, Cambridge, 1982, p. 14.

1911 年英国颁布了《国民保险法》，该法由两部分组成，一部分是失业保险，另一部分是健康保险。《失业保险法》对有关失业的各个方面做出了具体的规定，第一次建立起失业保险制度。该法指出：失业对每一个具有正常工作能力的被保险人来说只能是暂时的而不是长期的问题，失业保险津贴是帮助被保险人渡过短期失业的，而不是供给他全部的生活费用，更不是为他提供以往的全部工资。失业保险主要适用于存在季节性失业和周期性失业的工人。失业保险基金由雇主、雇工和国家三方分担，雇主每周必须为每名雇工缴纳 2.5 便士，雇工每周也必须缴纳 2.5 便士，另由国家每周为每个雇工垫付雇主和雇工共交款数的 1/3。失业保险津贴的领取标准是每周 7 先令，被保险人必须缴纳 5 次保险金后方可领取失业保险津贴，每名被保险人每年领取失业保险津贴的时间最多不能超过 15 周。被保险的工人团体如果以自己的基金补贴其成员，数额不能超过《失业保险法》规定的津贴额的 1/3，否则，被保险人不能再享受《失业保险法》所规定的津贴。失业保险申请人必须向劳工介绍所提供文件以证明其在过去的 5 年里曾一直在一个符合《失业保险法》所规定的工业部门中工作 26 周以上。

《国民健康保险法》把社会保险引入健康领域，健康保险适用于 16～70 岁的一切体力工人及年薪不超过 160 镑的一切职员，士兵、水手、教师等可不受这一数额的限制。雇主每周必须为每名雇工缴纳 3 便士，每位女工每周缴纳 3 便士，每名男工每周缴纳 4 便士，另由国家每周为每个雇工垫付 2 便士。被保险人患病期间，每名男工每周可领取 10 先令，女工可领取 7 先令 6 便士。被保险人残废不能工作时不论男女每周都可领取 5 先令。女工在产期每周可领取 30 先令。法令鼓励被保险人参加政府核准的团体，如友谊会、工会等，没有参加任何团体者可以通过邮局领取健康保险津贴。每个郡或郡级市都应该成立一个由政府部门人士、被保险人及开业医生组成的委员会，监督该项保险的实施。被保险人可以在一个由政府批准的地方医生名单上为自己指定一名医生，开业医生每年向每位被保险人收取 4 先令费用，药品费由健康保险基金承担。①

1908 年《养老金法》和 1911 年《国民保险法》的颁布和实施在英国建立了社会保险制度，这是一种不同于以往社会福利措施的新型社会福利措施，社会保险制度的建立标志着英国现代社会保障制度的初步建立。

在建立社会保险制度的同时，英国还制定并实施了其他一些社会立法。1871 ~ 1911 年，英国制定多项工厂法和其他法规以保护工人的合法权益，改善他们的劳动条件。1871 年《工厂法》规定，严禁工厂雇佣 16 岁以下的女工。1872 年《煤矿法》规定，严禁在井下使用 12 岁以下的男工，16 岁以下者每周工作时间不得超过 54 小时。1878 年、1891 年、1901 年《工厂法》详细规定了包括小作坊及洗衣铺在内的一切工厂的工作条件。例如，1901 年《工厂法》就规定了厂房的面积、卫生标准、工资支付方式等，并特别规定，有危险性的机器必须配置安全防护罩，禁止在机器运转时擦洗机器，任何工厂不得让女工上夜班等。1908 年实行八小时工作日制度。1911 年实行每周半天休息制度。1880 年英国制定《雇主责任法》，规定雇主必须为雇工的工伤承担责任。1897 年通过的《赔偿法》规定雇主必须为工伤致残者提供赔偿。1906 年又规定，工人因不安全或不健康的工作条件而致病，雇主必须给予赔偿。1912 年英国制定了《最低工资法》，保证工人的基本生活水平。

儿童保护和儿童福利在英国现代社会保障制度建立过程中占有重要地位。这一时期英国的儿童立法大致分为三类。第一类是保护和改善童工地位的立法，这主要包含在上述一些工厂法中。第二类是保护儿童免受虐待和其他不良影响的立法。1889 年《防止虐待并保护儿童法》及 1891 年《儿童法》规定，虐待儿童是犯罪行为，受虐待的儿童可以离家进入慈善机构之类比较安全的地方，法院有权拒绝虐待儿童的父母领回受虐儿童，以便使孩子能

---

① David C. Douglas, *English Historical Documents*, vol. XII, 1874 – 1914, London, 1977, pp. 592 – 644.

在安全的环境下成长。儿童保护方面最重要的法令是被称为"儿童宪章"的 1908 年《儿童法》，它规定：建立与成年人分离的青少年法庭，16 岁以下儿童与成年罪犯分开关押，"法庭和监狱应该成为改造儿童而不是惩罚他们的机构"。犯罪儿童的父母要受到罚款处罚以促进他们对儿童的关心，父母必须经常看望自己的犯罪儿童，济贫监督官有责任到正受虐待的儿童家中进行调查，地方政府有义务对 7 岁以下儿童进行检查并为其指定专职的儿童保护官员。任何人将儿童领进妓院等场所便构成犯罪，严禁儿童抽烟，向儿童出售香烟也属犯罪行为。第三类是促进儿童体力和智力正常发展的法令，这方面的内容主要体现在教育法中。1870 ~ 1910 年英国至少颁布了 8 项教育法，1870 年《教育法》规定向 10 岁以上儿童提供初级教育。1880 年开始推行《强制教育法》。1891 年实行《免费义务教育法》。1902 年《教育法》规定地方政府应该创办中学，以满足小学毕业生升入中学的需要。这一时期英国的教育法十分重视学生的健康问题。1906 年《教育法》规定地方政府可以给贫苦儿童提供学校用餐，这项开支原则上由志愿性捐款维持，也可向学生父母收费，不得已时还可由公共福利基金支付。1907 年《教育法》对学生的医疗保健做了规定，要求地方政府对学生提供医疗检查，指定专门人员负责学生健康工作，教育部也应该成立一个专门机构负责在全国范围内建立学校医务室。1911 ~ 1912 年，英格兰和威尔士 322 个地方政府教育部门中的 131 个向贫困学生提供学校用餐。1912 ~ 1913 年，伦敦有 10 万儿童得到学校提供的免费食品，英格兰和威尔士的其他地方有 28.5 万儿童得到此类食品。[①]

　　此外，英国还制定和实施住房立法。1875 年、1879 年和 1882 年的住房立法主要是针对工人住房条件的，要求雇主改善工人的居住条件和卫生条件，这些住房法实际上应该被看作工厂法的一部分。真正意义的住房法是 1890 年《住房法》，它规定地方政府可以为其居民建造房屋，从而打破了以前住房只能由私人或住宅

① Pat Thane, *The Foundation of the Welfare State*, London: Longman, 1983, p. 75.

公司建造的惯例，住房成为社会福利的重要组成部分。1909 年英
国颁布《市政计划法》，该法主要涉及市政建设的规划，住房方面
主要是规定政府有权没收质量低劣的房屋。整体来说，住房立法
在这一时期的英国现代社会保障制度中不居重要地位，住房紧张
局面并没有得到根本好转，1913 年仅伯明翰就有 20 万人住在 43366
所拥挤不堪的房子中，其中 4.2 万所房子没有单独的供水和排水
设备。[①]

三 英国社会各阶层的作用与影响

现代社会保障制度的建立涉及社会各阶层的利益，他们必然做
出各自的反应，不同的反应又将在很大程度上影响其在社会保障制
度建立过程中所发挥的作用。因此，要想全面、客观地评价 1870 ~
1914 年英国社会各阶层在现代社会保障制度建立过程中所发挥的作
用，就必须深入全面地考察他们对各种社会立法的不同反应。

工人阶级总体上要求和支持建立现代社会保障制度。[②] 1907 年
工会联合会明确宣布，其已经暂时解决了自身法律地位及工伤赔
偿问题，现在鼓励会员参与和支持下列社会改革，养老金制度、

---

① Eric Hopkins, *A Social History of the English Working Class 1815 - 1945*, London: Edward Arnold Ltd. , 1984, p. 113.

② 关于工人阶级与英国现代社会保障制度建立的关系，英国学者一般认为：“不列颠福利国家的建立和发展与工人阶级的角色及影响的变化紧密相连。”亨利·佩林在 1968 年发表的《工人阶级和福利国家》一文中指出，这种观点是不正确的，直到像养老金和国民保险这类立法出现后，工人阶级中的大部分至少对国家福利持敌视或无所谓态度。提倡福利改革的劳工政治家们自己都是中产阶级。J. R. 海也提出了类似的观点，他认为：“英国工人阶级对国家福利的态度与观点是十分复杂和矛盾的，他们对社会改革进程的影响尽管绝不是一种无足轻重的因素，但也不是这种社会改革的唯一直接的原因。”1984 年，帕特·塞恩发表了《工人阶级和不列颠福利国家（1880 ~ 1914）》一文，认为工人对自由党政治家的政策和行动在很大程度上持怀疑态度，因为他们认为这些政策太迟了而且太有“侵犯性”，对工人阶级的独立是一种威胁。总体上说，大多数的贫穷工人对任何可以减轻其生活困难的措施都表示欢迎。参见丁建定《工人阶级与英国现代社会保障制度的建立》，《河南大学学报》（社会科学版）2001 年第 6 期。

失业制度、国家保险、济贫法的修正、工人阶级的住房、八小时
工作日及禁止超额劳动。但是，当深入考察英国工人对一些社会
保障立法的具体反应时，工会联合会发现，工人阶级内部对许多
问题存在不同甚至根本对立的看法。大多数工人认为八小时工作
日是有利的，因而支持这方面的立法，也有一些地方的工人持不
同意见，伯明翰机械工会第四分会在讨论这一问题时，只有 8 人支
持，反对者却有 27 人。查塔姆地方工会也认为现在不是实行八小
时工作日的时候。在实现八小时工作日的手段问题上也存在明显
的分歧，一些工人主张 "最好通过议会立法而获得"，另一些工人
则认为应通过 "工会联合会的进一步发展来实现"，也有些工人呼
吁通过罢工以促成其早日实现，更有一些工人 "怀疑现在开始举
行暴动是不是一种良好的选择"。[1]在养老金问题上工人中的分歧也
很大，一些人支持养老金制度，但认为不应该让个人缴纳养老金
费用；另一些人则认为必须施行缴纳费用的养老金制度，否则，
就会刺伤那些为确保老有所养而生活节俭者的心，还有可能鼓励
懒惰。有些工人坚决反对养老金制度，认为 "它是破坏工人运动，
维持社会不平等的工具"。[2] 在国民保险法方面，"工人反对任何从
工人工资中扣除保险费的规定"，工党领导人哈定认为国民保险制
度 "没有触及贫困的根源——资本主义制度"，因而予以坚决反
对。工会极端分子伯洛克对国民保险法的强制性规定十分厌恶，
他把国民保险法看作 "走向奴隶制国家的一步"，是资本家 "进一
步加固被他们剥削的工资奴隶们身上的枷锁"，"工人在所谓的国
家资助下被欺骗了"。此外，有些工人还对一些社会立法进行抵
制。1900 年英国工人代表委员会的选举纲领之一就是争取强制性
儿童免疫法的废除，仅 1892 年一年就有 86194 起工人违反《教育
法》不让自己的孩子上学的案例。

　　工人阶级对建立现代社会保障制度做出如此不同反应的原因

---

[1]　J. R. Hay, *The Development of the British Welfare State*, *1880 – 1975*, London：Edward Arnold Ltd. , 1978, pp. 14 – 21.

[2]　C. P. Hill, *British Economic and Social History*, *1700 –1982*, London：Edward Arnold Ltd. , 1985, p. 95.

主要有两个。从政治上讲，一些工人尤其是工人领袖对社会保障制度的作用认识不当甚至错误，他们仅仅把社会保障制度看作资产阶级欺骗人民、分化瓦解工人运动的手段，不理解社会保障制度是工业社会发展的必然结果，认识不到社会保障制度在减轻工人贫困、促进工人生活和健康条件改善方面的重要作用。从经济上说，贫困是工人对一些社会保障措施持抵制和反对态度的重要原因，贫困使许多工人无力缴纳社会保障方面所需的费用，因而他们对需要缴纳费用的社会保障项目表示反对。贫困使儿童的劳动对家庭具有特别的意义，一些工人不得不违反《工厂法》《教育法》及《儿童保护法》，让未成年的子女弃学挣钱。因此，当我们评价英国工人阶级在现代社会保障制度建立过程中的作用时，必须考虑他们对不同社会保障立法的具体看法和观点。笔者认为，英国学者海的观点不无道理，他说："工人阶级对国家福利的态度是复杂的和矛盾的，他们对社会改革进程的影响绝不是那些改革的唯一直接原因，尽管这些影响也绝不是不重要的。"

一些雇主对建立现代社会保障制度做出了比较积极的反应，大工业区的雇主更加明显。他们对贫民表示某种程度的同情，认为国家应该关心民众的疾苦。1905年伯明翰商会就指出："那些不是由于他们自己的原因而失业的工人是国家的财富，不让他们变成贫民是国家义不容辞的责任。"亚历山大造船厂厂长麦考莱认为："对不幸者及贫民的关心应该成为每一个市民的直接义务。"他们呼吁建立比较全面的社会保障制度，伯明翰商会主张建立劳工介绍所，并把它作为有关失业的国家性法规颁布以使其成为解决失业问题的一项重要措施，该商会还认为应该推行社会保险，因为"社会保险不仅对个人而且对国家都是有利的"，"国家未来的工业效益很大程度上依靠这种比较可行的解决问题的办法"。格拉斯哥船主亨德逊认为应该把工伤事故赔偿和社会保险一起实行，推行工伤事故保险。利弗勋爵甚至认为凡是影响工人和职员工作环境的一切方面都应该被纳入社会保障制度的范围。还有一些雇主对建立社会保障制度提出了一些具体的建议，例如，史密斯爵士建议失业保险应与法院分开，以免使失业工人的自尊心受到伤害；布朗建议把机械工人排除在失业保险之外，因为他们是收入较好的工人。

雇主阶级对社会保障制度表现出异乎寻常的热情当然有其原因和目的。他们认为，如果工商业者和国家对社会保障持消极或无视态度，那么，"工党的观点和主张就会在全国范围内得以传播并被采纳，最终使工商业者不得不屈服于工党"。① 更重要的是，随着工业社会的发展，一些雇主对诸如工人福利之类的社会保障措施的认识也发生了变化，社会福利不再被看作一种仅对工人有利的做法，而是被看作工业社会发展的必然结果和提高工业生产效益的需要，是一种对工人、社会、国家都有利的举措。

资产阶级上层统治者的态度在一定程度上关系到现代社会保障制度的命运。英国上层统治阶级对建立现代社会保障制度问题的认识存在分歧，但是确有一些重要的政治人物对社会问题具有比较客观的认识并主张建立现代社会保障制度。劳合·乔治是最突出的代表，他认为贫困的原因是许多人工资低、失业、年老和生病，甚至认为英国的土地制度也与贫困有关，他主张"国家的多余财富首先应该分给那些无法生活的正直的人们"。1908 年，他就任财政大臣后，推行人民预算制度，为自由党更广泛地制定社会保险立法准备财政基础。他亲赴德国考察社会保险立法，认为英国也应该推行这一制度。1911 年当《国民健康保险法》遭到反对时，他竭尽全力进行呼吁，寻求各方支持，终于使这项具有开创意义的社会立法得以顺利通过。

温斯顿·丘吉尔主张建立劳工介绍所，实行有组织的就业，以减少因盲目流动而带来的劳动力的损失，并把劳工介绍所制度看作失业保险制度的基础和前奏。他极力主张建立社会保障制度，并呼吁国会重视社会保障立法工作。他说："我相信本届议会将会倾其所能来对付社会问题，这些问题正在损害我们国家的幸福和荣誉，并将对我们国民的生活和力量产生致命的影响。"在争取失业保险法实施过程中，丘吉尔做了许多工作，他劝说人们："做出

---

① J. R. Hay, *The Development of the British Welfare State*, *1880 – 1975*, London: Edward Arnold Ltd., 1978, pp. 2 –38.

一点点的牺牲，家庭就可以抵御那些可把他们永远置于贫困状态的各种灾难。"①

初为自由党人后为保守党领袖的约瑟夫·张伯伦对社会保障也表示关注和支持。当看到许多人因失业而移民时，他希望能在国内为他们找到工作而不致使他们无奈地移民他国。他对教育立法特别关心，认为教育立法不仅仅对儿童有益，对社会也有利，是最有用的社会福利之一。社会理应承担教育费用，而不应由个人承担，因为许多人很贫穷，能让孩子放弃工作走进学校已属不易，再让他们交钱是不可能的。

此外，阿斯奎斯、贝尔福、巴克斯顿等也都不同程度地主张建立现代社会保障制度。资产阶级上层人物支持建立现代社会保障制度的目的当然主要是维护其自身的统治，不过，作为颇具影响的政治人物，他们对建立现代社会保障制度所采取的支持态度，客观上有利于这一制度的顺利实施。

知识分子对英国现代社会保障制度的建立发挥了重要作用。他们积极从事社会调查，为现代社会保障制度的建立提供有价值的资料。这一时期最著名的调查有：布思在伦敦的调查，鲍利在南安普顿、沃灵顿、斯坦利及雷丁的调查，曼恩在贝德福德郡的调查，巴克斯顿在牛津郡的调查以及朗特利在约克城的调查和对全国农村的抽样调查。这些调查资料连同这一时期至少18次政府同类调查所得资料为制定有效的社会保障制度提供了可靠的依据。

在广泛调查的基础上，他们对社会问题的原因进行了探讨。布思发现，许多人因年老、低工资和失业致贫，不合理的家庭理财以及不良的个人习惯（如赌博、酗酒等）也是造成贫困的原因。朗特利发现，在最贫困者中，51.96%是由于低工资，22.16%是由于孩子太多，15.63%是由于家庭主要挣钱者年迈和生病，2.83%是由于工作不稳定，2.31%是由于失业造成的。②

① Winston. S. Churchill, *Liberalism and the Social Problems*, New York, 1973, pp. 257 – 273.

② Pat Thane, *The Foundation of the Welfare State*, London: Longman, 1983, p. 8.

　　知识分子还提出一些很有价值的社会学、福利经济学标准和概念。布思提出了收入水平标准，据此他把当时英国的劳动阶层分为八个部分：最低层的人、有不固定收入者、有间隔性收入者、有固定收入但收入较少者、有标准收入者、收入较好者、低等中产阶级、上等中产阶级。朗特利提出了最低贫困线标准，认为一对夫妇三个孩子的标准家庭，每周收入少于 20 先令 6 便士就处于贫困状态。据此，他把约克的贫困人口分为两类：一类是收入低于最低贫困线标准的最贫困者；另一类是收入接近贫困线的次贫困者。韦伯夫妇还提出了最低生活标准的概念。

　　此外，知识分子群体还提出了各种建议和方案。B. 韦伯在1909 年关于济贫法的报告中建议取消《济贫法》，济贫委员会的权力转归各郡的委员会，儿童福利由教育委员会负责，老年及疾病问题由健康委员会负责，失业由国家采取统一对策，并指定一名大臣专门负责。经济学家马歇尔建议，为了防止失业和疾病保险者的装病和懒惰行为，应该让工人也参加社会保险的管理工作。教育工作者麦克米伦建议政府通过法令在学校为贫困儿童提供免费食品。马特兰则积极要求在学校建立医务所，为学生提供医疗保健服务。

四　现代社会保障制度建立的历史地位①

　　1870～1914 年英国的社会改革以及所颁布和实施的社会福利

---

① 关于 1870～1914 年英国所颁布和实施的一系列社会立法的历史地位问题，以往英国学者大多认为它奠定了英国福利国家的基础。近年来，一些学者对这种观点提出了不同的看法。希尔认为："事实上，这些立法在后来被称为不列颠福利国家发展中的一个开端。"罗伊尔在分析了这一时期英国的社会立法的特点之后认为："它们涉及了新领域但仍与旧原则连在一起，因此具有混合性和局限性。"霍普金斯认为，这些立法的范围太窄，"对福利国家不可能有真正的影响，改革本身也具有许多局限性，它并没有奠定英国福利国家的基础，唯一可以肯定的是，不管这些立法多么有限，它们的确是一种制度的开端，这类社会立法所提供的社会福利对于福利国家来说只是最基本的"。参见丁建定《从济贫到社会保险》，中国社会科学出版社，2000，第 10～12 页。

立法，是英国社会福利制度的一次根本性转变，它建立了一种新型的社会保障制度。现代社会保障制度的一些基本原则的确立标志着英国现代社会保障制度的初步建立。

首先，1870～1914年的社会改革，实现了从济贫法制度到社会保险制度的转变。这种转变不仅仅是一种形式上的变化，更重要的是一种根本性质的转变，它在英国建立起一种以社会保险为核心内容的新型社会保障制度，即现代社会保障制度。

1601年伊丽莎白《济贫法》颁布后，济贫法制度一直是英国政府解决各类社会问题的一种首要的官方政策。1834年，济贫法制度进行了重大改革，其突出特点是开始实行严格的院内济贫原则，尽量减少和严格控制院外济贫。济贫法体制没有发生什么实质性变化，其仍是只有等到贫困成为现实后才实行济贫，而不是采取措施防止贫困的出现。从形式上说，这种救济带有浓重的施舍色彩，因而也就一定程度地带有对受济者人格的贬低，取得济贫津贴的人往往以名誉、基本权利的丧失为代价。在济贫法体制下，各种社会问题被混为一谈，不加区别地对待，整个济贫法成为政府包治社会百病的唯一药方，其效果很难令人满意。济贫法制度在19世纪末支出费用不断上涨，效果却越来越差，最终成为社会各界抨击的焦点，这自然是不可避免的。

1870～1914年的社会改革，在英国建立起一种新的社会保障体制，这就是社会保险制度。社会保险制度的目的不再仅仅是对贫困结果的救济，更重要的是政府通过养老金、健康保险、失业保险以及工厂法、教育法及住房法等一系列措施防止社会成员由于种种个人无法控制的原因而导致贫困，通过改善他们的劳动条件、教育水平及住房条件实现公民的健康发展，以达到最大限度地预防贫困的目的。这是社会政策的一种根本性质的变化。

在社会保险制度下，各种社会问题被视为具有一定独立性的问题，政府针对这些问题采取一定的政策与措施，一个个相对独立的社会保障立法结合在一起，相互补充、相互联系，形成一个比较严密的社会保险立法体系，构筑一个比较合理、科学、完善的社会保障网络，从而有可能更加有效地解决各种社会问题。在社会保险制度下，社会问题产生的原因不再主要地被视为个人的责任，而被认为是社会的责任，因此，贫困不再成为一种耻辱，领取各种社会保险及福利津贴成为公民的一种权利，而不是社会对个人的一种施舍，公民领取社会保险和福利津贴第一次可以被表述为"享受"社会福利和社会保险津贴。在社会保险制度下，政府不再是社会保障费用的唯一承担者，社会成员同样要承担一定数额的社会保障费用，这不仅解决了济贫体制下济贫费用仅仅依靠政府财政而带来的弊端，即一方面政府财政支出不断扩大，另一方面这笔支出又远远不能满足社会的需要，交费性规定使社会保险制度所需要的费用以及它所提供的各项社会福利建立在一种更加坚实的财政基础上。此外，由于普通民众需要缴纳费用才能享受相关的社会福利，这就使他们既有一种权利感，也有一种责任感。

其次，1870~1914年的社会改革使英国社会大多数人对社会问题的认识、对国家职责的认识以及对社会保障制度的目的和作用的认识都发生了根本性的转变。英国自工业社会形成以后，一直是一个推崇自由主义的国家，个人主义成为自由主义的一个主要组成部分，国家应该尽量少地干预经济与社会生活。在这样一种社会观念中，个人的成功主要归因于个人的努力，同样，贫困也被认为主要是由个人的原因造成的，个人的不良习惯、品行等被视为造成贫困的主要原因。基于此，英国社会大多数人也认为，既然贫困主要是由个人的因素造成的，既然国家应该尽量少地干预经济与社会生活，那么，贫困问题的解决也应该主要依靠个人、依靠自助、依靠个人所结成的团体互助，国家对贫困不承担责任，也就没有必要采取措施，反之，就有可能破坏这种自由主义的传统与原则，甚至造成个人对国家的依赖，不利于个人能动性的充分发挥，还可能进一步导致懒惰等个人不良品行的滋生和蔓延。

1870年后，随着社会问题的日益严重，人们对社会问题及国家职责的认识逐渐发生了变化。贫困、失业、健康状况恶化等一系列社会问题不再被认为主要是由个人品行造成的，而被认为是由社会的原因造成的，社会经济生活的变化是导致社会问题日益严重的主要原因，对于这方面的变化社会成员个人很难控制，只能被动地面对其所带来的各种困难。既然社会问题主要是由个人无法控制的社会原因造成的，社会理应对此承担责任，作为社会最高组织形式的国家理应采取措施，尽量防止和减少社会问题发生。为其全体成员提供一整套有效的社会保障制度，这是国家的职责，随着现代工业社会的发展，国家的这一职责应该不断扩大。

伴随着对社会问题的原因及国家职责的认识的变化，英国社会对社会保障制度的目的和作用的认识也发生了根本转变。19世纪70年代前，济贫法制度带有明显的惩罚性，这在济贫法早期历史上更加明显。工业革命后的新济贫法虽然开始为体弱、年老、失去工作能力者提供院内救济，但是，这种救济不仅数量少，而且以受济者丧失各种权利为代价，实际上仍然是一种惩罚性的救济措施。至于对那些身体健壮的贫困者，不论由于什么原因，很少给予救济，或者实行有限的院外救济。1870年以后，社会政策不再以惩罚性为目的，而是变成一种维护社会安定、保证社会和谐发展、提高国民素质的重要手段。上述认识方面的根本变化，极大地促进了新型社会保障制度在英国的建立，并成为现代社会保障思想的重要内容。

最后，1870～1914年英国的社会改革，特别是1906年后自由党政府的一系列社会保障立法确立了现代社会保障制度的一些基本原则。这些基本原则主要有如下几点。

（1）权利与义务相结合原则。国家应该为其成员提供有效的社会保障，这是国家的职责，也是公民的权利。同时，公民也应该对社会保障制度承担一定的义务，因为公民是社会保障制度的直接受益人，这种义务主要以公民缴纳一定数量或比例的社会保障费用的形式体现出来。

（2）强制性原则。虽然社会保障制度对社会成员有益，但是，由于社会成员应该承担一定的义务，这就涉及社会保障制度的长远利益与社会成员眼前利益之间的冲突，在这两者发生冲突时，的确有一部分社会成员由于种种原因宁愿选择眼前利益，而不是选择长远利益。因此，推行社会保障制度必须在一些主要措施如养老金、健康保险、失业保险等方面实行强制性原则。

（3）单方责任与共同责任原则。工伤一类问题的主要责任应该由雇主方面承担，因而，在推行工伤赔偿制度时应该实行单方责任原则，由雇主单方承担对受伤雇工的赔偿。在失业、健康等问题上，国家、雇主及雇工都应承担一定的责任与义务，因而实行共同责任原则。上述原则成为英国乃至整个西方资本主义国家建立现代社会保障制度过程中所遵循的普遍原则。

五 现代社会保障制度的作用与局限性

一种新型社会保障制度建立后，其作用的发挥往往需要一个比较长的历史时期。英国现代社会保障制度建立后不过 3 年时间即爆发了第一次世界大战，所以刚刚建立的英国现代社会保障制度几乎没有时间去充分发挥其作用。但是，从一系列不甚系统的数字与事实中依然可以看到这种制度已经逐渐开始产生效果。

养老金健康保险和失业保险制度的实施，缓解了一部分人因年老、疾病和失业可能带来的贫困，他们可以在养老、健康保险和失业保险制度下得到一定的津贴，使他们不至于陷入贫困而不得不接受济贫院内外的救济。因此，1909 年以后，英国接受院内外救济的贫民人数逐渐下降，1911 年后这种下降趋势更加明显，接受院内外救济的人口占总人口的比例也明显下降。例如，1906 年申请济贫法救济的 70 岁以上的老人为 229500 人，到 1913 年已下降至 57800 人，仅及前者的约 1/4，接受院内救济的 70 岁以上的老人从 61400 人下降至 49200 人，接受院外救济者从 169100 人下降至 8600 人。[1] 1900 ～ 1910 年，英国接受各种社会福利津贴（不含养老金及失业保险津贴）的人数从 584311 人增加到 622837 人。政府用于社会服务方面的开支明显增加，1870 年平均每人每年 6 先令 3 便士，1910 年增至 1 镑 9 便士，到 1920 年已达到 1 镑

---

[1]　Karel Williams, *From Pauperism to Poverty*, London, 1981, p. 207.

9 先令 5 便士。①

由于医疗技术的进步、医疗服务的开展、儿童免疫措施的实施、对孕妇及婴儿福利的推广，特别是政府采取措施改善卫生环境，英国人口死亡率及婴儿死亡率在 20 世纪初开始明显下降。1881～1914 年，英国人口死亡率从 19.4‰下降到 13.9‰，婴儿死亡率从 150‰下降到 110‰。②《工厂法》的实施使劳动保护有了一定程度的改善，工伤事故多发行业的工伤事故数量开始逐步下降。1877 年铁路行业工伤事故发生率为每 95 名工人中就有 1 人次，1895 年下降为每 195 人中有 1 人次。1873～1880 年，煤矿工人工伤事故发生率为每 446 名矿工中就有 1 人次，到 1881～1890 年下降为每 519 人中有 1 人次。③

当然 1870～1914 年的社会改革在英国建立起来的现代社会保障制度还仅仅是个开端，新制度本身在许多方面还不完善，存在明显的局限性甚至不足。这主要表现在以下几个方面。

第一，养老金制度的免费性。1908 年《养老金法》所建立起来的免费养老金制度的确为大部分老年人提供了一定的生活保障，但是，这种新兴的免费养老金制度存在先天的不足。免费的养老金制度适应了大多数收入不高或无收入者的需要，却使英国的养老金制度从一开始建立就已经违背了现代社会保障制度的最基本的原则——权利与义务相结合的原则。在这种只重权利不讲义务的原则下，必然带来两个方面的弊端。一个是养老金费用的迅速增加及政府财政负担的加重。免费养老金制度实施不久，政府已经深感财政压力，不得不在其后制定和实施的失业保险制度与健康保险制度中做出了强制性缴费的规定。另一个是免费养老金制度还有可能加重个人对政府和社会的过分依赖，不利于个人独立意识、勤俭节约等美德的发展，进而损害作为现代社会保障制度

① Peter lane, *Documents on British Economic and Social Policy*, London: Macmillan Press Ltd. , 1968, p. 75.

② Eric Hopkins, *A Social History of the English Working Class 1815 – 1945*, London: Edward Arnold Ltd. , 1984, p. 114.

③ 韦伯夫妇:《英国工会运动史》，商务印书馆，1962，第 260 页。

重要内容之一的养老金制度的社会意义和作用。这种先天性不足的养老金制度在英国实施了 17 年后不得不做出进一步的改革，1925 年英国废除了免费养老金制度，开始实行缴费的养老金制度。

第二，保障面极其有限。在养老金制度下，只有年满 70 岁以上的老人才有资格领取养老金，这使许多 70 岁以下者不可能领取养老金，而根据当时的社会调查，60 岁以上的老年人中已经有很大一部分人生活在贫困之中。在失业保险制度下，只有建筑业、造船业、机械制造业、铸铁业、车辆制造业及锯木业等所谓存在季节性与经常性失业的部门的工人才有资格参加失业保险制度，其他部门的工人则不能参加。在健康保险制度下，只有受雇佣者才能享受健康保险，没有被雇佣者则不能参加健康保险。可见，当养老金制度、失业保险制度和健康保险制度在英国开始实施时，这些新型社会保障措施的覆盖范围是十分有限的。

第三，保障水平较高。所谓保障水平是指每一项主要的社会保障措施所提供的津贴水平。英国现代社会保障制度的保障水平一开始就存在过高的问题。在免费的前提和原则下，英国的养老金制度为每一位单身老人每年提供约 200 马克的养老金，而在缴费的原则下德国每年的养老金津贴水平则为 60 马克，英国的水平高出德国两倍多。英国的健康保险制度为产妇提供的津贴为每周 30 先令，这也远远高于德国同类津贴的水平。

上述三个方面的不足，不仅影响了以社会保险制度为核心的现代社会保障制度作用的发挥，而且使得英国的现代社会保障制度在一开始建立时就已经存在一些不足，这种先天不足对英国社会保障制度后来的发展不无影响。因此，有的英国学者认为，英国社会保障制度现在所面临的问题以及所存在的弊端的根源可以追溯到 1870 ~ 1914 年这一制度建立之时。

德国社会保障制度的发展及其特点[*]

一 19世纪末20世纪初德国社会
保障制度的建立

德国是最早建立社会保险制度的国家。1881年，德国首相俾斯麦提出工伤事故保险法案，保险费用由雇主承担2/3，工人承担1/3，年收入在750马克以下的工人由国家负担其应承担的比例。工伤者须在工伤发生后的第5周才可以领取工伤保险津贴，在此之前的工伤补助由疾病互助会负担，工伤保险由德意志帝国银行办理。由于存在严重意见分歧，工伤保险法案未能获得议会通过。1882年，经过修订的工伤保险法案再次被提交给国会，修订后的法案将领取工伤保险津贴的等待期延长至13周。工伤保险的管理也由帝国银行转给雇主联合会，工伤保险津贴的25%由国家补贴。工伤保险法案再次遭遇强有力的反对，俾斯麦为比曾付出极大的努力，德国皇帝甚至为此发表圣谕，但工伤保险法案还是遭到国会否决。1884年3月6日，经过再次修改的工伤保险法案被第三次提交给议会，修改后的法案不再包含国家对工伤事故保险提供补贴等重要条款。6月27日，国会正式通过工伤保险法案，并于1885年10月起正式生效。

1882年，俾斯麦提出了疾病保险法案，法案规定，疾病保险的对象是从事工业生产的工人，不包括农业从业人员，疾病保险

　　* 本文以《德国社会保障制度的发展及其特点》为题发表于《南都学坛》2008年第5期。

费由工人承担 2/3，雇主承担 1/3，工人患病时，医疗和药品均实行免费。疾病保险法案在 1883 年 5 月 31 日以 216 票对 66 票获得通过，并于 1884 年 12 月 1 日起生效。

1888 年年底，老年和残疾社会保险法案被提交给帝国议会，法案的主要内容是工人和低级职员一律实行老年和残疾社会保险，费用由雇主和工人各负担一半，国家对领取老年和残疾保险金者每人补贴 50 马克，退休工人的收入依原工资等级和地区等级而定，年满 70 岁并缴纳 30 年以上养老保险费者可以领取老年和残疾保险津贴。申请领取残疾保险者必须证明其确实失去工作能力，并缴足 5 年保险费方可领取老年和残疾保险津贴，1889 年 5 月 24 日，德国国会以微弱多数票通过老年和残疾社会保险法，并于 1891 年 1 月 1 日开始生效。至此，德国社会保险制度正式建立。

三大社会保险法颁布以后，德国政府进一步颁布一系列其他的社会保险立法，推动社会保险制度的发展。1885 年，德国将工伤保险法的适用范围扩大到由帝国与各州举办的工业企业的工人；1886 年，进一步将其扩大到农业和林业从业者；1887 年，又将其扩大到建筑业和造船业的工人。与此同时，参加社会保险者的年收入条件也从原来的 2000 马克提高到 3000 马克。1899 年，德国颁布残疾保险法，开始对残疾人提供必要的医疗服务，根据该法规定，德国还建立了一项共同缴费基金，以便在各种社会保险机构之间实现财政的平衡，社会保险缴费的 2/5 被用于建立该项基金，该措施被认为是德国社会保险财政中央集权化的开端。[1]

1903 年的一项关于疾病保险的修正案又将疾病保险津贴的领取时限从 13 周提高到 26 周。随着德国社会保险立法的发展，各种社会保险法被整合成为一部简明的社会保险综合法的机会逐渐成熟，1911 年，德国颁布社会保险法典，宣布该法典从 1912 年 1 月 1 日起在养老保险制度中开始生效，从 1913 年 1 月 1 日起在工伤保险制度中开始生效，从 1914 年 1 月 1 日起在疾病保险制度中开

---

① Peter A. Kohler, *The Evolution of the Social Insurance*, *1881 – 1981*, *Studies of Germany*, *France*, *Great Britain*, *Austria and Swithland*, New York, 1982, p. 33.

始生效。根据 1919 年社会保险法典，强制性疾病保险的适用范围
将扩大到农业工人、佣人、零工、家庭雇佣者以及流动小商贩，
强制性疾病保险的收入条件被确定为年收入不超过 2500 马克，工
伤事故保险的收入条件被确定为年收入不超过 5000 马克。该法典
结束了 8500 个社区疾病保险组织，并将其转为地方疾病保险组
织，而且农业工人社会保险组织得以建立起来。各种保险机构的
主席应由雇主与雇员多数选举产生，各种保险机构实行统一化，
较低层次的社会保险管理部门为保险办公室，高层次的社会保险
管理部门为高层社会保险局，以此取代以前的各种社会保险仲裁
机构。

　　1911 年，德国还通过了雇员保险法，该法覆盖年收入在 2000 ~
5000 马克的雇员，雇员保险的费用由雇主和雇员各承担一半，雇
员保险的缴费率高于工人保险缴费率，雇员退休年龄为 65 岁而不
是老年和残疾保险的 70 岁，雇员保险还提供不附带条件的寡妇年
金和比较宽松的残疾保险，还为孤儿提供年金至 18 岁而不是老年
和残疾保险所规定的 15 岁。

　　一系列社会保险法的颁布实施，促进了德国社会保险制度的
建立和发展。1885 ~ 1914 年，德国疾病保险制度的参加者从 430
万人增加到 1560 万人，1882 ~ 1907 年，德国依靠养老金为生的人
数从 81 万人增长到 230 万人，同期，70 岁以上男性老人继续接受
雇佣的比例从 47.3% 下降到 39%，60 ~ 70 岁者继续接受雇佣的比
例也从 78.9% 下降到 71.2%。①

　　可见，19 世纪末 20 世纪初是德国社会保险制度建立的时期，
也是德国现代社会保障制度建立的时期，三大社会保险立法奠定
了德国社会保险制度的基础，社会保险法典的颁布实施使得德国
社会保障制度的发展一开始就走上统一化的道路，从而奠定了德
国社会保障制度统一化发展道路的基础。

---

① Gerhard A. Ritter, *Social Welfare in Germany and Britain*, *Origins and Development*, New York, 1986, p. 119.

二 20 世纪 20～30 年代德国社会
保障制度的变化

1919 年颁布的魏玛宪法第 161 条对社会保险做出明确规定：为保持健康及工作能力，保护产妇及预防因老年和疾病导致的生活困难，联邦应该建立综合社会保险制度。宪法第 129 条还规定官吏的养老金和遗属抚养金另以法律规定。[1]魏玛宪法对德国社会保障制度的初步发展产生了直接的促进作用。1883～1918 年，德国平均每年通过 1 部社会保险立法；1919～1932 年，德国平均每年通过 6 部社会保险立法，其中 1921 年通过 12 部，1922 年通过 21 部，1923 年通过 16 部。[2]

社会保险制度的受益对象范围明显扩大，被保险人的家庭成员可以得到社会保险津贴。在残疾保险中，子女津贴由第一次世界大战前的每月 2 马克提高到 10 马克。在工伤保险中，每位被保险人在遭受工伤后其子女有权领取相当于被保险人工伤保险津贴 10% 的补贴。医疗保险开始对被保险人家属提供全面的医疗保障，病假工资不仅对工作日而且对星期日和节假日支付，所有生育妇女无论是否为被保险人家属，均可获得生育津贴和产假补助。

德国养老保险的适用范围得以扩展，津贴标准有所提高。家庭手工业作坊中的雇员开始被纳入养老保险制度适用范围，养老金津贴标准由第一次世界大战前的每年平均 180 马克提高到 1929 年的每年 400～700 马克。根据工龄长短，工人每月 33～58 马克，职员每月 65～70 马克，养老金制度参加者在死亡后，妻子享受其亡夫原来养老金的标准由 3/10 提高到 3/5，孤儿可享受的标准由 1/5 提高到 1/2，孤儿年金的领取年龄在 1923 年由 16 岁延长到 18

① 姜士林等主编《世界宪法全书》，青岛出版社，1997，第 813～822 页。
② Peter A. Kohler, *The Evolution of the Social Insurance, 1881－1981, Studies of Germany, France, Great Britain, Austria and Swithland*, New York, 1982, p.44.

岁，后来，接受教育中的孤儿的领取年龄延长到 21 岁。[1]

德国工伤保险的覆盖面也得以扩展。自 1925 年开始，工伤保险不仅适用于劳动过程中的伤害，而且适用于上下班途中以及看护劳动工具过程中发生的事故。1925～1929 年，纳入工伤保险制度的职业病种类从 11 种增加到 21 种。1923 年，德国专门颁布了《矿工保险法》，建立全国性矿工保险基金，对从事矿业工作的所有雇主和雇员提供疾病和养老保险津贴，矿工工伤保险由矿工保险基金协会提供。

失业保险制度也开始建立。1927 年，德国颁布《劳动介绍和失业保险法》，并于同年 10 月 1 日起开始生效。该法规定废除以往的失业救济，实行失业保险制度，失业保险缴费率为雇员工资的 3%，由雇主和雇员各承担一半，并通过疾病保险基金筹集，国家对失业保险收支之间的差额提供财政平衡，失业保险津贴标准依据工资等级确定，基本标准相当于被保险人失业前工资的 50%～80%，失业保险的领取时限为 26 周，此后失业者可以领取危机救济金，其标准根据个人需要确定，由公共救济基金承担，公共救济基金由国家财政承担 4/5，地方财政承担 1/5。

德国政府将建立社会救助制度放在重要的位置。1919 年，对伤兵的救助责任由军方转向国家劳动部。1920 年，正式将战争伤兵的救助纳入整个社会保障体系。1924 年相关运令推进社会救助制度的建立，接受救济者不再被剥夺政治权利，助人自助的社会救助基本原则开始实施，社会救助的基本标准是满足基本需要原则，而不再是满足生存必需的原则，获得救济的基本条件是个人收入低于工人平均工资的 1/4。为保障养老金领取者的生活水平，德国还实行养老金领取者福利救济制度，1929 年，有 30% 的城镇养老金领取者和 22% 的农村养老金领取者领取此类补充性福利救济。

1929 年开始的经济危机对德国经济和社会产生极大影响。经

---

[1] 李工真：《德国魏玛时代社会福利政策的扩展与危机》，《武汉大学学报》1997 年第 2 期。

济危机使德国社会保障制度处于极度不稳定状态，1930 年，德国政府发布 5 次紧急法令，1931 年，发布 44 次紧急法令，1932 年，发布 66 次紧急法令，①实施社会保障紧缩政策。降低失业保险和救济支出成为魏玛共和国后期德国政府的首选政策，1929 年，德国通过失业保险法修正案，将失业保险缴费率提高到相当于工资的 3.5%，1930 年 7 月，又将失业保险缴费率提高到 4.5%，10 月提高到 6.5%；缩短失业保险津贴领取期限，延长领取失业保险津贴的等待期，领取失业保险津贴的时限由 1927 年的 26 周减少到 1932 年的 6 周，危机救济金领取时限由 39 周减少为 32 周，失业保险津贴领取的等待期为失业后 3 周；降低失业保险津贴标准，1931 年 6 月，德国将失业保险津贴标准降低了 14.3%，1932 年 6 月，又将失业保险津贴标准降低了 23%，危机救济金标准降低了 10%。

在其他社会保障领域，德国政府同样采取紧缩性社会保障政策。1930 年，领取疾病保险津贴的等待期为 3 天，1931 年，取消所有免费性医疗项目和疾病预防支出。工伤事故保险不再对上下班途中所发生的事故提供津贴，就业能力丧失程度不及 20%（以前为 10%）者不能领取工伤保险津贴，其他工伤保险津贴标准降到 15%，养老金制度中的儿童津贴标准由每人每月 10 马克减少到 7.5 马克，寡妇年金标准由亡夫工资的 3/5 减少为 1/2，孤儿年金由 1/2 减少为 2/5，15 岁以上孤儿不再享受孤儿年金。②

德国政府的社会保障紧缩政策收效甚微，且伤及广大德国民众的利益。1929～1932 年，德国失业工人每周可领取的救济金从 6 马克到 10 马克 50 分尼下降到住在大城市的失业者每月 16 马克 44 分尼；住在中等城市的失业者每月 14 马克 36 分尼；住在小城市的失业者每月 13 马克 14 分尼。德国人口的 1/4 即 1500 万～2000 万人平均每月依靠 15 马克生活。③ 这势必引起德国民众的强烈不满，导致德国社会的极度动荡。1933 年，德国民族社会主义党上

① 洛赫：《德国史》（中册），三联书店，1976，第 823 页。
② 李工真：《德国魏玛时代社会福利政策的扩展与危机》，《武汉大学学报》1997 年第 2 期。
③ 洛赫：《德国史》（中册），三联书店，1976，第 819～820 页。

台执政，开始清理社会保障管理机构中的工人或工会代表，为其在社会保障制度中建立法西斯中央集权管理做准备。

1933 年 5 月，法西斯通过一项法令，宣布重建专业化的国民服务，并因此取消了 2500～4000 人的疾病保险资格。接着，法西斯政府开始取消德国社会保障自治性管理体制。1933 年 5 月，法西斯政府宣布停止社会保障自治管理，1934 年的重构法正式废除社会保障自治管理体制，社会保险机构由国家指派的经理掌控，经理向政府监督部门负责，社会保障管理中的各种自治团体全部解散，仅保留一个咨询机构协助经理工作。这样，高度中央集权的社会保障管理体制建立起来。

值得指出的是，德国法西斯政府在强化社会保障中央集权管理的同时，也采取了一系列措施推进德国社会保障制度的发展。一些社会保险制度的适用范围进一步扩大。1937 年，德国政府宣布，所有 40 岁以下的城市居民有权参加自愿性年金保险；1938年，德国通过手工业者养老金法，将强制性老年和残疾保险的适用范围扩大到大部分自我雇佣的手工业者，自我雇佣的手工业者须向雇员保险基金缴费，除非他们已经向私营人寿保险缴纳达到该法规定的费用；1939 年，强制工伤保险的适用范围扩大到所有的农业从业者及其妻子；1941 年，疾病保险和养老金制度的适用范围扩大到自我雇佣者，如艺术工作者、家庭作坊雇员以及佣人；1942 年，废除了工伤受害者必须证明其确实受到工伤方可领取工伤保险津贴的规定。

德国法西斯政府还加强社会保障的财政平衡并对社会保险提供财政补贴。1933 年，国家开始对工人年金保险提供补贴。1937年，国家开始对雇员保险提供补贴，并对年金保险基金提供国家担保。德国经济开始恢复、失业人数下降使得失业保险基金大量沉淀，1938 年，德国政府开始采取措施，实现失业保险向年金保险输送基金，当年，工人保险缴费中的 18% 和雇员保险缴费中的 25% 被输送到年金保险基金。1942 年，德国社会保险缴费方式不再实行以往的印花制度，开始实行直接从工资中扣除的新制度，所有各项社会保险缴费统一通过疾病保险项目扣除，缴费水平和工资税的计算基础实现了标准化。法西斯政府还开始提升在经济危机时期被降低了的社会保险津贴标准。医疗服务的期限被废除，1942年，孕妇可以在生育前后获得6周的孕妇补贴代替工资，养老金津贴标准开始根据工资而不是缴费数量确定。

综上所述，两次世界大战之间是德国社会保障制度发展的特殊时期，魏玛宪法的颁布实施促进了德国社会保障制度的初步发展，1929年的经济危机使德国社会保障制度发展处于极度不稳定状态，法西斯政府时期，德国社会保障管理体制发生深刻变化的同时，其整个社会保障制度还是取得一定程度的发展。

三　第二次世界大战后德国社会保障制度的快速发展

1949年，德国颁布社会保险调整法，废除了战时乃至战前的一些特殊法令，调整了社会保险津贴尤其是提高了养老金津贴，实行每周50马克（寡妇为40马克）的最低养老金标准，同时，在工人养老保险中推行无条件的寡妇养老金，并且将残疾标准从原来的丧失收入能力2/3降低到1/2。养老保险缴费率从5.6%提高到10%，失业保险缴费率从6.5%降低到4%，取消国家对失业保险的补贴，疾病保险缴费由雇主与雇员平均分担，而在此之前，雇主仅承担1/3。

此后的一系列社会保险法极大地推动了德国社会保障制度恢复与重建的步伐。在提高社会保障津贴标准方面，1951年，通过了养老金提高法和生活费用补贴法；1952年，通过了疾病保险津贴提高法；1953年，通过了疾病保险津贴提高法和基本补贴提高法。在有关特殊群体的社会保障法律地位方面，1950年，通过了战俘返家人员法和联邦养老金法；1953年，通过了严重残疾人员法，这些法律对战争伤残人员的养老金做出规定。1952年通过的战争负担公平化法，不仅对因战争造成的财产损失提供赔偿，而且对养老金损失提供赔偿。

德国还通过一系列法令，恢复和重建了民主与自治性的社会保障管理体制。1951 年，德国通过社会保障自治管理法，该法因袭德国社会保障管理中的自治传统，将社会保障管理重新恢复为各种社会保险协会的自我管理，原来由不同利益群体代表合作管理社会保险事务的原则不再使用，改为实行由各社会保险协会中的被保险人与雇主代表合作管理原则，社会保险协会中的代表由选举产生，并由代表选举产生执行机构。

1953 年以后的 10 年，德国社会保障制度发展的主要特点呈现强化国家干预，推进综合性社会保障，逐步走向福利国家的趋势。20 世纪 50～60 年代初期，德国通过一系列法令，逐步完善各种社会保险制度。在养老金方面，1957 年，德国政府颁布战后具有重要影响的养老金改革法，其主要内容是：养老金开始与在职人员工资增长挂钩。社会保障咨询委员会每隔一段时期将依据工资情况调整养老金标准。该法规定，残疾人保险分为残疾和失去就业能力者保险两部分，残疾人养老金领取年龄延长至 55 岁，旨在促进健康和就业机会的补充津贴的标准得以提高。该法还规定，失业 1 年后达到 60 岁者可以退休，丈夫在 1949 年以前死亡的寡妇无条件享受寡妇年金，在持续 20 年的大部分时间缴纳社会保险费的妇女可以在 60 岁退休。养老保险的财政体制也发生了变化，养老保险基金积累必须满足 1 年的养老金支付需要，养老金缴费率从 11% 提高到 14%，失业保险缴费率则从 3% 降低到 2%，国家在不提高其在养老保险基金支出中的比例的前提下增加对养老保险基金的补贴。

在手工业者社会保险方面，1956 年，德国对手工业者保险法进行了修改，规定手工业者保险费财政收入与支出要分开，同时，在手工业者保险中实行不同类型的缴费印花。1960 年手工业者保险法对该项社会保险做出较大改革，取消了手工业者可以在社会保险和私营保险之间选择的做法，将所有手工业者的强制保险限制到 18 年，法令只保证手工业者的基本保障，工人保险制度开始对手工业者补充保险承担责任。

德国还推进工伤事故保险和疾病保险制度的发展。1963 年工伤事故保险改革法强调工伤事故预防的重要性，在拓展职业病赔偿的可能性的同时，扩大了康复、职业咨询的可能性。工伤事故保险津贴标准将依照工资变化情况进行调整，联邦政府必须定期向议会提交工伤事故预防情况报告。

德国还通过一系列法令，逐步建立起比较完善的社会救助制度。在家庭补贴方面，1954 年，德国实施家庭补贴法，给被雇用者提供从第 3 个孩子开始的家庭补贴，家庭补贴的财政来源于雇主缴费。1961 年，德国规定从第 2 个孩子开始提供家庭补贴。1964 年，德国对家庭补贴制度进行调整，联邦政府开始承担家庭补贴的费用，并在联邦劳工局建立家庭补贴机构。德国家庭补贴制度被逐步建立并完善起来。

在老年人社会救助方面，1957 年，德国实施老年农场主救助法，规定当农场被转给继承人或出租时，老年农场主将获得老年补贴，老年农场主只要证明自己曾经是一个农场主就可以得到老年补贴而不需缴纳任何费用。与此同时，农场主协会开始建立农场主养老金制度，老年农场主养老金的费用来源于农场主缴费，并很快得到联邦财政日益增长的财政补贴。1963 年，德国开始对失去工作能力且年龄近于老年者提供老年补贴；1965 年，又采取一些保护老年人收入能力的措施，并用工作性救济代替一部分现金救济。此外，1961 年，德国还通过联邦社会救助法规定，社会福利与社会救助的目的是使那些需要帮助者过上一种具有人类尊严的生活，社会救助实行国家补贴和个人化原则，不仅提供现金补贴而且强调实物性补贴。

可见，20 世纪 50 ~ 60 年代中期，德国的社会保障制度存在一种强烈的国家干预并具有逐步走向福利国家的趋势。1957 ~ 1961 年，德国疾病保险参与率从 90% 提高到 100%。1963 年，德国公共社会支出占国民生产总值的比例为 17.1%，高于英国与瑞典等福利国家。20 世纪 50 年代末，德国人平均收入的 12% ~ 13% 被用于缴纳社会保障。正如里姆林格所指出的那样，阿登纳时代（1949 ~ 1963 年任总理）结束的德意志联邦共和国"实际上是一个福利国家"。[①]

---

① Gaston V. Rimlinger, *Welfare Policy*, *Industrialization in Europe*, *America and Russia*, New York, 1971, p. 184.

　　20 世纪 60 年代中期以后，德国社会保障制度呈现既发展也改革的特点。1963 年，艾哈德当选联邦德国总理，在其施政宣言中明确指出：社会立法必须进行彻底评估，并宣布进行社会公平的官方调查。1965～1966 年，德国经济出现短暂的萎缩，这使得德国社会保障财政开始面临压力，德国社会开始讨论如何保持社会保障与经济发展的协调。1966 年，社会公平调查委员会提交的一份报告开始对疾病保险与养老金制度进行经济学分析，政府认为，必须通过降低社会保险津贴标准并提高社会保险缴费率来应对社会保障制度的财政压力。1967 年，德国通过财政修正法，降低国家对养老金的补贴，分阶段提高养老金缴费率。1968 年提高到15%，1969 年提高到 16%，1970 年提高到 17%。[①]

　　与此同时，政府还采取其他一些措施以维护养老金的财政稳定与公平。如停止已婚妇女补偿性养老金缴费，在养老金制度中实行长期财政计划，政府每年提出一项 15 年期的养老金财政综合测算，养老金最低储备金必须满足 3 个月的养老金支付需要。为解决因雇员养老金参加者增长快于工人养老金参加者所导致的不公平问题，1964 年，德国政府规定，当工人养老金津贴标准低于雇员养老金标准时，由国家对工人养老金予以补贴。1969 年，德国实施养老金财政赤字公平分担制度，当某个养老金机构的基金支出超过一定比例时，实行直接公平化支付，以维护各类养老金之间的财政公平。

　　在疾病保险方面，德国政府也通过法令促进疾病保险津贴待遇的公平。1957 年，德国就通过法令，将工人疾病保险制度中前 6 周的津贴标准从工资的 50% 提高到 65%，对抚养者的补贴标准提高到工资的 75%，并规定，雇主必须支付病假工资与净工资的90% 之间的差额；1961 年，又改为雇主必须支付病假工资与全部工资之间的差额。1969 年，德国通过法令，工人有权获得不超过 6

---

　　① Peter A. Kohle, *The Evolution of the Social Insurance, 1881－1981, Studies of Germany, France, Great Britain, Austria and Swithland*, New York, 1982, pp. 70－71.

周的由雇主支付的全额病假工资，以实现雇员疾病保险津贴的基本公平。为雇佣人数少于20人的企业建立一个以疾病保险缴费为财政来源的公平化基金，以分散这些新的法令给小企业带来的财政风险。

在失业保险方面，1969年颁布实施的就业促进法规定年龄未满65岁、足额缴付社会保险费、参加失业保险时间已经达到26周的失业者，可以领取失业保险津贴。失业保险津贴的标准为失业前20天以小时计算的平均收入的62.5%，最高津贴标准为每天60马克，每周415.39马克，家属每周可以领取12马克的补充津贴。失业保险缴费率为工资的2%，雇主和雇工各承担一半，最高缴费工资限额为每月2800马克，月收入低于2800马克者的失业保险费由雇主单方承担。不具备领取失业保险津贴资格者或者领取失业保险津贴资格已经过期者以及由于其他原因难以领取失业保险津贴者，可以领取失业救济补贴，失业救济补贴制度所需费用由政府承担，失业救济补贴标准要低于失业保险津贴标准。[①]

可见，第二次世界大战后，德国社会保障制度的发展在经历战后一个短暂的恢复和重建时期以后，很快进入一个比较快速的发展时期，并曾出现一种走向福利国家的趋势。随着德国社会保障制度的快速发展以及社会经济的发展变化，德国社会保障制度在20世纪60年代末70年代初开始进入既有发展也有改革的时期。

四　德国社会保障制度发展的主要特点

德国社会保障制度的发展具有鲜明的特点。首先，德国社会保障制度的发展与德国社会经济发展之间呈现紧密相连、相互适应的特点，从而有利于促进德国经济的快速发展。19世纪末20世纪初，德国工业化开始发展，德国成为经济发展较快的西欧资本主义国家。德国社会经济快速发展的同时，社会问题也随之严重化，德国政府为适应工业化快速发展的需要，最早建立起社会保

---

① 和春雷：《当代德国社会保障制度》，法律出版社，2001，第58~59页。

险制度。20 世纪 20 ~ 30 年代，德国社会经济从初步发展走向大危机带来的萧条和动荡，德国社会保障制度的发展呈现从初步发展到陷于动荡进而转变为法西斯专制管理与发展同时并存的过程。第二次世界大战后，德国社会经济经历了一个从恢复和重建到快速发展的过程，德国社会保障政策也经历了一个从恢复和重建到走向福利国家的趋势，进而出现社会保障制度既发展也改革的过程。德国社会保障制度的发展与德国经济发展变化之间的密切联系和相互适应，既有利于德国社会保障制度的发展，也有利于德国社会经济的发展。

其次，德国社会保障制度的发展道路呈现明显的统一化。社会保障制度发展道路是指一个国家在社会保障制度发展中所选择的基本制度路径，尤其是指一个国家的社会保障是选择全国统一的制度，还是选择差别性的制度。任何一种社会保障制度的发展道路都有其重要作用和影响，社会保障制度发展道路并没有优劣之分，只有选择得是否合理亦即是否适合本国国情的差别。德国社会保障制度的发展道路呈现明显的统一性。1911 年的社会保险法典奠定了德国社会保障制度发展道路统一化的基础，1919 年的魏玛宪法确立了德国社会保障制度统一化发展道路的法律基础，法西斯政府的社会保障政策强化了德国社会保障制度发展道路的统一化，战后德国社会保障政策则进一步推动着社会保障制度沿着统一化的发展道路前进。

再次，德国社会保障制度的发展变化明显受到国家干预理论发展变化的影响，使得德国社会保障制度的发展过程体现出强烈的国家干预色彩。德国社会保障制度的发展阶段与国家干预理论的发展阶段基本吻合，19 世纪末 20 世纪初，德国新历史学派提出多种强化国家干预的社会政策建议，主张建立社会保险制度，以适应德国社会经济的发展变化所导致的社会问题的发展变化，使得德国成为最早建立社会保险制度的西欧国家。20 世纪 20 ~ 30 年代，德国社会经济理论从以前有限的国家干预走向极端化国家干预，法西斯主义对这一时期的德国社会产生重要影响，德国社会保障制度的发展表现出法西斯专制管理与发展同时并存的过程；

第二次世界大战后，德国社会经济发展的指导思想从极端的国家干预主张转变为社会市场经济理论，德国社会保障政策也经历了一个从恢复和重建到走向福利国家的趋势，进而出现社会保障制度既发展也改革的过程。

最后，德国社会保障制度的发展过程呈现明显的共同责任原则。政府、雇主与雇员在社会保障制度中的责任机制对社会保障基金来源、津贴水平、覆盖范围、制度模式、基金安全、保障观念、改革道路以及制度效果等重要方面都产生直接影响，进而直接决定一个国家社会保障制度的基本特征。德国社会保障制度发展过程中始终遵循政府、雇主与雇员共同责任的原则。无论是在德国社会保障制度初建时期，还是在法西斯专制集权时期，抑或是在战后快速发展时期，德国的社会保障制度始终坚持和遵循政府、雇主与雇员共同责任原则，雇主责任与雇员责任在社会保障制度的建立和发展中始终处于重要地位，但政府责任在社会保障制度发展的每一个阶段都明显表现出来，这种责任机制使得德国的社会保障基金具有自助化特征，除了工伤保险费由企业单方面负担外，德国养老、医疗与失业保险费用均由雇主和雇员共同负担，政府只对各种社会保险项目的亏空给予补贴并承担社会救助的资金。同时，德国社会保障的管理也呈现高度的自治化，德国社会保障实行政府与互助团体合作管理模式，除失业保险以外的各种社会保险均由劳资双方共同参与管理与决策。

近代晚期西欧的社会保障制度[*]

近代晚期是西欧社会发展的重要变革时代。为适应时代的需要，西欧国家大多建立起一套比较完善的社会保障制度。对这一时期西欧社会保障制度的探讨，有助于我们全面了解西欧社会保障制度的历史演进，深刻认识资本主义发展的复杂历程，并对现阶段中国特色社会保障制度的建立提供有益的启示。

一 近代晚期西欧社会保障制度的基本内容

近代晚期西欧各国社会保障制度大体上由两部分构成，一部分是社会保险制度，这是近代晚期出现的新型社会保障措施，也是这一时期西欧社会保障制度的核心；另一部分包括社会福利、济贫、劳动保障、住房、免费义务教育等措施。

德国是最早实行社会保险制度的国家。1882 年德国颁布《疾病保险法》，对工资劳动者实行强制疾病保险，费用由雇主承担30%，雇工承担 70%。1884 年德国又颁布《工伤事故保险法》，推行费用全部由雇主承担的工伤保险制度。1889 年《养老保险法》规定，对 75 岁以上的工人及公务员提供养老金，费用由国家、雇主及雇工三方分担。[①]

英国于 1911 年颁布《国民保险法》，它由两部分构成：一部

---

* 本文以《试论近代晚期西欧的社会保障制度》为题发表于《史学月刊》1997
年第 4 期；发表后被中国人民大学复印报刊资料《社会保障制度》1997 年第 6
期复印。

① Hennoch, *British Social Reform and German Precedent*, Oxford, 1987, pp. 114 –
204.

分是健康保险法，另一部分是失业保险法。健康保险法规定：16~70岁的体力工人及年薪少于160英镑的职员必须参加该项保险，费用由国家、雇主、雇员三方分担，雇工患病可领取每周5~10先令不等的津贴（女工产期每周可得30先令）。失业保险适用于季节性和周期性失业的工人，费用也由国家、雇主和工人三方分担。失业保险津贴为每周7先令，一年之中，工人最多只能领取15周的失业津贴。①

法国于1898年制定了《工伤保险法》，给产业工人提供由雇主承担费用的工伤保险，后来保障人群又扩大到商业雇员及林业工人。1910年，法国又推行《养老保险法》，费用由国家、雇主和雇工三方承担，要求年收入少于300法郎者必须参加。② 1901年和1913年荷兰分别颁布工伤保险法和疾病保险法，要求雇员必须参加，津贴标准依物价水平而定。③ 意大利也于1898年实施强制性工伤保险及老年残疾保险。

北欧各国在近代晚期也纷纷制定社会保障法。1891年瑞典实行国家补贴、私人主办的自愿疾病保险；1901年推行雇主承担费用的自愿工伤保险；1913年正式通过养老和残疾保险法，对18~66岁的工资劳动者提供保险。④ 丹麦于1892年实行疾病保险法，1898年实行工伤保险法，1907年颁布失业保险法。挪威在1890年实施疾病保险法，1892年颁布养老保险法，1894年颁布工伤保险法。这样，社会保险制度在西欧基本确立起来。

在重点实施社会保险制度的同时，近代晚期西欧国家还进一步完善了其他社会保障措施与制度。英国先后在1875年、1885年和1890年颁布健康法，为健康保险准备了条件。1905年颁布失业法，1908年推行劳工介绍所制度，成为失业保险制度的基础。1906年养老金法规定给70岁以上的老年人提供免费养老金。1871~1911年，英国共制定至少7项工厂法，保护童工及女工，改善工人劳动

① Pat Thane, *The Foundation of Welfare State*, London: Longman, 1983, pp. 85-87.
② Ambler, *The French Welfare State*, New York, 1991, pp. 1-32.
③ Cox, *The Development of the Dutch Welfare State*, Pittsburgh, 1993, pp. 87-90.
④ 赵立人：《各国社会保险与福利》，四川人民出版社，1991，第101页。

及生活条件。1880 年雇主责任法与 1906 年工人赔偿法促进了工伤赔偿制度的建立。1912 年又开始推行最低工资法。儿童保护制度也进一步发展。1889～1908 年英国多次颁布儿童保护法令，尤其是 1908 年的儿童保护法，被称为"英国的儿童宪章"。英国还实行一系列住房法，1875～1909 年先后有 5 项住房法出台，重点解决工厂宿舍及工人居住区的住房和环境问题。教育立法也是近代晚期英国社会保障制度的重要内容，1870～1907 年，英国颁布 7 项教育法，实施免费义务教育，并对学生提供食品及医疗保健。

1878 年德国颁布童工法，1891 年又实行女工法，对童工和女工的劳动时间、参加工作年龄、生活状况等做了明确规定。19 世纪 70～90 年代，德国还多次制定工厂法，对诸如星期日劳动、实物工资制、正常支付工资等做了法律规定。同时，为监督各项立法的实施，1878 年德国已开始实行工厂视察员制度。此外，德国还是较早推行免费义务教育的西欧国家。在法国，1889～1903 年共实施了 32 项社会保障立法，[1] 其中主要的是工厂法、教育法和社会救助措施。1874～1906 年制定的 5 项工厂法对童工、女工的工作、生活等做了规定，并对成年男工的劳动日、休息日做了法律规定；1881 年和 1882 年 2 项教育法促进了免费义务教育制度的建立；1884～1913 年 6 项公共救助法，[2] 促进了对老、弱、贫、病及多子女家庭的救济制度的建立。

其他西欧国家也制定立法，以完善自己的社会保障制度。意大利于 1886 年制定童工法，1904 年在全国范围内实行免费义务教育。瑞士在 1874 年颁布联邦劳动者保护法，1877 年实行工厂法，并专门建立一些给孤儿、产妇、病人提供福利和帮助的机构。上述措施与社会保险制度相辅相成、互为补充，共同构成近代晚期西欧社会保障制度的基本框架。

---

[1]　*New Cambridge Modern History*，Vol. XI，Cambridge，1979，p. 312.

[2]　Anderson，*France*，*1870－1914*，London：Routledge and Kegan Paul，1988，pp. 94－100.

二　近代晚期西欧社会保障制度的特点

近代晚期西欧社会保障制度的内容相当复杂，然而，从整体考察，就会发现下列几个明显的特点。

首先是全面系统，重点突出。近代晚期西欧社会保障制度涉及社会生活的各个方面，在生育、衰老、疾病、死亡、就业、教育、住房、劳动条件、生活保障等方面都制定了相应的社会立法，推行了相应的社会保障制度，此为其全面性。系统性主要表现在单个社会保障制度的内容规定性方面。一般来说，近代晚期西欧各国的社会保障立法对有关该项制度的原则、适用范围、福利费用来源、领取保障津贴的标准及最高时限、申办程序以及有关该项社会保障措施的管理监督等方面都做了系统性规定。这种系统性规定尤其表现在社会保险制度方面。

值得指出的是，近代晚期西欧国家社会保障制度的重点及核心是社会保险制度。它具有其他社会保障措施所不具备的优势，这就是：长期稳定、经费有保障、保障面广、权利和责任相结合，因而成为新型社会保障制度的标志。社会保险制度在德国一出现，马上受到西欧其他国家的重视，并为许多国家效仿。

其次是强制性。现代社会保障制度的主要宗旨是权利与义务相结合。也就是说，一个人如果希望得到某种社会保障的利益，他就必须履行一定的义务，尽到一定的责任，主要是负担相应的社会保障费用。这样，很明显，尽管社会保障制度对普通民众来说是一项有益的举措，但由于它涉及缴费问题，就必然产生矛盾，主要是个人与他人之间的矛盾、利益与义务之间的矛盾、长期利益和眼前利益之间的矛盾等。社会保障制度的推行也就会遇到一些阻力，尤其是在社会保险制度的实施过程中更是如此。所以，近代晚期西欧各国的许多社会保障立法都做了强制性规定，一些国家的某些立法在开始时可能采用自愿原则，不久便实行强制性原则。职员和雇工参加某项社会保障是被强制性要求的，承担某项社会保障方面的经费也是无条件的。雇主履行某种有关其雇员的社会保障义务更是法定的、不可推卸的。这有利于各项社会保障措施的实行，从而尽快地发挥社会稳定器的作用。权利和义务相结合原则及强制性原则成为后来世界各国推行社会保障制度的主要原则。

最后是各国各具特色。西欧各国历史条件不同，社会问题的类型和严重程度也不一样，这就决定了各国在解决社会问题过程中的立足点、侧重点和方法的不同，从而形成了这一时期西欧各国社会保障制度方面明显的国别特色。现仅以社会保险制度为例做剖析，即可看出这一特征。

西欧各国社会保险立法各有重点。德国的重点是推行工伤事故保险法，该法是德国提出最早、修改次数最多、争论最激烈、审议时间最长的一项社会保险立法。英国竭力推行失业保险法，因为英国政府与民众一致认为失业是近代晚期英国各种社会问题的主要根源。法国主要推行养老保险，因为在法国，农业是主要经济部门，工业人口相对较少，老年问题比较突出。瑞典、意大利、丹麦、挪威、比利时也各有重点。需要指出的是，尽管各国社会保险立法各有重点，但是，失业保险、疾病保险和养老保险是对各国都有普遍性意义的主要险种。因为，随着社会的发展，工作、疾病和衰老成为每个人都要面临的最基本的社会问题，也便自然地成为各国政府所面临的和所要解决的主要社会问题。

在同一问题上各国的具体规定各具特色。在社会保险费来源上，德国或规定由雇主一方承担，如工伤事故保险法；或规定由雇主和雇员双方承担，如疾病保险法；或规定由雇主、雇员和国家三方分担，如老年保险法。英国的国民保险法却规定，不论失业保险还是健康保险，其保险费均由雇主、雇员及国家三方分担。其他国家在此问题上也各有差异。在强制性原则上，虽然许多国家十分推崇强制性原则，但不同国家甚至同一国家在不同时期或不同险种上也存在差别。德国及英国表现了最为明显的强制性，法国也基本如此，而瑞典1891年实行的疾病保险是自愿的，1901年最初推行工伤事故保险时也是自愿的，到1916年才改为强制性。丹麦1892年推行的疾病保险法及1907年的失业保险法都是自愿的。意大利 1898 年推行的工伤事故保险法是强制性的，而同时颁行的老年及残疾保险法是自愿的。这种情况反映社会保险立法初创时的不成熟性这一基本特征。此外，在保障津贴标准方面，荷兰的做法最具特色。它的社会保险津贴的标准不是以工资为基数，而是以生活水平及物价水平为基数而定，应该说，这种规定更加科学、合理。

西欧各国社会保险制度方面所表现出的国别特色，符合近代晚期西欧各国的国情。这种国别特色的背后体现了现代社会保障制度的一些基本原则：①强制性和自愿性相结合的原则，但主要的社会保险必须强制性推行；②雇主责任原则，工伤事故的责任主要应由雇主承担，因而工伤事故保险费大都由雇主一方承担，并具有较为明显的强制性，这便是雇主责任原则；③共同责任原则，老年、失业、疾病等的责任并非某人或某方单独责任所致，因而该类社会保险费用应由两方或三方共同承担，这便是共同责任原则。这三项原则连同上述权利与义务相结合原则一起构成现代社会保障制度的基本原则。

当然，近代晚期西欧各国社会保障制度的目的是维护资产阶级的统治，因而，这些立法从政治上来说是资产阶级维护其统治的手段。俾斯麦"社会政策的目的就是使工人疏远社会民主党"，并"通过行政和立法的手段挖掉社会民主党的老根"。[1] 英国的劳合·乔治同样希望通过社会改革来"破坏和粉碎社会主义者的计划"。[2] 然而，从客观上说，近代晚期西欧各国的社会保障措施，在保障普通民众的基本生活、维护社会安定、促进社会发展等方面所发挥的作用是不言而喻的。

三　近代晚期西欧推行社会保障制度的直接动因

近代晚期西欧各国全面推行社会保障制度的直接动因，概括

---

① 拉夫：《德意志史》中文版，波恩，1987，第 165～166 页。
② Royle, *Modern Britain*, London：Edward Arnold Ltd., 1988, p.201.

起来主要有以下三个。

首先，近代晚期西欧各国社会问题普遍严重。贫困问题是具有广泛性的主要社会问题。在英国伦敦，35% 的居民生活在贫困线以下，[1] 约克郡 28% 的人属于贫困人口，[2] 20 世纪初，英国 4300 万人口中的 3800 万人是生活贫困者。[3] 在 1894~1902 年，德国五口之家的平均生活费为每周至少 24 马克 40 分尼，而当时平均每名男工的周工资仅为 21 马克。失业是威胁人们的另一社会问题。19 世纪末 20 世纪初伦敦工人失业率为 20%，[4] 法国工人的失业率也在 10% 以上。[5] 工作条件极端恶化。19 世纪 70 年代，普鲁士矿工工伤死亡率为 2.77%，煤矿工人工伤死亡率还要高，为 2.82%。[6] 1906 年，法国北部库尔里耶煤矿因事故共夺去 1100 名矿工的生命。[7] 下层人民的健康状况恶化，布尔战争时期，25% 的英国应征者身体不合格。1871 年，伦敦 16 家医院共收治 55000 名病人。[8] 严重的社会问题引起民众的强烈不满，他们要求政府采取措施，解决社会问题，建立起比较稳定的生活环境。

其次，近代晚期西欧各国工人运动的重新高涨。社会矛盾的尖锐导致了工人运动的重新高涨。工会运动的发展是最基本的事实。英国工会会员由 1895 年的 1407836 人增至 1911 年的 3018903 人。[9] 1877 年，德国已有 26 个全国性工会。[10] 法国全国性工会在 1874 年已达 135 个，地方性工会 1884 年为 68 个，1890 年增至 1006 个，[11]

① Royle, *Modern Britain*, London: Edward Arnold Ltd., 1988, p.86.
② Hill, *British Economic and Social History*, London: Edward Arnold Ltd., 1985, p.126.
③ 胡特：《英国工人运动简史》，世界知识出版社，1954，第 38 页。
④ 樊亢：《外国经济史》第二册，人民出版社，1981，第 97~127 页。
⑤ 米盖尔：《法国史》，商务印书馆，1985，第 464 页。
⑥ 梁波斯基：《外国经济史》，三联书店，1963，第 390 页。
⑦ Anderson, *France, 1870-1914*, London: Routledge and Kegan Paul, 1988, p.27.
⑧ Royle, *Modern Britain*, London: Edward Arnold Ltd., 1988, p.184.
⑨ 韦伯夫妇：《英国工会运动史》，商务印书馆，1959，第 519 页。
⑩ 丁建弘：《德国通史简编》，人民出版社，1991，第 458 页。
⑪ 沈炼之：《法国通史简编》，人民出版社，1990，第 441 页。

工会会员在 1906 年达 80 万人，[1] 这对以农业为主的法国来说已是相当可观的数字。罢工运动蓬勃展开。19 世纪 70 年代，德国鲁尔、柏林、莱比锡、纽伦堡都进行了八小时工作日大罢工。1889年伦敦码头工人罢工 4 周，1911 年英国矿工全国性罢工持续 6 个月。法国工人 1882 年罢工 182 次，1893 年为 634 次，1899 年已达771 次。[2] 意大利这一时期的民众骚动使 59 个省中的 30 个省无法办公。[3]

工人阶级政党的产生和发展是西欧各国工人运动高涨的最重要表现。德国于 1875 年成立社会主义工人党，1890 年改称社会民主党，其在议会选举中所得的选票在 1877 年为 31.2 万张，1884年为 55 万张、24 个议席，1890 年更增至 100 多万张。[4] 法国于1879 年成立工人党，后经多次分化组合，社会主义政党的力量仍日渐壮大。1906 年，社会主义党团在选举中共获 87.7 万张选票，拥有 44 个议席；1914 年获得 140 万张选票，103 个议席，成为法国议会第二大党。[5] 英国也于 1900 年建立劳工代表委员会，1906年改称工党，同年在议会中所拥有的议席为 29 个，1910 年已达42 个。[6]

其他西欧国家也纷纷成立工人阶级政党，并在议会中取得席位。1892 年，意大利劳工党成立，1895 年改称社会党，1913 年已在议会拥有 52 个席位。1889 年，瑞典社会民主工人党成立，1896年，社会民主工人党领袖布兰廷成为瑞典议会中的第一个工人政党议员，1917 年该党已成为瑞典第一大党。1887 年，挪威工党成立。1881 年，荷兰成立了社会民主联盟。1885 年，比利时成立工

---

① Anderson, *France*, *1870 – 1914*, London: Routledge and Kegan Paul, 1988, p. 128.

② 沈炼之：《法国通史简编》，人民出版社，1990，第 441 页。

③ Header, *A Short History of Italy*, London, 1963, p. 183.

④ Carr, *A History of Germany*, *1815 – 1985*, London: Edward Arnold Ltd., 1987, p. 133.

⑤ Anderson, *France*, *1870 – 1914*, London: Routledge and Kegan Paul, 1988, p. 134.

⑥ Hopkins, *A Social History of English Working Class*, London: Edward Arnold Ltd., 1984, Section Ⅱ, Ⅲ.

人党。1871年，丹麦社会民主党成立，1884年进入议会。这些工人阶级政党除了领导政治斗争外，还把争取工人阶级经济生活的改善，迫使政府制定和实施社会福利立法作为自己的重要斗争内容。"社会改革永远也不会以强者的软弱为前提：它们应当是而且也将是弱者的强大所引起的。"①近代晚期西欧各国工人运动的发展是推动资产阶级建立和实施社会保障制度的直接动力。

最后，资产阶级有识之士的鼓动和统治者认识的转变。社会问题的严重性与工人运动的新发展，引起了西欧各国资产阶级有识之士的注意，他们呼吁进行社会改革，制定社会保障立法，缓和社会矛盾。主要由法学家、经济学家、社会学家和历史学家组成的讲坛社会主义学派对德国近代晚期的社会改革影响极大。该派主张国家应采取保护性措施来改善工人生活及劳动状况，这些措施主要包括强制性社会保险、限制劳动时间等。讲坛社会主义学派的创始人谢夫曼还参加了三项社会保险法的起草工作。德国民族自由党也呼吁政府应采取措施，建立起一套适应工业社会需要的社会政策体系。英国资产阶级人士吉芬认为："看到目前的情况，任何人都要进行革命之类的事以求改善。"②杰文斯指出："国家通过任何法律，甚或进行任何单独行动，只要它的最终结果可以增进人类幸福的总和，就不失为正当的。"③

西欧各国的政治领袖们对社会问题的认识也发生了转变，他们开始正视社会问题，并试图通过社会立法手段代替镇压手段以缓和社会矛盾。俾斯麦认为："只有现在进行统治的国家政权采取措施方能制止社会主义运动的混乱局面，办法是由政府去实现社会主义的要求中看来合理的并和国家及社会制度相一致的东西。"他表示："愿意支持任何目的在于积极地改善工人处境的努力。"④他还说："社会弊病的医治，一定不能仅仅依靠对社会民主党进行

---

① 《马克思恩格斯全集》第4卷，人民出版社，1958，第284页。
② 胡特：《英国工人运动简史》，世界知识出版社，1954，第24页。
③ 克拉潘：《现代英国经济史》（下卷），商务印书馆，1977，第484页。
④ 拉夫：《德意志史》中文版，波恩，1987，第165页。

过火行为的镇压，而且同时要积极促进工人阶级的福利。"① 德皇
威廉一世也认为，关心工人阶级的福利，使那些需要帮助的人得
到应有的帮助和更多的保障，"是皇帝的义务"，"上帝会保佑我们
的政府取得这些成就的"。② 法国的统治者认为："在资本主义道路
和社会主义道路之间，必须找到一条中间道路。"③ 英国的约瑟
夫·张伯伦和劳合·乔治等也认为，国家必须干预社会立法，这
是英国社会的需要。因此，他们去德国取经，竭力倡行社会保险。
当议会反对派攻击张伯伦的社会政策"简直是社会主义"的时候，
他针锋相对，坦然说道："它是社会主义，济贫法是社会主义；教
育条例是社会主义；市政工作的大部分是社会主义；每一种仁慈
的立法都是社会主义。"④ 挪威、瑞典、意大利等其他西欧国家的
统治者也不同程度地转变了认识，积极探索解决社会问题的办法，
根据各自的国情制定并实施各种新的社会保障立法，建立起适应
工业社会发展的社会保障制度。

　　近代晚期西欧各国的社会保障制度基本上顺应了社会发展的
需要，从长远来看，也在一定程度上符合普通民众的基本利益，
为一部分工人和普通职员提供了比较安定的生活保障。在德国，
1883 年，有 300 万工业工人参加了工伤保险；1886 年，700 万农
业工人也加入工伤保险。⑤ 到 1913 年，已有 1450 万人加入各类社
会保险。⑥ 同年，英国有 232.6 万人加入社会保险，⑦ 法国为 340
万人。⑧ 一些国家用于社会保障的支出也有了较大增长。1887 年，
德国社会保险费总额已达 1 亿马克，到 1900 年增长到 5 亿马克。⑨

---

① 赵立人：《各国社会保险与福利》，四川人民出版社，1991，第 245～246 页。
② 拉夫：《德意志史》中文版，波恩，1987，第 166 页。
③ Anderson, *France, 1870-1914*, London: Rutledge and Kegan Paul, 1988, p. 94.
④ 克拉潘：《现代英国经济史》（下卷），商务印书馆，1977，第 48 页。
⑤ Carr, *A History of Germany, 1815-1985*, London: Edward Arnold Ltd., 1987, p. 137.
⑥ *New Cambridge Modern History*, Vol. XII, Cambridge, 1980, p. 29.
⑦ 克拉潘：《现代英国经济史》（下卷），商务印书馆，1977，第 574 页。
⑧ 克拉潘：《1815～1914 年法国和德国经济的发展》，商务印书馆，1965，第 375 页。
⑨ 丁建弘：《德国通史简编》，人民出版社，1991，第 422 页。

法国用于社会支出的费用在 1913 年已达到 51.91 亿法郎，[①] 其中大部分是养老金开支。社会矛盾得到较明显的缓和。在英国，"1914 年秋天，职工争执几乎已完全停止"。[②] 在德国，按照巴伐利亚社会民主党领袖福尔玛的话，社会保障措施"去掉了对帝国的最大咒骂，走出向前迈进的第一步"。[③]

近代晚期西欧社会保障制度的实施，是西欧社会走向现代化的重要一步。它与同期西欧政治民主化进程一起，使西欧比较平稳地实现了从自由资本主义向垄断资本主义的过渡。它是一种新型的社会保障体制，为现代西欧资本主义社会的发展创造了一个比较长期、稳定的社会环境。

① Barry, *France, 1814 – 1940*, London：Methuen, 1982, p. 232.
② 马里欧特：《现代英国》下卷，商务印书馆，1973，第 746 页。
③ 拉夫：《德意志史》中文版，波恩，1987，第 200 页。

社会保障制度改革论

撒切尔时代英国社会保障制度改革[*]

一 社会保障制度改革的背景

英国社会保障制度自 20 世纪初建立以后，经过半个多世纪的发展与演变，到 70 年代已经面临严重的困境。社会保障支出不断增长。1950 年为 6.57 亿英镑，1960 年增至 14.99 亿英镑，1970 年增加到 39.27 亿英镑，1980 年猛增到 235.08 亿英镑，1983 年达到 339.91 亿英镑。[①] 英国五大社会支出项目中，只有社会保障支出经常保持 3%~4% 的年增长率，其中 1975 年为 6.9%，1976 年为 8.3%，而社会服务、教育、健康与住房支出的年增长率都有明显下降，甚至出现负增长。国民保险与国民救济支出构成社会保障支出的主要部分，而退休养老金、寡妇孤儿津贴、疾病保险津贴以及失业保险津贴又构成国民保险支出的主要部分。退休养老金、失业保险津贴、家庭补贴、老年救济、失业救济等是英国支出增长较快的社会保障项目。1978 年，英国社会保障总支出为 164.9 亿英镑，其中国民保险退休金 77.19 亿英镑，寡妇孤儿津贴 5.25 亿英镑，失业保险津贴 6.6 亿英镑，疾病保险津贴 6.88 亿英

---

[*] 本文以《撒切尔政府时代英国社会保障制度改革》为题发表于《欧洲》2001年第 5 期；发表后被中国人民大学复印报刊资料《社会保障制度》2002 年第 3 期全文复印。

[①] A. H. Halsey, *British Social Trends since 1990*, London: Macmillan Press Ltd., 1988, p. 501.

镑，工伤保险津贴 8.87 亿英镑，家庭补贴 18.58 亿英镑，老年补充救济 7.57 亿英镑，失业救济 7.06 亿英镑。1960～1980 年，英国缴费的国民保险养老金支出一直占整个社会保障总支出的 45% 以上，1960 年为 48.4%，1970 年为 46.8%，1980 年为 48.3%。①

社会保障支出的主要来源是社会保障基金，而社会保障基金的主要来源则是各项社会保障制度缴费，因此，社会保障的支出增长必然导致社会保障缴费的增长。英国主要社会保障制度实行三方缴费原则，即参加社会保障制度的个人、雇主以及国家三方共同按比例分担，但并非按照同样的比例。20 世纪 50～70 年代，国家承担的社会保障缴费占社会保障缴费总数的比例有所下降，雇主承担的社会保障费用有了明显的增长，但国家承担的社会保障缴费仍然占社会保障缴费的绝大部分，1950～1974 年，国家承担的社会保障缴费占整个社会保障缴费的比例从 61.9% 下降到 51.0%，雇主所缴费用占的比例由 15.6% 上升到 26.1%。② 在社会保障制度三方缴费中，国家缴纳的社会保障费用增长幅度最大，1970～1979 年，英国个人缴纳的社会保障费增长了 297%，雇主缴纳的社会保障费增长了 399%，国家垫付的社会保障费增长了 449%。③ 国家除了要为缴费性社会保障项目承担大部分比例的缴费外，还要承担一切非缴费性救济与补贴费用。这就造成英国政府用于社会保障的庞大支出，导致政府社会支出的巨额增长，社会保障支出占社会总支出的 1/3 以上，社会支出占整个财政支出的比例达到 60% 左右，社会保障支出占国民生产总值的比例也迅速增长，1950 年为 5.6%，1960 年为 6.6%，1970 年为 8.8%，1980 年为 11.8%，1983 年为 13.1%。④ 特别是 20 世纪 70 年代末，英国遭受经济危机的沉重打击，严重的经济衰退导致社会问题的进一步加剧。1975 年，英国失业人口有 100 万人，1980 年达到 150

① 马威克：《一九四五年以来的英国社会》，商务印书馆，1992，第 232～233 页。
② 陈晓律：《英国福利制度的由来和发展》，南京大学出版社，1996，第 200 页。
③ 赵立人：《各国社会保险与福利》，四川人民出版社，1992，第 78 页。
④ A. H. Halsey, *British Social Trends since 1990*, London: Macmillan Press Ltd., 1988, p.501.

万人，1982 年达到 300 万人。①

社会问题的加剧使英国政府不得不扩大社会保障的适用范围和提高津贴水平，这必然带来社会保障支出的进一步增长，而社会保障支出的进一步增长势必加重英国政府的财政负担，影响英国经济的复苏和发展。与此同时，社会保障支出虽然不断增加，但与英国社会的实际需求仍有很大差距，社会上的贫困家庭和人口，尤其是低收入者的贫困现象不但没有减少，反而有增长的趋势。1975 年英国低收入人口占人口总数的 23.1%，1981 年为 27.4%，1983 年为 35.7%。这样，英国社会保障制度就陷入了一种困境，经济的缓慢发展使社会问题不断加剧，民众要求扩大社会保障制度，而社会保障制度的扩大必然带来政府社会保障支出的增加，从而影响英国产业资本投资，不利于经济的复苏和发展。另外，英国社会保障制度实施了半个多世纪，虽然已经发展到一定的水平，社会保障津贴标准不断提高，社会保障支出也逐年增长，但实际效果并不令人满意，贫困问题依然存在，且时有加剧的趋势，社会保障制度在实施过程中也存在一些明显的缺点。如何解决英国社会保障制度所面临的困境，使其既能真正有效地发挥应有的作用，又能与英国社会经济的发展水平相适应，成为英国社会保障制度发展面临的重要问题。

二 社会保障制度改革的基本方针

1979 年，以撒切尔为首的英国保守党上台执政，英国开始了 20 世纪末重要的改革，保守党政府改革的基本理论依据是体现出鲜明的新保守主义特点的撒切尔主义，撒切尔主义在经济方面强调市场自身对经济的调节作用，主张减少国家对经济的干预，大规模实施私有化；在社会保障制度方面主张降低社会福利支出，减轻英国经济所承受的社会保障重负，合理减轻国家在社会保障

---

① C. P. Hill, *British Economic and Social History*, *1700 - 1982* London：Edward Arnold Ltd., 1985, pp. 293 - 294.

方面的责任，强调个人在社会保障中应该承担更加积极的责任，提倡国家责任与个人责任的基本平衡。正是在撒切尔主义的指导下，保守党政府开始对英国社会保障制度进行改革。

1982 年，英国中央政策评论委员会提出了在 20 世纪 80 年代实行的削减社会公共支出的建议与计划，主张结束对高等教育的国家资助，社会保障津贴水平的提高不得超过平均通货膨胀水平，用私人健康保险制度代替国民健康服务制度等。① 1983 年，健康与社会保障大臣福勒开始负责对英国现行社会保障制度进行全面的调查，1985 年福勒提交了一本题为《社会保障改革——变革的计划》的绿皮书，提出了英国社会保障制度改革的基本方针。

绿皮书首先指出，应该建立一种新的社会保障制度，其本质是明确区分国家与个人的作用和责任，应该遵循这样的基本原则，那就是社会保障并不仅仅是国家的责任与义务，它应该是个人与国家共同的责任与义务，社会保障制度应该建立在国家与个人的双重支柱上。其次，绿皮书指出，自《贝弗里奇报告》以来，英国的社会经济状况发生了很大变化，社会保障制度也发生了很大变化，但其基本原则仍是《贝弗里奇报告》的基本原则。这已不再符合英国社会发展的现实，其中最明显的是，过分强调国家在社会保障方面应该承担的义务与责任，忽视个人应承担的责任与义务，没有将国家责任与个人责任区分开来，更不可能使两种责任有机地结合起来，这正是新的双重支柱的社会保障制度所要努力解决的问题。新的社会保障制度在承认国家在社会保障中的重要性的同时，又试图限定国家社会保障的责任范围。

绿皮书提出了英国将要进行的社会保障制度改革的三个基本目标。第一，社会保障制度必须能够满足真正的需要，这是国家基本的责任，与此同时，社会保障制度应该具有足够的灵活性，不仅承认社会保障制度需要变革，而且承认那些需要帮助的人群也发生了变化，以便制定有效的社会保障措施。第二，社会保障制度必须与国家的整个经济目标保持一致。绿皮书指出，社会保

① Stuart All, *The Politics of Thatcherism*, London, 1983, pp. 152 – 153.

障制度已经成为英国政府的重要的事务之一，其支出构成政府支出的主要部分，并成为重税的主要原因。社会保障负担的加重已经损害了英国经济的正常发展，而社会保障制度的发展又要依赖于英国经济的正常发展。因此，必须采取有力措施，实现社会保障制度的发展与英国社会经济的发展相适应。第三，社会保障制度必须更加简单、更加容易理解。绿皮书指出，英国社会保障制度经过几十年的发展变化，已经变得非常复杂，多数人对现在的社会保障制度不甚了解，也很不喜欢，几乎所有与收入相联系的津贴都有不同的标准，一些津贴项目概念模糊不清，社会保障的管理也极不统一，必须对此进行改革，实现社会保障制度概念的简洁化和管理的合理化。

绿皮书指出，上述三个目标不是彼此独立的，应该建立一种新的社会保障制度，所有的津贴都遵循将公共基金用于最需要的人们的原则。国家应该为个人履行自我责任提供可靠的保障，应该鼓励个人责任的发挥而不是取代这种责任和努力。绿皮书特别指出，应该树立一种新的社会保障观念，这种观念承认国家与个人在社会保障方面具有同样重要的作用，新的社会保障制度将选择一条新的发展道路，应该赋予个人在社会保障方面更大的独立性与责任感。同时，还必须明确这样的观点，那就是国家向有需要的人提供帮助的传统将会继续保持并不断发展。[1]

三　社会保障制度改革的主要内容

撒切尔时代的社会保障制度改革主要包括以下几个方面。

第一，直接降低一些社会保障项目的津贴标准，以达到明显降低政府社会保障支出的目的。早在1980年的预算中，保守党政府就已经开始降低一部分社会保障项目的津贴标准。1980~1981年，将病人、失业者以及失去工作能力者的短期津贴减少了5%；

---

[1] Rex Pope, *Social Welfare in Britain*, 1885–1985, London: Croom Helm, 1986, pp. 240–243.

1982 年 1 月，决定取消与收入相联系的疾病和失业短期津贴，2月，失业津贴与补充失业津贴成为应纳税津贴。1986 年社会保障法降低了养老金津贴水平，把与收入相联系的养老金建立在养老金领取人一生的平均收入水平上，而不是他 20 年最好收入的平均水平；国家收入养老金的最高津贴水平降低到平均收入的 20%，而不是工党政府时期的 25%。

第二，对英国社会保障制度的一些惯例进行改革，使其更加合理。英国的疾病津贴一直由国民保险基金支付。1982 年社会保障法对此做出改革，将向病人提供最初 8 周疾病津贴的责任转移给病人的雇主，雇主因此增加的支出可以通过减少其应缴纳的社会保险费来补偿；此后雇主承担其雇员最初疾病津贴责任的时限增加到 28 周。自第二次世界大战以来，英国社会保障津贴水平主要依据收入水平与物价水平确定，取其中较高水平作为基本标准，这实际上造成了社会保障津贴水平的上升趋势。为有效降低社会保障支出，也为了使社会保障津贴水平更加合理，1982 年社会保障法对这一惯例做出了改革，规定今后将仅根据物价水平决定社会保障津贴标准，特别是养老金津贴标准。1986 年社会保障法提出了一些新的改革，主要是改变以前在确认领取社会保障金资格时使用的多重标准。今后所有此类社会保障项目的领取资格认定采用统一标准；实行家庭信贷以取代补充家庭收入津贴制度，它适用于所有正在工作的低收入家庭；用收入补贴取代补充津贴等。

第三，改变社会保障制度的"普遍性原则"，实施"选择性原则"，进一步强调个人的责任与义务。自《贝弗里奇报告》以来，英国社会保障制度一直遵循的基本原则之一是普遍性原则，即所有英国公民都可以享受相应的社会保障。随着社会保障制度的发展，这一原则成为英国社会保障支出持续增长的主要原因，也不利于个人责任的充分发挥。保守党政府决定改变这种普遍性原则，在一些基本社会保障项目上实行这一原则的同时，在其他相关社会福利方面推行选择性原则。1986 年社会保障法规定：新的收入补贴的发放仅限于有子女及丧失工作能力的家庭，而不是所有收入低于规定标准的家庭。"额外资助"也不再对所有收入低于最低生活标准者发放，其仅向两类人员发放，第一类是 18～24 岁的单身者，以帮助他建立家庭；第二类是特殊困难者，如单亲家庭、养老金领取者和丧失工作能力者。另外，产妇津贴只有低收入的家庭才能申请。

与此同时，保守党政府十分强调个人及家庭的责任。单亲家庭是这一时期英国贫困人口的重要组成部分，这方面的支出构成社会保障支出的重要部分，为了降低这方面的支出，也为了促使单亲家庭更好地履行个人与家庭责任，保守党政府在用收入补贴制度代替补充津贴制度的同时，减少了其他一些福利补贴。从1980 年起，政府不再要求地方政府提供免费学生餐；从 1988 年起，收入补贴不再针对 16～18 岁的人，同时，儿童津贴也不再对处于全日制教育中的儿童有效。1986 年，减少了 18～25 岁的人的福利津贴；1993 年，又决定将 18～25 岁的人的津贴从 1996 年起减少 20%。1990 年儿童法对单亲家庭的家庭责任做出规定，所有单亲母亲不管其依赖何种福利补贴，都必须授权政府部门采取行动，以便使其父亲履行自己应尽的责任，为此，决定建立一个儿童帮助机构，负责父母离异儿童的生活事务。

第四，推行社会保障私营化。保守党政府认为，社会保障制度全部由国家经营，不仅使政府社会保障支出大幅增长，而且不利于公民个人责任心与义务感的发挥，也不利于依靠社会来发展英国的社会保障事业。因此，伴随着保守党经济私有化与市场化政策的实施，在社会保障制度方面也开始提倡和鼓励私有化与市场化。这主要体现在国民健康服务及养老金制度方面。1983 年，保守党政府已就国民健康服务制度的私营化与市场化达成共识，认为："私有因素具有重要的作用，国民健康服务的私有化减轻了国民健康服务制度的压力，私有化为国民健康服务制度提供了一个有用的选择，它表明在国民健康服务方面存在不同类型的解决问题的办法。"①

1989 年，保守党政府发布了有关国民健康服务制度改革的白

① Grand, *Privatization and Welfare State*, London, 1985, pp. 10C－107.

皮书，决定对国民保健制度实施实质性改革。1990 年，英国颁布新的国民健康服务与社会关怀法，对国民健康服务制度实施私有化与市场化改革。法令规定，医院和各类社会关怀机构应该从地方健康当局的直接控制下摆脱出来，建立起自主经营的国民健康服务公司，由参加者直接管理医院，地方健康当局不再对其进行管理，只是确定当地健康服务需求的基本目标和任务。法令还规定，从 1993 年 4 月起，社会保障制度不再对私人或志愿性寄宿院的新增人员提供帮助，地方当局有义务确定提出此类需求的人的要求是否属实，并采取适当的措施为其提供有效的服务。到 1995 年，几乎所有的英国医院以及大部分的社会关怀服务已经实现私营化与市场化。

此外，保守党政府也开始了养老金制度的私有化与市场化改革，主要措施是鼓励和推行职业养老金制度与私人养老金制度，保守党政府规定，从 1988 年起，所有企业必须为其雇员建立职业养老金，政府对此予以一定的优惠政策，并鼓励个人通过银行储蓄、参加保险等方式为自己准备充足的养老费用。

四　社会保障制度改革的影响

撒切尔政府的社会保障制度改革，在 20 世纪英国社会保障制度发展史上具有重要的影响。自《贝弗里奇报告》发表后，英国的社会保障制度基本上遵循了它提出的主要原则，并基本上按照战后工党政府所确定的"福利国家"的方向发展。各党政府在贝弗里奇原则和工党福利国家传统的影响下，其社会保障政策大都是根据不同时期的情况，对社会保障制度进行局部的改进。这些改进的基本目标从理论上说是为了使英国的社会保障制度更加合理、有效，但从实际结果看，这些改革的主要趋势是不断提高社会保障津贴的水平，逐步扩大社会保障制度的覆盖面，越来越强调国家在提供社会保障方面的责任，忽视个人应尽的责任与义务。政府社会保障支出不断增长，个人责任感越发淡薄，社会保障的实际效果不令人满意，甚至成为影响英国社会经济正常发展的制度障碍。

撒切尔政府社会保障制度改革的突出特点有如下几个方面。

第一，将英国社会保障制度的改革与经济制度改革紧密结合，试图通过社会保障制度改革，为英国经济发展减轻负担、增添活力，同时通过经济制度改革促进社会发展，推进社会保障制度更加合理有效地发展。

第二，将遏止社会保障支出不断增长的态势作为改革的主要目的。第二次世界大战以来，英国历届政府对社会保障支出增长的现实了如指掌，也都曾试图采取措施遏止这种趋势，但实际行动和效果不太明显。撒切尔政府在这方面不仅采取了强有力的实际行动，而且收到了较明显的效果，英国社会保障支出的增长率从 1979 年的 5.4% 下降到 1991 年的 3.0%，社会支出的增长率从 1.8% 下降到 1.1%，社会支出占国民生产总值的比例从 43% 下降到 40%。[①]

第三，努力争取国家责任与个人责任的协调与平衡，促进社会保障制度的良性发展。撒切尔政府的社会保障制度改革十分重视强调个人责任的发挥，降低一些社会保障项目的津贴标准，改变社会保障制度的普遍性原则，推行选择性原则，支持社会保障私营化与市场化，鼓励职业与私人养老措施等，这都是为了提高个人在社会保障方面的责任感，当然也是为了降低政府的社会保障支出，同时也是为了实现英国社会保障制度的良性发展。

撒切尔政府的社会保障制度改革方针之新颖、目标之明确、措施之激进、行动之果断以及效果之明显在战后英国社会保障制度发展过程中是少有的。它以激进的行为将英国社会保障制度改革的任务摆在了世人面前，使得改革成为新时期英国社会保障制度乃至社会经济发展的重要任务。撒切尔政府的社会保障制度改革对改变英国民众传统的社会保障观念产生了重要影响，这无疑有利于英国社会保障制度未来的改革和发展。撒切尔政府的社会

---

① Michael Hill, *The Welfare State in Britain*, *A Political History Since 1945*, Edward Elgar, 1993, p. 124.

保障制度改革不仅在 20 世纪英国社会保障制度发展史上具有重要的地位，而且对整个西方国家的社会保障改革也产生了一定的影响，以至于人们常常将撒切尔政府与社会保障制度改革紧紧联系在一起。

但是，也正是因为撒切尔政府在英国社会保障制度改革广度与深度方面的推进，使其不仅受到工党的批评，而且受到保守党内部的批评，更受到意在维护既得利益的英国民众的指责，这成为撒切尔政府下台的重要原因之一。撒切尔政府的结束，意味着其所推行的社会保障制度改革将面临严峻考验。接替撒切尔政府的梅杰政府面对来自各方的批评与压力，不得不在社会保障制度改革方面做出让步，放慢社会保障制度改革的步伐，改变前任政府在公共支出方面的紧缩政策。英国公共支出占国民生产总值的比例在 1993 年增加到 26.7%，这不仅高于 1990 年 22% 的比例，而且高于 1979 年保守党上台时 23% 的比例。① 这表明，由撒切尔政府推行的激进的社会保障制度改革遭遇挫折，英国的社会保障制度改革将要经历一个更加艰难曲折的过程。

---

① Howard Glenerster, *British Social Policy since 1945*, Blackwell, 1995, p. 210.

布莱尔政府的社会保障政策与改革[*]

1997 年，以布莱尔为首的英国工党以"新工党"的形象取代保守党上台执政，并完成了跨世纪执掌英国政府的重任。如同此前的保守党政府那样，社会保障制度改革问题依然是新工党政府面对的一个主要问题。布莱尔社会福利思想的基本主张是什么？新工党政府采取了怎样的社会保障改革措施？布莱尔政府的社会保障改革与撒切尔政府的社会保障改革之间的关系如何？对这些问题的考察，有助于我们更好地认识和把握英国社会保障制度改革和发展的基本趋势。

一　布莱尔的"第二代福利"思想

布莱尔的社会保障思想集中体现在他的《新英国》一书中，在这部新工党新政策的宣言书中，布莱尔提出了"第二代福利"的思想和主张，其基本内容包括以下几个重要方面。

首先，强调社会保障的功能应该由仅仅提供救济，发展到为民众创造和提供发展的条件。布莱尔指出，第二代福利是要给人以扶持，而不仅仅是施舍。它意味着多种服务，而不仅仅是现金补贴，它包括子女抚养和子女补贴、培训和失业救济金、老年人赡养和养老金。社会福利应成为人们实现成功的跳板，而不应该成为各种缓解性措施失败后的安全网。社会福利应当创造稳定的环境，使家庭和社会团体能够应付和适应这个变化的世界。救济

---

* 本文以《布莱尔政府的社会保障改革》为题发表于《国际论坛》2004 年第 1 期。

受益者需要并应该得到更好而不是更多的救济，从而有助于摆脱对这些救济的依赖。福利应是在这个变化着的世界中的机会和安全。

其次，现代社会福利的目标应该是鼓励人们从事工作以改变自己的处境，提高人们的进取意识与自立精神，而不是仅仅依靠社会救济生活。实现现代社会福利目标的必要途径，是使社会保障真正体现权利与义务相结合的原则，增强人们的责任心和义务感。布莱尔指出，人们不应该仅仅依靠国家救济生活，社会保障制度的目标应该是尽可能创建一种促进工作而不是依靠救济的现代福利体系。"工党的目标不是让人们一直依赖救济，而是给予人们就业及财政上的独立，在福利方面我们需要一种新的机会与责任相宜的解决办法。"

布莱尔指出，第二代福利承认公民身份建立在权利和义务相结合的基础上，公民有享受社会保障的权利，同样也应该履行相应的社会保障义务，现代社会福利制度必须体现权利与义务相结合的原则。布莱尔提出了实现现代社会福利制度上述目标的主要途径，这就是，必须保证每个人都能过上体面的生活，达到这个目标的最好办法不是通过改善福利制度，而是应该帮助人们实现就业，保证每个人均有机会提高自己，最好的办法就是发展教育，提高人们的受教育水平。[1]

再次，改革社会保障管理体制，减少政府在社会保障制度方面的过多干预，发挥其他各种社会组织在英国社会保障制度中的作用与影响。布莱尔指出，第二代福利应该能够适应英国家庭生活方式的改变，在这种变化了的家庭生活里，工作和照料孩子是共同承担的，而且退休生活将构成家庭生活的重要组成部分，现代社会福利制度必须使这种家庭生活变化趋势朝着好的方向发展，并能够提供更多的安全感来替代恐惧感。现代社会福利应该增强人们的社区感和使命感，现代福利社会所依靠的不是发放更多福利的家长式政府，而是提供就业和教育、帮助人们自救的能动性

---

① 布莱尔：《新英国》，世界知识出版社，1998，第 349 页。

政府。第二代福利不应该通过高高在上的政府来发号施令，而应该鼓励地方决策，鼓励公共或私人开展合作，鼓励地方人民的革新措施。①

最后，强调健全各种具体的社会保障措施，并为民众提供合理的社会保障。布莱尔指出："我们一直相信，基本养老金是所有人退休后继续发展的基础。工党有义务建立一个面向所有人的国家基本养老金。"全国性最低工资制度应该成为当今劳动力市场中的一条至关重要的规定，有了最低工资，纳税人就不用再通过家庭信贷的方式对低工资实行补贴，最低工资还能减少雇员跳槽，促进培训投资，并有助于激发雇员的积极性。工党应该把争取建立最低工资制度作为自己的一种目标。② 布莱尔认为，为了从根本上解决失业问题，必须采取下列措施：为年轻失业者提供教育、就业服务；通过福利改革为失业家庭提供希望；为单亲家庭提供职业、教育和培训服务；提供充分的保障就业资金。国民保健制度改革的基本宗旨是：能够确保国民身体健康；进行改革而不是推翻；有效利用国民保健资源；能够为患者提供便利的医疗保健服务。③

可见，布莱尔第二代福利思想的基本主张是转变社会保障观念，提高社会保障实际效果，增强个人在社会保障制度中的责任和义务，适当限制政府在社会保障制度中的作用 同时还要保证向民众提供合理的社会保障制度。

二　布莱尔政府社会保障制度改革措施

尽管以布莱尔为首的新工党在上台以前竭力宣扬自己的社会保障思想和政策主张，但是，由于社会保障改革在英国已经成为一个颇具敏感性的问题，布莱尔新工党政府上台以后并没有像当

---

① 布莱尔：《新英国》，世界知识出版社，1998，第 168～169 页。
② 布莱尔：《新英国》，世界知识出版社，1998，第 130～172 页。
③ 布莱尔：《新英国》，世界知识出版社，1998，第 208～349 页。

年保守党上台那样，立即推行强有力的社会保障制度改革，而是在社会保障制度改革问题上持非常谨慎的态度，可以说，到目前为止，新工党在社会保障改革方面还没有采取什么实质性的措施。但是，社会保障制度改革的方向不可逆转，新工党政府不可能在社会保障问题上长期保持沉默。所以，布莱尔新工党政府上台以后，也不得不在社会保障制度方面开始自己谨慎的改革。

失业问题一直是困扰英国政府的主要社会问题，失业保障支出一直是构成英国社会保障制度的重要部分，然而，各种失业保障措施的效果却不太明显。失业保障制度改革成为新工党政府社会保障制度改革的主要内容。新工党政府推行所谓"从福利到工作"的"新政"，努力让所有具有劳动能力者能就业，从而提高有劳动能力者的自我救助和保障能力。为此，布莱尔政府采取了一系列向各种失业者提供就业帮助的措施。

解决青年失业者的失业保障是新工党政府"新政"的主要任务。社会福利部门不仅为年轻失业者提供就业咨询和就业培训，而且为雇佣年轻失业者的雇主提供补贴，鼓励他们尽可能雇佣失业者。同时，鼓励年轻失业者受雇于志愿性工作，政府保证其接受各种就业培训和受雇于各种志愿性工作的失业者应得的各种福利。具体地说，新政计划的主要内容是，为失业半年以上的年轻人提供4种选择：雇主提供的有补贴的工作，每雇佣一名年轻失业者的雇主可获得每周60英镑的补贴；环境保护部门提供的为期6个月的工作；自愿性组织提供的工作；接受全日制教育和技术培训。①

鉴于单亲家庭对英国社会保障支出的影响越来越明显，让更多的单亲家庭的家长走向工作，提高单亲家庭的自我保障能力，成为新工党政府社会保障制度改革的重要内容之一。新工党政府决定对单亲家庭提供同样的就业服务，主要是提供就业机会、就业指导以及儿童护理服务，争取使他们能够通过自己的就业收入

---

① 刘燕斌主编《面向新世纪的全球就业》，中国劳动社会保障出版社，2000，第30页。

而不是社会福利收入来维持正常生活。为了减少用于残疾人的社会福利支出，也为了提高残疾人的自我保障意识和责任，新工党政府的残疾人社会福利改革同样以支持和鼓励那些具有劳动能力者就业为主，一方面为有工作能力的残疾人提供合适的就业机会以保证他们就业；另一方面为残疾人提供就业培训和咨询以帮助他们就业。

布莱尔新工党政府的"新政"的主要目的是，通过尽可能扩大就业来解决失业问题，实现"使能工作者得到工作，使不能工作者得到保障"的目标。根据 1999 年 5 月英国官方公布的结果，新政计划得到多数失业者的支持和参与，在 12 个新政试点地区，一共有 16000 名失业青年与 10000 家私有企业签订就业协议。[①]

养老金制度改革成为布莱尔新工党政府社会保障制度改革的重要方面。布莱尔政府认为，保守党的养老金改革使得一部分养老金领取者的生活受到明显的影响，所以，新工党政府养老金制度改革的目标是为养老金领取者提供充分的养老保障。为此，新工党政府一方面继续加强国家基本养老金和职业养老金制度建设，特别是鼓励更多有能力者参与职业养老金和个人储蓄年金制度，以便其通过个人努力为自己提供更加充分的养老保障；另一方面，布莱尔政府推行新的养老金制度改革措施，主张在改革与收入相联系的养老金制度的基础上，建立国家第二基本养老金制度，这种基本养老金主要是为那些最需要帮助者提供的养老金，以保障他们实际生活的需要。此外，新工党政府还在 1999 年颁布《福利改革和养老金法》，对老年妇女的养老权益予以法律保护。[②]

布莱尔政府国民医疗保健改革的目标是，逐步将医疗保健由普遍权利意识向个人责任意识转变，从强调医疗保健是否"需要"转向强调医疗保健中的个人"表现"，从保健教育转向保健促进，以便有效地降低政府用于医疗保健方面的财政支出，同时，确保为全体民众提供充分的医疗保健服务。为此，1998 年，布莱尔政

---

① 杨为民：《失业保险》，中国人民大学出版社，2000，第 135 页。

② 刘昕：《英国最新福利制度改革评析》，《社会保障制度》1999 年第 12 期。

府推行了新的国民医疗保健计划，主要内容是减少医疗保健服务覆盖面，鼓励医疗保健服务的市场化。① 2000 年 7 月，布莱尔政府又公布了国民保健 5 年计划，旨在建立全面有效的国民保健服务体系，其中包括建立 100 家医院，增设 7000 张病床，招收 20000 名护士、7500 名会诊医生、2000 名普通医生和 6500 名医疗专家。②

此外，布莱尔新工党政府还采取了一些其他方面的社会保障改革措施。为了给贫困儿童提供充分的社会福利，布莱尔政府从 1999 年 4 月开始提高儿童福利的标准，并增加了抚养 11 岁以下儿童的家庭补贴，同时，单亲家庭的家长在选择就业后，还可以得到儿童护理服务。为了加强社会保障制度管理，布莱尔政府于 1997 年和 1998 年分别颁布有关社会保障管理的立法，宣布对社会保障参加者重新登记，清理和严惩社会保障制度实施过程中的欺诈行为。

三　布莱尔政府与撒切尔政府社会保障制度改革比较

布莱尔政府与撒切尔政府的社会保障政策与改革之间存在一些差别，其中最主要的差别在于：撒切尔政府的社会保障政策更多地强调个人在社会保障制度中应该发挥的作用，希望尽可能地减少政府责任，提倡社会保障的市场化和私营化；而布莱尔政府的社会保障政策，在强调个人在社会保障制度中应该承担合理责任的同时，也强调国家为社会成员提供充分的社会保障方面的责任不能因强调个人责任而削弱。这种差别主要是因为，撒切尔政府上台时，英国社会保障制度面临严重危机，信奉新保守主义的撒切尔政府希望通过激进的社会保障制度改革，实现英国社会保障制度状况的根本好转。撒切尔政府的社会保障改革愿望及其措

---

① Robert. M. Page, *British Social Welfare in the Twentieth Century*, London: Macmillan Press Ltd. , 1999, p. 129.

② 王振华：《挑战与选择：中外学者论第三条道路》，中国社会科学出版社，2001，第 245 ~ 246 页。

施引发英国民众的强烈不满，成为保守党下台的直接原因之一。

新工党在选举中大肆抨击保守党的社会保障政策，提出各种社会保障允诺，并借此取代保守党上台执政，新工党也不得不吸取保守党的教训，在社会保障制度改革方面采取比较温和的态度，实行比较中庸的社会保障政策。布莱尔政府与撒切尔政府社会保障政策的差别，造成两个政府的社会保障制度改革措施的差异。撒切尔政府的社会保障制度改革，偏重于对英国社会保障制度自身问题进行改革，不仅直接降低了一些社会保障津贴标准，更重要的是将社会保障制度普遍性原则转变为选择性原则，对英国社会保障制度管理中的一些传统惯例也加以改革，并积极推进英国社会保障制度的市场化和私营化。撒切尔政府改革的力度和影响相对较大，效果也比较明显，特别是在控制社会保障支出增长方面的效果更为明显。英国社会保障支出的增长率从 1979 年的 5.4% 下降到 1991 年的 3%，整个社会支出的增长率从 1.8% 下降到 1.1%，社会支出占国民生产总值的比例也从 43% 下降到 40%。[①]

相比较而言，布莱尔政府的社会保障制度改革，则比较偏重于改善与英国社会保障制度相关的社会环境，通过改善社会环境，提高民众的个人责任感，促进比较充分的就业，减轻社会问题的压力，实现社会保障制度健康合理发展。因此，尽管布莱尔工党政府上台已有 6 年，但其在社会保障制度改革方面的重大举措并不多，改革的效果也不像撒切尔政府的改革那样比较迅速而又明显地表现出来。布莱尔政府和撒切尔政府的社会保障政策与改革之间虽然存在一定差别，但是，这种差别并不是原则性和实质性的，而是改革的具体途径与方式的不同。

实际上，布莱尔政府的社会保障改革和撒切尔政府的社会保障改革之间存在明显的连续性和一致性。首先，两者都认为，英国社会保障制度经过长期发展已经存在许多问题，必须实行改革

---

① Michael Hill, *The Welfare State in Britain*, *A Political History since 1945*, Edward Elgar, 1993, p. 124.

才能使其更加有效地发挥作用。布莱尔明确指出，世界变了，福利国家也应随之变化，工党希望使福利国家现代化。撒切尔政府同样认为，自1942年《贝弗里奇报告》以来，英国的社会保障制度已经发生了很大的变化，其内容和适用范围已经得到极大的扩展，英国的社会经济状况也已发生很大的变化。但是，英国社会保障制度的基本原则仍然以《贝弗里奇报告》的基本原则为主，这显然已经不再符合英国社会发展的现实。[1]

其次，两者的社会保障政策和改革目标基本一致，那就是增强英国社会保障制度的实际效果，提高社会成员的责任感与进取意识。布莱尔指出，社会救济的受益者需要并应该得到更好而不是更多的救济，从而有助于他们摆脱对这些救济的依赖。社会福利主要应该是指在这个变化着的世界中的机会和安全，它应该帮助人们继续前进和奋发向上。撒切尔政府的社会保障政策同样指出，社会保障制度必须能够满足真正的需要，这是国家基本的责任，必须与国家的整个经济目标保持一致，必须建立在一种对国家与个人的作用与责任的明确理解上，社会保障未来的改革和发展应该遵循这样的基本原则，那就是，社会保障并不仅仅是国家的职能，它应该是个人与国家共同的责任与义务，是国家与个人的合作，是建立在双重支柱上的社会保障制度。[2]

最后，两者在实现社会保障政策和改革目标的途径方面也基本一致。布莱尔政府认为，实现社会保障政策与改革目标的途径主要是保证每一个人都能过上体面的生活，帮助人们就业，保证每个人均有机会提高自己，并增强个人的使命感，建立能够提供就业和教育、帮助人们自救的能动性政府。撒切尔政府同样认为，新的社会保障制度将选择一条与以往全然不同的激进的道路，应该给予个人更大的独立性与责任感，但是，还必须明确这样的观点与信念，那就是国家对有需要的人提供帮助的传统将会继续保

[1] Rex Pope, *Social Welfare in Britain*, *1885 – 1985*, London: Croom Helm, 1986, p. 240.

[2] Rex Pope, *Social Welfare in Britain*, *1885 – 1985*, London: Croom Helm, 1986, p. 240.

持并不断发展。①

可见，尽管以布莱尔为首的新工党上台以前大肆宣传其看似新颖的社会保障政策计划，大肆抨击保守党政府的社会保障政策与改革，但布莱尔政府的社会保障政策和改革与撒切尔政府的社会保障政策和改革并没有什么实质性的不同。相反，布莱尔政府的社会保障政策和改革和撒切尔政府的社会保障政策和改革之间具有明显的连续性和一致性。政党竞争与竞选宣传的口号根本不可能改变英国社会保障制度面临的现实问题，决定布莱尔政府和撒切尔政府社会保障政策和改革的连续性与一致性的是英国社会保障制度面临严重困境，必须进行改革的现实，只要英国社会保障制度的这种现实没有发生根本变化，无论英国哪一个政党上台执政，在社会保障政策和改革方面都将面临同样的问题，也将采取基本一致的社会保障政策与改革措施。

---

① Rex Pope, *Social Welfare in Britain*, *1885 – 1985*, London: Croom Helm, 1986, p. 243.

20 世纪 80 年代以来瑞典的
社会保障改革 [*]

一　瑞典社会保障制度改革的背景

20 世纪 70 年代中期以来，瑞典社会保障制度开始面临严重的问题，进入所谓的福利国家危机时代。这主要表现在以下几个方面。

首先，世界性经济危机使瑞典社会经济发展面临严重困难，与此同时，瑞典主要社会问题逐渐严重起来。经济危机使得瑞典社会经济面临严重困境，瑞典工业生产率明显下降，20 世纪 60 ~ 80 年代，瑞典劳动生产率由 5% 下降到 1.6%。1973 ~ 1982 年，经合组织成员国工业品平均增长 20% ~ 25%，而瑞典下降 5%，工业投资也下降 33%。[①] 瑞典国民经济增长也明显落后于其他经合组织成员国的平均水平，如 1970 年瑞典与其他经合组织成员的国民生产总值均为 100，1975 年，瑞典为 115，其他经合组织成员国平均为 120；1980 年瑞典为 120，而其他经合组织成员国平均增加到 138。[②]

瑞典社会经济的萧条成为福利国家面临危机的基本原因。社会经济的萧条使得瑞典本不太严重的失业问题开始逐渐突出起来，1972 年，瑞典有 3.5% 的劳动力失业 4 周以上，3.3% 左右的劳动

[*]　本文以《20 世纪 80 年代以来瑞典的社会保障制度改革》为题发表于《国际论坛》2003 年第 5 期，发表后被中国人民大学复印报刊资料《社会保障制度》2003 年第 12 期全文复印。

[①]　Alex Zander Davidson, *Two Model of Welfare*, Stockholm, 1989, p. 312.
[②]　Meyerson Per-martin, *The Welfare State in Crisis*, Stockholm, 1982, pp. 8 – 14.

力失业 5～12 周，2% 左右的劳动力失业 13～26 周，1.9% 的劳动力失业达 27 周以上。1974～1984 年，瑞典接受社会救济的家庭数由 22 万个增加到近 30 万个。与此同时，瑞典人口老龄化明显加速，1960～1985 年，瑞典 65 岁以上人口比例由 12% 提高到 17%，老年供养率由 18% 提高到 28%。[1] 社会问题的加剧成为瑞典福利国家面临危机的直接原因。

其次，瑞典长期以来比较稳定的政治环境开始发生变化，社会民主党的政治优势受到挑战，瑞典政治的一致性逐渐动摇。20 世纪前期瑞典政治发展的突出特点是政府、工会与企业之间具有一定程度的一致性，这种政治一致性曾经对瑞典经济与社会发展产生积极影响。20 世纪 70 年代中期以后，瑞典的政治一致性逐渐动摇，非社会主义政治派别将瑞典经济与社会发展所面临的一切问题归因于社会民主党长期以来对社会经济的过分干预，认为"当国际经济发展的新特点越来越要求瑞典经济具有日益增长的调节能力时，政治干预已经严重地损害了瑞典经济的灵活性"。[2] 瑞典社会民主党的政治优势受到冲击，1976 年，社会民主党长期执政的局面被打破，非社会主义政党上台执政。瑞典政治力量对比发生变化，1970～1991 年，保守党的支持者从占选民的 11% 增加到 22%，中央党与自由党的支持者从 36% 减少到 18%，社会民主党的支持者仅为 30%。[3] 传统劳资协商制度也开始动摇，罢工运动的次数与参加人数明显增加，1955～1975 年，瑞典年均发生罢工次数从不足 20 次增至 280 多次，参加人数从不足 4000 人增到 3.8 万人。瑞典政治环境的变化使得社会保障问题更显紧迫。

再次，瑞典社会保障制度逐渐由社会经济发展的促进因素转变为制约因素，瑞典模式时代转变为瑞典病时代。战后瑞典社会保障制度基本上保持着与社会经济发展相协调的水平，这在很大程度上有利于社会经济的稳定发展。20 世纪 70 年代中期以后，瑞

---

① Tommy Bengtsson, *Population, Economy and Welfare State*, Berlin, 1994, p. 124.

② Meyerson Per-martin, *The Welfare State in Crisis*, Stockholm, 1982, pp. 61–64.

③ Arthur Gould, *Capitalist Welfare Systems: A Comparison of Japan, Britain and Sweden*, London: Longman, 1993, p. 230.

典社会经济发展速度明显下降，以高福利为主要特点的社会保障制度不再有利于瑞典社会经济的发展，并逐渐转变为制约瑞典经济与社会发展的因素。瑞典社会支出直线上升，高居主要欧洲国家前列，1985 年，瑞典社会支出占国民生产总值的比例为 33.2%，英国为 20%，德国为 26.6%，意大利为 23.7%，法国为 30.9%。[①] 瑞典政府财政赤字占国内生产总值的比例在 20 世纪 80 年代基本保持在 5% 以上，1982 年达到 13% 的水平。[②] 为实现财政收支平衡，政府只好增加税收，这又使得瑞典成为主要欧洲国家中税率较高的国家之一，1985 年，瑞典税收占国内生产总值的比例为 50.4%，经合组织欧洲成员国平均为 38.8%。[③] 瑞典社会保障水平与社会经济发展之间的不协调，宣布了瑞典模式时代的结束和瑞典病时代的开始。

最后，瑞典民众对社会保障制度的态度开始发生变化。20 世纪 70 年代以前，64% 的瑞典人对社会保障制度表示基本满意，认为社会保障制度不太令人满意的人数占 33%。20 世纪 70 年代以后，认为瑞典社会保障制度基本上令人满意的人数比例有所下降，认为瑞典社会保障制度不太令人满意的人数比例有所上升，到 1978 年，前者的比例下降为 59%，后者的比例上升为 36%。民众对社会保障制度态度的变化主要集中在对社会保障与社会福利水平的认识方面。20 世纪 70 年代以前，认为瑞典社会保障制度应该进一步改革，以提高民众的社会福利水平的人占相对多数，20 世纪 70 年代以后，认为应该降低而不是提高瑞典社会保障水平的人逐渐增长为多数派。1968～1979 年，反对提高社会保障与社会福利水平者所占的比例从 42% 增长到 67%，赞成提高社会保障与社会福利水平者的比例从 51% 下降到 27%。[④] 瑞典民众对社会保障

① A. Cochrance, *Comparing Welfare State*, London: Macmillan Press Ltd., 1993, p. 243.

② Bary P. Bosworth, *The Swedish Economy*, Washington, 1987, p. 312.

③ Richard B. Freeman, *The Welfare State in Transition*, *Reforming the Swedish Model*, Chicago: University of Chicago Press, 1997, p. 121.

④ Sven E. Ollson, *Social Policy and Welfare State in Sweden*, Lund: Arkiu Folag, 1993, p. 235.

态度的变化反映人们对社会保障改革要求的增强。正是在上述社会经济与政治背景下，瑞典于 20 世纪 80 年代初开始了社会保障制度的改革。

二　社会保障支出紧缩政策的实施

紧缩社会保障支出是瑞典社会保障制度改革的基本政策措施。瑞典社会保障支出紧缩政策的最初推行者是非社会民主党政府。1980 年，瑞典政府提出社会保障支出紧缩法案，建议将决定社会保障津贴标准的基数一年变动一次，不再受价格、间接税与食品补助变化的影响。1981 年，瑞典政府加大紧缩社会保障支出的力度，将部分养老金津贴标准从以前工资的 65% 降到 50%，将领取该项养老金者的比例由 27% 降到 20%。1982 年初，瑞典政府再次提出社会保障支出紧缩法案，重新实行领取健康保险津贴前的 2 天等待期，将健康保险日现金补贴的工资替代率由 97% 降低到 87%。增加失业保险被保险人缴费，废除养老金领取者住房补贴。

瑞典社会民主党在 1982 年重新上台以后，曾经进行一些社会保障支出紧缩性改革尝试，因遭遇民众反对而被迫放弃，瑞典社会保障支出紧缩性改革一度陷于停顿。然而，瑞典社会保障与社会经济的现实使社会民主党难以对社会保障改革保持持久沉默。从 20 世纪 80 年代末开始，社会民主党政府不得不面对现实，继续推行社会保障支出紧缩政策。

在健康保险方面。1989 年，健康保险调查委员会提出建议，主张健康保险津贴每月发放而不是每两周发放，让雇主承担起前 14 天的疾病津贴责任，健康保险津贴只能发放给可以康复并重新恢复工作者。1991 年，政府对健康保险津贴进行实质性削减，前 3 天的健康保险津贴标准从相当于原工资的 90% 降低到 65%，以后 90 天的津贴标准相当于原工资的 80%，实行健康保险津贴 2 天等待期，由雇主承担前 14 天健康保险津贴责任，将就诊费由 60 克朗增加到 100 克朗，处方费从 65 克朗增加到 90 克朗。1993 年，再次降低健康保险津贴，无时间限制的健康保险津贴第一年为工资的 80%，以后每年为 70%。[1]

在养老金方面。1993 年，将退休年龄提高到 65 ~ 66 岁。1994
年，瑞典议会提出养老金改革建议，取消补充养老金制度中有关
以 15 年最好工资为基础的规定，用工资指数代替物价指数作为确
定基数的标准，使养老金制度与经济发展趋势相联系。同年进行
的部分养老金改革将最低资格年龄提高到 61 岁，津贴标准由相当
于前工资的 65% 降到 55%。此外，其他社会保障项目的支出紧缩
政策也被逐步推行。在失业保险方面，1993 年将失业保险津贴标
准从相当于原工资的 90% 降到 80%，并规定领取失业保险的时间
从失业后第六天开始。在父母保险方面，1989 年规定，孩子出生
时父母可享有 450 天的津贴，其中 360 天的标准为工资的 90%，
其余 90 天为每天 60 克朗。1994 年废除了 1989 年做出的有关 90 天
固定标准父母津贴的规定，1996 年将父母保险津贴标准从相当于
工资的 90% 降为 75%。[2]

社会保障支出紧缩政策的实施收到一定的效果，使瑞典社会
支出不断增长的势头得以遏止，社会保障水平的增长趋势也停滞
下来，并开始逐渐降低，1980 ~ 1995 年，瑞典社会保障水平在主
要西欧国家中增长幅度最低，仅从 35.5% 增加到 35.8%，而英国
从 23.5% 增加到 29.8%，德国从 30.7% 增加到 33.9%，法国也
从 23.9% 增加到 32.9%。[3]

三 社会保障制度地方化改革

20 世纪 80 年代初瑞典社会民主党重新上台以后，为回报选民
在选举中所给予的支持，曾立即停止非社会主义政党政府所采取
的社会保障支出紧缩政策。但是，瑞典社会保障与社会经济发展

---

[1] Arthur Gould, *Capitalist Welfare Systems: A Comparison of Japan, Britain and Swe-den*, London: Longman, 1993, p. 190.

[2] Richard B. Freeman, *The Welfare State in Transition, Reforming the Swedish Model*, Chicago: University of Chicago Press, 1997, pp. 215 – 216.

[3] 李珍:《社会保障理论》，中国劳动社会保障出版社，2001，第 194 页。

环境并没有因社会民主党政策转向而发生根本好转。于是，瑞典社会民主党政府开始寻找新的降低中央政府财政支出的办法，既拥有实际征税权又在社会保障实施和管理中发挥着重要作用的瑞典地方政府就成为一个理想的转移中央政府社会保障支出的对象。

瑞典社会保障地方化改革开始于 20 世纪 80 年代初。1983 年颁布实施的瑞典保健法中已经宣布，瑞典各郡政府应该承担规划所有保健服务的主要责任，各郡政府可以通过个人协议确定私人医生每年拥有的病人数量，在没有达成这种协议的情况下，接受医生的保健服务不能得到社会保险的资助，全部费用由病人自己承担，各郡也可以规范和控制私人医疗保健市场。该法促进了以各郡为基础的综合保健模式的形成。从 20 世纪 90 年代开始，社会民主党政府加速社会保障地方化改革。1990 年，瑞典政府提出法案，建议改革老年和残疾人关怀与服务制度，该法案于 1992 年 1 月正式生效。它规定，地方政府必须承担各种有关老年和残疾人长期性健康关怀和社会服务的责任。该法案的主要目的是改善地方政府实施社会服务的环境，激发地方政府采取措施提高各种社会服务资源的利用效率，促使地方政府采取措施降低社会服务支出，同时提高社会服务的效果。该法案的实施收到一定效果，1993 年，接受免费老年病治疗的人数下降 60%，与老年病相关的病床数减少 884 张，相当于此类病床总数的 13%。地方政府用于老年保健服务方面的支出减少 4.35 亿克朗。[①]

20 世纪 90 年代以前，瑞典中央政府一般是按照社会救济和社会服务的不同项目对地方政府提供财政资助，这使得中央政府对社会救济和社会服务具有决定性影响，不利于地方政府在社会救济和社会服务方面发挥更好的作用，中央政府向地方政府提供的社会救济和社会服务财政资助不断增长，地方政府在实施社会救济和社会服务方面的积极性却不断下降，社会救济和社会服务资源利用率较低，民众对社会救济和社会服务效果很不满意。可见，

---

① Tommy Bengtsson, *Population*, *Economy and Welfare State*, Berlin, 1994, pp. 146 – 147.

改革中央政府对地方政府提供社会救济和社会服务财政资助的方式势在必行。

1993 年，瑞典开始进行这方面的改革，中央政府对地方政府提供的社会救济与社会服务财政资助，不再按照项目分类原则，而是实行综合性原则，中央政府根据各郡的人口结构、税收情况等提供不同数量的财政资助，中央政府所提供的财政资助如何使用，由地方政府根据各地实际情况自行决定。这一改革措施划清了中央政府与地方政府在社会救济和社会服务方面的不同职责，理顺了中央政府和地方政府在社会救济与社会服务方面的关系，便利了地方政府根据所管辖地区的实际情况实施有效的社会救济和社会服务。这不仅有助于提高瑞典社会救济和社会服务的效果，而且有助于促进瑞典各地社会经济与社会保障事业的协调发展。

四　社会保障竞争机制与私营化

早在 1980 年年底，瑞典雇主联合会就提出建议，认为有效地降低社会保障支出，提高社会保障制度实际效果，应该在主要社会保障项目方面引入竞争机制，包括儿童服务领域的竞争、健康保险私营化、增强健康服务领域中个人的作用等。学术界也积极从事社会保障私营化思想的宣传，这在 20 世纪 80 年代的瑞典曾引发有关社会保障制度私营化的讨论。社会民主党更强调通过社会保障地方化，在地方实施的社会保障中引入竞争机制，实现社会保障效率化；学术界则更强调通过社会保障私营化，促进社会保障竞争机制的形成，实现社会保障制度效率化；著名经济学家林德贝克负责的社会保障制度改革委员会主张瑞典社会保障应该实现市场化，社会保障改革的发展趋势是消费选择的自由化、社会保障提供者之间的竞争化以及一些社会保障项目谨慎的私营化。[①]所有这些在一定程度上推动了瑞典社会保障制度竞争机制与私营化的发展。

---

① Tommy Bengtsson, *Population, Economy and Welfare State*, Berlin, 1994, p. 145.

　　职业养老金的发展是瑞典社会保障制度引入竞争机制和私营化的突出代表。20 世纪 80 年代初，瑞典职业养老金制度获得明显发展，形成四大职业养老金团体，这就是"工人职业养老金""白领雇员职业养老金""中央政府雇员职业养老金"和"地方政府雇员职业养老金"。此外，还有一些半国家和半私人的职业养老金以及一些自治市的职业养老金。1980 ~ 1985 年，赊买职业养老金的人数与保费收入分别增长近 3 倍，职业养老金保单从 4 万份增长到 12 万份，参加者总数由 62 万人增加到 182 万人，瑞典 1/10 的养老金领取者可以领取自己的职业养老金。[1]

　　在老年关怀和服务方面，瑞典政府认为，公共与私人老年服务机构之间的合理竞争是实现社会服务方面提高个人选择自由度目标的主要手段。1992 年，瑞典政府颁布法令，提出有效合理利用各种老年社会服务资源，提高老年社会服务实际效果，强调为老年人提供更多的个人选择机会，这在一定程度上有利于老年服务私营化的发展。1992 年，瑞典建立 270 个私营老年护理机构，占瑞典全国老年护理机构的 1/3，71 个地方政府和 6 个郡政府已经就老年和儿童照顾与私营社会福利机构签订了协议。[2]

　　在健康保险和医疗保健方面，瑞典也开始引入公共与私人医疗机构之间的竞争机制。20 世纪 80 年代以后，瑞典私营健康保险开始兴起，不但一些保险公司提供私人健康保险业务，一些企业也开始为自己的职工提供健康保险，国家为这样的企业提供减税优惠，以鼓励私人健康保险的发展。但是，由于健康保险风险较大，私人健康保险机构与医院之间难以达成一致，私人健康保险发展缓慢。瑞典医疗保健方面的私营化取得了一定的成绩。20 世纪 80 年代初，瑞典就出现了为非住院病人提供服务的私人医疗中心，一些大城市还建立了一种更具商业化和私营化的医疗保健服务机构，即"城市医疗保健服务有限公司"，到 20 世纪 80 年代中

[1]　Sven E. Ollson, *Social Policy and Welfare State in Sweden*, Lund: Arkiu Folag, 1993, p. 163.
[2]　Tommy Bengtsson, *Population, Economy and Welfare State*, Berlin, 1994, pp. 149 - 151.

期，接受私人医疗保健机构服务的非住院病人已经占瑞典成年医疗保健服务市场的一半左右。①

需要指出的是，瑞典社会保障制度中竞争机制的引入和私营化的发展十分有限，社会保障私营化没有成为瑞典社会保障改革的主要政策加以推行，私营化的发展范围和程度也十分有限。这主要是与瑞典社会民主党的基本主张有关。作为瑞典社会保障改革主要领导者的社会民主党，一向主张社会保障制度国有化，对社会保障制度私营化持十分谨慎的态度。瑞典社会保障私营化的发展虽然还很有限，但已经产生了一定效果，尤其是在老年关怀与老年服务方面效果较为明显。各种私人老年服务机构提供的服务，使得原来只能居住在各种公共老年机构的老人可以居家接受各种服务，居住在各种公共老年机构的老人数明显下降。1980～1987年，瑞典接受公共性老年机构帮助的65岁以上老人占养老金领取者的比例从26%降到20%，居住在"老人之家"的65岁以上老人占养老金领取者的比例从41%降到28%。1985～1991年，居住在"老人之家"的人数下降30%，长期居住在老人院的人数下降13%。②

综上所述，可以得出如下结论。从20世纪80年代开始，瑞典社会保障制度如同其他主要西方国家一样也开始进入改革阶段；瑞典社会保障制度改革既体现出与其他西方国家社会保障改革的一致性，如实行社会保障支出紧缩政策，也有不同于其他西方国家社会保障制度改革的独特性，例如社会保障地方化改革成为瑞典社会保障制度改革的重要政策措施，瑞典政府也没有像英国那样将社会保障私营化作为改革的重要目标，而是通过在社会保障中引入竞争机制，以实现提高社会保障制度效果的目标，这使得瑞典社会保障制度改革表现出鲜明的国别特色。

---

① Sven E. Ollson, *Social Policy and Welfare State in Sweden*, Lund: Arkiu Folag, 1993, pp. 268 – 280.

② Tommy Bengtsson, *Population, Economy and Welfare State*, Berlin, 1994, pp. 140 – 143.

举步维艰的法国退休金制度改革[*]

一　面临困境的法国退休金制度

法国退休金制度建立于 20 世纪初期，经过近一个世纪的发展变化，到 20 世纪 70 年代已开始面临困境。法国人口老龄化趋势明显加快。20 世纪中期以来，法国人口的年龄结构开始发生明显变化，0～19 岁的年轻人在法国总人口中所占比例从 32.2% 下降到 24.6%，而 60 岁以上老年人占总人口的比例则从 18.1% 提高到 21.3%。法国就业人口（20～60 岁）与退休人口比呈现不断下降趋势，1950 年，这一比例为 3.31∶1，1982 年降为 2.91∶1，1985 年为 2.8∶1，1990 年为 2.7∶1，2005 年为 2.55∶1，2030 年将降为 1.6∶1。[①]

法国人口老龄化趋势明显加快给现行退休金制度带来极大压力。法国的混合型退休金体制难以应对不断加剧的退休金压力。由于特殊的政治、社会与历史文化传统，法国建立起一种混合型退休金制度，这种混合型退休金体制包括两部分，即针对所有行业从业者的一般退休金制度和适用于各特殊行业从业者的特殊退休金制度，一般退休金具有统一性，其退休金标准相当于参加者

---

　　[*]　本文以《举步维艰的法国退休金制度改革》为题发表于《学习与实践》2010 年第 5 期；发表后被中国人民大学复印报刊资料《社会保障制度》2010 年第 9 期全文复印。
　　[①]　米尔丝：《社会保障经济学》，法律出版社，2003，第 49 页。

退休前工资的 50%，特殊退休金则具有差别性，其退休金标准相当于参加者退休前工资的 30%，这就使得法国退休金体制极为复杂，尤其是特殊退休金成为影响法国不同社会群体退休金待遇的重要制度内容。

目前法国特殊退休制度包括 11 个"大制度"和 9 个"小制度"。11 个大制度分别是：国家公务员退休制度、法国电气公司和煤气公司退休制度、法国国铁公司退休制度、巴黎公交公司退休制度、矿工退休制度、海员退休制度、神职人员与公证员退休制度、法兰西银行退休制度、地方公职人员退休制度、国营工人退休制度、军队退休制度；9 个"小制度"分别是：烟草业退休制度、歌剧与喜剧行业退休制度、剧院退休制度、储蓄所退休制度、特殊行业退休金库制度、工伤事故基金、农业工伤基金、特殊地区集体制度、国民议会退休制度。储蓄所退休制度又包括十几个很小的特殊退休计划，如军队储蓄制度、非职业消防队退休补偿制度。特殊地区集体制度又包括 80 多个小的特殊退休计划，如市镇退休金库、港口自治退休制度等。①

这种混合型退休金制度在满足法国不同社会群体的退休金需求的同时，也存在一些明显的缺陷。混合型退休金制度导致法国退休金待遇存在不公平性。法国私营部门从业者要具有 40 年缴费资格方可享受退休金，而公营部门从业者则只需 37.5 年缴费资格即可享受退休金。法国普通劳动者的退休年龄一般为 60 ~ 65 岁，而参加特殊退休金者的退休年龄则可以根据有关规定而明显降低。如按照公务员特殊退休金规定，从事艰苦工作的公务员可以 55 岁退休，这使得法国 36 万人因此而享受退休金。② 有 3 个孩子的母亲工作满 15 年即可退休，据统计，此类妇女平均退休年龄为 51 岁零 8 个月，法国每年为此付出 3 亿欧元退休金。③ 铁路、地铁、交通行业从业者可以在 50 岁退休，这使得法国每年需多支付 70 多亿

---

① 郑秉文：《法国高度碎片化的社保制度及其对我国的启示》，《天津社会保险》2008 年第 3 期。
② 宋斌：《法国退休制度改革阻力重重》，《光明日报》2007 年 9 月 24 日。
③ 何农：《法国创造辉煌的精神何在?》《光明日报》2003 年 6 月 27 日。

美元的退休金。

混合型退休金制度在引发一些不公平的同时必然加重退休金支出负担，近年来，法国每年用于退休金方面的支出占国内生产总值的比例为 12%，如不改革现行退休金制度，到 2030 年，这一比例将达到 20%；2040 年法国退休金支出将比 2020 年高出 151%，达到 852 亿欧元。[①] 显然，法国混合型退休金制度尤其是特殊退休金制度成为加重退休金支出的重要制度性因素。

法国退休金制度所面临的压力及其所存在的缺陷势必加重法国社会保障制度的压力。1975～1994 年，法国一般社会保障基金有 14 年处于赤字状态，全国疾病保险基金有 11 年处于赤字状态，全国养老保险基金有 18 年处于赤字状态，全国家庭补贴基金有 3 年处于赤字状态。1990～1994 年，综合社会保障制度基金以及其他各项全国性社会保障基金的赤字状况更是直线上升。可见退休金制度改革成为法国社会保障制度改革的关键性领域。（见表 1）

表 1 1976～1994 年法国社会保障基金状况

单位：十亿法郎

年份	综合社会保障基金	全国疾病保险基金	全国养老保险基金	全国家庭补贴基金
1976	- 1	- 4	- 0.6	+ 3.5
1978	- 10.8	- 5.5	- 8	+ 2.7
1980	+ 10.6	+ 8.57	+ 1.07	+ 1
1982	- 7.7	+ 5.4	- 1.1	- 12
1984	+ 16.6	+ 7.5	- 1.7	+ 10.8
1986	- 20	- 7	- 15.6	+ 2.6
1988	- 6	+ 2	- 16.6	+ 8.6
1990	- 9.6	- 6.8	- 6.6	+ 3.77
1992	- 15.6	- 4.2	- 17.9	+ 6.5
1994	- 42.9	- 28.5	- 11.3	- 3.1

资料来源：米尔丝：《社会保障经济学》，法律出版社，2003，第 171 页。

---

① 何农：《退休金制度改革路途艰难》，《光明日报》2003 年 5 月 15 日。

二 举步维艰的法国退休金制度改革

法国退休金制度改革开始于 20 世纪 80 年代初期，至今虽已经历时 30 多年，但始终是举步维艰，进展缓慢。1982 年，法国对退休金制度进行改革，退休金计算将依据工资最好的 10 年的平均数逐步改为依据工资最好的 25 年的平均数，退休金缴费期限逐步由 150 个季度改为 160 个季度。改革后的退休金制度采取了多种形式：在一般退休金制度下，年满 60 岁且缴费资格达到 157 个季度者，可领取相当于其最好 17 年年均工资 50% 的全额退休金；如被保险者在特殊退休金中缴费期限达到 157 个季度，但在一般退休金制度中缴费期限未达到 157 个季度，可领取比例退休金；不适合劳动者尽管没有达到 157 个季度的缴费资格，但可以从 60 岁开始领取全额退休金；年龄在 60 至 65 岁且缴费资格不足 157 个季度者，其退休金按照每不足 1 个季度降低 1.25% 的比例计算；65 岁以上且缴费资格未达到 157 个季度者有权领取全额退休金，其在 65 岁以后每年的要求缴费季度按照在原缴费季度基础上增加 10% 计算，但最高不超过 157 个季度。[①]

20 世纪 90 年代，法国开始加快和深化退休金制度改革，与此同时，法国退休金制度改革所面对的阻力也逐渐明显。1993 年，法国再次出台关于退休金制度改革的计划，决定从 1994 年起，退休金缴费资格季度每年增加 1 个季度，获得全额退休金者的缴费资格季度将从 160 个季度过渡到 2004 年的 170 个季度，退休金计算所依据的最好工资年数从 1994 年开始每年增加 1 个年度，直到过渡到按照 20 ~ 25 年最好年均工资计算退休金。[②]（见表 2）

1995 年，法国朱佩总理提出社会保障制度改革计划，其主要内容为：议会应对社会保障基金投资做出决议，国家与社会保障

①　迪贝卢、普列多：《社会保障法》，法律出版社，2002，第 87 ~ 90 页。
②　米尔丝：《社会保障经济学》，法律出版社，2003，第 197 ~ 198 页。

机构之间的关系应该合同化；建立全面的疾病保障制度，推进医院改革，加强对医疗费用的控制；巩固一般退休金制度，改革特殊退休金；简化家庭补贴申领程序，促进家庭补贴给付公平化；偿清以前社会保障预算年度的债务，改革社会保障投资方式。其中巩固一般退休金制度、改革特殊退休金制度成为法国社会保障制度改革的主要内容。朱佩的社会保障改革计划在法国遭遇强大阻力，并引发席卷全国的大罢工，罢工不但迫使政府撤销改革计划，而且导致朱佩政府被迫下台。法国退休金制度改革计划遭遇首次重大挫折。

表 2　法国过渡期间的养老金计算

出生年份	60 岁时的年份	养老金缴费资格季度	计算养老金所依据年均工资年数
1934	1994	151	11
1935	1995	152	12
1936	1996	153	13
1937	1997	154	14
1938	1998	155	15
1939	1999	156	16
1940	2000	157	17
1941	2001	158	18
1942	2002	159	19
1943	2003	160	20
1944	2004	160	21
1945	2005	160	22
1946	2006	160	23
1947	2007	160	24
1948	2008	160	25

资料来源：迪贝卢、普列多：《社会保障法》，法律出版社，2002，第 90 页。

20 世纪 90 年代法国的退休金体制改革主要是针对私营部门从业者的退休金，这使得私营部门与公营部门从业者退休金表现出明显的不公平，私营部门从业者强烈要求改革公营部门从业者退休金制度。2003 年，法国政府提出退休金改革计划，开始启动针对公营部门从业者的退休金制度改革，其主要内容为：在 2004～2008 年公共部门雇员退休金制度下将领取全额退休金所需缴费年限从 37.5 年提高到 40 年，大幅度扣减未达全额退休金缴费资格年限者的退休金，实行每多缴 1 年退休费，退休金增加 3%；终生只挣到法定最低工资者可以从 2008 年起享受相当于法定最低工资 85% 的退休金，14～16 岁就开始工作的被保险人如达到规定年龄与缴费资格年限可在 60 岁以前退休；在规定的限额内，个人储蓄性退休金制度参加者缴纳的保费可以从应税收入中扣除，原来规定的 10 年固定储蓄期限改为退休前的工作总年限，参加者退休时可以选择一次性支取方式或者逐月支取方式领取该种自愿储蓄养老金；私营部门退休缴费率在 2008～2020 年逐步提高 3%。[①]

可见，2003 年退休金改革计划旨在通过延长退休金缴费资格年限、提高退休金缴费率等促进退休金公平化与退休金制度合理化。但延长退休金缴费资格年限和提高退休金缴费率的改革措施，使一些人为获得全额退休金而必须缴纳更长时间和更多的费用，于是，该项退休金改革计划引发了 1995 年以来法国规模最大的罢工运动，波及交通、教育、邮政、医疗、社会服务等多个行业，罢工导致法国政府重组，也使得法国退休金制度改革计划再次被搁浅。

2007 年 5 月，萨科齐就任法国总统，提出要建立一种新的法国社会发展模式，其在社会保障制度方面的主张主要包括延长工作时间、改革特殊退休金、实现退休金制度的公平化、加强对失业者的监督、对社会保险缴费免于征税、两次拒绝接受相关工作者的失业救济将被减少或者取消等，萨科齐总统的主张表达了法国政府推进社会保障制度改革的决心与信心。2007 年 9 月中旬，萨科齐总统要求政府部门认真研究公营与私营部门退休制度的区

---

① 胡爱娣：《法国及欧盟养老保险改革》，《中国社会保障》2004 年第 5 期。

别，使之实现协调一致，以促进退休金制度公平化，他建议对提前退休者增加税负，采取方便老年人就业的得力措施，并限定劳工部必须在 15 天之内提出具体改革方案。萨科齐的讲话一出，立即引起法国各大工会的强烈反应，他们表示，总统讲话没有考虑各方利益，退休金制度改革步伐过快只会损害公民的社会保障利益等。①

法国各大在野党也联合发表声明，指责政府改革思路存在问题，号召民众于 2007 年 9 月底举行全国性罢工。法国退休金制度改革再次遭遇强大阻力，但萨科齐总统与法国政府面对阻力毫不示弱，毅然于 2007 年 11 月提出一项旨在废除铁路、电力、天然气等行业特殊退休金的改革计划，改革计划很快引发法国铁路、地铁、交通、国有能源等部门的大罢工，教师、公务员、剧院工作人员、法官与法院职员以及学生也纷纷随之宣布罢工或罢课。面对大规模罢工对法国政府退休金改革计划命运所带来的新考验，萨科齐总统与法国政府在不放弃通过与罢工者进行谈判以寻求解决问题的有效途径的同时，对退休金改革计划与罢工行为都表现出前所未有的强硬态度，如，面对 2007 年 11 月 20 日法国百万公务员大罢工，萨科齐总统明确表示："我们不会屈服，不会退缩。让我们把话说清楚，需要做的事情一定要做，需要完成的事情一定要完成。"② 显然，法国退休金制度改革再次面临命运的抉择。

三　法国退休金制度改革举步维艰的原因

20 世纪 80 年代以来，西方国家的退休金制度改革都曾不同程度地遇到阻力并引发社会不稳定，法国退休金制度改革所遭遇的阻力之大及其所引发的社会动荡之巨远远超过其他西方国家，法国退休金制度改革举步维艰的原因何在？笔者认为应从法国政

---

① 宋斌：《法国退休制度改革阻力重重》，《光明日报》2007 年 9 月 24 日。
② 丁建定：《萨科齐能赢否？》，《中国社会保障》2008 年第 1 期。

治理念与政治传统、社会利益结构以及退休金制度自身的特征中去探寻。

首先，法国政治理念与政治传统不利于退休金制度改革的进行。自启蒙运动开始，法国政治理念的核心内容是强调自由和民主，这种政治理念经过 18 世纪末法国大革命和整个 19 世纪法国历次革命不断得到强化，与此同时，法国社会又相应地形成了不断革命的政治传统，法国社会既把革命视为维护民主自由这一政治理念的工具，也将其作为维护个人权利的重要手段。这使得法国政府的权力在上述政治理念与政治传统下极为有限，并受制于社会各种力量的影响，各种社会力量动辄以大规模的罢工来对政府权威进行挑战，[①] 造成法国改革退休金制度所需要的强有力的国家权力与法国政治理念和政治传统所强调的个人权利之间难以调和，从而使得法国无论是在社会保障制度建立过程中还是在其改革过程中，极易遭遇在维护自由、民主、人权旗号下的各种社会力量的阻力。

其次，法国的社会结构也不利于以退休金制度为主要内容的社会保障制度改革。法国经济结构比较复杂，工业在法国经济中具有重要地位，但农业和传统手工业也具有重要影响，法国大工业具有重要地位，但中小企业在法国经济与就业中影响也很大。这种社会经济结构使得法国社会利益结构极为复杂，不仅工业从业者与农业、手工业、商业等从业者之间存在不同利益，工业从业者之间也存在明显的利益差别。法国各种社会群体既具有不同的经济利益，又在不同经济利益下形成不同的政治利益，这就使得法国各社会群体之间利益关系很难协调。社会保障是一种与社会各利益群体的利益直接相关并具有高度敏感性的社会制度，法国的社会利益结构不仅时常影响和制约着政府在社会保障发展与改革过程中的作用发挥，同时还很容易使法国社会保障制度的些微变化因涉及部分社会群体的利益而引致他们采取政治行动，从而使得法国社会保障制度改革时常遭遇来自各不同利益集团的阻

---

① 郑秉文：《特殊的社保制度，特殊的改革路径》，《红旗文稿》2008 年第 1 期。

力，退休金制度改革作为社会保障制度改苴的主要领域更是如此。

再次，法国的混合型退休金制度不仅成为导致退休金负担加重的制度因素，而且成为阻碍退休金制度改革的制度工具。法国是具有悠久互助保障传统的国家，互助保障传统又主要以行业互助形式出现，这不仅体现于雇主建立的互助性社会保障，而且体现于法国行业工会所具有的互助保障性。因此，法国大部分社会保险项目的出现与行业互助保险难以区分，19世纪末20世纪初，当西欧许多国家开始建立国家养老金制度时，沄国退休金制度的建立则表现出由国家对各种行业互助性退休金加以规范化，进而在此基础上建立起国家退休金制度的特点，这使得法国退休金制度从开始建立就呈现行业性特征。第二次世界大战以后，法国曾经出现建立统一的退休金制度的趋势，但是由于法国社会结构比较复杂，各行业从业者利益难以协调一致，法国建立起混合型退休金制度。各种特殊退休金经过长期发展，实际上已经演变成实现和维护本行业从业者利益的经济乃至政治工具。特殊退休金参加者为维护自身利益动辄组织大规模罢工，从而使得政府的社会保障制度改革经常面临极大的阻力。安布勒在评价法国混合型社会保障制度特征时指出："法国社会保障制度不仅是一个落后的福利国家如何发展成为一个领先的福利国家的例证，也是一个重要的窗口，透过这个窗口可以看到法国国家权力的本质。"①

需要指出的是，尽管上述因素使得法国退休金制度改革面临强大阻力，但笔者认为，法国退休金制度改革的进程是不可阻挡的。第一，如前所述，在人口老龄化逐渐加剧的背景下，法国退休金制度将面临极大的压力已成为不争的事实，只有对法国现行退休金制度中的不合理因素进行改革，才有可能使该制度首先避免成为加剧退休金负担的重要制度因素，进而才可能使该制度发挥适应经济发展水平、应对人口老龄化趋势和促进社会公平化的

---

① John S. Ambler, *The French Welfare State*, New York：New York University Press, 1991, p. 37.

功能。第二，面对举步维艰的法国社会保障制度改革，法国民众也开始认识到进行改革的必要性，其对社会保障制度改革的支持态度逐渐明显，同时对相关利益群体动辄使用罢工等政治手段阻止社会保障制度改革也逐渐表现出不赞同态度。根据一项对法国民众进行的有关退休金制度改革与罢工行为的调查，62%的被调查者不赞成目前法国正在进行的罢工，51%的被调查者认为政府将与罢工者就退休金制度改革进行谈判，44%的被调查者坚信政府不会在改革方面做出实质性让步，而只有4%的被调查者认为政府会做出实质让步。①

最后，法国退休金制度改革虽然面对很大阻力，但改革的步伐并没有停止，只是改革步伐较慢而已。每次退休金改革计划在遭遇极大阻力的同时都宣示着改革的必要性与紧迫性，也吸引着法国全社会的关注，这使得20世纪90年代以来的法国政府在退休金制度改革方面的决心越来越大，面对各种阻力所表现出的态度也越来越强硬。这些因素无疑将有助于推动法国退休金制度乃至整个社会保障制度的改革进程。

① 丁建定：《萨科齐能赢否？》，《中国社会保障》2008年第1期。

当代西方社会保障制度改革中的
社区服务与社区福利[*]

一 当代西方关于社区在社会保障
制度改革中的作用的探讨

西方国家思想理论界一直关注社区在社会保障中的作用和影响的研究，20 世纪 80 年代以后，随着社会保障制度改革的开始，这一问题受到更加广泛的关注。"第三条道路"理论的著名代表人物吉登斯认为，培育一个积极的公民社会是第三条道路政治的一个基本组成部分，国家和公民社会应当开展合作。社区是当代西方新型政治的根本所在，新的社会条件使得"以社区为重点"不仅成为可能，而且变得十分必要，社区不仅意味着重新找回已经失去的地方团结形式，它还是一种促进街道、城镇及更大区域的社会和物质复苏的可行办法。吉登斯举例指出，在美国、英国以及世界上其他地区进行的研究表明，至少在某些地区，公民社会正在迅速兴起，"关键在于要采取既有利于当地社区、又有利于整个社会的方案来利用它们，从而使它们服务于更加普遍的社会利益"。[①]

美国著名政治学家托马斯·雅诺斯基在《公民与文明社会》中，系统论述了西方国家政治理论、政治体制与福利制度类型的关系，特别是社区主义理论及其相对应的政治体制、社区主义理

---

[*] 本文以《当代西方社会保障改革中的社区福利与社区服务》为题发表于《社会工作》2004 年第 8 期。

① 吉登斯：《第三条道路》，北京大学出版社，2000，第 83~84 页。

论下的福利模式及社会保障改革意向，他指出，社区主义强烈地强调社会和个人之间的相互义务，关心的是如何让社会发挥有效和公正的功能，目标是要建立一个强大的社区，其基础是相互责任，反对的是福利国家中公民片面要求享受权利而不愿意履行义务的倾向。（见表1）

表1　西方三种政治理论、政治体制及福利体制比较①

政治理论	政治体制	福利体制	公民权利与义务水平	
			权利	义务
广泛民主理论	社会民主政体	福利开支方面广泛运用政府总收入	较高	高
社区主义理论	传统政体	福利开支方面广泛利用以保险为基础的基金	中等	中等
自由主义理论	自由主义政体	政府总收入与保险基金均利用，但是开支水平较低	低	低

当代西方政治家也开始重视社区在社会保障制度改革中的作用与影响。英国工党领袖托尼·布莱尔十分强调社区在英国未来社会发展以及社会保障制度中的重要作用。他指出："对社区和社会的信念是工党的基本原则，同时也是其指导方针。这就意味着对个人来说，能促使你要求一个有力而公平的社区来对你加以支持。""成功的社区既要看人们得到多少，又要看他们给予多少。当今时代，重建社区的任何计划都必须明确，个人和社会责任并非可有可无的附属物，它们应该是构成今日社会繁荣的核心原则，如果没有相互的责任感，那么，在我们建设的国家里，社区就不复存在……社区精神就会完全丧失。"他在论述英国社会面临的主要任务时指出：在新的世纪中，我们决心要把机会给予每一个人，这是一场战争，打赢这场战争是我们的责任，每一个人都必须参与这场战争，这不仅仅是政府的事情，最重要的是，它还是所有社区的事情。②

①　雅诺斯基：《公民与文明社会》，辽宁教育出版社，2002，第23页。
②　布莱尔：《新英国》，世界知识出版社，1998，第353~356页。

国际劳工组织等机构也开始关注社区在社会保障制度改革以及社会发展中的作用与影响。20 世纪 80 年代初，国际劳工组织召集多个国家的著名社会保障专家，就 21 世纪社会保障制度发展趋势提出研究报告，这份报告将发展社会服务、促进社区建设、发挥社区在社会保障中的作用作为社会保障制度未来发展的重要趋势之一，并建议各国及早采取措施。报告指出："随着传统的家庭结构可能给予弱者需要的帮助减少，就需要依靠社会服务机构和家庭成员、邻居、志愿人员和非营利机构的共同合作来弥补这个缺陷。""我们建议，应该建立保证社区和非营利机构参与规划和管理当地的保健服务和社会福利的机制。"①

二　当代西方国家社区福利与社会保障改革实践

20 世纪 80 年代以后，西方国家开始进行旨在实现社会经济与社会保障协调发展、个人责任与国家责任平衡的社会保障制度改革，促进和发展社区福利成为西方社会保障改革和发展的重要措施，西方各主要国家在利用社区福利促进社会保障制度改革方面都做出了实践和尝试，这些社区福利与服务实践涉及社会保障制度的许多方面，特别是老年服务、社会救济、儿童福利、劳动就业以及一部分保健服务等。

澳大利亚的老年社区服务制度可谓一个成功例子。澳大利亚政府建立"社区服务委员会"等各种社区老年服务管理和监督机构，还通过许多法令和条例，依法合理规范社区老年服务的健康发展。这些法令和规定主要包括 1985 年颁布实施的《家庭和社区护理服务法案》，对家庭和社区护理有关问题做出法律规定；1991年制定实施的《家庭和社区护理服务标准》，为家庭和社区护理服务标准做出统一规定；1995 年制定的《家庭与社区护理服务收费标准》，为家庭和社区护理服务规定统一标准。澳大利亚老年居家

---

① 拉罗克等：《21 世纪社会保障展望》，华夏出版社，1989，第 60～98 页。

社区照顾主要包括两种类型。第一种类型是开始于 1984 年的社区服务，这种社区服务主要提供以下老年服务：居家相关的日常服务、个人护理、膳食服务、健康服务。第二种类型是开始于 1992 年的社区综合护理服务，是主要针对那些有比较复杂的护理要求者提供的服务。到 1998 年，澳大利亚 70 岁以上的老人中，有 11% 接受了不同形式的老年居家社区护理服务。①

瑞典政府在 20 世纪 80 年代初也开始了社会保障制度改革，其社会保障制度改革的重要措施之一，是推行社会服务和社会救济地方化，在推行社会服务和社会救济地方化的过程中，社区发挥了直接的作用和影响。瑞典的自治市负责社会救济和社会福利费用财政、制定实施条例以及社会服务的监督管理，社区则直接承担社会救济和社会服务的功能。瑞典政府于 1982 年颁布社会服务法、1983 年颁布保健法、1992 年实施老年与残疾人健康和社会关怀法等一系列重要立法，为社会服务和社会救济地方化铺平了道路。瑞典社区社会服务和社会救济主要体现在老年护理和儿童关怀方面，20 世纪 80 年代中期，瑞典各地已经建立 125 个社区儿童日托机构，20 世纪 90 年代初，已建立 270 个社区老年护理机构。②

日本政府在 20 世纪 80 年代开始倡导社会保障社会化，重视社区、社会团体以及家庭在社会保障制度中的作用，积极发展依托社区建立的各种非营利性家庭福利服务团体。20 世纪 80 年代和 90 年代，日本政府不断颁布法律，大力倡导社会福利事业社会化、地方化和家庭化，1988 年修改《社会福利和医疗事业团法》，1989 年颁布推动民间社会福利事业的法令，1989 年，日本制定《推进老年保健福利事业十年战略》，将家庭和社区福利事业的发展作为未来十年日本社会福利事业发展的战略目标之一，这样，日本社区和家庭社会福利事业得到明显的发展，1987 年这类非营利性家

---

① 丰萍：《澳大利亚老年照顾制度的改革和启示》，载窦玉沛《重构中国社会保障体系的探索》，中国社会科学出版社，2001，第 168 ~ 182 页。

② Sven E. Ollson, *Social Policy and Welfare State in Sweden*, Lund: Arkiu Folag, 1993, pp. 268 - 280.

庭和社区服务团体为 121 个，1992 年已经发展到 452 个。[①]

如何创造更多的就业机会，使更多的人通过自身劳动为自己提供稳定的生活保障，既是决定社会保障制度稳定的重要因素，也是影响社会协调发展的重要因素。西方国家社会保障制度改革，都将改革失业保险制度、提供就业服务、创造就业机会作为社会保障制度改革的重要目标之一，发展以非全日制就业和非正规部门就业为主要特点的社区就业计划，成为西方国家创造就业机会的新途径。这种非全日制就业和非正规部门就业主要包括流动摊贩、家政服务、家庭维修、儿童护理等。20 世纪 70 年代末以来，主要西方国家非全日制就业和非正规部门就业比例均呈上升趋势。（见表 2）

表 2　1979~1997 年西方部分国家非全日制就业占总就业的百分比[②]

单位：%

国家	1979 年	1983 年	1990 年	1996 年	1997 年
意大利	5.3	4.6	5.7	11.6	12.4
法国	8.2	9.7	12.0	14.8	15.5
德国	11.4	12.6	13.2	15	17.5
加拿大	12.5	15.4	15.4	18.0	19.0
日本	15.4	16.2	17.6		
澳大利亚	15.9	17.5	21.3	26.2	
美国	16.4	18.4	16.9	13.2	17.7

三　对中国社会保障制度改革的启示

20 世纪 80 年代以后，随着我国经济体制改革的不断深入，建立和完善社会保障制度也被逐渐提上日程，在建立和完善社会保

---

① 吕学静：《日本社会保障制度》，经济管理出版社，2000，第 234 页。
② 刘燕斌主编《面向新世纪的全球就业》，中国劳动社会保障出版社，2000，第 175 页。

障制度的过程中，既要学习西方国家在社会保障制度建立和发展过程中的经验，也要避免西方国家在这方面的教训，更要根据中国的国情，建立起既符合社会保障制度普遍原则又符合中国国情的社会保障制度。笔者认为，西方国家在社区福利与社会保障制度改革方面的理论与实践，可以为我国社区福利和社会保障制度改革提供有益启示。

第一，加快社区建设步伐、提高社区建设水平，这是发挥社区在社会保障制度改革和发展中的作用和影响的基本条件。西方国家社区建设有着悠久的历史，社区建设达到较高的水平，社区在西方国家社会发展过程中发挥多种不可替代的作用。20 世纪 80 年代以来，我国社区建设取得了很大成绩，目前全国 668 个城市和 737 个市辖区已经建立 5732 个街道办事处，城市社区服务设施已近 13 万个，综合性城市社区服务中心 5055 个，便民利民服务网点近 26 万个，社区服务志愿者组织 5.5 万个。[①] 但是，我国社区建设发展速度与水平还不能满足和适应社会发展的需要，我国社区建设在今后一段长时期内应该注意以下几个方面：①转变思想观念，重视社区建设在我国社会发展中不可替代的作用，推动社区建设的步伐；②加快乡村社区建设，实现城乡社区建设同步进行；③加强社区发展立法，明确社区组织的职能和权利，依法对社区实施规范化管理；④拓宽资金渠道，多方面、多层次、多形式地增加社区资源，完善社区服务设施；⑤培养社区管理专业人才，提高社区发展、管理、服务的水平。只有建立起完善的现代社区，才能更好地发挥社区在社会保障制度改革和发展中的积极影响。

第二，重视社区在建立和完善中国特色社会保障制度中的作用，将社区建设、社区福利与社会保障制度改革结合起来。社区建设将在以下几个方面对有中国特色的社会保障制度的建设发挥重要的影响。

（1）减轻国家在社会保障方面的压力。发展社区福利和社区

---

① 刘燕斌主编《面向新世纪的全球就业》，中国劳动社会保障出版社，2000，第 175 页。

服务，不仅可以代替政府的一部分社会福利责任，而且可以减轻政府的社会保障财政压力，这是西方国家在社会保障制度改革中大力提倡和发展社区福利的直接原因。在我国社会经济与国家财力还有限的今天，发展社区福利应该是社会保障制度建设的一项有益的选择。

（2）提供全面的社会福利服务。社区可以在老年护理、医疗保健服务、儿童关怀、就业等多个方面发挥难以替代的作用，近年来，我国许多城市在社区福利服务方面做出了有益的尝试。20世纪80年代中期开始，全国许多城市社区建立了孤老包护服务组，1986～1988年，全国孤老包护服务组从36000个增加到54000个，增长50%，包护孤老人数从66000万人增加到88000万人，增长33%。同期，在精神病人护理服务方面，护理组织从5000个增加到29000个，包护精神病人从7700人增加到50000人。① 根据中国老龄协会提供的资料，到1998年年底，全国已经建立社区养老机构160000个，其中托老所、日间照料中心11000个；2000年年底，社区养老机构达到260000个，全国85%的社区建立了老年生活服务组织。②

（3）促进个人责任与社会伦理的发展。社区福利形式多样，既有营利性福利也有非营利性福利，既有志愿性服务也有非志愿性服务，营利性福利和非志愿性服务在一定程度上体现出社会福利的效益性，非营利性福利和志愿性服务则更多体现出人道主义，这些都有利于促进个人责任的发展与社会伦理的进步。

（4）提高社会保障制度的管理效果。社区是与居民联系最为紧密的基层社会自治组织，社区的这一地域和人文特点，使得社区在社会保障制度运行和管理等方面具有重要的作用和影响，社区在社会保障管理方面的作用可以概括为组织作用、登记作用、调查作用、协调作用、统计作用以及监督作用等方面。社区在社

① 时正新：《中国社会福利与社会进步报告（2000）》，社会科学文献出版社，2000，第252～253页。

② 张蕴岭：《北欧社会福利制度及中国社会保障制度改革》，经济科学出版社，1993，第217页。

会保障管理方面作用的发挥，不仅可以有效降低社会保障制度的管理成本，而且在一定程度上还可以提高社会保障管理的效果。

第三，强调社区的社会福利职能与履行国家的社会保障职能应该协调一致。西方国家社会保障制度最重要的经验之一是适应社会发展需要，由国家承担社会保障责任，为全民建立充分的社会保障。但是，恰恰在这一方面，西方国家也有过严重的教训，这就是在强调国家责任的同时，忽略了个人责任的协调发展，国家几乎成为社会保障和社会福利建设的唯一责任者，而更多体现个人责任的社区福利和社区服务发展缓慢，在一定意义上说，这也是西方国家社会保障制度陷于危机的重要原因之一。

在西方国家社会保障制度改革中，特别是在选择实现社会保障责任平衡的道路时，社区以其特殊的社会、经济、政治、人文以及伦理道德影响越来越受到关注，发展社区福利成为促进社会保障制度中个人责任充分发挥的重要途径，也成为西方国家社会保障制度改革的一项重要措施。但是，需要指出的是，在强调个人在社会保障制度中的责任，强调发展社区福利在社会保障制度改革中的作用的同时，西方各国并不是要推脱国家在社会保障制度中应该承担的主要责任，而是追求社会保障制度中个人责任与国家责任的协调和平衡机制。撒切尔政府的社会保障制度改革绿皮书就特别指出：政府的改革建议是建立在一种新的社会保障制度观念上，这种观念承认国家与个人在社会保障方面具有同样重要的作用。从这一方面说，新的社会保障制度将选择一个全然不同的推进方向，我们应该给予个人更大的独立性与责任感，但是，我们还必须明确这样的观点与信念，国家对有需要的人提供帮助的传统将会继续保持并不断发展。①

总之，西方国家社会保障制度发展中社区福利和社区服务的经验教训值得我们吸取，社会保障制度首先应该是一种政府责任，这是国家对内职能的主要组成部分。在我国社会保障制度建设中，

---

① Rex Pope, *Social Welfare in Britain*, *1885 - 1985*, London: Croom Helm, 1986, pp. 240 - 243.

应该首先强调建立一种完善的国家社会保障制度，同时发展社区福利和社区服务，使得国家社会保障与社区福利相互补充、协调发展。还应该指出的是，尽管社区福利包括多方面内容，但从根本上讲，社区福利主要体现在社会救助与社会福利方面，而养老保险、失业保险与健康保险等主要社会保障制度，则主要由国家社会保险制度来提供。此外，尽管社区福利在社会保障制度中发挥着越来越大的作用和影响，但与国家社会保障制度相比，社区福利的作用毕竟有限，社区福利可以为国家社会保障制度提供有效的补充，却绝不可能代替国家社会保障制度。

西方社会保障制度改革及其评价[*]

一　当代西方社会保障制度改革的背景

当代西方社会保障制度改革是在极为复杂的背景下展开的。首先，当代西方社会保障制度的发展环境发生了变化。社会经济的发展是社会保障制度的基础。20 世纪 70 年代以后，西方主要国家社会经济发展速度明显放缓。1950～1970 年，英国工业品增长率从 2.9% 降为 1.9%，美国国内生产总值年均增长率从 1965 年的 4.4% 降为 1974 年的 2.4%，日本国民生产总值年均增长率从 1960 年的 9% 降为 1980 年的 3.8%。当代西方经济发展的缓慢使得社会保障制度的发展开始面临严重压力。充分就业是社会保障制度稳定运行的重要基础，而西方经济增长缓慢使得失业问题越来越严重。日本失业率 1977 年为 2%，1987 年达到 2.87%；美国年均失业率从 20 世纪 60 年代的 4.8% 提高到 20 世纪 70 年代的 6.2%；1975～1982 年，英国失业人口从 100 万增加到 300 万。[①] 失业问题加大了当代西方社会保障制度的压力。人口结构对社会保障制度具有重要影响。20 世纪后半期，西方人口老龄化趋势明显加快。1980～2000 年，加拿大 65 岁以上老年人口比例从 9.5% 提高到

---

[*] 本文以《西方社会保障制度改革及其评价》为题发表于《学习与实践》2007 年第 2 期。

[①] C. P. Hill, *British Economic and Social History, 1700 – 1982*, London：Edward Arnold Ltd. , 1985, pp. 293 – 294.

12.8%，法国从 14% 提高到 15.3%，德国从 15.5% 提高到
17.1%，意大利从 13.4% 提高到 15.3%，日本从 9.1% 提高到
15.2%，美国从 11.3% 提高到 12.1%。[①] 人口老龄化趋势加快，
进一步加重了当代西方社会保障制度的压力。当代西方社会保障
制度发展环境的变化，决定了社会保障制度改革的必然性。

其次，当代西方社会保障制度内在问题越发明显。社会保障
覆盖面不断扩大。以养老金制度覆盖面为例，20 世纪 80 年代末 90
年代初，澳大利亚年金领取者占 60 岁以上人口的 74.3%，加拿大
占 75.2%，丹麦占 87.5%，芬兰占 96.9%，德国占 88%，冰岛占
75.6%，日本占 68.5%，荷兰占 80.7%，挪威占 81.1%，西班牙
占 80%，瑞典占 88.4%，瑞士占 98%，英国占 83.6%，美国占
82.9%。[②] 社会保障津贴标准呈现快速提高趋势。以瑞典为例，
1963～1974 年，瑞典健康保险日现金补贴替代率从 60% 提高到
90%，健康保险日现金补贴的最低标准从 10 克朗增加到 41 克朗，
失业保险津贴的最低标准从每天的 7 克朗提高到 43 克朗，最高标
准从 34 克朗提高到 128 克朗，儿童补贴标准从每年 893 克朗提高
到 1823 克朗。[③] 西方社会保障支出不断增长。1950～1980 年，英
国用于社会保障方面的支出从 6.571 亿英镑增至 235.08 亿英镑。
1960～1980 年，美国各级政府社会保障支出增长率从 9.9% 提高到
14.6%。1960～2000 年，德国社会保障支出总额从 657 亿马克上
升到 15793 亿马克。[④] 当代西方社会保障内在问题的凸显，使社会
保障制度改革势在必行。

再次，当代西方社会保障制度理念发生变化。20 世纪 70 年代
以前，西方社会保障制度理念存在严重的极端化倾向。19 世纪末
期以前，西方社会保障制度理念的基本特点是强调自助，认为社
会问题主要是由个人原因而非社会原因造成的，其解决主要应该

---

① 郭士征：《社会保障》，上海财经大学出版社，1996，第 207～208 页。
② 世界银行：《防止老龄危机》，中国财政经济出版社，1996，第 233 页。
③ Sven E. Ollson, *Social Policy and Welfare State in Sweden*, Lund: Arkiu Folag, 1993, p. 157.
④ 和春雷等：《当代德国社会保障制度》，法律出版社，2001，第 98 页。

是个人责任而不是社会责任，社会保障应该依靠个人自助而不是依靠社会或者政府帮助。19 世纪末开始，西方社会保障制度理念从过去极端强调个人自助转变为过分强调国家责任，认为社会问题的出现主要是社会的原因，其解决主要应该是社会或国家的责任，社会保障应该依靠国家保障。20 世纪 70 年代末开始，西方社会保障制度理念再次发生变化，强调国家、社会与个人的共同责任，主张自助、互助与国家保障相结合的社会保障制度理念逐渐成为西方社会保障制度的基本理念。① 社会保障制度理念的变化影响了西方社会保障政策的变化。英国撒切尔政府指出：社会保障并不仅仅是国家的责任，它应该是个人与国家共同的责任，应该建立在国家责任和个人责任双重支柱上。② 日本政府提出，在社会保障制度方面应该谋求"自助与相互扶助的和谐"，要建立"在个人的自助努力与家庭及社会的连带责任的基础上，加上适当的官方福利这样一种新型的福利社会模式"。"社会保障制度应该是为了全民的利益，由全民来建立，由全民来支持的制度。"③ 美国在里根政府时期已提出，必须减轻社会福利领取者对福利本身的严重依赖性。克林顿政府也提出："我们将结束大家都了解的那种福利。我将一劳永逸地抹掉福利的恶劣名声，恢复一条简单而庄严的原则：不能让一个能够工作的人永远依靠福利。"④ 当代西方社会保障制度理念的变化，极大地推动了社会保障制度改革的进程。

最后，国际组织的社会保障改革建议对西方社会保障改革产生积极影响。国际劳工组织在 20 世纪 80 年代末就对养老保障制度改革提出建议，即重新设计和实施养老保障计划，在养老基金筹资方面实行部分积累模式，在养老金支付方面实行提高开始领取

① 丁建定：《社会福利思想》，华中科技大学出版社，2005，第 15～18 页。
② Rex Pope, *Social Welfare in Britain, 1885 - 1985*, London: Croom Helm, 1986, pp. 240 - 243.
③ 复旦大学日本研究中心编《日本社会保障制度》，复旦大学出版社，1996，第 169～170 页。
④ 黄安年：《当代美国的社会保障政策》，中国社会科学出版社，1998，第 257～258 页。

养老金的年龄资格和领取全额养老金的缴费资格年限，对达到一定年龄并继续从事非全日制劳动的养老金制度参加者，实行部分养老金制度。20 世纪 90 年代初，国际劳工组织又建议实行更加灵活的过渡性退休制度。2000 年，国际劳工组织进一步阐明其社会保障改革的建议与主张：扩大社会保障制度的覆盖面，改善社会保障管理，增强民众的积极参与和缴费意愿，使社会保障获得更加广泛的社会支持。[①] 世界银行也提出了社会保障改革建议，指出，养老保障实践可以划分为公共的现收现付制计划、雇主发起的职业年金计划与个人储蓄年金计划，为避免三种单一支柱的养老保障计划存在的问题，应采用两种不同的筹资和管理方式，即公共管理的、以税收筹资的养老计划与私人管理的、完全积累制的养老金计划，另外实行一种自愿性养老金计划作为补充，"三者构成老年保障的三个支柱"。[②]

二 当代西方社会保障制度改革的主要措施

当代西方社会保障制度改革在一些重要措施上表现出一定的共同性，这些主要的共同性改革措施包括以下几个方面。

首先，减少社会保障支出。早在 1980 ~ 1981 年，英国针对病人、失业者以及失去工作能力者的短期津贴已经减少了 5% 。1986 年，英国又把与收入相联系的养老金建立在领取者一生平均收入的水平上，而不是 20 年最好收入的平均水平上，以降低与收入相联系的养老金的津贴标准。德国在科尔政府时期已将失业救济标准降低 3% ，停止发放因自然原因不能工作者的收入损失补贴，从 1995 年开始停发长期生活补助，1996 年又将病假工资从标准工资的 100% 降至 80% 。1999 年，德国养老保险改革法规定，每天只能工作 3 小时以下的养老金制度参加者可以获得全额工作能力下降

[①] 国际劳工局：《2000 年世界劳动报告》，中国劳动社会保障出版社，2001，第 9 ~ 10 页。

[②] 世界银行：《防止老龄危机》，中国财政经济出版社，1996，第 5 ~ 10 页。

养老金，能工作 3~6 小时者可以获得半额工作能力下降养老金，能工作 6 小时及以上者则不能领取该项养老金。① 1984 年，日本将被雇佣者医疗保险津贴替代率从 100% 降为 90%。1981 年，美国政府将公共援助开支减少 128 亿美元，1984 年又减少 176 亿美元。1981~1985 年，美国将抚养未成年人家庭援助削减 13%，儿童营养补助减少 20%，住房援助减少 4.4%，医疗援助减少 5%，一般就业和训练基金削减 35%，工作刺激项目削减 33%。1993 年，克林顿政府又提出在 4 年内减少 1410 亿美元社会保障开支。②

其次，强调社会保障制度中的个人责任。1986 年，英国政府规定，收入补贴的发放将仅限于有子女的家庭以及丧失工作能力的家庭，而不是所有收入低于规定标准的家庭，附加补贴也不再对所有低于最低生活标准者发放，仅向 18~24 岁的单身者和特殊困难家庭发放，产妇津贴也只向低收入家庭发放，1988 年起收入补贴不再对 16~18 岁者有效，儿童津贴也不再对正在接受全日制教育者有效；1990 年又规定，所有单亲母亲必须授权政府部门采取行动，以便使其孩子的父亲履行自己应尽的责任。③ 德国 1992 年将养老金缴费标准由原来占工资的 18.5% 提高到 19.2%，1996 年又将男性退休年龄从 63 岁提高到 65 岁，女性退休年龄从 60 岁提高到 65 岁。美国 1983 年规定，从 1990 年起领取社会保障津贴的纳税年限从 10 年提高到 20 年，自 2009 年开始将退休年龄从 65 岁推迟到 66 岁；1996 年规定，具有工作能力者享受社会福利援助的时间为 5 年，且必须在 2 年内找到工作。1986 年，日本增加患者所负担的医疗费，门诊费增长到每月 800 日元，住院费提高到每天 400 日元；1991 年又规定个人承担门诊治疗费用标准分阶段提高到每月 1000 日元，个人承担住院费用分阶段提高到每天 700 日元；1994 年，决定从 1999 年开始将女性退休年龄从 58 岁推迟到

① 丁建定：《社保改革：施罗德在反对声中蹚水而行》，《中国社会保障》2005 年第 5 期。
② 黄安年：《当代美国的社会保障政策》，中国社会科学出版社，1998，第 224 页。
③ 丁建定：《英国社会保障制度的发展》，中国劳动社会保障出版社，2004，第 172~174 页。

60 岁。① 瑞典政府在 20 世纪 90 年代中期开始引入个人账户，个人所缴纳的养老费计入个人账户，雇主缴费与国家财政补贴计入现收现付基金，养老金制度参加者在退休时所领取的养老金与其个人账户缴费记录和数额直接相关，整个养老金制度依然按照现收现付体制运行，个人账户的意义在于记录了个人的缴费情况及其所形成基金的回报率，并使个人缴费记录与基金回报率成为确定养老金津贴标准的重要依据，这种个人账户被称为"名义个人账户"。②

　　再次，改革失业保险制度，实行积极就业政策。其主要改革政策措施包括如下几个方面。①改革失业保险制度。德国就业促进法规定，失业保险津贴领取者必须准备接受劳动部门安排的新工作，政府向已经领取 4 周以上失业保险津贴或失业救济补贴并愿意个人自谋职业者发放自谋职业补助。20 世纪 90 年代初，德国政府又把本来准备用于发放失业保险津贴和失业救济补贴的资金用作就业促进补贴，资助那些安置失业者再就业的行业或部门的生产经营，为失业者提供更多的就业机会。1974 年，日本通过雇佣保险法，规定雇佣保险津贴领取时限根据被保险者的年龄而定。1984 年，日本实行再就业津贴制度，失业保险津贴领取者在领取失业保险津贴期间，如找到合适工作可以领取一定时间的再就业津贴。1995 年，日本又实行"连续就业补助"，针对那些年龄较大、很难找到连续性就业机会者提供连续性就业补助。②加强职业培训。美国政府颁布一系列职业技术培训立法，主要有 1973 年就业机会法，1974 年青年就业与示范教育法和 1984 年就业培训合作法，这些法令规定，政府向有就业意愿的人提供就业调查研究和职业咨询、教育和技能训练以及自谋职业培训。日本政府于1985 年实施职业能力开发促进法，逐步建立起职业技术培训制度。法国在 1971 年颁布职业教育方向法和学徒训练改革法，规定所有雇佣 10 人以上的企业每年必须缴纳相当于其工人工资总额 1% 的

---

① 吕学静：《日本社会保障制度》，经济管理出版社，2000，第 60～61 页。

② 丁建定：《瑞典社会保障制度的发展》，中国劳动社会保障出版社，2004，第178～179 页。

费用作为国家继续教育费用；1978 年又规定，工程技术人员有权利享受培训假期。③依法保护劳动者就业权利。德国的解雇保护法规定，雇主在进行解雇行为前必须向政府劳动部门报告解雇原因、解雇人数、解雇日期及其他有关问题，当解雇发生时，雇主还必须付给被解雇者一次性补偿金。日本 1974 年实施的雇佣保险法保护了劳动者的就业权利，1988 年实施的劳动关系调整法、1991 年实施的中小企业劳动力确保法和男女雇佣机会均等法都为保护劳动者的合法权益发挥了积极影响。①

最后，实行社会保障私营化与地方化政策。1990 年，英国颁布国民保健与社会关怀法，规定建立起自主经营的国民健康服务公司，开始实行国民保健与社会服务市场化。从 1993 年 4 月起，社会保障制度不再对私人或志愿性寄宿院中的新增人员提供帮助，到 1995 年，英国几乎所有医院及大部分社会服务已经实现私营化与市场化。英国政府还要求，从 1988 年起所有企业必须为其雇员建立职业养老金制度。1982 年，里根政府提出 10 年内将数十项社会福利与服务项目在联邦、州和地方政府之间进行明确划分，要求联邦政府在 1984 年全部接管和担负医疗补助项目，抚养未成年人家庭援助与食品券等社会福利项目由各州政府负担。1983 年，里根政府又提议将 30 多种专项补助合并为 4 项，并划归各州和地方政府实施。② 瑞典社会保障地方化改革开始于 20 世纪 80 年代初。1983 年，瑞典颁布实施保健法，开始由各郡政府承担规划保健服务责任。1992 年规定地方政府必须承担各种有关老年和残疾人长期性健康关怀和社会服务的责任。1993 年开始，中央对地方提供的社会救济与社会服务财政资助不再按照项目分类原则，而是实行综合性原则，根据各郡人口结构、税收情况等提供不同数量的财政资助，中央政府所提供的财政资助如何使用，由地方政

---

① 丁建定：《发达国家的积极就业政策及其启示》，《华中科技大学学报》2004 年第 2 期。
② 黄安年：《当代美国的社会保障政策》，中国社会科学出版社，1998，第 257 ~ 258 页。

府根据各地实际情况自行决定。①

三　当代西方社会保障制度改革的评价

当代西方社会保障制度改革的背景具有复杂性。20 世纪 70 年代以来，西方社会保障制度的发展环境发生变化，经济发展缓慢、失业问题加剧、人口老龄化趋势加快，加重了当代西方社会保障制度的困境，是西方社会保障制度改革的基本原因；西方社会保障制度内在问题越发明显，社会保障制度刚性日益加剧，社会保障覆盖面不断扩大，社会保障津贴标准逐渐提高，社会保障支出不断增加，是其改革的内在原因；当代西方社会保障制度理念开始发生变化，自助、互助与国家保障相结合的社会保障理念逐渐形成，推动了社会保障制度改革的进程；与此同时，国际组织提出的社会保障改革建议也对西方社会保障制度改革产生了直接影响。

当代西方社会保障制度改革的内容具有综合性。降低一些社会保障项目的津贴标准、减少社会保障项目以及社会保障支出是当代西方社会保障改革的基本措施，但不是主要措施，此类改革措施并没有引起西方社会保障基本理念和制度模式的根本变革，只是在现有社会保障制度基础上进行的改革。强调社会保障制度中个人责任的改革措施是当代西方社会保障制度改革的主要措施与核心内容，此类改革措施是对西方传统社会保障制度理念和模式的根本性改变，是要建立一种全新的社会保障制度理念和模式。改革失业保险制度与积极就业政策的推行是当代西方社会保障制度改革的重要措施，是一种有助于从根本上改变当代西方社会保障制度发展环境与内在问题的改革措施。社会保障私营化与地方化政策是当代西方社会保障制度改革的激进措施，但其实施范围和程度有限，此类改革措施试图通过社会保障私营化来改变传统社会保障的国家化，通过社会保障地方化来改变传统社会保障的

---

① 　丁建定：《瑞典社会保障制度的发展》，中国劳动社会保障出版社，2004，第 165～169 页。

中央政府化。上述社会保障制度改革措施涉及西方社会保障的基本理念、制度模式、财政体制、管理体制、制度目标等诸多方面，构成一种社会保障制度改革的综合性政策体系。

当代西方社会保障制度改革的目标具有社会性。降低社会保障津贴标准，减少社会保障项目以及社会保障支出是为了实现社会保障与经济发展的协调，也是为了促使社会保障制度中个人责任的发挥；强调社会保障制度中个人责任的改革措施，直接促使体现权利与责任相结合的全新社会保障制度理念和模式的建立；失业保险制度改革与积极就业政策的推行，既有助于适应现行社会保障制度发展环境的变革与内在问题的解决，也有助于促使社会保障中个人责任意识的增强；社会保障私营化与地方化政策改变了传统社会保障的国家化与中央政府化，促进了社会保障中个人责任与社会责任的协调。当代西方社会保障制度改革措施旨在实现社会保障、社会经济与社会道德的全面和谐发展，体现了社会保障中个人责任、社会责任与国家责任并重，个人自助、社会互助与国家保障并举的特点，使得当代西方社会保障制度的发展目标更加具有社会性。

当代西方社会保障制度改革的政策选择具有多样性。由于西方各国社会、经济、政治与社会保障发展状况存在差异，其社会保障制度改革的政策选择也存在一定差异性。实行社会保险型社会保障制度的国家的社会保障制度改革，比较关注通过实现充分就业为社会保障制度提供有利的发展环境，如德国、美国和日本的社会保障制度改革将失业保险制度改革与推行积极就业政策作为主要政策选择；实行福利国家型社会保障制度的国家的社会保障制度改革，比较关注通过强调社会保障中的个人责任来改变福利国家面临的困境，如英国、瑞典等福利国家的社会保障制度改革都将强调社会保障中的个人责任、推行社会保障私营化与地方化作为主要政策选择。即使同属福利国家型社会保障制度模式的英国和瑞典，在一些重要社会保障改革的政策选择方面也存在差异性，英国选择了社会保障与社会服务私营化政策，而瑞典更强调社会保障与社会服务地方化政策。

社会保障制度体系论

西方国家社会保障制度的三个体系[*]

一 西方国家社会保障制度的内容体系

西方国家社会保障制度内容体系是一个发展的过程，其核心内容是社会保险制度的出现，其后各国开始建立和发展现代的社会救助制度，此后逐步建立和发展社会福利制度与社会保障相关服务体系，从而使得主要西方国家社会保障制度内容体系逐步走向完善。

19世纪末20世纪初，社会保险制度的出现是西方国家社会保障制度发展的核心内容。这一时期，随着工业社会的发展，各种社会问题在西方国家已经出现，一些社会问题已经严重到要求政府必须采取措施加以解决的地步。西方国家社会问题严重化的原因和性质与以前相比也有了根本的不同，如果说以前西方国家社会问题加剧的主要原因是社会发展的相对落后，19世纪末20世纪初的社会问题已经不再完全是社会发展落后性的结果，而是社会高度发展过程中的伴生物。贫困问题的加剧不再主要是由于社会财富的匮乏，而是由于社会财富的不公平分配；失业问题主要不是由劳动力绝对过剩造成的，而是由经济周期性变化、技术进步以及产业结构变化等客观因素造成的；老年问题主要是由社会发展、生活水平提高以及医疗卫生条件改善带来的；城市住房问题主要是由工业化所导致的人口流动以及城市化的快速发展造成的；

---

* 本文以《论西欧社会保障制度的三个体系》为题发表于《社会保障研究》2013年第1期，丁建定为第一作者，杨泽为第二作者；发表后被中国人民大学复印报刊资料《社会保障制度》2013年第10期全文复印。

等等。所有这些社会问题的原因都存在很大程度的客观性，它们与西方国家社会发展相伴而起，是社会发展过程中缺乏有效调控的结果，劳动者个人因素在这些社会问题出现或加剧的过程中并不是决定性因素，个人对这些社会问题的发生和蔓延通常无能为力。①

　　社会问题原因与性质的变化决定了西方国家社会保障制度根本性质与目标的变化，传统社会救助制度与措施无法有效解决全面出现的失业、贫困、老年、健康和住房等问题。新的社会发展时期需要建立一种新型的社会保障制度，这种社会保障制度的主要目的不再是消极被动地对贫困者提供有限救济，而应是积极主动地采取措施预防贫困，于是，一种新型社会保障制度即社会保险制度在西方国家应运而生。这种社会保险制度的目的不再是对贫困结果的救济，而是通过国家实施的养老保险、健康保险、失业保险、工伤保险等防止社会成员由于个人无法控制的原因而贫困，这是西方国家社会保障制度一种根本性质的变化。在社会保险制度下，社会问题不再主要被视为个人责任而被认为是社会责任，领取社会保险津贴成为一种公民权利而不是社会对个人的施舍。政府不再是社会保障费用的唯一承担者，社会成员同样要承担一定数额的社会保障费用，这不仅使社会保险制度所需要的费用建立在一种更加坚实的财政基础上，具有更大的预防和应对社会风险的能力，也使普通民众因履行缴费义务而在获得各种社会保障津贴时既有一种权利感也有一种责任感。这种以社会保险制度为核心内容的新型社会保障制度通常被称为现代社会保障制度。②

　　虽然社会保险制度在 19 世纪末的西方国家已经出现，但社会保险制度真正开始在西方国家普遍出现是在 20 世纪初。在整个 19 世纪末 20 世纪初，工伤保险是西方国家普遍的社会保险制度项目，养老金制度、健康保险制度与生育保险制度是西方国家比较普遍

---

①　丁建定：《从济贫到社会保险》，中国社会科学出版社，2000，第 60 页。
②　丁建定：《从济贫到社会保险》，中国社会科学出版社，2000，第 254～255 页。

的社会保险制度项目，而失业保险制度则是西方国家尚未普遍建立的社会保险制度项目，仅在英国、法国等少数几个西欧国家开始出现。西方社会保险制度在不同保险项目之间所表现出来的差别，反映出主要社会问题在不同西方国家严重程度的差异性，也反映出西方国家社会对主要社会问题认识程度的差异性。

19世纪末20世纪初，西方国家通过社会保险立法建立了养老保险、健康保险、失业保险、工伤事故保险等制度，这些新型社会保险制度成为19世纪末20世纪初西方国家社会保障制度的基本内容。然而，社会保险制度只是针对具有一定收入水平者的社会保障制度，那些没有收入来源或收入达不到一定水平者无法参加社会保险制度，一些人虽然参加了社会保险制度，但或因为尚未达到规定领取某种社会保险津贴的资格，或因为领取某种社会保险津贴的资格已经失去，因而无法领取或者继续领取社会保险津贴，而他们往往又是最需要得到帮助的社会群体。于是，在社会保险制度之外还必须建立其他补充性社会保障制度。1870年，德国颁布帝国济贫法，建立救济制度。1874年，日本颁布恤救条例，建立国民生活救助制度。1904年，法国建立儿童救济制度。1905年，法国又建立了老年救济制度。1908年，美国开始实施盲人救济制度。1913年，法国还建立了孕妇救济制度。这些制度与经过改革后的传统济贫法制度成为重要的官方社会救助制度，并构成这一时期西方国家新型社会保险制度的必要补充。

两次世界大战之间，西方国家社会保障制度的内容开始发展和逐步完善。养老保险、健康保险与生育保险制度等在两次世界大战之间的西方国家得以普遍建立起来，失业保险制度也在大部分西方国家普遍建立起来，这是两次世界大战之间西方国家社会保障制度发展变化的重要内容之一，也是这一时期西方国家经济危机与失业问题严重化的直接结果。在推进各种社会保险制度项目不断完善的同时，西方国家社会保险制度的性质也发生了很大变化，在大部分西方国家所实行的社会保险制度中，自愿性社会保险制度项目明显减少，强制性社会保险制度逐渐成为社会保险制度的主流。

两次世界大战之间，西方国家在加快社会保险制度建设的同时，也开始关注社会救助制度的建立，相关的社会救助制度在主要西方国家开始出现。1918 年，德国开始实施失业救济制度；英国颁布产妇和儿童福利法，建立母婴保健制度，并实行军人失业补贴制度。1919 年，德国实施由国家承担责任的伤兵救助；英国颁布战争年金法，为参战士兵提供特殊的年金。1920 年，德国颁布福利法和健康严重受损者法；英国开始对 50 岁以上盲人提供养老金。1924 年，德国颁布关于救济义务的条例和关于公共救济的前提、方式和程度的原则，确立了公共救济制度。1929 年，日本颁布救护法。1932 年，法国实施家庭补贴制度。1933 年，美国颁布联邦紧急救济法。1935 年，德国开始实施家庭补贴制度；英国实施失业救济法。1938 年，日本制定母子保护法。1939 年，法国颁布家庭法典，建立家庭补贴制度；日本也实行家庭补贴制度。显然，两次世界大战之间，不仅西方国家社会保险制度得到逐步完善，社会救助与家庭补贴制度等也开始逐步建立，西方主要国家社会保障制度内容体系正在走向完善。

第二次世界大战以后，随着相关社会保险制度的建立和发展，西方主要国家社会保障制度内容体系建设的重点是社会救助制度的发展、社会福利制度与社会保障服务体系的建立。1945 年，英国颁布《家庭补贴法》，建立家庭补贴制度。1946 年，英国颁布《国民保健法》，实施国民保健福利制度；法国的《家庭补贴法》将家庭补贴制度的适用范围扩大到全体人口；日本颁布《生活保护法》，建立社会救助制度。1947 年，日本颁布《儿童福利法》，建立儿童福利制度。1948 年，英国颁布《国民救助法》，正式建立国民救助制度；同年，日本颁布《失业救助法》，为失业者提供必要的救助。1949 年，日本颁布《残疾人福利法》，建立残疾人福利制度。1950 年，日本颁布修改后的《生活保护法》，完善生活救助制度。1951 年，法国颁布《失业救助法》，建立失业救助制度；日本颁布《社会福利事业法》，对日本社会福利制度的发展做出了具体规划。1952 年，英国颁布《家庭补贴和国民保险法》，提高家庭补贴的标准。1954 年，德国颁布新的《家庭补贴法》，完善家庭补贴制度。

20 世纪中期，主要西方国家社会救助制度进一步完善，社会福利制度与社会保障相关服务进一步发展，主要西方国家社会保障制度内容体系进一步走向完善。1960 年，日本颁布《精神病患者福利法》，建立精神病患者福利制度，并修改《劳动者灾害补偿保险法》，实施长期疗养制度。1961 年，德国通过《社会救助法》，建立社会救助制度。1963 年，德国又实施老年补贴制度。同年，日本颁布《老年福利法》，建立老年福利制度。1964 年，日本实施《母子福利法》，建立母子福利制度。1965 年，美国建立老人医疗保险制度，并对低收入以及无力承担医疗费用的家庭提供医疗补助。1970 年，英国颁布《国民保险法和家庭补贴法》，完善家庭补贴制度。1971 年，日本颁布实施《儿童津贴法》，建立儿童津贴制度。1972 年，日本颁布修改后的《老年人福祉法》，实行老年人免费医疗制度。1974 年，德国实施农林从业者补充救济制度。1975 年，英国颁布《儿童补贴法》，以儿童补贴制度代替家庭补贴制度。

显然，西方国家社会保障制度内容体系存在一个不断发展和完善的过程。19 世纪末 20 世纪初，当西方国家现代社会保障制度开始出现时，其内容主要包括工伤保险、养老保险和健康保险等制度。20 世纪上半期，西方国家社会保障制度的内容已经扩展到包括工伤保险、养老保险、健康保险、失业保险和生育保险等全部社会保险项目以及社会救助制度。第二次世界大战以后，西方国家的社会保障制度内容范围越来越大，除了社会保险制度和社会救助制度外，还有种类繁多的社会福利制度及社会保障服务。于是，西方国家社会保障制度内容体系逐步完善起来。其主要内容包括先后成为不同时期的重点的三个主要方面：一是针对全体有收入者实施的社会保险制度，这是社会保障制度的核心内容，主要体现社会保障权利与义务的协调关系；二是针对没有收入或低收入者的社会救助制度，这是社会保障制度的基本内容，主要体现政府对社会特殊群体的责任；三是针对全体公民的公共福利制度和社会保障服务，这是社会保障制度的补充内容，主要体现公民基本生活和发展权利。这三个组成部分结合在一起共同构成西方国家社会保障制度内容体系，其完善程度则在一定意义上代表某个国家社会保障制度的发达程度。

二 西方国家社会保障制度的结构体系

西方国家社会保障制度结构体系的完善也是一个过程，任何一项社会保障制度对人群的覆盖面都存在一个从部分到全体的过程，这一过程既可能是用同一种社会保障制度覆盖全体人群的过程，也可能是用不同社会保障制度为不同人群提供社会保障的过程，于是，在西方国家社会保障制度结构体系的完善过程中，就出现了不同国家实现社会保障制度全覆盖的道路选择问题，而这一过程的本质则是通过社会保障制度整合进而实现体系完善的过程。

德国是最早建立现代社会保障制度的西方国家，其社会保障制度结构体系的完善呈现了一个清晰的整合过程，并呈现采用同一社会保障制度逐步覆盖各种社会群体的道路选择。第二次世界大战以前，德国社会保障制度的覆盖面逐渐扩大，大部分劳动者通过相关社会保障制度适用范围的扩大而获得了社会保障。1884年工伤保险法仅适用于年收入低于2000马克的工业劳动者；1885年，德国将工伤保险法的适用范围扩大到由帝国与各州举办的工业企业的工人；1886年，将其扩大到农业和林业从业者；1887年，又将其扩大到建筑业和造船业的工人。1903年，德国政府已经开始着手相关社会保障制度整合工作。1910年3月，有关德国社会保险综合法的原则被提交政府。1911年，德国颁布社会保险法典，宣布该法典从1912年起在养老保险制度中开始生效，从1913年起在工伤保险制度中开始生效，从1914年起在疾病保险中开始生效。

两次世界大战之间，德国相关社会保障制度的覆盖面逐步扩大。1883年疾病保险法适用于年收入不超过2000马克的工厂劳动者，根据1919年社会保险法典，强制性疾病保险的适用范围将扩大到农业工人、佣人、零工、家庭雇佣者以及流动小商贩。自1925年开始，工伤保险不仅适用于劳动过程中的伤害，而且适用于上下班途中以及看护劳动工具过程中发生的事故。1925年，德国将11种职业病纳入工伤保险制度；1929年，增加到21种。1923年，德国专门颁布了《矿工保险法》，建立全国性矿工保险基金，对从事矿业工作的所有雇主和雇员提供疾病和养老保险津贴。1888年养老金制度适用于年收入低于2000马克的所有工资劳动者与雇员。1937年，德国政府宣布，所有40岁以下的城市居民有权参加自愿性年金保险；1938年，德国通过手工业者养老金法，将强制性老年和残疾保险扩大到大部分自我雇佣的手工业者；1939年，强制工伤保险的适用范围扩大到所有农业从业者及其妻子。1941年，疾病保险和养老金制度的适用范围扩大到自我雇佣者，如艺术工作者、家庭作坊雇员以及佣人。

第二次世界大战以后，德国社会保障制度结构体系通过制度整合走向完善。1953年，德国开始实施针对外国人的养老金法；1960年，德国实施新的外国人养老金法，规定外国人养老金依照德国法律实施，将外国人在来源国居住年限视同在德国居住年限，将其在来源国的社会保险缴费视同其按照德国法律履行的缴费。1956年，德国对手工业者保险法进行修改，规定在手工业者保险中实行不同类型的缴费印花。1960年手工业者保险法取消手工业者可以在社会保险和私营保险之间选择的做法，将所有手工业者的强制保险限制到18年，法令只保证手工业者的基本社会保障，工人保险制度开始对手工业者补充保险承担责任。1935年，德国实施家庭补贴制度，从第5个孩子开始提供补贴，后改为从第3个孩子开始提供补贴。第二次世界大战结束后，上述家庭补贴制度一度停止，1954年，德国实施家庭补贴法，给被雇佣者提供从第3个孩子开始的家庭补贴，家庭补贴的财政来源于雇主缴费。1961年，德国规定从第2个孩子开始提供家庭补贴。

英国社会保障制度结构体系的完善更为显著地呈现采用同一社会保障制度覆盖各种社会群体的统一道路选择。第二次世界大战以前，英国相关社会保障制度的适用范围逐步扩大，一部分社会群体开始逐渐享有社会保障。1908年养老金法的适用对象为年满70岁、作为英国公民至少已达20年、年收入不超过31英镑10

先令者。1911 年《国民保险法》规定，失业保险制度适用于建筑业、工程建造业、造船业、机械制造业、铸铁业和锯木业等部门，健康保险制度适用于所有 16 岁以上被雇佣以及那些未被雇佣但具有被保险人资格者。1925 年《寡妇、孤儿、老年人缴费养老金法》向死去的被保险人的妻子提供养老金，并向其 14 岁以下的孩子提供补贴，向死去的被保险人的孤儿提供补贴，直到他长到 14 岁。1929 年，工党政府把寡妇年金扩大到该项制度正式实施前死去的被保险人的妻子以及该项制度正式实施前其丈夫已经达到 70 岁而因此没有保险资格的妇女。1937 年，英国政府又颁布了寡妇、孤儿及老年人自愿缴费养老金法，开始向没有参加国民健康保险的收入较高者提供缴费性养老金，这些人大多是独立职业者，如小店主、小场主、小手工业者等。1938 年，英国政府又颁布了盲人养老金法，该法将 1920 年盲人养老金法所规定的 50 岁的年龄标准降低至 40 岁，在新法令下对老年盲人所提供的养老金是免费的且不附带任何财产状况调查规定。1920 年失业保险法规定，每年收入不足 250 英镑的所有体力劳动者、非体力劳动者均可参加失业保险制度，但是，农业工人、家庭佣工以及教师与公务员等不能参加失业保险制度。1936 年，英国农业工人开始有权参加失业保险制度。

第二次世界大战以后，英国颁布了一系列社会保障法，扩大相关社会保障制度覆盖面，整合相关社会保障制度，使其社会保障制度结构趋于完善，并在其社会保障制度内容体系完善的基础上，率先宣布建成福利国家。1946 年，英国通过新的国民保险法，规定国民保险制度是一种强制性缴费制度，它适用于年龄达到离开学校年龄到领取养老金年龄①之间的每一个英国人。法令将上述具备参加国民保险制度年龄资格者分为被雇佣者、自由职业者和无职业者三类，1945 年，英国颁布家庭补贴法，规定从第 2 个孩

---

① 20 世纪 30 年代的养老金制度改革把养老金领取者的年龄资格降低到 65 岁。1940 年 1 月，英国政府对养老金制度进行改革，主要内容是降低妇女领取养老金的年龄资格，规定参加国民保险的妇女领取养老金的年龄降低到 60 岁，男子仍为 65 岁。

子开始，向每个孩子提供平均每周 5 先令的家庭补贴；1956 年，英国将家庭补贴制度的适用范围扩大到包括第 1 个孩子在内；1959 年，英国取消了对第 1 个孩子所提供的家庭补贴。

20 世纪 70 年代，英国又颁布相关社会保障法，进一步调整相关人群尤其是妇女和儿童的社会保障权益，使英国社会保障制度结构体系更加完善。1975 年社会保障养老金法规定，已婚或 1977 年 4 月以后开始工作的妇女，领取与男子同样标准的养老金。从 1979 年 4 月开始，已婚妇女在其婚后到 60 岁可以不必工作满一半的时间，就可以具备领取养老金的资格。1978 年 4 月起，妇女开始拥有与男子一样的参加职业养老金制度的权利，如果妇女在达到养老金领取年龄时变成寡妇，她就应该得到寡妇年金。年龄超过 50 岁的寡妇可以全额领取其最后一位丈夫与收入相联系的养老金。1974 年初，工党就已经许诺要推行一种新的儿童现金补贴，对包括第 1 个儿童在内的每个儿童提供现金补贴，同年 10 月，工党再次做出儿童补贴许诺。1975 年，儿童补贴法得到议会批准，以儿童补贴代替以往的家庭补贴，儿童补贴向包括第 1 个孩子在内的所有孩子支付。

法国是较晚建立现代社会保障制度的国家，其社会保障制度结构体系的完善过程比较曲折，且选择了不同社会群体采用不同社会保障制度安排，进而实现社会保障制度对社会群体全覆盖的差别型道路。1898 年工伤补偿制度最初只适用于工业企业工人；1899 年，工伤保险制度适用范围扩大到因使用机械而导致工伤事故的农业工人；1906 年，又扩大到商业领域的从业人员；1914 年，又扩大到林业人员；此后，该法又在自愿的基础上扩大到所有行业的劳动者，只要他们愿意服从该法的有关规定；1919 年，又扩大到某些特定的职业病患者。1910 年，法国通过工人和农业劳动者养老金法。1930 年社会保险法规定，社会保险制度的参加者为工商行业中工资低于一定限额的从业者，同时为农业领域领薪劳动者建立农业社会保险，社会保险津贴主要包括疾病、生育、残疾、老年和死亡津贴。法国社会保障制度结构的差别性初现端倪。

第二次世界大战以后，法国通过一系列社会保障立法，逐步将不同社会群体纳入社会保障制度范围。在法国社会保障制度结构变化的过程中，一些特殊群体的特种社会保障制度得以保持，逐渐形成了差别性社会保障制度发展道路的基本特征。1945 年社会保险法将社会保险确定为整个社会保障制度的组成部分，特种社会保障制度主要适用于以下几种群体：公共服务人员、国家雇佣人员、社区管理人员、海员、旷工、铁路工人、电力工人、煤气工人、供水工人、法兰西银行职员、歌剧演员、戏剧演员等。1946 年社会保险法将社会保险的适用范围扩大到居住在法国领土的所有公民，法令再次列举了可以保持独立的特种社会保障制度的职业类别，使得这些特殊群体独立的特种社会保障制度得以保持。1946 年家庭补贴法将家庭补贴制度的适用范围扩大到全体人口，将工伤事故保险归并到整个社会保障制度之中，另一项法令希望建立一种包括全体经济活动人口在内的社会保障制度，但是该法令受到自我雇佣者的坚决反对。1947 年，养老金制度扩大到全体经济活动人口。1948 年法令为自我雇佣者建立起自治性养老保险制度，其他社会群体纷纷效仿，法国很快建立起针对工商业工人、手工业工人、自由职业者以及农业从业者的四种不同的自治性养老保险制度。

20 世纪 60 年代以后，法国又颁布了一系列法令，推动农业从业者、自我雇佣者及农场主等群体的社会保障制度建设，法国社会保障制度的差别性逐步形成。1961 年法令为农场主建立了疾病和生育保险制度，作为该项法令受益者的农场主、在农场工作的家庭成员、农场工作的参与者、农业养老金制度的参加者、配偶及其抚养的孩子等必须选择参加一个组织，或者是农业社会补贴机构，或者是农业互助保险机构，或者是互助会，或者是其他为此目的而特别建立的社会保险机构。生育保险制度保证参加者获得除了每天的补贴以外的与雇员同样的待遇。1966 年法令建立了从事工商业的自我雇佣者、手工业者以及自由职业者的疾病和生育保险制度，这项法令经过 1967 年、1970 年和 1973 年的多次修改，以便减轻这些自我雇佣者的缴费责任，并使其获得与综合性社会保险制度下的雇佣工人同样的疾病与生育保险待遇。1966 年法令将工伤事故保险制度适用范围扩大到农场主，农场主必须参加工伤事故保险制度，或者与某个工伤保险机构订立契约，或者加入某个工伤事故保险机构，工伤事故保险包括工伤与职业病两个方面。1972 年法令将工作中的事故伤害保险制度适用范围扩大到农业雇佣人员，除了一些特殊的被认定的职业病与预防措施外，农业雇佣人员享有综合性社会保险制度的全部待遇。

1935 年社会保障法颁布实施以后，美国联邦社会保障制度结构体系的完善便开始用同一社会保障制度逐步覆盖各种社会成员的制度整合过程。根据 1935 年社会保障法，养老金制度适用于年满 65 岁前曾经就业且收入不低于 3000 美元者。1939 年社会保障法修正案将养老保险的适用范围扩大到海员、银行职员和雇员，并向年老的妻子和寡妇提供补贴，被保险人的年满 65 岁的妻子可以领取附加补贴，向在退休前去世的被保险人的年幼孩子提供儿童补贴。

第二次世界大战以后，美国联邦社会保障制度覆盖面逐步扩大。1950 年修正案扩大了社会保障制度的覆盖面，将农业工人、家庭劳动者、未参加公务员退休计划的联邦雇员以及阿拉斯加、夏威夷、波多黎各和维尔京群岛的劳动者纳入社会保障计划之中；没有正式参加养老保险的州和联邦政府雇员，教育、慈善、宗教等非营利组织的成员可以自愿参加社会保险；依赖被保险人生活的 65 岁及以上的丈夫、鳏夫及退休者的妻子，可以享受养老保险，抚养 18 岁以下子女的母亲享受养老保险的资格不受年龄限制。曾在第二次世界大战中服役的士兵每月发放免费工资补贴 160 美元。1954 年社会保障法修正案再次扩大了社会保障制度的覆盖面，将个体农场经营者、牙科医生、律师和其他医生之外的自由职业者、农场主、家庭佣人以及地方政府的职员都纳入联邦社会保障制度的适用范围。

1956 年社会保障法修正案进一步扩大了社会保障制度的覆盖范围。修正案将原来被排除在联邦社会保障制度之外的律师、牙医和其他专业人士纳入其中。为永久残疾人提供保险制度，并将这种保险并入老年和遗属年金制度之中；18 岁以前成为永久性和完全残疾者，可以享受老年、遗属与残疾人年金，成年永久残疾者在 50 岁时领取伤残给付金，65 岁以后自动领取老年年金。还将妇女领取老年年金的年龄从原来的 65 岁降低到 62 岁，以便她们能够更早地领取养老年金。1958 年社会保障法修正案和 1960 年社会保障法修正案又进一步扩大了联邦社会保障制度的适用范围。前者规定，由工作相关原因导致的永久残疾保险受益者的家庭成员，如同老年和遗属保险受益者的家属一样，享有规定的领取保险津贴的权利；后者将联邦社会保障制度的范围扩大到在关岛和萨摩亚群岛的美国公民，并将在美国的外国政府派驻机构和国际组织中工作的美国人也纳入其中。

日本社会保障制度结构体系的完善则选择了整体差别与部分统一的道路，在差别道路的基础上逐步建立针对各种社会群体的相关社会保障制度，然后通过国民基础年金计划为各种社会群体提供统一标准的国民基础年金。两次世界大战之间，日本社会保障制度结构的差别性初步显示。1927 年《健康保险法》规定，经常雇佣 10 人以上企业的雇员必须强制性参加健康保险制度，10 人以下小企业的雇员除外，但如有一半以上雇员要求加入健康保险制度，其他人员即被认为同样要求加入该项制度。1934 年，健康保险制度的适用范围扩大到雇佣 5 人以上企业。1938 年，日本颁布《国民健康保险法》，建立农民健康保险制度。1942 年，日本又制定《职员健康保险法》和《船员健康保险法》，前者对被健康保险和国民健康保险排斥在外的职员和商店的雇员及其家属提供健康保险，后者对船员提供健康保险。1939 年，船员年金保险开始实施，并且适用范围逐步扩大。1941 年，日本颁布《养老保险法》，该法仅适用于男性工资劳动者。1944 年，《养老保险法》经过修改后改称为《厚生年金保险法》，该法不仅将养老保险适用范围扩大到妇女，而且将强制性加入的范围扩大到 5 人以上 10 人以下规模的小企业的雇员。

第二次世界大战以后，日本社会保障制度结构体系逐步形成，这首先表现在国民皆保险的实施过程之中。1948 年 6 月，日本修改《国民健康保险法》，国民健康保险实行任意设立、强制加入原则。同年，日本又建立国家公务员健康保险共济组合，1953年，又相继建立临时工健康保险共济组合和私立学校教职员健康保险共济组合，还把健康保险制度的适用范围扩大到土木建筑、教育、医疗、社会福利事业等领域，但农林水产业和服务业不包括在内。1958年《国民健康保险法》在日本建立起来的全民健康保险体制非常复杂。这种健康保险制度覆盖全体国民，不仅所有被保险人可以享受健康保险津贴，被保险人的家属也可以享受相关的健康保险，由于贫困等原因无力参加健康保险者也可以通过医疗救助制度获得健康保障援助。这种健康保险体制覆盖所有行业，不仅不同产业部门的劳动者必须参加各种相关的健康保险，而且不同雇佣规模企业和雇佣性质的劳动者也必须参加各项相关的健康保险。这种健康保险体制按照产业结构、职业结构和雇佣性质的不同划分不同人群应参加的不同健康保险制度，第一产业从业者基本以参加国民健康保险制度为主，第二、第三产业的被雇佣者主要参加健康保险制度，自营职业者则参加国民健康保险制度，特殊职业群体可以建立不同的健康保险制度或健康保险共济组合，如船员、临时工健康保险制度，国家公务员、地方公务员、公共企业职员、私立学校教职员等七大健康保险共济组合。

日本社会保障制度结构体系的差别性在国民皆年金的实施过程中也逐步形成，这种国民皆年金体制包括厚生年金制度、共济组合年金制度和国民年金制度。日本政府于1948年对厚生年金制度进行修改，设立了遗属年金和遗孤年金。与此同时，日本还加快各种共济组合年金制度的发展，1951年，日本政府实施《地方公务员法》，要求建立地方公务员共济组合制度；1954年，日本正式通过《市町村职员共济组合法》，建立起地方公务员共济组合制度。1952年，政府要求私立学校教职员工统一划归厚生年金体系，私立学校教职员工却要求建立私立学校独立的共济组合。日本社会保障制度审议委员会经与私立学校工会方面协商，接受私立学校教职员的要求，并于1953年通过《私立学校教职员共济组合法》，正式建立私立学校教职员共济组合。1955年，日本通过《公共企业职员共济组合法》，建立起公共企业职员共济组合年金制度；1957 年，又建立农林渔业团体职员共济组合。这样，到 20 世纪 50 年代末，日本基本上建立起共济组合年金保险制度。1958 年《国家公务员共济组合法》建立起统一的国家公务员共济组合制度。

厚生年金保险制度和各种共济组合年金制度的参加者主要是雇佣 5 人以上企业或事业单位的雇员，雇佣 5 人以下企业的雇员、自营职业者和农民无法参加厚生年金保险和各种共济组合年金制度。1959 年，日本正式颁布《国民年金法》，规定国民年金分为缴费型与免费型两种，未加入其他公共养老保险的年满 20 岁以上 60 岁以下的日本国民实行缴费型国民年金，缴费年限为 25 年以上，开始领取国民年金的年龄为 65 岁；在国民年金制度推行时年龄已经超过 60 岁或者无力缴纳国民年金费用者实行免费型国民年金。缴费型国民年金津贴包括养老金、残疾年金、母子年金、孤儿年金和遗属年金，非缴费型国民年金则包括老年年金、残疾年金和母子年金，日本年金制度的结构体系基本形成。

为了更好地解决养老金多元化带来的弊端，增强各种养老金制度间的协调，1985 年，日本引入国民基础年金制度，将国民年金制度的适用范围扩大到全体国民，向全体国民提供基础年金。国民基础年金相当于国家基本养老金，厚生年金和各种共济组合年金成为国民基础年金之上的、按照收入比例支付的职业年金，国民基础年金的加入年限最长为 40 年，支付年龄为 65 岁，支付水平为每月 5 万日元，从而实现了日本年金制度的部分统一。

战后日本其他社会保障制度的覆盖面也逐步扩大。1947 年，日本颁布实施《失业保险法》，失业保险适用于雇佣 5 人以上的所有企业事业单位的男女雇员，不适用于按天雇佣者、2 个月以内定期雇佣者、雇佣不超过 4 个月的季节工、非固定的企业事业单位雇佣者等。1949 年《失业保险法》建立临时工失业保险。1958 年《失业保险法》将失业保险的适用范围扩大到雇佣 5 人以下企业的雇员，1969 年《失业保险法》将强制性失业保险制度扩大到一部分雇佣人数不满 5 人的企事业单位。1965 年《劳动者灾害补偿保险法》规定，雇佣 5 人以下的企业事业单位全部实行该种保险，并将其推行到木匠和泥瓦匠等个体从业者中。1973年《劳动者灾害补偿保险法》又将上班途中发生的伤害纳入工伤保险范围。

此外，日本还在1946年通过《生活保护法》，将生活救助的对象扩大到所有生活贫困者。1947年《儿童福利法》规定，18岁以下的青少年和儿童皆在该法保护范围之内。1949年《残疾人福利法》将援助对象扩大到所有残疾人。1960年《精神病患者福利法》进一步提高精神病患者的福利待遇。1963年《老年福利法》规定，老人福利服务对象分为一般需求对象和特殊需求对象，前者指所有65岁以上的老人，为其提供的主要服务是养老金保障和医疗保障；后者指患有残障或者生活困难的老人，除为其提供基本服务外，还要提供福利收养设施、派遣家庭服务员等。1964年《母子福利法》规定，援助对象包括所有母子家庭和儿童。

综上所述，西方国家社会保障制度结构本系的变化呈现如下特点，即社会保障制度对社会群体的覆盖存在一个从部分人群到广泛人群再到全体社会成员的逐步拓展过程，这一拓展过程既表现为同一社会保障制度适用范围的不断扩大，进而实现某项社会保障制度结构的完善，也体现为通过建立不同社会成员的社会保障制度，进而使得不同社会群体都能享有相关社会保障制度的过程，前者呈现显著的社会保障制度整合的过程，即选择社会保障制度统一的发展道路，后者既体现出通过社会保障制度内容体系的完善促进社会保障制度结构体系的完善的过程，也体现出通过差别的社会保障制度发展道路选择，实现社会保障制度结构体系的完善。

三 西方国家社会保障制度的层次体系

社会保障制度层次体系始终贯穿于一个国家社会保障制度的建设和发展中，社会保障制度内容体系的完善过程中包含制度主体的责任关系，社会保障制度结构体系的完善过程中同样包含制度主体的责任关系。决定一个国家社会保障制度基本特色的因素，不仅包括社会保障制度内容体系和结构体系的基本特征，更与其主体间的责任关系密切相关。

西方国家社会保障制度层次体系存在一个显著的变化过程。西方国家公民的社会保障权益存在一个不断提升的过程，这一点不仅表现在西方国家社会保障制度内容体系的逐步完善方面，也表现在其社会保障制度结构体系的不断完善方面，更表现在其社会保障制度津贴标准与待遇水平的不断提高方面。19 世纪末 20 世纪初，当西方国家社会保障制度开始出现时，社会保障津贴标准还处于比较低的水平。正因为如此，20 世纪 20~30 年代，鉴于经济危机所导致的社会问题的加剧，西方各国民众都将争取社会保障津贴标准的提高作为他们在社会保障制度建设方面的主要诉求，西方国家社会保障制度发展的特点之一也表现为主要社会保障项目津贴标准的提高。第二次世界大战后，西方国家各项社会保障津贴标准呈现不断提高的趋势，这在典型福利国家中表现得尤其明显。

西方国家社会保障水平也呈现了不断提高趋势。20 世纪前半期，主要西方国家的社会保障水平基本上保持在比较低的水平，社会保障水平较高的国家也低于 20%，大部分国家的社会保障水平在 15% 左右。20 世纪中期以后，西方国家社会保障水平呈现不断提高的趋势。20 世纪 80 年代初，主要西方国家社会保障水平已经超过 20%，少数国家甚至接近或超过 30%；到 20 世纪 90 年代中期，主要西方国家的社会保障水平已经超过 30%。

社会保障制度水平的不断提高使得西方国家社会保障支出以很快的速度增长。1950~1983 年，英国社会保障支出从 6.571 亿英镑增至 339.91 亿英镑。整个 20 世纪 70 年代，英国社会保障支出一直保持 3% 以上的年增长率，[1] 战后美国各项社会福利支出也一直呈现较快增长趋势。1960~1980 年，美国联邦政府社会福利支出增长率从 11.3% 提高到 15%，州和地方政府社会福利支出增长率从 8.7% 提高到 13.9%。1980~1989 年，联邦政府整个社会

---

① A. H. Halsey, *British Social Trends since 1900*, London: Macmillan Press Ltd., 1988, pp. 499 – 501.

保障支出从 3024.4 亿美元增长到 5631.9 亿美元，美国各州和地方政府社会保障总支出从 1895.5 亿美元增长到 3926.8 亿美元。① 德国社会保障支出总额从 1960 年的 657 亿马克增至 2002 年的 15793 亿马克，增长 20 多倍。

第二次世界大战以后，补充社会保障制度在西方国家开始发展起来。西方国家社会保障制度的快速发展为全体公民提供了一定水平的社会保障，这种由国家组织和管理的社会保障制度只能保证公民的基本生活水平，并不能够也不应该满足所有人超过基本生活水平以上的要求。不同人群对生活水平的要求事实上存在差别，这就决定了西方国家在建立和完善能够保障公民的基本生活水平的社会保障制度的同时，还应该建立和发展为满足一些人群的超过基本生活水平的需求的补充社会保障制度。第二次世界大战以后，西方国家的补充社会保障制度也开始比较普遍地发展起来，尤其是在美国，由企业为雇员提供的养老保险、医疗保险等不仅是补充社会保障制度的重要内容，而且构成美国社会保障制度发展的重要特色。补充社会保障制度的特殊性质和作用使其在 20 世纪 80 年代以后，成为西方国家社会保障制度发展和改革过程中所普遍提倡和推动的重要措施。

与此同时，西方国家社会保障制度的层次体系开始出现问题。西方国家早期社会保障缴费一般实行个人、雇主以及国家三方分担原则，这既有利于明确国家、雇主与个人的社会保障责任，也有利于减轻因责任偏向而导致的三方中某一方所承担的社会保障责任过重，这种社会保障缴费机制对西方国家社会保障制度初期的发展产生了积极的影响。随着西方国家社会保障制度的发展，特别是随着第二次世界大战以后西方福利国家的建立和发展，西方国家社会保障基金来源发生了一定的变化，这主要表现在西方国家社会保障基金来源构成中，国家财政补贴和雇主缴费构成各国社会保障基金来源的较大部分，个人所承担的社会保障缴费所占比例较小。如 1980 年，法国社会保障基金中雇主承担的比例为

---

① 陈恕祥：《美国贫困问题研究》，武汉大学出版社，2000，第 274～276 页。

56.0%，雇工为 23.7%，国家财政补贴占 17.7%，其他经常性收
入来源占 2.6%；德国社会保障基金中雇主承担的比例占 42.7%，雇
工占 22.1%，国家财政补贴占 26.7%，其他经常性收入来源占
8.5%；英国社会保障基金中雇主承担的比例为 33.3%，雇工为
14.6%，国家财政补贴为 43.6%，其他经常性收入来源占 8.5%。[①]
这种状况表明，西方国家社会保障制度中的责任分担机制已经出
现严重偏差。

人口老龄化逐渐加剧也使得西方国家社会保障制度层次体系
必须重新构建。20 世纪前期，当西方国家社会保障制度建立和发
展时，西方国家人口老龄化并不明显，社会保障基金拥有较多的
缴费人口。因此，现收现付制社会保障筹资模式成为西方国家广
泛采用的社会保障基金筹资模式，并对西方国家社会保障制度的
快速发展产生积极影响。20 世纪中期以来，西方国家人口老龄化
逐步明显，老年人口赡养率不断提高，加之西方社会经济发展速
度较以前明显缓慢，失业问题不断加剧，以代际转移为主要特点
的现收现付制社会保障筹资模式，难以有效应对不断增长的社会
保障支出需求，使现收现付制社会保障筹资模式压力逐步加大。

西方国家社会经济与人口结构变化要求社会保障基金筹资模
式进行相应改革，与此同时，国际组织的社会保障改革建议对西
方社会保障改革产生了积极影响。国际劳工组织在 20 世纪 80 年代
末建议重新设计养老保障计划，实行部分积累模式，提高开始领
取养老金的年龄和缴费资格年限，实行部分养老金制度。20 世纪
90 年代初，国际劳工组织又建议实行过渡性退休制度。2000 年，
国际劳工组织又主张扩大社会保障覆盖面，改善社会保障管理，
促进民众的积极参与和缴费意愿。[②] 世界银行也主张在公共管理的
以税收筹资的养老计划与私人管理的完全积累制的养老金计划之
外，实行一种自愿性养老金计划作为补充的老年保障三支柱方案。

---

① 李琮：《西欧社会保障制度》，中国社会科学出版社，1989，第 56 页。
② 国际劳工局：《2000 年世界劳动报告》，中国劳动社会保障出版社，2001，第
9～10 页。

国际组织的社会保障改革建议推动了西方国家社会保障制度改革的进程。[①]

于是，西方国家开始探索社会保障筹资模式的改革，这就是改变过去实行的现收现付制社会保障筹资模式，逐步转变为现收现付与部分积累相结合的社会保障筹资模式。与此相应，改变过去实行的确定给付制社会保障津贴模式，逐步实行确定缴费制社会保障津贴模式，依据社会保障制度参加者退休以前缴纳养老费用的数额，以及个人缴纳养老费所形成的基金在投资运营中产生的回报率来决定其所应领取的养老金津贴标准。

西方国家社会保障费（税）率开始逐渐提高。1965～1992 年，美国社会保障税占税收总量比例从 16.4% 增长到 29.8%，整个经济合作与发展组织成员社会保障税占税收总量比例从 21.6% 增长到 27.2%。[②] 根据预测，2000 年以后，随着经济合作与发展组织成员养老金占国内生产总值比例的不断提高，这些成员中 15～54 岁人员的养老金缴费将会明显增长，到 2040 年，经济合作与发展组织主要成员国中 15～54 岁人员的养老金缴费将增长 20%～30%。

西方国家社会保障制度层次体系的上述问题，使得社会保障制度改革的核心目标在于重构层次体系。西方国家采取一系列综合性社会保障制度改革措施，降低一些社会保障项目的津贴标准，减少社会保障项目以及降低社会保障支出是当代西方国家社会保障制度改革的基本措施，但不是主要措施，此类改革措施没有为西方社会保障制度的基本理念和制度模式带来根本性变革，而是在现有社会保障制度基础上进行的改革。强调社会保障制度中个人责任的改革措施是当代西方国家社会保障制度改革的主要措施，也是当代西方社会保障制度改革的核心内容，此类改革措施是对西方传统社会保障制度理念和模式的根本性改变，是要建立一种全新的社会保障制度理念和制度模式。改革失业保险制度与积极

---

① 世界银行：《防止老龄危机》，中国财政经济出版社，1998，第 5～10 页。

② Richard B. Freeman, *The Welfare State in Transition*, *Reforming the Swedish Model*, Chicago The University of Chicago Press, 1997, p. 123.

就业政策的推行是当代西方国家社会保障制度改革的重要措施，此类改革措施通过促进就业来减轻现行社会保障制度的压力，是一种有助于从根本上改变当代西方国家社会保障制度发展环境与内在问题的改革措施。社会保障私营化与地方化政策是当代西方国家社会保障制度改革的激进性措施，但其实施范围和程度有限，事实上，并非在西方国家社会保障制度的所有方面都可以推行私营化或者地方化，但此类改革措施试图通过社会保障私营化来改变传统社会保障的国家化，通过社会保障地方化来改变传统社会保障的中央政府化。

上述社会保障制度改革措施构成了一种社会保障制度改革的综合性政策体系，其目标在于构建与当代西方国家经济与社会发展水平相适应，能够有效克服现有社会保障制度内在问题，充分体现社会保障制度中个人责任、社会责任与国家责任的相互协调，权利与责任相结合的新型社会保障制度。当代西方国家社会保障制度改革的主要措施正具有这种目标趋向性，降低社会保障津贴标准、减少社会保障项目以及降低社会保障支出等，既是为了实现社会保障与经济发展的协调，也是为了促使社会保障制度中个人责任的发挥。强调社会保障制度中个人责任的改革措施，直接促使体现权利与责任相结合的全新社会保障制度理念和模式的建立。失业保险制度改革与积极就业政策的推行，既有助于现行社会保障制度发展环境与内在问题的改革，也有助于促使社会保障中个人责任意识的增强。社会保障私营化与地方化政策，改变了传统社会保障制度的国家化与中央政府化，促进了社会保障制度中个人责任与社会责任的协调。当代西方国家社会保障制度改革措施旨在实现社会保障、社会经济与社会道德的全面和谐发展，重新构建个人、社会与国家责任并重，自助、社会互助与国家保障并举的社会保障制度层次体系。

可见，西方国家社会保障制度层次体系同样存在一个变化的过程。从理念方面来讲，西方国家社会保障层次体系的基本理念存在一个从个人责任到国家责任再到国家、社会与个人共同责任的变化过程；从政策实践方面来讲，西方国家社会保障制度层次体系的制度安排显著地体现出一个由自助到国家保障再到社会保障的过程。西方国家社会保障制度的层次体系不仅体现在各种社会保障制度项目，即社会保障制度内容体系之中，任何一种社会保障制度中都存在责权关系，即层次体系；也体现在各类社会保障制度对象，即社会保障制度结构体系之中，任何社会保障制度对象都会在其所参加的相关社会保障制度中体现出责权关系。

四　西方国家社会保障制度三个体系的内在关系

　　西方国家社会保障制度的发展历程从制度体系上来说，可以概括为从社会保障制度的内容体系发展，到社会保障制度的结构体系，进而发展到社会保障制度的层次体系的历史过程。从内容体系方面来看，西方国家社会保障制度的内容体系存在一个从基本社会保险制度，到社会救助制度的建立和完善，进而到社会福利制度与公共服务体系的建立这样的逐步拓展过程。19 世纪末到20 世纪初，西方国家逐步建立起包括养老保险、失业保险、健康保险、工伤保险以及生育保险在内的基本社会保险制度，一些国家开始建立现代社会救助制度，更多的国家则在改革的基础上保留传统的济贫法制度作为官方的社会救助制度，也有个别国家开始建立以家庭补贴制度为主的社会福利制度。两次世界大战之间，西方国家在逐步完善社会保险制度的同时，加快建立以现代社会救助制度和家庭补贴制度为主的社会福利制度。第二次世界大战之后，西方国家社会保障制度内容体系建设的重点转向社会救助制度的完善，尤其是普遍建立了家庭补贴、医疗保健、老年福利、残疾人福利等社会福利制度，同时推动公共服务体系的建立和发展，从而使得西方国家社会保障制度的内容体系逐步完善。

　　社会保障制度内容体系的建立并不表明社会保障制度的完善，社会保障制度内容体系的建立仅仅表明社会保障制度对社会问题的覆盖，并不表明每一个社会成员都能够分享社会保障制度的成果。事实上，西方国家在社会保障制度内容体系建立过程中，许多社会保障制度项目仅仅适用于有限的人群，这不仅导致社会保障制度积极功能的受限，而且反映出不同社会成员在享受社会保障制度中的不公平。20世纪中期，西方国家各种社会舆论的焦点逐渐转向要求实现社会保障制度权益平等化，西方国家经济的发展也为将更多的人群纳入社会保障制度提供了基础，于是，西方国家通过一系列社会保障立法，采取一系列措施，扩大社会保障制度对社会成员的覆盖面，尽可能将各种社会群体纳入社会保障制度之中，有的国家采取的是不同人群适用同一种社会保障制度的统一性制度结构，有的国家则采取的是不同人群适用于不同的社会保障制度的差别性制度结构。于是，西方国家不仅建立起比较完善的社会保障制度内容体系，而且建立起相对完善的社会保障制度结构体系，一些国家进而宣布建立起内容全面、普遍共享的福利国家。

　　西方国家社会保障制度内容体系与结构体系的建立和完善，并不表明西方国家社会保障制度体系的完善，因为，无论是在社会保障制度的内容体系还是在社会保障制度的结构体系之中，都存在政府、雇主与雇员之间的责权关系。随着西方国家社会保障制度内容体系与结构体系的建立，西方国家社会保障制度中的责权关系也在发生显著的变化，其基本的变化趋势是政府责任与雇主责任的不断强化，个人责任的逐渐弱化，尤其是在一些福利国家中，政府、雇主与个人的责权关系表现为更加显著的不协调。20世纪70年代中期的经济危机使得西方国家社会保障制度中责权关系的缺陷暴露无遗，各种社会舆论的中心又聚焦至要求通过社会保障制度改革，合理地构建社会保障制度中政府、雇主与个人三者之间的责权关系，于是，西方国家通过一系列新的社会保障立法，进行了一系列社会保障制度改革，明确了政府、雇主与个人在社会保障制度中的责任与权利关系，一些国家还通过社会保障制度改革，建立起体现不同责权关系的多层次的社会保障制度，于是，西方国家的社会保障制度层次体系正逐步得以完善。

　　综观西方国家社会保障制度体系的发展过程，可以看出社会保障制度的基本体系应包括社会保障制度的内容体系、结构体系与层次体系。社会保障制度的内容体系主要是指社会保障制度的基本项目构成，它表明社会保障制度对社会问题的覆盖面，反映社会保障制度对社会风险的预防和保障能力，现代社会保障制度的内容体系基本上包括社会保险制度、社会救助制度、社会福利制度与基本社会保障服务。社会保障制度的结构体系主要是指社会保障制度的对象构成，它表明社会保障制度对社会成员的覆盖面，反映社会成员享受社会保障权益的普遍程度，因而也就反映出社会成员享受社会保障制度的公平程度。社会保障制度的层次体系主要是指社会保障制度主体之间的相互关系，它表明社会保障制度各种主体参与社会保障制度的程度，反映出在社会保障制度中政府、社会组织与个人的责权关系。在社会保障制度基本体系中，社会保障制度的内容体系是基础，社会保障制度的功能在于预防和减轻社会问题对民众生活的影响；社会保障制度的结构体系是核心，社会保障制度的对象是各种社会成员；社会保障制度的层次体系是关键，社会保障应该是政府、雇主与个人之间的共同责任，三者之间应该相互协调缺一不可。①

---

① 丁建定：《社会保障概论》，华东师范大学出版社，2006，第 72～75 页。

西方国家的家庭补贴制度[*]

一　西方国家家庭补贴制度的建立

家庭补贴又称为家庭和儿童补贴或津贴，是国家政策、法规规定针对有孩子的家庭，特别是儿童，给予的任何形式的实物或现金支持。目前，家庭补贴制度已经成为西方国家一种普遍性儿童福利制度，全世界 88 个工业化国家已经建立家庭或儿童津贴制度。① 西方国家家庭补贴制度萌发于劳动者收入补贴及政府对妇女和儿童权益的保障，主要表现为国家针对妇女和儿童实施救助、劳动保护和提供福利。20 世纪前期，以家庭规模为基础提供维持家庭费用的制度形式已经出现。在第一次世界大战期间，这种性质的家庭补贴开始出现。当时，为了保障参战士兵家属的生活，英国于 1914 年战争刚一开始，就实施一项战时分居补贴制度，对因战争而分居的士兵的妻子以及孩子提供补贴，补贴标准随着战争时间的持续而不断提高。1914 年，有 2 个孩子的妻子每周可得到 14 先令 7 便士，有 4 个孩子的妻子每周可得到 17 先令 6 便士；1915 ~ 1916 年，前者的补贴提高到每周 21 先令，后者提高到每周 25 先令；1917 ~ 1918 年，两者又分别被提高到 31 先令和 40 先令 6 便士。1914 ~ 1919 年，英国政府用于战时分居补贴方面的支出共

---

* 本文以《西方国家家庭补贴制度的发展与改革》为题发表于《苏州大学学报》（哲学社会科学版）2013 年第 1 期，丁建定为第一作者，李薇为第二作者。

① Martha N. Ozawa, Baeg-Eui Hong, "The Effects of EITC and Children's Allowances on the Economic Well-being of Children," *Social Work Research* 27 (3), 2003.

计 4 亿多英镑。①

20 世纪 20 ~ 40 年代是西方国家家庭补贴制度的建立时期。一战期间，人们生活成本上升导致工薪阶层家庭的贫困加剧、婴儿出生率降低，许多西方国家在劳动者基本工资之外增加了收入补贴。② 同时，这些国家的补贴通常因家庭需求不同而表现出较大的差异性。在这种工资补贴制度盛行的基础上，家庭补贴制度应运而生。1918 年，家庭补贴运动在主要西方国家展开，③ 许多国家纷纷建立家庭补贴制度。

家庭补贴制度的建立是法国社会保障发展的重要表现。如果说法国社会保险制度的发展落后于一些西方国家，法国在家庭补贴制度方面却走在西方国家的前列。第一次世界大战以前，法国已经建立一些补偿所，这种补偿所大多由雇主建立并提供资金，专门对低收入家庭提供补偿，其领取条件是特定企业中家庭贫困的领薪者。这些补偿所主要由民间组织开办，1918 年，伊泽尔雇主协会创建社会救济局，由雇主每月为每位工人出资 10 法郎作为基金，规定工人进厂满 10 个月者每生 1 胎可获奖金 150 法郎，另外头胎每月加 20 法郎，二胎加 25 法郎，三胎加 30 法郎。④ 1930 年，这类补偿所在法国共有 232 个，汇集了 3 万名雇主，覆盖 200 万名领薪者。这种补偿实际上是一种工资补贴，其享受对象必须是特定企业的领薪者，一旦领薪者失去工作就不能再领取这种补偿，因此，该种补偿的主要缺陷在于当贫困者最需要补偿时反而得不到补偿。

1918 年和 1919 年法国通过法律，向所有不缴所得税的公务员提供家庭津贴，三胎起补助数额有所增加，孩子若继续上学可享

① Susan Pedersen, "Gender, Welfare and Citizenship in Britain during the Great War," *American Historical Review* 4（1990）.

② JH Richardson, "The Family Allowance System," *The Economic Journal* 34（125）, 1924.

③ R Lister, "The Movement for Family Allowances 1918 - 1945: A Study in Social Policy Development John Macnicol Heinemann 1980," *Critical Social Policy* 1（1981）.

④ 王家宝：《难解的人口难题：论法国的家庭政策》，《社会学研究》1996 年第 5 期。

受到 18 岁。[①] 这是法国政府首次向国民提供家庭补贴,但制度人群限定为公务员。1932 年,法国颁布家庭补贴法,规定除了公务人员和铁道部门以外,其他行业的雇主都有义务建立补偿所为贫困雇员提供家庭补贴,从而使得家庭补贴制度的覆盖面明显扩大。此后,法国政府对家庭补贴法多次进行修改,使其不断得以完善,其中1939 年法国颁布的《家庭法典》具有重要影响,规定家庭补贴不再仅限于向贫困的领薪者提供,而是向所有在职人员发放,不管他是领薪者还是独立经营者。法国家庭补贴制度的覆盖面得以更大地扩展。[②] 二战期间,法国临时政府制定通过了一些有利于工人和广大人民群众的社会政策和劳工政策,如家庭津贴[③]等。1946 年 8月 20 日,法国建立了家庭补贴制度,规定:凡生病在职人员、残疾者、失业者或生育二胎的女子均可享受家庭补贴,资金由雇主提供。[④] 此后,家庭补贴覆盖范围有所扩大、支付标准有所提高。

英国家庭补贴制度的建立始于儿童福利的发展。1918 年,《妇女及儿童福利法案》规定由当时的卫生部对儿童核发津贴补助,英国的儿童福利津贴制度自此开始。[⑤] 两次世界大战期间,家庭补贴伴随着英国社会保障制度的发展得到初步实践。1918 年,英国政府实施针对复员军人以及公务员的免费失业津贴制度,规定妇女每周 24 先令,第 1 个孩子每周 6 先令,其他孩子每周 3 先令。这种津贴在 1921 年进行了 3 次调整,经过 1922 年的调整以后,基本上得以正常运行。1921 年 11 月,成年男子及其妻子和两个孩子每周可领取 22 先令,1924 年增加到 27 先令,1928 年增加到 28 先

① 王家宝:《难解的人口难题:论法国的家庭政策》,《社会学研究》1996 年第 5期。

② John S. Ambler, *The French Welfare State*, New York: New York University Press, 1991, pp. 144 – 151.

③ 沈炼之:《法国通史简编》,人民出版社,1991,第 569 页。

④ 王家宝:《难解的人口难题:论法国的家庭政策》,《社会学研究》1996 年第 5期。

⑤ 徐建中:《英国的儿童福利》,《社会福利》2011 年第 8 期。

令，1930 年又增加到 30 先令。[①] 1925 年 8 月，保守党政府提出《寡妇、孤儿及老年人缴费养老金法》，规定：向死去的被保险人的妻子提供每周 10 先令的养老金，并向其 14 岁以下的年龄最大的孩子提供每周 5 先令的补贴，直到他长到 14 岁为止，向其他孩子提供每周 3 先令的补贴，直到他长到 14 岁；向死去的被保险人的孤儿提供每周 7 先令 6 便士的补贴，直到他长到 14 岁。[②]

1942 年 12 月发表的《贝弗里奇报告》，把家庭补贴制度纳入其社会保障计划之中。贝弗里奇所提出的家庭补贴制度是免费的，他根据战前朗特里所确定的最低生活标准，认为每个孩子每周所需为 9 先令，其中免费学校餐以及免费牛奶已经达到 1 先令，因此，贝弗里奇将每周 8 先令作为一个孩子的平均所需。为了不使家庭补贴方面的支出超过政府所能承受的限度，同时贝弗里奇也认为，只有一个孩子对家庭生活的影响不太明显，所以，贝弗里奇主张家庭补贴不应该向第 1 个孩子提供，而应该从第 2 个孩子开始提供，家庭补贴的标准随着年龄的变化而变化。

二战期间，家庭补贴制度作为反通货膨胀工资调控政策被各国执政党采纳。[③] 1943 年 2 月，英国财政部决定实施家庭补贴制度。1945 年英国颁布家庭补贴法。法令规定：从第 2 个孩子开始，向每个孩子提供平均每周 5 先令的家庭补贴。该法自 1946 年 8 月生效。1946 年，提出申请的家庭达到 260 万个，到 1949 年 7 月，已经有 297 万个家庭得到此类补贴。[④] 1945 年家庭补贴法所规定的补贴标准大大低于《贝弗里奇报告》所提出的标准。财政大臣的解释是出于政府财政方面的考虑，这种标准一直实行到 1952 年。

其他西方国家在儿童福利的基础上也建立起家庭补贴制度，

[①] 丁建定：《英国社会保障制度的发展》，中国劳动社会保障出版社，2004，第 78 页。

[②] 丁建定：《英国社会保障制度的发展》，中国劳动社会保障出版社，2004，第 68 页。

[③] R. Lister, "The Movement for Family Allowances 1918 – 1945: A Study in Social Policy Development John Macnicol Heinemann 1980," *Critical Social Policy* 1 (1981).

[④] Harold E. Raynes, *Social Security in Britain, A History*, London, 1960, p. 220.

如美国、瑞典、德国、日本等。1919 年，美国召开第二次白宫会议，威尔逊总统将 1919 年定为"儿童年"，① 各州相继建立儿童津贴。1935 年《社会保障法》第四款规定，国家应制定家庭援助计划（儿童福利津贴），提供现金补贴给孤儿和低收入家庭的儿童。

瑞典政府通过专门的儿童福利立法，也就是 1924 年的儿童福利法，对儿童福利相关事宜做出规定。地方政府还建立起许多旨在促进儿童健康发展的福利设施和机构，其中主要的有"婴儿之家""母亲之家""福利之家"和"永久之家"，此外，还有日间托儿所、下午托儿所以及各种冬假营与暑假营。瑞典政府还建立许多儿童与青年福利学校，这些学校主要是针对存在行为问题的年轻人，由国家统一管理，根据性别和年龄分别进行教育。第二次世界大战以后，瑞典儿童福利得到进一步发展。1948 年，瑞典议会通过法令，决定实行一项普遍性儿童福利制度，取代通过减少家庭收入税以便为儿童提供福利的传统做法。这样，瑞典开始建立普遍性儿童福利制度。

1935 年，德国实施家庭补贴制度，从第 5 个孩子开始提供补贴，后改为从第 3 个孩子开始提供该种补贴。第二次世界大战结束后，这种家庭补贴制度也随之结束。

早在 1945 年，加拿大联邦政府就实施家庭补贴法，此后，经过多次修正的家庭补贴法的适用范围不断扩大。1947 年，印第安人和纽芬兰儿童开始被纳入该法的实施范围；1949 年，领取家庭补贴的非加拿大出生的儿童的居住年限资格由 3 年降至 1 年，并取消对第 5 个以后的子女降低补贴标准的规定；1957 年，对 5～12 岁儿童的补贴标准每月增加 1 加元。

社会福利制度也在民主化的目标和措施下逐步建立起来。儿童福利构成战后日本社会福利制度建设的重要内容。1945 年 9 月，日本发布《战争孤儿保护对策要纲》，提倡通过家庭收养、集体收养的方式，尽快解决孤儿的生活和教育问题。1947 年，日本颁布《儿童福利法》，18 岁以下的青少年、儿童都在此法的保护之列。

---

① 邹明明：《美国的儿童福利制度》，《社会福利》2009 年第 10 期。

儿童可向国家申请享受自己应该拥有的权利。在各级政府部门设置儿童福利行政机构，在各个社区设置儿童问题咨询所，儿童福利机构的官员由儿童问题专家担任。建设儿童福利设施，发行儿童健康手册和母子保健手册。

二　西方国家家庭补贴制度的发展

20世纪五六十年代是西方国家家庭补贴制度的发展时期。各国家庭补贴制度发展的焦点是补贴标准的变动。

家庭补贴制度的发展表现为制度覆盖人群的扩展及标准的提高。二战以后，法国社会保障制度包括三大项目，即社会保险、工伤事故保险和家庭补贴。1946年8月22日家庭补贴法将家庭补贴制度的适用范围扩大到全体人口，并建立特有的管理机构——家庭补贴局负责管理向受雇者和自我雇佣者支付家庭补贴。1946年，法国规定在巴黎的重工业中，实行以工人平均工资作为确定家庭补贴标准的基数工资，家庭补贴稳定在基数工资的一定比例上并随着工资的增长自动提高。1947年法令取消了上述规定，实行家庭补贴的定额标准制。同时，法国家庭补贴制度的发展还体现在制度结构权力的调整上。根据1967年和1968年社会保障法令，法国建立了全国家庭补贴局，其主要在各个地方与区域家庭补贴局的协助下管理全国家庭补贴事务。

英国家庭补贴制度的发展主要表现为标准的提升及细化。1952年9月，英国颁布新的家庭补贴法，即家庭补贴与国民保险法，该法将家庭补贴的标准提高到每周8先令。1956年，将家庭补贴制度的适用范围扩大到包括第1个孩子在内，并进一步提高了补贴标准，第1个孩子每周补贴8先令，其他孩子每周补贴10先令。1959年，英国取消了对第1个孩子所提供的家庭补贴，将第2个孩子的补贴标准降为每周8先令，第3个及其后的每名孩子仍为每周10先令。

美国家庭补贴制度的发展表现为标准的提高。杜鲁门总统时代，曾经对1935年社会保障法中有关儿童福利内容进行多次修正，不仅使儿童补贴标准得到较大提高，而且使联邦政府对各州因此而增长的儿童福利支出的补偿标准也随之增加。这样，美国的儿童福利得以明显改善。1946～1952 年，接受家庭福利的人数由 94.3 万人增加到 199.1 万人，儿童福利支出由 0.5 亿美元增加到 5.51 亿美元。（见表 1）

表 1　1946～1952 年美国儿童人均福利补贴标准变动情况①

单位：月/美元

修正案年份	第一个儿童		其余儿童	
	补贴标准	联邦财政偿还各州标准	补贴标准	联邦财政偿还各州标准
1946	24	13.5	15	9
1948	27	16.5	18	12
1952	30	19.5	21	15

德国家庭补贴制度的发展也凸显这样的特点。20 世纪 50 年代初，家庭补贴重新成为德国社会关注的焦点。1954 年，德国实施家庭补贴法，给被雇佣者提供从第 3 个孩子开始的家庭补贴，家庭补贴的财政来源于雇主缴费。1961 年，德国规定从第 2 个孩子开始提供家庭补贴。1964 年，德国对家庭补贴制度进行调整，联邦政府开始承担家庭补贴的费用，并在联邦劳工局建立家庭补贴机构。

家庭补贴制度的发展还体现在制度项目的扩展。日本家庭补贴制度立足于发展家庭补贴制度环境。1964 年《母子福利法》规定，援助对象包括所有的母子家庭和儿童，除经济方面援助以外，重点放在为母子家庭创造良好的生活环境上，抚养未满 18 岁儿童的单亲母子家庭有权接受政府福利援助，主要援助项目有母子家庭基本生活费用、帮助母亲就职、优先提供子女教育费无息借贷、低价公营住房等，各级政府必须保证建设一定规模的母子宿舍、母子生活咨询所等母子福利设施。

---

① 黄安年：《当代美国的社会保障政策》，中国社会科学出版社，1998，第 47～48 页。

瑞典家庭补贴制度同样如此，1957 年社会福利与社会救济法将对儿童提供充分的社会福利作为社会救济制度的重要内容。1960 年，瑞典再次颁布儿童福利法，重新强调每一个社区必须建立一个儿童福利委员会，法令强调，保障年轻人的健康发展并在一个满意的环境下获得成长的机会，是每一个地方儿童福利委员会的职责。为了实现这一目标，各地方儿童福利委员会应该采取预防措施应对儿童发展需要。

20 世纪 60 年代以后，妇女就业人数的不断增加，使得各种各样的家庭服务成为儿童福利的重要组成部分，家庭服务方面的支出在整个儿童与家庭服务总支出中所占的比例不断上升。

第二次世界大战以后，瑞典在儿童福利方面所采取的一系列措施，推动了儿童福利事业的发展，这些儿童福利措施加上瑞典养老金制度中有关孤儿年金的规定，健康保险制度中有关儿童健康保险津贴的规定，各种教育立法、家庭服务立法中有关儿童福利津贴与免费学校餐的规定，使得瑞典建立起系统完善的儿童福利体系。这种儿童福利体系主要包括三种类型的福利：第一种是社会救济制度下的儿童福利，或者叫作普遍性儿童福利；第二种是社会保险制度下的儿童津贴，通常被称为特殊儿童福利津贴；第三种是教育与家庭服务制度下的儿童补贴。

普遍性儿童福利津贴是一种针对所有 16 岁以下儿童的福利，它实行统一标准，且不附带任何有关家庭收入情况调查的规定，其津贴标准在 1964 年为每个儿童每年 700 克朗，1966 年提高到每个儿童每年 900 克朗。1962 年，接受社会救济的儿童数量为 98768 人，提供的儿童生活救济支出为 8980 万克朗，住院救济支出为 17 万克朗，其他救济支出为 1100 万克朗。1967 ~ 1968 财政年度，瑞典用于儿童补贴方面的支出已经达到 15.95 亿克朗，成为其仅次于养老金支出的第二大项社会保障支出。①

---

① Ministry of Finance, *The Swedish Budget*, *1967/1968*, Stockholm, 1970, p. 59.

三 西方国家家庭补贴制度的改革

20 世纪 70 年代以后是西方国家家庭补贴制度的改革时期，其制度改革方向大致为降低补贴标准、提高补贴资格、推进家庭和儿童服务私营化等。

20 世纪 70 年代，庞大的社会保障支出使得英国社会保障制度陷于困境，以撒切尔夫人为首的保守党开始了英国社会保障制度的改革。保守党在家庭补贴制度方面采取了两项措施：第一项是提出了一种新的补贴计划，即家庭收入补充计划，有孩子的低工资收入者可以申请这种补贴，但是，这种补贴的申请者要经过家庭收入状况的调查；第二项是发表了一本绿皮书，建议实施一项针对所有孩子的课税扣除制度①，这将涉及对父母亲尤其是对母亲提供补贴。但是，保守党的这两项措施均遭到反对，反对意见认为，对有孩子的低工资收入家庭提供家庭收入补充，必将带来类似于"斯宾汉姆制度"那样的结果，绿皮书所提出的计划将带来较儿童贫困行动组织所提出的弥补性收入制度更为高昂的支出。

在儿童健康和福利方面。1974 年初，工党许诺要推行一种新的儿童现金补贴，对包括第 1 个儿童在内的每一个儿童提供现金补贴，同年 10 月，工党再次做出儿童补贴许诺。1975 年，儿童补贴法得到议会批准，以儿童补贴代替以往的家庭补贴，儿童补贴向包括第 1 个孩子在内的所有孩子支付，但是，该法并没有对儿童补贴的具体标准做出规定。

在瑞典，20 世纪 70 年代，儿童福利支出所占比例为 25%，家庭补贴所占比例为 50%。1974 年，瑞典对产妇补贴制度进行重大改革，主要内容是建立统一的父母保险制度，这是一种父母双方都具有平等权利的社会福利措施，领取父母保险津贴的期限为 180

---

① 课税扣除：英文为"tax credits"，是指从应付税额中扣除按规定可用以抵税的款项，如果应付税额少于可用以抵税的款项，则由税务部门付给差额作为补贴。

天。该项制度实施以后，领取父母保险津贴的人数迅速上升，父母保险津贴支出占儿童与家庭服务总支出的比例达到近 20%，余下的其他有关儿童的现金补贴约占 5%。

日本也对儿童津贴制度进行改革。1985 年，日本对儿童津贴制度进行修改，其主要内容是：津贴对象从第 3 个孩子改为从第 2 个孩子，但是津贴的时限从到中学缩短为进小学时，津贴金额第 2 个孩子为每月 2500 日元，第 3 个孩子起每月 5000 日元。1991 年，日本又将津贴对象扩大到第 1 个孩子，但是领取儿童津贴的时限缩短到 3 岁以下，津贴标准第 1 和第 2 个孩子为每月 5000 日元，第 3 个孩子为每月 10000 日元。

加拿大，1973 年，规定 18 岁以下、住在抚养人家庭或公共机构的孩子也可以领取家庭补贴，1974 年，将家庭补贴标准由每月 12 加元提高到 20 加元。

家庭补贴制度改革在法国社会保障制度前期改革阶段具有重要地位，法国社会保障制度税收化改革主张主要针对家庭补贴制度方面。1983 年和 1984 年，法国开始设立向'全国家庭补助基金"缴纳 1% 的自然人所得税的特殊税赋，占整个家庭补贴的 40% 的收入调查型家庭补助不再由雇主分摊，而是转移到家庭税上。1985 年，法国通过多个有关家庭补贴改革的法令，家庭补贴仅向有 3 个孩子以上的家庭提供，用家庭支持补贴代替以前的孤儿补贴，并向全部孤儿发放。设立父母教育补贴，向由于第 3 个以上的孩子出生而部分或全部失去工作、丧失收入的父母提供补贴，同时提供幼童补贴。1986 年，法国规定，停止家庭补充补贴的发放，设立居所孩子看护补贴，提供家庭搬家援助费，并对其他各项家庭补贴进行了融合。1988 年，法国又规定，工资低于法定工资 1.5 倍者的家庭补贴缴费全部免除，工资是法定工资的1.5 ~ 1.6 倍者减免家庭补贴缴费的一半，该规定涉及商业领域 50% 的从业工人，约 700 万人，减免额达到 310 亿法郎。1993 年 7 月 1 日起，用于家庭补贴基金的普遍性社会捐税率提高到 2.4%。[①] 1994 年，

---

① 米尔丝：《社会保障经济学》，法律出版社，2003，第 193 页。

法国又设立收养补贴和常年残疾人补充补贴。

　　此外，儿童服务领域的私营化也取得了一定的成效。随着越来越多的瑞典妇女走上就业岗位，儿童照顾成为一个重要的社会问题，也是一个蕴藏巨大商机的领域。为了适应社会的需要，瑞典的一些城市特别是斯德哥尔摩这样的大城市，开始建立专门从事儿童照顾的私营服务机构，即"儿童日托中心"。与此同时，各种各样的有关儿童照顾的父母合作机构也在瑞典各地建立起来，到 20 世纪 80 年代中期，瑞典各地已经建立 125 个这样的父母合作性儿童日托机构。[①] 儿童补贴支出占瑞典社会保障支出的比例一直呈现下降趋势，从 1950 年的 25% 下降为 1980 年的 8% ,[②] 与此相应，儿童补贴支出在瑞典社会保障支出中所占的地位，也从 20 世纪 50 年代前半期的第 2 位降到 1980 年的第 3 位。瑞典儿童补贴支出变化的这一特点，主要是由于瑞典人口出生率的下降与儿童绝对数量的减少。1950 ~ 1975 年，不满 15 岁的儿童占瑞典总人口的比例从 23% 下降到 20% ，15 岁以下儿童人数从 165 万减少到82 万。[③]

　　美国家庭补贴制度改革与就业密切相连。尼克松政府提出的家庭援助改革法案将家庭援助计划扩大到有工作的贫困家庭以及由父亲抚养的未成年儿童的家庭，并将家庭援助补贴与工作要求结合起来，所有领取家庭援助而没有工作者，除非是丧失工作能力者或者是抚养有学龄前儿童者，必须到就业服务中心登记并接受培训和雇佣，否则不能领取家庭援助。法案还规定了联邦政府最低家庭援助标准，没有任何收入的家庭每年提供 1600 美元，有收入家庭的家庭补贴标准与工作收入相连，工作收入越高者的家庭补贴的最低标准越低，但是最低援助标准与工作收入相加的纯

---

① Sven E. Ollson, *Social Policy and Welfare State in Sweden*, Lund: Arkiu Folag, 1993 , pp. 268 - 280.

② Sven E. Ollson, *Social Policy and Welfare State in Sweden*, Lund: Arkiu Folag, 1993 , p. 127.

③ 沈益民：《近三十年世界人口普查和人口概况》，群众出版社，1983，第 162 ~ 165 页。

收入越高，以鼓励更多的人通过工作收入摆脱贫困。（见表 2）

表 2　20 世纪 70 年代初美国四口之家工作收入与家庭援助标准①

单位：美元

工作收入	最低家庭援助标准	家庭援助 + 工作收入
0	1600	1600
720	1600	2320
1000	1460	2460
1500	1210	2710
2000	960	2960
2500	710	3210
3000	460	3460
3500	210	3710
3920	—	3920

　　里根政府采取在政府预算中直接减少社会福利支出的办法来推进其激进的社会福利改革。根据 1981 年的预算方案，用于提供公共援助的开支减少 128 亿美元，其中未成年人日托补贴等支出费用减少 1/5 以上。1984 年公共援助开支减少数额达到 176 亿美元，其中大部分削减集中在抚养有未成年人的家庭援助、食品券、住房补贴等项目方面。联邦政府对各州政府的医疗援助补贴在 1982 年和 1983 年各减少 3%，1984 年减少 4.5%。1981~1985 年，对抚养有未成年人的家庭援助削减 13%，儿童营养补助费减少 20%，住房援助费用减少 4.4%，医疗援助费用减少 5%，一般就业和训练基金削减 35%，工作刺激项目费用削减 33%。② 此外，里根政府时期，还多次提高住院保险中个人应该承担费用的比例，以达到有效控制医疗保险支出的目的。

　　综上所述，西方国家家庭补贴制度经历了一个发展演变的过程，并逐步走向完善，从而构成西方福利国家的重要制度内容。

①　黄安年：《当代美国的社会保障政策》，中国社会科学出版社，1998，第 174 页。
②　黄安年：《当代美国的社会保障政策》，中国社会科学出版社，1998，第 224 页。

目前，西方国家家庭补贴呈现多样化的趋势，就其制度内容而言，主要包括普遍性家庭补贴、基于雇佣关系家庭补贴、免费和免税。① 从制度萌芽到制度改革，西方国家家庭补贴制度表现出显著的阶段性，并遵循了西方社会保障制度发展的一般规律。

从制度目标来看，西方国家家庭补贴制度的发展是从单一性制度目标向多种目标协调发展的过程。20 世纪以前，家庭补贴制度的出现源于减少贫困；二战期间，西方国家选择家庭补贴制度作为其控制经济的一种政策；20 世纪 70 年代以前，家庭补贴制度较多地被作为一种优生措施；20 世纪 70 年代以来，家庭补贴制度成为刺激工作积极性、促进劳动力流动、解决低收入问题等的有效政策工具。

从制度体系来看，西方国家家庭补贴制度的发展是从内容体系发展到结构体系，进而发展到层次体系的历史过程。西方国家家庭补贴制度在建立以后，立足于扩展制度项目和覆盖人群；进入改革时期以后，西方国家家庭补贴制度从家庭规模、孩子数量上平衡补贴标准；目前，西方国家家庭补贴制度立足于结构体系发展，鼓励建立多层次家庭补贴制度。

从制度功能来看，西方国家家庭补贴制度的发展是从防止社会问题转向提升家庭及儿童福利功能的过程。在制度萌芽阶段，西方国家家庭补贴制度主要发挥其减少贫困的功能；在制度建立和发展过程中，西方国家家庭补贴制度主要发挥其保护儿童的功能；在制度改革时期，西方国家家庭补贴制度逐渐转变为一种普遍性福利，发挥其社会福利的功能。

---

① Ingalill Montanari, "From Family Wage to Marriage Subsidy and Child Benefits: Controversy and Consensus in the Development of Family Support," *Journal of European Social Policy* 10 (4), 2000.

法国混合型社会保障制度特征的
形成及其影响*

一 战后初期法国综合型社会
保障制度特征的形成

法国现代社会保障制度的建立开始于 19 世纪末 20 世纪初，1893 年，法国实行公费医疗制度；1898 年，法国颁布《工伤保险法》；1904 年，建立儿童救济制度；1905 年，建立患病老人义务救济制度；1905 年，法国颁布法令，规定工伤事故受害人有权直接向雇主所委托的保险公司提出工伤保险补偿要求；1910 年，法国颁布工人和农业劳动者退休金法；1913 年，建立孕妇救济制度。这些法令和政策的实施在法国初步建立起现代社会保障制度，但总的来说，法国社会保障制度还处于起步阶段，"与其他国家尤其是英国和德国相比，法国在社会保障方面仍然非常落后"。[①] 此外，法国社会保障制度的产生呈现明显的行业性，[②] 法国退休金制度等主要社会保障制度最初产生于钢铁业等重工业行业的互助性保障，初建时期法国社会保障制度的管理也以行业工会管理为主。

---

* 本文以《战后法国混合型社会保障制度特征的形成及其影响——兼论法国社会保障改革缓进及罢工频发的原因》为题发表于《法国研究》2011 年第 4 期，第一作者为丁建定，第二作者为郭林；发表后被中国人民大学复印报刊资料《社会保障制度》2012 年第 3 期全文复印。

① 米尔丝：《社会保障经济学》，法律出版社，2003，第 14～15 页。
② 马雷、鸟鲁：《社会党历史——从鸟托邦到今天》，商务印书馆，2000，第 91 页。

　　两次世界大战之间，法国社会保障制度有了一定的发展，并呈现一定的综合性发展趋势。1921 年，法国社会保障计划委员会提出社会保险法草案，1930 年，法国议会通过社会保险法，规定社会保险制度参加者为工商业中工资低于一定数额的从业者，并为农业领域领薪劳动者建立农业社会保险。社会保险主要由原有的各类互助性与私营性社会保险机构管理，被保险人可以在此类机构中自由选择，政府在每一个省设立专门的社会保险管理机构。社会保险津贴包括疾病、生育、残疾、老年和死亡津贴。该法推进了法国社会保障政府管理的步伐，其所欲建立的社会保险制度也具有明显的综合性。

　　1944 年，法国发布《全国抵抗委员会纲领》，有关社会保障领域的主要内容如下：建立全面的社会保险制度，保证公民的生存手段，并使那些不能用劳动获得生存手段者也能享有社会保障；建立就业安全制度，调整雇佣和解雇规定；通过保险制度防止农业自然灾害；给受灾户以补偿，给法西斯恐怖政策的受害者以补贴。在该纲领影响下，法国社会在社会保障制度方面逐步形成共识，那就是应该保证全体公民免受生活中的社会风险之苦，确保每个公民通过必要的收入再分配政策至少获得维持生存所必需的收入；应将各种职业性社会保险统一到一种综合性社会保障体系之中，以便在全国范围内实现成本与收益的平等；将社会保障管理委托给被保险人与国家的代表实施。[1] 这种基本共识在一定程度上推动了法国社会保障制度发展的综合性趋势。

　　第二次世界大战后的初期，法国颁布实施的一系列社会保障法令在一定程度上也体现着综合性趋势。1945 年社会保障法令指出，为确保劳动者及其家庭免受所有足以削弱其收入能力的社会风险的影响，并减轻其生育与家庭负担，必须建立社会保障制度，社会保障管理应涵盖所有社会保险机构，社会保险机构不仅应对工商业劳动者提供除了失业保障以外的社会保障，而且应该对除

---

① Peter A. Kohler, *The Evolution of the Social Insurance*, *1881－1981*, *Studies of Germany*, *France*, *Great Britain*, *Austria and Switzerland*, New York, 1982, p. 123.

农业人口以外的所有人口发放家庭补贴。① 1946 年 5 月法令将社会保险的适用范围扩大到居住在法国领土的所有公民；1946 年 8 月法令将家庭补贴制度的适用范围扩大到全体人口；1946 年 9 月法令规定退休金制度适用范围扩大到全体经济活动人口；1946 年 10 月法令将工伤事故保险归并到整个社会保障制度之中。

战后初期法国社会保障制度的综合性趋势旨在打破社会保障中传统的行业保障格局，试图将所有公民纳入一种统一的社会保障制度体系，将各种分立的社会保险项目合并入一种综合性社会保险制度之中，并将各种独立性很强的互助性社会保障管理机构统一到一种相对集中化的管理体制之中。然而，尽管战后初期法国社会在社会保障制度发展方面形成了基本共识，法国社会保障制度的发展也在一定程度上呈现综合性趋势，这种共识和综合性趋势却十分有限。事实上，战后初期法国社会保障制度的发展在出现上述综合性趋势的同时，其行业性和差别性却在明显增强。这主要表现在以下几个方面的事实。

首先，战后初期法国社会保障立法所试图确立的综合性社会保障原则，很快引发法国社会的强烈反对。1945 年 10 月 19 日法令规定，所有雇员不论收入水平高低都应参加一般社会保障制度，这一规定在法国社会各群体中引起不同程度的反对，自我雇佣者群体拒绝参加一般社会保障制度，只接受家庭补贴制度及根据职业特性建立的具有独立性的退休金制度；管理者群体尤其是工程技术人员与公务员认为一般社会保障体制下的按工资缴费，使他们无法领取与其收入水平相当的退休金，他们要求建立补充退休金制度，并以罢工行动来威胁政府接受其要求；私营部门雇员基本上支持建立一般社会保障制度，但也要求在该制度中能够保有实施特殊社会保障制度的权利；雇主集团则因担心失去其传统的互助保险基金管理权力而坚决反对建立一般社会保障制度。法国社会对一般社会保障制度的上述反对显然不利于该制度的发展。

其次，战后初期法国的社会保障法还在事实上不同程度地强

① 迪贝卢、普列多：《社会保障法》，法律出版社，2002，第 24 页。

化了社会保障制度的行业性与差别性趋势。1945 年 10 月 4 日法令明确规定，特殊退休金主要适用于公共服务人员、国家雇佣人员、社区管理人员、海员、矿工、铁路工人、电力工人、煤气工人、供水工人、法兰西银行职员、歌剧演员、戏剧演员等。1947 年，法国建立起管理者群体的补充退休金制度。1948 年 1 月 17 日法令不得不为自我雇佣者建立起特殊退休金，此后，其他社会群体纷纷效仿，法国又很快建立起工商业工人、手工业工人、自由职业者以及农业从业者的各自的特殊退休金。1951 年，法国又建立重工业者的特殊退休金制度。

最后，建立一种统一的社会保障管理体制的目标同样没有实现。1945 年 10 月法令提出了在一个特定区域内建立一个统一的社会保障管理机构来管理社会保险、工伤事故保险和家庭补贴，这一规定遭到提倡社会保障自治管理者的强烈反对而被迫放弃，法国社会保障管理仍为区别管理模式，家庭补贴局负责管理受雇者和自我雇佣者家庭补贴；地方社会保障局负责管理雇佣工人的社会保险、工伤事故与职业病保险；区域社会保障局负责工伤事故预防、确定社会保险缴费率以及督促退休金津贴与家庭补贴的支付。在这些分立的社会保障管理机构之外还各自建立一个具有指导作用的管理委员会，其中被保险人代表占 3/4，雇主代表占 1/4，家庭补贴管理委员会的构成则有所不同，雇员代表占 50%，雇主代表占 25%，自我雇佣者代表占 25%。① 可见，战后初期法国社会保障制度在发展中虽曾出现综合性趋势，但其混合型特征更为突出，法国既存在适用于农业从业者的农业社会保障制度，也存在适用于工商业从业者的一般社会保障制度，还存在适用于特殊行业从业者的特殊社会保障制度。法国社会保障既有一定程度上的政府管理，也广泛地存在行业或自治性管理。城市从业者社会保障制度是法国社会保障制度的主要部分，但法国农业社会保障制度具有重要地位，一般社会保障制度是法国社会保障制度的基

---

① Peter A. Kohler, *The Evolution of the Social Insurance*, *1881 - 1981*, *Studies of Germany*, *France*, *Great Britain*, *Austria and Switzerland*, New York, 1982, p. 148.

础，特殊社会保障制度在法国社会保障制度中具有重要影响。

二　战后法国混合型社会保障
制度特征的发展

第二次世界大战以后，法国混合型社会保障制度快速发展。
1958 年，法国颁布法令，实行失业保险制度。其后，法国政府对
失业保险制度不断进行改革。1967 年失业保险法对 1958 年失业保
险法做出修改，1972 年失业保险法开始对 60 岁以上的失业者提供
相当于其原工资 70% 的收入保障。1974 年失业保险法又把失业保
险制度适用范围扩大到农业工人。1979 年，法国再次颁布实施失
业保障法，不仅建立起有关独身者的失业补偿计划，而且开始实
施统一的失业保险津贴制度。失业救济包括基础救济，特别失业
救济，权益末期救济，针对自愿停止工作的妇女、已服兵役的待
业者以及毕业后正在待业的青年提供的失业救济，以及针对 60 岁
以上的老年失业者提供的收入保障。①

法国疾病和生育保险的适用范围开始扩大。1961 年法令为农
场主建立了疾病和生育保险制度，1966 年法令建立了从事工商业
的自我雇佣者、手工业者以及自由职业者的疾病和生育保险制度，
这项法令经过了 1967 年、1970 年和 1973 年的多次修改，以便减
轻这些自我雇佣者的缴费责任，并使其获得与一般社会保险制度
下的雇佣工人同样的疾病与生育保险待遇。

工伤事故保险制度的适用范围逐步扩大。1966 年法令将工伤
事故保险制度适用范围扩大到农场主，1972 年法令将工作中的事
故伤害保险制度适用范围扩大到农业雇佣人员，1976 年法律强化
了非农业雇佣者的工伤事故预防措施。补充社会保障制度获得进
一步发展。1961 年法令将原来适用于管理者群体的补充养老金制
度适用范围扩大到全体雇佣人员，建立一个补充养老金机构协会，
以协调各种机构之间的关系并保持其相互之间的财政公平，但仍

---

① 赵立人：《各国社会保险与福利》，四川人民出版社，1992，第 307～308 页。

有一些雇佣人员没有加入这种补充养老金制度。为推进补充养老金制度的发展，1972 年通过的法令规定，所有雇佣人员以及此前已参加补充养老金制度者必须属于某一补充养老金机构。1975 年法令重新确定了残疾人标准，并据此将其纳入社会救助等制度之中，特殊教育补贴与成年残疾人补贴也被纳入家庭补贴制度之中。

法国政府还强化了社会保障管理。1960 年，法国政府采取措施，在削弱各社会保障管理局的权力的基础上增加监督官的权力，1967 年与 1968 年社会保障法令授予法国政府调整社会保障制度结构的权力，以便进一步强化对综合性社会保障的政府控制。法国政府还改革了各种社会保障机构中的代表人员构成比例，各社会保障管理局的代表被确定为 18 名，工会代表与雇主协会代表各 9名，工会代表按照如下格局在法国五大工会之间划分名额，法国总工会 3 名，法国劳工民主联合会 2 名，工人力量总工会 2 名，法国天主教工人联合会 1 名，白领职工总联合会 1 名；各社会保障管理局的代表不再由其所代表的人群选举产生，而是由其所属相关工会或雇主协会提名，获得通过的人选由社会保障部任命，任期 4年，如不能很好履行其职责，则可被取消代表资格。[①]

随着法国社会保障制度的发展，其混合型制度特征也更加明显地表现出来。战后法国的基本社会保障制度由 4 个"子制度"组成：第 1 个是适用于所有工业、商业、服务业等私人部门雇佣工人的"一般社会保障制度"；第 2 个是适用于所有农业经营者和农业工资劳动者的"农业社会保障制度"；第 3 个是适用于所有自由职业者阶层，如手工业者、工业家、自由工商户和自由职业者等的"自由职业社会保障制度"；第 4 个是适用于公务员、职业军人、地方公共机构人员、法国铁路公司（国营）工作人员、电气煤气工作人员、矿工、海员等的"特殊社会保障制度"。

法国 4 个基本社会保障子制度中的每个子制度里还包含许多大

① Peter A. Kohler, *The Evolution of the Social Insurance, 1881 – 1981, Studies of Germany, France, Great Britain, Austria and Switzerland*, New York, 1982, pp. 132 – 133.

小不同的"制度"，例如特殊社会保障制度目前就包括 11 个"大制度"和 9 个"小制度"。11 个"大制度"分别是：国家公务员退休制度、法国电气公司和煤气公司退休制度、法国国铁公司退休制度、巴黎公交公司退休制度、矿工退休制度、海员退休制度、神职人员与公证员退休制度、法兰西银行退休制度、地方公职人员退休制度、国营工人退休制度、军队退休制度。9 个"小制度"分别是：烟草业退休制度、歌剧与喜剧退休制度、剧院退休制度、储蓄所退休制度、特殊行业退休金库制度、工伤事故基金、农业工伤基金、特殊地区集体制度、国民议会退休制度。储蓄所退休制度又包括十几个很小的特殊退休计划，如军队储蓄制度、非职业消防队退休补偿制度等。特殊地区集体制度又包括 80 多个小的特殊退休计划，如市镇退休金库、港口自治退休制度等。①

在法国，不仅不同行业从业者适用于不同的社会保障子制度，同一子制度中又包含许多大小不同的制度，而且同一子制度中的不同社会保障项目又可能适用于不同性质或类型的社会保障制度。如工商业雇佣人员的工伤事故适用于一般社会保障制度，而疾病、生育、残疾、老年、死亡、寡妇等适用于特殊社会保障制度；农场主的工伤事故与职业病适用于缴费性商业保险，老年、疾病、生育、残疾适用于自治性疾病保险；教士的疾病、生育适用于一般社会保障制度，残疾和老年则适用于自由职业者社会保障制度；无职业者的疾病适用于一般社会保障制度，残疾适用于全民保健制度，老年则适用于社会救助制度。各种社会保障制度参加者的家庭负担则适用于全国统一的家庭补贴制度。②

三　战后法国混合型社会保障制度特征形成的原因

战后法国混合型社会保障制度特征的形成和发展具有复杂的

---

① 郑秉文：《从法国大罢工和解谈中国碎片化社保》，http://www.cnss.cn/xyzx/knwz/200801/t20080131_176291.htm。

② 迪贝卢、普列多：《社会保障法》，法律出版社，2002，第 34~35 页。

原因，美国学者安布勒在总结这一特征及其形成原因时指出：第一，法国社会保险制度建立在互助基础上，或者是建立在为满足自己的需要每一个人都应该自愿与他人合作的理念上；第二，法国人很容易接受这样的原则，那就是工资劳动者与自我雇佣者面临着根本不同的社会问题；第三，法国人总是将各种社会风险联系起来考虑社会保险制度；第四，法国人从不把贫困看作一种特殊的问题，也从不对社会保险制度中的国家补贴施加特定限制。①安布勒的观点对我们分析和解释法国社会保障制度混合型特征具有一定程度的启发，笔者认为，法国混合型社会保障制度形成的主要原因包括以下几个方面。

首先，法国的社会结构对混合型社会保障制度的形成具有重要影响。法国的经济结构比较复杂，工业在法国经济中具有重要地位，但农业和传统手工业也具有重要影响，法国大工业具有重要地位，但中小企业在法国经济与就业中也影响很大。这种经济结构使得法国的社会利益结构极为复杂，不仅工业从业者与农业、手工业、商业等从业者之间存在不同利益，工业从业者之间也存在明显的利益差别。法国各种社会群体既具有不同的经济利益，又在不同经济利益下形成不同的政治利益，这就使得法国各种社会群体之间的利益关系很难协调。建立一种统一的覆盖全体社会成员的综合性社会保障制度往往遭遇来自各种不同利益集团的阻力，而行业性与自治性社会保障可以满足不同社会群体的不同利益诉求，于是，混合型社会保障制度得以在法国建立并发展起来。同时需要指出的是，社会保障是一种与各种社会利益群体的利益直接相关并具有高度敏感性的社会制度，法国的社会利益结构不仅时常影响和制约着政府在社会保障发展与改革过程中的作用的发挥，同时还很容易使法国社会保障制度的些微变化因涉及部分社会群体的利益而引致他们采取政治行动，从而使得法国社会保障制度改革时常遭遇来自不同利益集团的阻力，这也是法国社会

① John S. Ambler, *The French Welfare State*, New York: New York University Press, 1991, p. 34.

保障制度改革进展缓慢的重要原因之一。

其次，法国的政治理念与政治传统不利于统一的社会保障制度的形成与社会保障制度改革。自启蒙运动开始，法国政治理念的核心内容是强调自由和民主，这种政治理念经过 18 世纪末的法国大革命和整个 19 世纪法国的历次革命不断得到强化。与此同时，法国社会又相应地形成了不断革命的政治传统。法国社会既把革命视为维护民主自由这一政治理念的工具，更将其作为维护个人权利的重要手段。这使得法国政府的权力在上述政治理念与政治传统下极为有限，并受制于社会各种力量的影响，造成法国社会保障制度发展和改革所需要的强有力的国家权力与法国政治理念和政治传统所过分强调的个人权利之间难以调和，从而使得法国在社会保障制度建立、发展与改革过程中必须面对在维护自由、民主、人权旗号下的各种社会力量的不同要求，并经常面临罢工、示威等富有革命色彩的政治行动的压力，这不利于法国统一的社会保障制度的形成，也不利于法国社会保障制度改革的顺利进行。

最后，法国的行业互助保障传统对混合型社会保障制度特征的形成也具有直接影响。法国是具有悠久的行业互助保障传统的国家，这种传统不仅体现在雇主在自己的企业为雇员建立的互助保障方面，而且体现在法国早期工会行业性互助保障方面，更体现在法国大部分社会保险项目在 19 世纪末 20 世纪初出现之时与行业互助保险直接相关，事实上，法国大部分社会保险项目在最初建立时，都是从行业互助保险逐步演变而来的。行业互助保障传统使得在法国建立一种适用于全体社会成员的统一的社会保障制度面临行业利益的阻力，行业互助保障则可以更大程度地保障不同行业从业者的利益。法国学者米尔丝在对法国社会保障制度的混合型特征进行概括时指出了行业互助保障传统的重要影响，她指出："法国社会保障制度是由两种概念构成的混合体。一种是通过全国性合作的志愿行动来传递的接近公共权力原则的集中统一，另一种是坚守和超越行业性互助、植根于企业和工人之间的传统互助形式，并最终成为相对的自治——社会保险由相关阶层自我管理——这是一种接近于个人权利原则的概念。"① 显然，法国的行业互助保障传统不利于统一的社会保障制度的形成，也为社会保障制度改革增加了障碍。

四　战后法国混合型社会保障制度特征的影响

混合型社会保障制度特征对法国社会保障制度的发展产生了重要影响。首先，混合型社会保障成为法国社会保障制度有别于其他西方国家的重要特征。西方各国社会保障制度在发展过程中各自形成了不同特征，如英国、瑞典等选择了统一型社会保障制度，法国则根据自己的国情选择了混合型社会保障制度，这种混合型社会保障制度应该说符合法国的基本国情，因此在一定程度上促进了法国社会保障制度的发展，并得到法国社会乃至国际社会的认可。安布勒在评价法国混合型社会保障制度特征时指出："事实上，正是通过这种复杂体，这种社会保障制度能够提供多种社会政策选择，对新的需要和新的风险提供可供选择的解决办法，并尝试性地在工资的相关目标与通向社会民主的社会政策之间架起桥梁。因此，法国社会保障制度不仅是一个落后的福利国家如何发展成为一个领先的福利国家的例证，也是一个重要的窗口，透过这个窗口可以看到法国国家权力的本质。"

其次，混合型社会保障制度在一定程度上推动了法国社会保障制度的发展。法国混合型社会保障制度的建立和发展在一定程度上符合其社会结构、政治理念与社会传统的基本特征，并在不同制度下为不同人群提供了相应的社会保障。到 20 世纪 70 年代末，法国一般社会保障制度覆盖 1300 万人，各种特殊社会保障制度者为 450 万人，附属于一般社会保障制度的特殊社会保障覆盖了 150 万名公务员、80 万名地方官员、50 万名学生、36 万名妇女与

---

① John S. Ambler, *The French Welfare State*, New York: New York University Press, 1991, pp. 34 – 37.

佣人；农业社会保障制度覆盖了 70 万名农业工人和 210 万名农场主；非农业自我雇佣者社会保障制度覆盖了 152 万人，其中包括 70 万名工商业者、60 万名手工业者和 22 万名自由职业者。此外，在法国社会保障制度发展的同时，互助会这样的传统保障在法国依然发展明显，1964～1975 年，法国各种互助会会员从 1300 万人增长到 2000 万人。[1]

最后，混合型社会保障制度对法国社会保障制度的发展也带来一些不利影响。混合型社会保障制度成为导致法国社会保障支出快速增长的重要原因。在混合型社会保障制度下，各种不同行业的社会保障制度相互攀比津贴标准，导致社会保障支出不断增长，20 世纪中期以来，社会保障支出逐渐成为法国社会支出的重要组成部分，其在法国社会支出中的比例不断提高。1953～1959 年，法国社会保障支出占社会支出的比例为 35.6%；1959～1969 年，为 37.2%；1969～1974 年，为 42.4%；1974～1981 年，为 47.1%；1981～1987 年，为 51.6%。[2] 法国社会保障水平，即社会保障支出占国内生产总值的比例甚至在 20 世纪 90 年代仍呈现不断增长趋势。尤其值得指出的是，在整个 20 世纪 90 年代，法国持续较低的经济增长率、持续较高的失业率与不断提高的社会保障水平使得法国社会保障制度的发展处于极度困难之中。（见表 1）1975～1994 年，法国一般社会保障基金有 14 年处于赤字状态，全国疾病保险基金有 11 年处于赤字状态，全国养老保险基金有 18 年处于赤字状态，全国家庭补贴基金有 3 年处于赤字状态。1990～1994 年，一般社会保障制度基金以及其他各项全国性社会保障基金的赤字状况更是直线上升，1993 年和 1994 年，法国一般社会保障基金赤字分别达到 571 亿法郎和 429 亿法郎，全国疾病保险基金赤字分别为 263 亿法郎和 285 亿法郎，全国养老金赤字分别为 410

① Peter A. Kohler, *The Evolution of the Social Insurance, 1881–1981, Studies of Germany, France, Great Britain, Austria and Switzerland*, New York, 1982, pp. 140–142.

② John S. Ambler, *The French Welfare State*, New York: New York University Press, 1991, p. 81.

亿法郎和 113 亿法郎。[①]

表 1　1990～2002 年法国社会保障水平、人均 GNP
增长率与失业率情况[②]

单位：%

年份	社会保障水平	人均 GNP 增长率	失业率
1990	26.7	1.62	8.9
1991	27.1	0.14	9.4
1992	28.8	0.33	10.3
1993	29.3	-1.01	11.6
1994	33.5	1.43	12.3
1995	32.9	1.19	11.6
1996	30.1	1.26	12.4
1997	30.2	1.88	12.3
1998	31.3	2.91	11.8
1999	30.2	2.67	11.7
2002	29.6	1.80	10.0

　　混合型社会保障制度导致法国社会保障权益不公平。以退休金体制为例，法国退休金体制主要包括一般退休金制度和特殊退休金制度，特殊退休金在混合型退休金体制中具有重要地位，各种特殊退休金往往奉行参加者利益至上的原则，从而导致各种退休制度参加者的退休权益存在很大差别甚至不平等。如，按照公务员特殊退休金规定，从事艰苦工作的公务员可以 55 岁退休，这使得法国 36 万人因此而享受退休金；有 3 个孩子的母亲工作满 15 年即可退休，此类妇女平均退休年龄为 51 岁零 8 个月，法国每年为此需付出 3 亿欧元退休金；铁路、地铁、交通行业从业者可以在 50 岁退休，这使得法国每年需多支付 70 多亿美元退休金；法国私营部门从业者要具有 40 年缴费资格方可享受退休金，而公营部门

---

①　米尔丝：《社会保障经济学》，法律出版社，2003，第 171 页。
②　顾文静：《法国社会保障水平的经济效应分析及启示》，《社会保障制度》2005
　　年第 11 期。

从业者则只需 37.5 年缴费资格即可享受退休金。①

混合型社会保障制度还经常成为法国既得利益者维护自身利益、阻碍社会保障制度改革的工具。如前所述，法国社会结构的复杂性导致社会保障制度的混合型特征，反过来，法国不同社会群体也把该制度作为维护和实现各自利益的重要工具，各种社会群体对社会保障制度的发展和改革表现出异乎寻常的强烈关注，一旦某项社会保障改革计划有可能影响某个社会群体的经济利益，他们就会举起自由与民主的政治大旗，运用革命和罢工的政治手段来维护自己的利益。整个 20 世纪，法国由于社会保障问题引发的大规模罢工有 10 次左右，平均每 10 年就爆发 1 次，其中第二次世界大战以来就爆发了 7 次，这就是 1947 年、1953 年、1968 年、1986 年、1995 年、2003 年与 2007 年的罢工，尤其是 20 世纪 90 年代以来的屡次罢工对法国社会保障制度改革影响很大，法国历次社会保障改革计划都因随之而起的罢工等政治行动而受挫，使得法国社会保障制度改革呈现明显的艰难和缓进。如 1995 年，朱佩政府提出的社会保障制度改革计划引发了席卷全国的大罢工，罢工不但迫使政府放弃改革计划，而且导致朱佩总理辞职。2003 年，拉法兰政府提出的退休金改革计划引发的罢工运动波及交通、教育、邮政、医疗、社会服务等多个行业，罢工导致法国政府重组，也使得退休金制度改革搁浅。2006 年初，德维尔潘政府提出的"首次雇佣合同法案"引发了法国大规模学生罢课和数百万工人罢工，动乱导致法国政府重组，并最终迫使政府放弃该法案。2007 年 11 月，菲永政府提出的旨在废除铁路、电力、天然气等行业特殊退休金制度的改革计划再次引发大规模罢工，教师、公务员、剧院工作人员、法官与法院职员以及学生宣布罢工或罢课，这使得法国社会保障制度改革再次面临命运的抉择。

综上所述，混合型社会保障制度构成战后法国社会保障制度的基本特征，这种基本特征的形成与法国社会结构、政治理念、政治传统及行业互助传统密切相关。混合型社会保障制度在满足

---

① 何农：《法国创造辉煌的精神何在》，《光明日报》2003 年 6 月 27 日。

法国不同社会群体的社会保障需求的同时，对法国社会保障制度的发展与改革也有一定的不利影响，混合型社会保障制度成为导致社会保障支出负担加重的制度因素之一，并在事实上已经成为不同社会群体实现和维护自身利益的经济乃至政治工具。不断爆发的罢工运动使得法国社会保障制度改革举步维艰，并使法国社会保障制度改革与其他西方国家相比表现出更加明显的艰难和缓进。

中国社会保障制度整合与
体系完善纵论[*]

一 制度整合与体系完善的必然性

中国的社会保障制度已经初步建立，但是，中国的社会保障制度是割裂的，中国社会保障制度需要通过制度整合实现体系完善。经过 30 年的改革与发展，我国社会保障制度已经初步建立，主要制度内容包括城镇基本养老保险制度、基本医疗保险制度、失业保险制度、工伤保险制度、生育保险制度、社会救助制度和社会福利制度，农村居民社会养老保险制度、医疗保险制度、五保户供养制度、社会救助制度和相关社会福利制度。但是，中国社会保障制度从内容上来说发展不均衡，从结构上来说是分裂的，从水平上来说存在极大差别，这不仅不符合社会保障制度促进社会公平的价值理念，而且不利于中国社会保障制度的协调发展，中国社会保障制度必须通过制度整合实现体系完善。

中国社会保障制度虽然已经初步建立，但是作为社会保障制度重要补充和延伸的基本社会保障服务发展缓慢，且城乡发展存在极大差别，基本社会保障服务同样需要通过发展和整合，以实现中国社会保障制度体系的进一步完善。社会保障制度体系是一个综合系统，它不仅包含基本社会保障制度及其他社会保障制度，而且包含基本社会保障服务，基本社会保障制度是社会保障制度

---

* 本文以《中国社会保障制度整合与体系完善纵论》为题发表于《学习与实践》2012 年第 8 期；发表后被《新华文摘》2012 年第 22 期全文转载。

的基础，基本社会保障服务是社会保障制度的延伸和扩展。中国已经建立基本养老保障制度、基本医疗保障制度、社会救助制度、失业保障制度、工伤保障制度、生育保障制度和社会福利制度，但是，基本养老保障服务、基本医疗保障服务和社会福利服务等不仅发展缓慢，且在服务项目、对象、设施、水平等方面存在严重的城乡与群体之间的差别，这不仅不利于完善中国的基本社会保障制度体系，更不利于促进包括基本社会保障服务在内的基本公共服务的均等化。

对于中国社会保障制度及基本社会保障服务而言，统筹发展是基础，制度整合是手段，体系完善是目标。实现社会保障制度体系的完善既需要社会保障制度的整合，也需要基本社会保障服务的整合，更需要社会保障制度与基本社会保障服务的衔接和协调。我国已经提出并实施统筹城乡经济社会发展，并在一些地方开展了统筹城乡经济社会发展试点工作，这是促进城乡基本社会保障制度及服务整合和协调发展的基础。但是，目前中国不仅城乡基本社会保障制度是分裂的和有严重差别的，城乡基本社会保障服务也是割裂的和有严重差别的，更重要的是，城乡基本社会保障制度与基本社会保障服务也是脱节的，这不利于中国整个社会保障体系的完善，更不利于中国城乡经济社会协调发展，因此必须通过必要的制度整合与协调发展才能实现中国社会保障制度体系的完善。

社会保障制度及基本社会保障服务整合是国外社会保障体系发展的必经阶段，也是国外社会保障制度发展一般规律的要求，中国社会保障制度整合与体系完善，符合国际社会保障体系发展规律的要求。现代社会保障体系发展的一般规律为，各国首先建立社会保险制度、社会救助制度、社会福利制度等社会保障制度项目，接着各国社会保障制度体系的发展很快进入城乡社会保障制度整合阶段，同时，将基本社会保障服务引入社会保障制度体系，从而建立起包括社会保障制度和基本社会保障服务在内、城乡协调发展的社会保障制度体系，一些国家借此建立起福利国家。中国社会保障制度整合与体系完善符合国际社会保障发展的一般规律。

二 制度整合与体系完善的基础与环境

如前所述，中国已经初步建立起包括社会保险制度、社会救助制度、社会福利制度、慈善事业与基本社会保障服务在内的社会保障制度内容体系，基本上实现了社会保障制度对养老、医疗、失业、工伤、生育、贫困、教育、住房等主要社会问题的覆盖；初步建立起包括农村居民社会保障制度、城镇居民社会保障制度、企业职工社会保障制度、机关事业单位社会保障制度、军人社会保障制度及其他特殊社会群体的社会保障制度在内的社会保障制度结构体系，基本上实现了社会保障制度对农民、工人、职员、军人等不同职业的社会群体的覆盖，与此同时，也基本上实现了社会保障制度对儿童、劳动力人口、老年人口等不同年龄社会群体的覆盖；初步建立起包括国家基本社会保障制度、单位补充社会保障制度以及个人补充社会保障在内的社会保障制度层次体系，基本上确立社会保障制度中国家、单位与个人之间的责权关系。

但是，中国社会保障制度体系尚不完善。社会保障制度内容体系对社会问题的覆盖程度依然存在不足，大部分社会保障制度项目难以有效地为参加者提供应对和预防相关社会问题所导致的风险的基本能力，尤其是对一些特殊社会问题的预防与应对能力更为有限，这集中体现在中国社会保障制度内容体系中社会救助制度、社会福利制度以及基本社会保障服务的不完善。

社会保障制度结构体系对社会成员的覆盖程度依然存在缺陷。一些社会群体的基本社会保障制度刚刚建立，尚不完善，如城乡居民的基本社会保障制度尚不完善；一些社会群体的基本社会保障制度尚未建立，如儿童基本社会保障制度尚未建立；一些社会群体的社会保障制度虽已建立，但不能满足参加者的基本社会保障需求，如残疾人社会保障制度就是如此；一些社会群体的延伸性社会保障需求尚未通过建立制度加以满足，如基本养老保障服务需求未予以满足等；相关社会群体的社会保障制度存在严重不公平，如城乡在基本社会保险制度、社会救助制度、社会福利制度乃至基本社会保障服务方面差别显著，企业职工与机关事业单位工作人员社会保障制度之间差别极大。

社会保障制度层次体系同样还不完善。社会保障制度主体间的责任关系不协调，国家所应承担的基本社会保障制度责任不仅极为有限，而且不具体、不明确，同时还存在区域与城乡之间的不公平；单位所应承担的基本社会保障制度责任过重，且在不同类型、行业的单位之间存在极大的差别；个人所应承担的基本社会保障制度责任机制不稳定，且在不同职业、行业的劳动者间存在显著差别。在基本社会保障制度责任之外的其他社会保障制度之中，国家、单位与个人的责任与权力关系也存在不合理之处。

社会保障制度是经济、社会发展到一定阶段的产物，社会保障制度的发展受到一国特定的经济、政治、社会和文化因素的影响，社会保障制度整合和体系完善与环境因素密不可分，环境因素的发展变化决定了社会保障制度整合与体系完善的必然性及其方向。中国社会保障制度整合与体系完善的经济环境主要包括经济发展、收入分配、劳动力市场与财税体制等因素，其政治环境主要包括执政理念、法制建设、行政体制等因素，其社会环境主要包括人口结构、社会结构与社会问题等因素，其文化环境则主要包括社会保障制度传统与传统文化等因素，社会保障制度整合与体系完善的经济环境是基础，政治环境是条件，社会环境是核心，文化环境是辅助。中国经济、政治、社会与文化环境的发展变化必然要求社会保障制度发生变化，并为社会保障制度的发展变化提供必要的前提条件，中国社会保障制度整合与体系完善是经济、政治、社会与文化环境发展变化的基本要求。

正因为此，中国社会保障制度整合与体系完善必须符合中国经济、政治、社会与文化环境变化的基本要求，中国特色社会保障制度体系的完善不能违背国际社会保障制度发展的一般规律，但中国特色社会保障制度的完善更需要结合中国的基本国情，只有既遵循国际社会保障制度发展的一般规律，又符合中国基本国情的社会保障制度整合，才能够真正促进中国社会保障制度体系的完善，才能够真正建立起具有中国特色的完善的社会保障制度体系。

三 制度整合与体系完善的理念与路径

中国社会保障制度整合与体系完善的基本理论依据是全面、协调和可持续发展理论，社会公平与正义理论，适度普惠性社会福利理论以及基本公共服务均等化理论，社会保障制度体系的全面、协调和可持续发展是目标，促进中国社会走问更加公平与正义是核心，建立和发展适度普惠性的社会保障制度体系是途径，实现基本公共服务均等化是前提。

中国社会保障制度整合与体系完善的基本理念应该是以人为本、公平与效率相结合、法制化、社会保障一般规律与中国基本国情相结合以及可持续发展等，中国社会保障制度整合与体系完善必须坚持以人为本，应该兼顾公平与效率，需要通过法制化加以实现，应该遵循社会保障制度一般规律并符合中国的基本国情，进而实现中国社会保障制度体系的可持续发展目标。

中国社会保障制度整合与体系完善的基本原则应该是全面覆盖社会问题、合理统筹制度结构、促进责权关系均衡化等。中国社会保障制度整合与体系完善，必须实现社会保障制度对主要社会问题的全面覆盖，并尽量扩大对特殊社会问题的覆盖程度；必须实现社会保障制度对全体社会成员的覆盖，并努力实现社会保障制度对社会群体覆盖程度的公平性；必须实现社会保障制度主体之间责任与权力关系的合理化与公平化，并努力推进国家基本社会保障制度、单位补充社会保障制度与个人补充社会保障之间的协调发展。

中国社会保障制度整合与体系完善的基本思路是部分制度的局部调整、相关制度的逐步整合、制度责任的合理划分以及制度内涵的适度延伸。通过对部分社会保障制度的局部调整，实现社会保障制度内容体系的完善；通过对相关社会保障制度的逐步整合，实现社会保障制度结构体系的完善；通过对社会保障制度主体责任的合理划分，实现社会保障制度层次体系的完善；通过对社会保障制度内涵的适度延伸，实现社会保障制度与基本社会保障服务的协调发展。

四 制度整合与体系完善的政策选择

中国社会保障制度整合与体系完善需要从社会保障制度内容体系、结构体系和层次体系三个方面推进。中国社会保障制度内容体系的完善，必须以弥补现行制度对社会问题覆盖面的不足为目标。从这一角度来说，中国社会保障制度内容体系的进一步完善主要应该注重以下几个方面的制度建设。

在社会保险制度方面。推进新型农村社会养老保险制度从试点走向全覆盖，推进城镇居民基本养老金制度的健康合理发展，使得养老金制度逐步完善；逐步调整工伤保险制度的相关规定，使得更多的工伤风险能够纳入社会保险制度；进一步完善生育保险制度，使得生育过程的大部分风险能纳入社会保险制度；建立老年人护理保险制度，使得这一新型社会风险纳入社会保险制度。

在社会救助制度方面。进一步完善城乡居民最低生活保障制度，建立起城乡居民基本生活救助制度；进一步完善教育救助、医疗救助、住房救助和五保供养制度，建立起城乡居民专项救助制度；进一步完善城市流浪生活无着的乞讨人员救助、法律援助和灾害救助制度，建立起临时救助制度。在建立健全基本生活救助制度、专项救助制度与临时救助制度的基础上，逐步建立起综合型社会救助制度。

在社会福利制度与基本社会保障服务方面。进一步完善现行老年、儿童、妇女和残疾人福利制度，建立健全特殊社会成员的社会福利制度；在现行社会福利制度的基础上，逐步建立起适用于全体社会成员的国民福利制度，尤其是教育福利、职业福利与健康福利制度；积极主动拓展社会保障制度内涵，将基本社会保障服务纳入社会保障制度内容体系，构建包括基本养老保障服务、基本医疗保障服务、基本就业服务及其他相关社会保障服务在内的基本社会保障服务体系。

在建立和完善上述各项社会保障制度内容的基础上，逐步构建完善包括养老保险、医疗保险、失业保险、工伤保险、生育保险和护理保险在内的社会保险制度，包括生活救助、专项救助和临时救助在内的综合型社会救助制度，包括特殊人群社会福利制度与全体社会成员的公共福利制度在内的国民福利制度，包括基本养老保障服务、基本医疗保障服务、基本就业服务等在内的基本社会保障服务，并进一步促进慈善事业的发展，进而建立并完善中国社会保障制度内容体系。

中国社会保障制度结构体系的完善，必须以解决现行社会保障制度对人群覆盖的不合理为目标。这种不合理既包括相关社会群体在享有社会保障制度方面的空白，也包括相关社会群体在享有相关社会保障制度方面的不公平，从而解决相关社会群体的社会保障制度不合理问题。

在社会保险制度方面。推进城镇居民基本养老保险制度建设，使得未能参加城镇职工基本养老保险制度的居民享受基本养老保险制度；加快新型农村社会养老保险制度试点推进速度，尽快实现新型农村社会养老保险制度全覆盖，使得广大农村居民能够享受社会养老保险制度；加快探索失地农民、被征地农民和农民工的养老保险制度模式，使其能够享受相关社会养老保险制度；加快探索和建立农民工失业保险制度和工伤保险制度，使其能够享受工伤与失业保险制度；加快建立机关事业单位工伤保险制度，使机关事业单位工作人员享有工伤保险制度；探索和建立城乡居民生育保险制度，使大部分城乡居民能够享受生育保险制度；探索和建立老年护理保险制度，使得城乡老年人享有基本护理保险制度；加快推进事业单位改革步伐，构建针对全体社会成员的基本社会保险制度。

在社会救助制度方面。扩大城镇居民最低生活保障制度覆盖面，使得更多的城镇居民能够享受最低生活保障；扩大农村最低生活保障制度覆盖面，使得更多的农村居民能够享受最低生活保障；建立农村医疗救助制度，使得更多的农村居民能够享受医疗救助；推进城乡居民最低生活保障制度以及专项救助制度整合，构建综合型的城乡社会救助制度。

在社会福利与基本社会保障服务方面。稳步推进企业年金制度与职业年金制度，使得更多社会成员能够享有补充社会保障与社会福利制度；合理调整不同群体、职业与行业间社会成员享有社会福利制度的差别，逐步建立国民福利制度，构建使全体社会成员共享的基本国民福利制度；尽快建立儿童津贴制度，使得符合生育政策的儿童能够获得基本生活保障；合理调整不同群体、职业与行业间社会成员享有基本社会保障服务的差别，建立包括基本养老保障服务、基本医疗保障服务与基本就业服务在内的全体社会成员共同享有的基本社会保障服务。

中国社会保障制度层次体系的完善，必须以实现社会保障制度责权关系的合理划分为目标。社会保障制度的层次体系和社会保障的层次体系存在差别，社会保障制度的层次体系仅指作为制度层面的社会保障主体的责权关系，而社会保障的层次体系除了作为制度层面的社会保障以外，还包括非制度层面的社会保障中的责权关系。因此，完善中国社会保障制度层次体系必须从上述两个层面着手，制度层次体系的完善是核心，宏观社会保障层次体系的完善则对社会保障制度层次体系的完善产生直接影响。

在中国社会保障制度层面。社会救助制度、社会福利制度主要表现为国家责任，慈善事业主要体现社会组织和个人的慈善意识和行为，基本社会保障服务则可以通过政府与市场双重途径提供，因此，完善中国社会保障制度的层次体系，首先是指完善中国社会保险制度的层次体系。应该稳步推进企业年金制度与职业年金等单位补充养老保险制度，完善基本养老保险制度中的个人账户制度，以完善中国基本养老保险制度层次体系；推进单位补充医疗保险制度，合理确定基本医疗保险制度中的个人账户制度，以完善中国医疗保险制度层次体系；明确中央政府在基本社会保险制度中的定额性或比例性财政责任，合理确定单位的社会保险缴费率，稳步试点和推进基于综合制度设计的退休年龄适度延长；明确中央政府在其他社会保险制度、社会救助制度、国民福利制度以及基本社会保障服务中的责任，尤其是定额性或比例性财政责任，合理划分中央政府与地方政府在社会保障制度中的定额性或比例性财政责任，推进中央政府对各省社会保障财政转移支付的均衡化与公平化；合理确定单位、个人与各种社会组织在社会救助制度、国民福利制度以及基本社会保障服务方面的应尽责任。

在中国社会保障宏观层面。主要应该合理确立家庭养老保障和个人购买商业保险的地位，完善中国养老保障的层次体系；促进个人购买商业医疗保险的发展，完善中国医疗保障的层次体系；促进个人购买商业伤害保险的发展，完善中国工伤保障的层次体系；促进个人购买商业生育保险的发展，完善中国生育保障的层次体系；促进个人自助、社会互助的发展，完善中国社会救助的层次体系；促进个人和社会组织对社会福利事业的投入，完善中国社会福利的层次体系；促进全社会慈善意识的提高和慈善行为的规范化，完善中国慈善事业的层次体系；促进政府与市场的结合，建立和完善中国基本社会保障服务的层次体系。

综上所述，中国社会保障制度体系已经初步建立但并不完善，通过社会保障制度整合实现社会保障制度体系完善是中国社会保障制度发展的必然选择。社会保障制度整合与体系完善取决于中国社会保障制度发展的经济、政治、社会与文化环境，只有既遵循国际社会保障制度发展一般规律，又符合中国基本国情的制度整合与体系完善的政策选择，才能推进中国特色社会保障制度体系的完善。中国社会保障制度整合与体系完善的基本理论依据是全面、协调和可持续发展，社会公平与正义，适度普惠性社会福利以及基本公共服务均等化等，其基本理念是以人为本、公平与效率相结合、法制化、社会保障一般规律与中国基本国情相结合以及可持续发展等，其基本原则是全面覆盖社会问题、合理统筹制度结构、促进责权关系均衡化等。中国社会保障制度整合与体系完善的基本思路是部分制度的局部调整、相关制度的逐步整合、制度责任的合理划分以及制度内涵的适度延伸。在此基础上，中国社会保障制度必须从内容、结构和层次体系三个方面进行制度整合，以推进中国社会保障制度体系的进一步完善。

中国养老保障制度整合与体系完善[*]

一 养老保障制度整合与体系
完善的分析框架

十八届三中全会决定对"建立更加公平可持续的社会保障制度"的要求以及国务院常务会议关于"建立统一的城乡居民基本养老保险制度"的决定,使得中国养老保障制度整合与体系完善再次成为社会关注的焦点和热点问题,建立更加公平、可持续的养老保障制度的必要途径是制度整合与体系完善,运用科学合理的分析框架来探讨中国养老保障制度整合与体系完善,既是现有研究成果所欠缺之处,也是更好地推进中国养老保障制度整合与体系完善所需要的新视角。

本节尝试运用基于社会保障制度体系的历史研究和整体分析所提出的"社会保障制度三体系"分析框架。该分析框架认为,社会保障制度体系应包括内容体系、结构体系与层次体系。内容体系主要是指社会保障制度的基本项目构成,它表明社会保障制度对社会问题的覆盖面,反映社会保障制度对社会风险的预防和保障能力,现代社会保障制度的内容体系包括社会保险制度、社会救助制度、社会福利制度与基本社会保障服务;结构体系主要是指社会保障制度的对象构成,它表明社会保障制度对社会成员的覆盖面,反映社会成员享受社会保障权益的普遍程度,因而反

————————

 * 本文以《中国养老保障制度整合与体系完善》为题发表于《中国行政管理》
2014 年第 7 期。

映社会成员享受社会保障制度的公平程度；层次体系主要是指社会保障制度主体之间的相互关系，它表明社会保障制度各种主体参与社会保障制度的程度，反映出在社会保障制度中政府、社会与个人的责权关系。在社会保障制度体系中，内容体系是基础，社会保障制度的功能在于预防和减轻社会问题对民众生活的影响；结构体系是核心，社会保障制度的对象是各种社会成员；层次体系是关键，社会保障制度应该是政府、社会与个人之间的共同责任。社会保障制度内容、结构与层次体系之间应该相互协调、缺一不可。①

该分析框架认为，社会保障制度体系发展的规律是，各国首先建立社会保险、社会救助、社会福利等社会保障制度内容体系，接着开始进入通过制度整合等手段，完善社会保障制度结构体系，同时，将社会保障服务引入社会保障制度体系，并根据社会保障制度内容与结构体系的变化，合理调整社会保障制度的责权关系，完善社会保障制度层次体系，进而实现整个社会保障制度体系的完善。根据该分析框架分析中国养老保障制度体系，可以做出如下准确的判断：中国养老保障制度内容体系已经基本建立但仍然存在缺陷，养老保障制度开始进入通过制度整合实现结构体系的完善阶段，在完善养老保障制度内容体系和推进制度整合实现结构体系完善的过程中，需要合理调整养老保障制度中的责权关系，从而完善养老保障制度的层次体系。②

二 养老保障制度整合与体系完善的关键问题

经过改革开放以来30多年的发展，中国养老保障制度内容体系取得了明显的发展，养老保障制度对老年问题的覆盖面逐步扩大，不仅建立起应对老年人收入风险的养老保险制度，而且开始

① 丁建定：《中国社会保障制度体系完善研究》，人民出版社，2013，第10页。
② 丁建定：《完善社会保障体系》，湖北人民出版社，2012，第101~136页。

逐步建立应对老年人养老服务需求的社会养老服务体系，应对高龄老年人养老服务需求的高龄津贴制度得到逐步推广，一些地方开始试点建立应对老年人长期护理风险的老年长期护理保险制度，从而初步建立起包括养老保险制度、社会养老服务体系、高龄津贴制度和老年人长期护理保险在内的养老保障制度内容体系，为应对老年人面临的各种风险、满足老年人各方面的养老保障需求发挥了明显的作用，养老保障制度也因此成为中国社会保障制度内容体系中较为完善的方面之一。

但是，中国养老保障制度内容体系中还存在明显的缺陷，这成为影响养老保障制度体系完善的核心问题。首先，老年长期护理保险制度尚未建立。老年长期护理保险制度是与养老保险制度与医疗保险制度不同的社会保险制度项目，其所应对的风险是老年人长期护理风险，这种风险既包括部分的收入风险，也包括部分的健康风险，因此，是一种具有一定独立性的风险，需要专门的社会保险制度加以应对。目前世界上部分国家已经比较成功地实施了长期护理保险制度，老年长期护理保险制度的缺失是中国养老保障制度内容体系不完善的显著表现，其直接后果是使几乎所有老年人的老年长期护理风险缺乏有效的制度应对，并导致基本养老保险制度与社会养老服务体系的巨大压力。

其次，社会养老服务体系尚未建立。社会养老服务体系不同于基本养老保险制度，前者主要应对老年服务需求，后者主要应对老年基本收入需求，前者的功能在于提升老年生活满意度与幸福度，后者主要满足老年人的基本生活，基本养老保险制度与社会养老服务体系相结合，共同构成养老保障制度体系的基本要素。社会养老服务体系尚未建立是中国养老保障制度内容体系不完善的另一显著表现，致使大部分老年人养老服务需求缺乏制度应对，使得基本养老保险制度功能被被动扩大。

中国养老保障制度结构体系也逐步发展，并已初步建立全覆盖的养老保障制度，在城镇主要包括机关事业单位养老保障制度、城镇职工基本养老保险制度、城镇居民基本养老保险制度，在农村主要包括新型农村社会养老保险制度、农村五保户供养制度、农村计划生育户奖励扶助制度等，此外，还有失地农民养老保障制度与农民工养老保障制度等。除了上述不同群体的基本养老保障制度之外，我国还在逐步建立针对所有老年人的社会养老服务体系，如正在试点推行的高龄老年人高龄津贴制度、实施多年的农村老党员补贴制度等。上述针对不同社会群体的各种养老保障制度的建立，使得养老保障制度对社会群体的覆盖面逐步扩大，初步实现基本养老保障制度人群全覆盖，养老保障制度因此也成为中国社会保障制度中全覆盖水平最高的制度项目之一。

但是，中国养老保障制度结构体系的缺陷是显而易见的，不仅存在基本养老保险制度、社会养老服务体系等不同养老保障制度项目在不同社会群体中的结构差别，而且存在养老保障制度在城乡之间的显著差异，更重要的是在城乡人口中存在明显差异，城镇养老保障制度存在三种不同群体的不同制度，农村与养老保障相关的制度存在四种不同群体的不同制度，尤其是机关事业单位职工养老保障制度改革滞后，使其成为目前社会关注的焦点和热点问题，此外，还有介于城乡之间的农民工养老保障制度与失地农民养老保障制度问题。

显然，中国养老保障制度在结构上是割裂的，也就是存在所谓的养老保障制度碎片化。针对不同社会群体逐步建立不同的养老保障制度，虽有助于实现养老保障制度的全覆盖，并成为中国养老保障制度结构体系发展变化的显著特点，但是，碎片化的养老保障制度结构体系导致不同社会群体养老保障公平性受损、养老保障待遇差别显著、养老保障制度管理效果不佳，成为中国养老保障制度整合与体系完善的关键问题之一，这也是国务院首先决定要实现城乡居民基本养老保险制度统一的根本原因所在。

中国养老保障制度层次体系也逐步建立并在不断完善，初步建立起不同养老保障制度内容与不同社会群体的养老保障制度中不同的责权关系，个人账户制度及其功能虽然受到社会质疑，但统筹与个人账户相结合依然是中国基本养老保险制度的原则，城镇职工基本养老保险待遇标准连续提高，中央政府对基本养老保险制度的区域性财政补贴制度基本形成，"研究制定渐进式延迟退休年龄政策……健全社会保障财政投入制度，完善社会保障预算制度……加快发展企业年金、职业年金、商业保险，构建多层次社会保障体系"被写进了《中共中央关于全面深化改革若干重大问题的决定》之中，"建立健全经济困难的高龄、失能等老年人补贴制度"也被写进《国务院关于加快发展养老服务业的若干意见》之中。上述制度措施奠定了养老保障制度中政府、社会与个人之间的责任关系，促进了中国养老保障制度体系的发展。

然而，中国养老保障制度层次体系亦即责权关系是极为复杂的。机关事业单位基本养老保障制度除部分试点地区外，基本上仍实行全额财政责任，且退休金替代率水平比较高。城镇企业职工基本养老保险制度实行统账结合原则下的企业与个人缴费，中央财政予以补贴的比例制责任机制，企业职工基本养老保险待遇水平连续提高。城镇居民基本养老保险制度实行个人缴费、中央政府与地方政府补贴的定额责任机制。新型农村社会养老保险制度实行个人缴费、集体补助、政府补贴的三方定额责任机制。农村五保供养制度、计划生育户奖励扶助制度以及农村老党员津贴制度实行中央与地方财政分担的全额财政供款责任机制。失地农民养老保障制度实行个人缴费与征地补偿费补贴相结合的责任机制。农民工基本养老保险制度根据其制度选择实行不同的责任机制。此外，包括企业年金与职业年金在内的多层次养老保障制度、适度延迟退休年龄政策以及养老保障制度财政预算制度等方面的进展缓慢。

层次体系不合理是影响养老保障制度体系完善的重要因素，导致不同养老保障制度项目间责权关系的差异，造成不同社会群体养老保障制度责权关系的不均衡，尤其是政府责任在不同养老保障制度项目与不同社会群体养老保障制度中的显著差异，不仅影响养老保障制度内容体系中不同制度项目的发展和完善，也影响养老保障制度结构体系中不同社会群体的养老保障制度间的公平性，更是影响中国养老保障制度可持续发展的关键因素。

三 养老保障制度整合与体系
完善的原则目标

《中共中央关于全面深化改革若干重大问题的决定》指出：
"建立更加公平可持续的社会保障制度。坚持社会统筹和个人账户相
结合的基本养老保险制度，完善个人账户制度……实现基础养老金
全国统筹……推进机关事业单位养老保险制度改革。整合城乡居民
基本养老保险制度……建立健全合理兼顾各类人员的社会保障待遇
确定和正常调整机制。完善社会保险关系转移接续政策，扩大参保
缴费覆盖面……研究制定渐进式延迟退休年龄政策……健全社会保
障财政投入制度，完善社会保障预算制度……加快发展企业年金、
职业年金、商业保险，构建多层次社会保障体系。积极应对人口
老龄化，加快建立社会养老服务体系和发展老年服务产业。"

最近，国务院又决定，"建立统一的城乡居民基本养老保险制
度，使全体人民公平地享有基本养老保障"，"在已基本实现新型
农村社会养老保险、城镇居民社会养老保险全覆盖的基础上，依
法将这两项制度合并实施，在全国范围内建立统一的城乡居民基
本养老保险制度，并在制度模式、筹资方式、待遇支付等方面与
合并前的新型农村社会养老保险和城镇居民社会养老保险保持基
本一致"。上述重要政策为中国养老保障制度整合与体系完善提供
了直接的政策依据与指导思想。

在此基础上，中国养老保障制度整合与体系完善在必须坚持
全覆盖、公平性与可持续等宏观原则的基础上，还必须遵循以下
微观原则。首先，全面覆盖养老社会问题是首要原则。养老保障
制度内容体系的完善，要求养老保障制度实现对与养老保障相关
联的老年收入、长期护理、养老服务需求等问题的全覆盖，各养
老保障制度间要有效衔接。其次，合理统筹制度结构是核心原则。
中国养老保障制度整合和体系完善要以结构体系为重点，既要建
立覆盖各群体的完备的养老保障制度项目，又要合理协调各项养
老保障制度之间的关系，更要实现各群体享受养老保障权益的公

平性。最后，均衡主体责权关系是关键原则。中国养老保障制度整合与体系完善应该在加强内容体系和结构体系建设的同时，合理调整养老保障制度中国家、社会与国民个人所应承担的权利与义务，努力实现养老保障制度的可持续发展。①

养老保障制度整合与体系完善必须确立合理的基本目标。养老保障制度整合与体系完善基本目标的选择，决定和影响养老保障制度整合与体系完善的基本路径选择，需要符合《中共中央关于全面深化改革若干重大问题的决定》以及国务院关于基本养老保险制度整合的政策方针，同时还要与养老保障制度整合与体系完善需要遵循的相关原则保持协调。

养老保障制度整合与体系完善的基本目标应该包括近期目标、中期目标和长期目标。近期目标应该是在整合农村居民各种养老保障制度的基础上，推进城乡居民基本养老保险制度的整合与统一，将失地农民与农民工养老保险纳入城乡居民基本养老保险制度，推进机关事业单位养老保障制度改革，制定合理的延迟退休年龄的政策方案，初步建立社会养老服务体系，健全养老保障财政投入制度；中期目标应该是通过机关事业单位养老保障制度改革，建立起包括城镇企业职工、机关事业单位职工在内的统一的城镇职工基本养老保险制度，建立城乡居民基本养老保险制度与城镇职工养老保险制度的衔接机制，建立老年长期护理保险制度，开始实施延迟退休年龄政策，基本建立社会养老服务体系，建立健全合理兼顾各类人员的社会保障待遇确定和正常调整机制；长期目标应该是建立统一的城乡居民养老保险制度、城镇职工养老保险制度、国民基础年金制度、企业年金制度与职业年金制度，多层次的老年长期护理保险制度、社会养老服务体系，实行科学合理地领取养老金年龄资格制度，完善社会保障预算制度。②

---

① 丁建定：《中国社会保障制度体系完善研究》，人民出版社，2013，第195~210页。
② 郑功成：《中国社会保障改革与发展战略·养老保险卷》，人民出版社，2011，第12~24页。

四　养老保障制度整合与体系完善的基本路径

　　建立老年长期护理保险制度和完善社会养老服务体系是养老保障制度内容体系完善的关键途径。应实施独立性较强的老年长期护理保险制度。老年长期护理保险制度不应依附于医疗保险等制度，其所应对的社会风险存在差别，前者主要针对护理风险，而后者应对的是医疗风险。护理保险应实施资金来源多元化的现收现付社会统筹制度，这既是根据大数法则分散社会风险的要求，也是典型国家老年长期护理社会保险制度的经验。老年长期护理保险制度筹资应来自多主体，缴费率和缴费年限应该根据职业生涯收入状况、年度护理费、平均收入水平等因素确定。[①] 老年长期护理保险基金应按护理等级来支付补偿费用。可根据护理的程度将护理划分为如下等级，即轻度、较轻、中度、较严重及严重，其中，较严重、严重程度又可分为1、2两个级别，1级稍低。护理级别越低，支付费用越少。[②]

　　社会养老服务体系建设应坚持以居家为基础、社区为依托、机构为支撑，需要确立尊重老年人选择意愿，确保老年人生活质量以及家庭、社会与政府共同责任等基本理念，在坚持深化体制改革、坚持保障基本、注重统筹发展、完善市场机制等有关养老服务体系建设宏观原则的基础上，坚持以自力为主、家庭与社区为辅，以居家为主、社区与机构为辅，以家庭为主、政府与社会支持等理性原则；应推进居家养老、社区养老与机构养老的相互协调，将自力养老、居家养老、社区养老与机构养老有机结合起来，尽快建立包括养老服务补贴制度、收入所得税优惠或购房优惠制度、对家庭成员提供养老服务的社会责任认同机制、对社区

---

①　丁建定：《中国社会保障制度体系完善研究》，人民出版社，2013，第225～228页。

②　郑功成：《中国社会保障改革与发展战略·医疗保险卷》，人民出版社，2011，第273～282页。

养老服务设施的政府投入以及加强居家养老服务队伍与服务质量的规范化和标准化等与社会养老服务直接相关的政策支持体系，并不断改善老年人的物质生活、精神生活与权益保障等社会养老服务所需的基础环境，逐步提升社会养老服务工作者队伍素质，加快建设社会养老服务信息平台，逐步推进社会养老服务体系发展的城乡均衡，逐步完善社会养老服务体系的运行机制。①

养老保障制度结构体系完善的主要途径是制度整合。首先，推进同一社会群体养老保障制度的逐步整合。应采取措施推动农村现行各类与养老保障相关制度的整合，尤其是新型农村社会养老保险制度、农村五保户供养制度、农村计划生育户奖励扶助制度以及农村老党员津贴制度之间的整合，加强农民工养老保险关系与新农保制度的转移接续。推进城镇居民社会养老保险和新型农村社会养老保险制度整合与统一为居民基本养老保险制度，将失地农民养老保险制度纳入城乡居民基本养老保险制度之中，其覆盖范围为城镇和农村没有正规雇佣关系的劳动者；逐步将机关事业单位职工基本养老保险制度和企业职工基本养老保险制度整合为职工基本养老保险制度，其覆盖群体既包括机关事业单位职工基本养老保险制度和企业职工基本养老保险制度已覆盖的各类从业者，也包括在乡镇企业就业的劳动者，还包括农村有雇佣关系的劳动者。

其次，推进不同社会群体养老保障制度之间的衔接或融合。应采取有效措施实现城镇基本养老保障制度的整合、农村基本养老保障制度的整合、新型农村社会养老保险制度与城镇居民基本养老保险制度的整合，进而实现城乡居民基本养老保险制度与城镇职工基本养老保险制度的整合，逐步实现养老保障制度一体化。完善职工养老保险与个体工商户和灵活就业人员养老保险对接机制，实现三种群体养老保险关系顺利转换；建立企业职工基本养老保险与城乡居民社会养老保险制度的对接机制，即当参保者在从业者和非从业者之间转换时，尤其是由非从业者转换为从业者时，能够合

① 丁建定：《居家养老服务：认识误区、理性原则与对策选择》，《中国人民大学学报》2013 年第 2 期。

理实现养老保险关系在企业职工基本养老保险和城乡居民社会养老保险制度之间的转移；机关事业单位养老保障制度在改革过程中，既要对转为企业的事业单位职工的养老保险关系向企业职工基本养老保险制度转移设定机制，又要为进入或退出机关事业单位的人员的养老保险关系与其他制度之间转移规定衔接办法。

最后，推进不同养老保障制度项目之间的协调发展。这既包括基本养老保险制度与其他相关社会保险制度之间的协调发展，也包括基本养老保险制度与社会救助制度、社会福利制度、社会养老服务体系之间的衔接与协调。应采取措施实现城镇养老保险与其他社会保险制度之间的协调与配合，重视城乡居民基本养老保险制度与社会救助制度尤其是最低生活保障制度之间的整合与协调。特别需要指出的是，养老保障制度整合与体系完善还必须关注基本养老保险制度与社会养老服务体系、老年福利制度与社会养老服务等核心性养老保障制度项目间的衔接与协调。①

养老保障制度层次体系的完善既包括养老保障制度中政府、单位与个人的责权关系的协调，也包括养老保障制度的多层次性，还包括养老保障待遇调整机制的建立以及延迟退休年龄政策的有效性。首先，推动养老保障制度主体责任协调。建立和完善养老保障制度财政预算制度，尽快实现各类养老保障制度中政府财政责任的具体化，政府在养老保障制度中的财政责任既可采用定比制也可采用定量制负担率，并改变现在政府财政责任方面的结果性参与，实行过程性参与，即参保人和单位在缴纳养老保险费时，政府同时为每一个参保人承担一定比例或者数额的养老保险缴费。

其次，建立和完善多层次养老保障制度。建立统一的由国家支付的国民基础年金制度、基于单位与个人责任的职业年金或企业年金制度、基于单位与个人责任的各类养老保险制度。建立统一的城乡居民基本养老保险制度，职工养老保险制度逐步走向制度统一待遇多档，多缴、足缴多得。根据不同老年人的收入、健

---

① 丁建定：《中国社会保障制度整合与体系完善的基本思路》，《学习与实践》2013 年第 5 期。

康、护理需求状况，建立基于不同缴费层次的多层次老年长期护理保险制度，但是特殊困难群体，如重度残疾人、农村五保供养老人、城镇三无人员等的长期护理保险缴费可由国家予以补贴。此外，还要根据不同老年人的年龄、自理能力以及收入和养老服务需求状况，建立多层次的社会养老服务体系，但需要实现城乡社会养老服务体系的均衡发展。

再次，建立养老保障待遇动态调整机制。养老保障待遇必须根据工资、物价与需求的变化，及时予以调整，城乡居民基本养老保险制度待遇水平尤其需要进行动态调整。必须考虑各类基本养老保险待遇之间、基本养老保险待遇与其他社会保险待遇间的协调，需考虑与在职人员社会平均工资水平尤其是最低工资标准之间的协调，还必须考虑基本养老保险待遇与老年福利，特别是老年津贴制度以及社会养老服务体系的覆盖面及其水平。养老保障待遇调整尤其需要体现出鲜明的激励机制，将待遇调整划分为不同部分，一部分与物价水平挂钩，实行普调以保证公平；一部分与缴费年限挂钩以鼓励长缴费；一部分与缴费水平挂钩以鼓励多缴费；一部分与退休年龄挂钩以鼓励参保人足龄退休，每部分的具体比例可根据养老保障待遇调整的具体目标来确定和调整。

最后，在制定和实施推迟退休年龄政策时，必须注意将通过推迟退休年龄实现的工作年龄延长和强制性的缴费资格年限、弹性化的退休年龄、法定性的领取养老金年龄以及养老保险待遇的替代率这五个方面紧密挂钩，与此同时，还要注意相关配套制度的调整以及社会心理承受能力，只有这样，才能够使推迟退休年龄政策选择不仅能够适应劳动者与社会的心理预期，而且可以促进经济活动人口的增长，也更能够促使劳动就业制度与养老保障制度之间的协调，构建养老保障制度几个关键方面的内在机制，有效实现养老保障权益最大化。

综上所述，现行养老保障制度体系的关键问题是制度项目存在缺失，制度结构严重割裂，主体责任不明确。养老保障制度整合与体系完善的近期目标是农村居民养老保障制度整合，城乡居民基本养老保障制度整合，事业单位养老保障制度完成改革，社会养老服务体系基本建立；中期目标是城镇企事业单位职工养老保障制度整合，城乡居民与城镇职工养老保障制度衔接，建立老年长期护理保险制度；长期目标是建立统一的城乡居民养老保障制度、多层次的职工养老保障制度、统一的国民基础年金制度。其基本原则和路径是全面覆盖养老问题，合理整合养老保障制度结构，均衡养老保障制度主体的责权关系。

社会保障制度功能论

西方思想界对社会保障
制度功能的认识*

一 古典自由主义对济贫法消极功能的批判

随着济贫法在西欧国家的出现，对社会保障制度功能的认识便成为西方关注的重要问题之一。古典自由主义思想家对关于济贫法的功能提出了大同小异的观点，但其基本主张是强调和批判济贫法的消极功能。

李嘉图认为，济贫法具有使富者贫和鼓励不勤勉的消极功能。他指出，济贫法具有人人皆知的弊端，与立法机关的善良的意图正好相反，济贫法不能改善贫民的生活状况，而只能使贫富双方的状况都趋于恶化。它不能使贫者变富，却使富者变穷。当济贫法继续有效时，维持这种救济的基金就会越来越多，直到将国家的全部纯收入耗尽为止，至少也要把国家在满足必不可少的公共支出需要以后，留给我们的那部分纯收入全部耗尽。济贫法的趋势是使富强变为贫弱，使劳动操作除提供最低生活资料外不做任何其他事情，使一切智力上的差别混淆不清，恒人们的精神忙于满足肉体需要，直到最后使所有阶级和人口染上普遍贫困的瘟疫为止。此外，由于将勤勉谨慎的人们的一部分工资给予贫民，就使得节制的思想不再为人们注意，从而实际上鼓励了不谨慎与不

---

* 本文以《西方对社会保障制度功能的认识：一种历史的考察》为题发表于《学术研究》2016 年第 4 期，第一作者为丁建定，第二作者为张尧。

勤勉的行为。他说："这种趋势比引力定律的作用还要肯定。"①

马尔萨斯通过总结济贫法的五大弊端,进而说明该救济制度存在的严重消极功能。第一,济贫法往往使人口趋于增长,而养活人口的食物不见增加。穷人明知无力养家活口,还要结婚生子,在某种程度上说,济贫法在产生它所需要养活的人。第二,济贫院中的人一般不是最有价值的社会成员,但他们所消费的食物将会减少更为勤劳者、更有价值的社会成员本应享有的份额,因而同样会迫使更多的人以依赖救济为生。第三,济贫法正在根除民众的自立精神。英国社会应该形成一种风气,即把没有自立能力而陷于贫困看作一种耻辱,尽管这对个人来说是残酷的,但对于促进全人类的幸福来说,这种刺激似乎是绝对必要的。第四,济贫法助长了穷人那种漫不经心和大手大脚的习气,这与勤俭节约形成了鲜明对比;济贫法削弱了普通人储蓄的能力和意愿,从而削弱了人们节俭勤勉、追求幸福的动机。第五,济贫法对民众自由构成了影响。为了使一些穷人得到救济,英国全体普通民众不得不忍受整个济贫法的限制,这种救济方法即便是就目前修改的方法而言,也是与自由思想格格不入的。济贫法还经常对劳动力市场产生障碍,给那些不依靠救济的自谋生计者增添许多麻烦。②

穆勒指出,救助制度的功能与救助方式密不可分,如果救助方式存在问题,其功能必然出现问题。对穷人提供的帮助如果不注意方式和程度,就会造成有害的结果。不管提供何种帮助,都必须考虑到两种结果,一种是帮助本身的结果,另一种是依赖帮助的结果,前者一般是有益的,后者则大都是有害的,养成依赖他人帮助的习惯是有害的,而最为有害的就是在生活资料上依赖他人帮助。不幸的是,人们最容易养成这种习惯。因此,需要解决的重要问题是如何最大限度地给予必要帮助而又尽量不使个人过分依赖这种帮助。实现这一目标的办法是实施有限救济,尤其是以不损害个人自助精神和自立意识为界限。帮助过多或者没有

① 李嘉图:《政治经济学及赋税原理》,商务印书馆,1962,第90~91页。
② 马尔萨斯:《人口原理》,商务印书馆,1992,第33~36页。

帮助都会损害人的自立精神。对有需要的人提供帮助是必需的，但这种帮助无论如何不能取代个人自己的劳动、技能与节俭，不应使他丧失自助能力，而只应通过这种合法的帮助使其更有希望获得成功。"这可以说是一项标准，所有慈善救济计划，无论是针对个人的还是针对各阶级的，无论是民间的还是官方的，都应该接受这一标准的检验。"①

斯宾塞同样通过总结济贫法的弊端强调其消极功能。首先，政府救济不利于人们正常同情心的发展。济贫法试图用强力使人们大发慈悲而不是依靠人的自愿，它使救济提供者与接受者双方都感到痛苦，一方怀着不满和漠不关心，另一方怀着不平与怨恨。济贫法的强制性替代了人们的同情机能，而这正是比其他一切机能更需要的机能。其次，政府济贫与自然和社会进化规律相违背。自然界存在一种严格的戒律在起作用，这种戒律就是应该尽可能适应环境，目前人类福利及其达到这种最后完美状态的发展，都要依靠这种有益而又严酷的戒律才有保证。再次，依照法律实施的济贫计划遏止了人们社会性状态的适应过程。要变得适合于社会性状态，人不仅必须失去他的野性，还必须获得适应文明生活所需要的能力，以及为了将来大的满足牺牲眼前小的满足的能力。这种过渡状态是一种不幸的状态，个人素质与外部环境不一致必然引发痛苦，人类被迫去面对新环境的需要，逐步实现与这些需要的和谐，并不得不尽可能忍受由此引起的不幸。最后，政府济贫计划对正常劳动者的收入状况带来了不利影响。济贫税主要是由中上等阶级提供的，它表现为特定数量的食品与可用来交换食品的东西。"在某一种特定人口中，依靠别人恩赐生活的人数目愈大，依靠劳动生活的人数目必然愈小；依靠劳动生活的人数目愈小，食品和其他必需品的生产必然愈少；而食品和其他必需品的生产愈少，困苦必然愈大。"②

洪堡则直接指出国家实施正面福利是十分有害的，因为这既

---

① 穆勒：《政治经济学原理》下卷，商务印书馆，1991，第558~559页。
② 斯宾塞：《社会静力学》，商务印书馆，1996，第140~148页。

然要针对情况错综复杂的大众人群，就要适应其中的每个人，也就会具有明显的缺陷，并因此损害一些人的利益；这种正面福利会阻碍个人在道德生活，尤其是在实际生活中个性和固有特点的发展，只要国家正面关心和实施外在和物质的福利，哪怕这种福利与内在的存在总是紧密地结合在一起，也必然会妨碍个性发展，除非有绝对必要，否则国家永远不应该对公民做出正面福利的关心。国家提供的正面福利不仅会使每一个人都依赖国家的关怀和帮助，还会把他的同胞的命运交给国家帮助处置，这种正面福利会对个人命运产生严重影响，它使一旦习惯于依赖外来力量的人听命于一种更加无可挽救的命运的宰割，因为，正如拼搏和勤劳会减轻不幸一样，毫无希望的也许是落空的期待会加重不幸的程度。[①]

二　国家干预主义对社会保障制度积极功能的强调

19 世纪末 20 世纪初，国家干预主义思潮开始出现，伴随着对建立现代社会保障制度的呼求，西方对社会保障制度功能的认识开始发生变化，其突出特点为强调社会保障制度的综合性和积极性功能。

英国激进自由主义思想家霍布豪斯关注和强调社会保障制度的社会投资功能。他指出，为改善工人阶级物质生活条件的社会福利支出具有社会投资功能。"工人阶级物质条件的改善作为社会的一种经济投资，非但不会赔本，还会获得更大的利益。" "有一切理由认为工资的普遍提高肯定会增加剩余，无论那种剩余是作为利润归个人所有，还是作为岁入归国家所有。"社会福利是社会遗产的一部分。"作为一个公民，他应该享有社会遗产的一份。这一份遗产当他遭受无论是经济失调、伤残还是老年造成的灾难、

① 洪堡：《论国家的作用》，中国社会科学出版社，1998，第 41～54 页。

疾病、失业时都应该给他支持。"①

英国费边社会主义者深刻地认识到社会保障的道德功能。他们指出，应该让每一个人都感到生活绝对有保障，应该让每一个人对关于他未来的物质需要的所有忧虑都一扫而空，这样一来，人们对财富的那种渴望才会失去它的杠杆作用。当人们每天的生活有了保证的时候，金钱利益的专横就会被打破，'人们的生命将开始用来生活而不是用来为得到生活的机会而斗争。"于是，那些能够促进社会健康发展的精神因素就会得到发展，进取的精神、创造的快乐、仁慈的本能等都会立即活跃起来并影响社会的进步。②

德国政治家俾斯麦更加强调社会保障制度的政治功能。俾斯麦认为应该通过采取积极措施，实行有效社会政策来应付社会问题乃至社会主义运动。"为了没有社会主义，要发展一点社会主义。"③ 他在1881年指出，社会弊病的医治，不能仅仅依靠对社会民主党的过火行为的镇压，而应该通过积极促进工人阶级福利的改善。建立由国家领导、国家出资的社会保险制度是使工人离开社会主义革命的最好办法，应当接近工人并考虑他们的要求，同时遏止工会与工人政党，以此来对付不断增长着的社会民主党。④

20世纪中期，随着社会民主主义思潮在西方社会影响地位的确立，社会保障制度的综合功能更是受到广泛的关注和强调。蒂特马斯认为，国家福利制度具有五大功能。第一，国家福利可以通过许多途径并在许多方向上对社会收入实施分配与再分配，这是市场制度所难以做到的。社会福利服务可以实现不同生命时期、有需要抚养的孩子与无需要抚养的孩子的家庭之间、身体健康者与患病者之间、身体健全者与残疾者之间、失业者与就业者之间收入的分配与再分配。显然，"蒂特马斯把国家福利制度看作在质

① 霍布豪斯：《自由主义》，商务印书馆，1996，第104~105页。
② 萧伯纳：《费边论丛》，三联书店，1958，第238~239页。
③ 让-雅克·迪贝卢：《社会保障法》，法律出版社，2002，第15~16页。
④ 卡特琳·米尔斯：《社会保障经济学》，法律出版社，2003，第11页。

和量上实现最大的社会平等的主要动力机制"。^① 第二，国家福利能够促进社会的紧密结合与协调。社会政策可以增强社会参与意识，防止社会离心倾向，并能够把少数群体的成员、不同民族与区域文化纳入一个社会整体之中。社会政策的这种社会合力功能是其区别于经济政策的主要方面。"英国的国民保健服务较之其他服务对增强英国的社会凝聚力做出的贡献更大。"第三，国家福利在解决社会问题时具有重要的作用。这些社会问题与经济发展紧密相关，需要采取有效的社会政策加以解决，同时，必须使经济发展与社会发展同步进行，一方的落后必然制约另一方的发展。第四，国家福利可以促进个人与社会福利的发展。通过国家福利使得一些具有某种需要的人，如残疾人的生活质量得以提高，社会保险是 20 世纪重要的社会发明之一，它所做的是缓解人们的不幸并增强人类的自尊。^② 第五，国家福利还是一种投资方式。社会保障与社会福利支出不能仅仅被看作一种支出，它同时也是一种投资，对健康、教育、职业培训等方面的社会支出实际上就是一种投资，这种支出不仅对提高社会福利具有重要的影响，而且对提高国民收入也有积极贡献。

三　新自由主义关于国家社会保障制度消极功能的剖析

20 世纪 70 年代中期以后，随着西方福利国家的快速发展与经济危机的再次出现，新自由主义思潮开始成为影响西方经济社会改革的重要思潮之一，关于社会保障制度功能的认识发生了明显的转变，其突出特点是强调和批判国家社会保障制度的消极功能。

新自由主义著名代表人物哈耶克鲜明地指出国家社会保障制度的消极功能。社会保障可以分为两种不同的类型，第一种是防止严重的物质匮乏的保障，即确保每个人维持生计的某种最低需

---

① Abel Smith, *The Philosophy of Welfare*, London, 1987, p. 5.
② Titmuss, *Commitment to Welfare*, London, 1968, p. 59.

要；第二种是某种生活水准的保障，即一个最低限度的收入保障。① 收入保障制度对自由产生了极大影响。首先，收入保障是与个人选择职业的自由不相容的。如果允许人们有自行选择职业的自由，那就不能给予一切人以一定的收入保障。因为，当一个人的收入受到保护的时候，他就有可能失去选择职业的自由。其次，收入保障有可能带来特权，影响他人的利益，从而对自由构成损害。把收入保障的特权时而给予这一集团，时而给予另一集团的政策，很快就会造成一种对收入保障的追求胜过对自由的追求的局面。随着每一次将收入保障给予某一集团，其余人的不安全感就必然增加。每一种对进入某个行业的自由的限制都会减少该行业以外的人的生活保障。由于其收入用这种方法得到保障的人数日渐增加，对收入受到损失的人开放的可供其选择的机会就会受到限制。最后，收入保障可能导致社会对立和社会价值标准的蜕化。人们试图用干涉市场的方法来提供更充分的保障，有些人就越缺乏保障，在作为一种特权而得到保障的人与没有这种特权因而得不到保障的人之间的对立就会变得越来越大。保障越具有特权的性质，没有特权的人面临的危险越大，保障就越为人们关注。随着有特权的人数的增加以及这些人的有保障和其他人的无保障之间差别的扩大，就会逐渐形成一种全新的社会价值标准，这种社会价值标准所强调的不再是自立意识和行为，而是对收入保障的追求。②

弗里德曼同样强调和批判了国家实施的社会保障制度的消极功能。促成高额累进所得税的人道主义和平均主义情绪，也促成了大批旨在增加特殊集团的福利的其他措施，这些措施中最重要的一套是一批贴着使人误解的标签的"社会保险"，其他的还有公共住房、法定最低工资、养老金机构国有化等。"社会保险方案是维持现状的暴政开始发生魔力的那些东西之一。"尽管人们已经接受社会保险制度的既成事实并且不再怀疑其必要性，但它涉及大

---

① 哈耶克：《通往奴役之路》，中国社会科学出版社，1997，第 91~119 页。
② 哈耶克：《通往奴役之路》，中国社会科学出版社，1997，第 119~128 页。

规模地侵犯大部分人的个人生活，因此，不存在实施社会保险制度的有说服力的理由。公共住房已经被证实为具有与它的本意大不相同的影响，一旦公共住房方案被接受下来，它肯定会被特殊利益集团把持，特殊利益集团就是那些当地利益集团，它们可以通过公共住房计划实现自己的商业利益和个人目的。最低工资法也许是我们所能找到的其影响和善意支持该法规的人们的意图恰好相反的最明显的事例。如果最低工资法有任何影响的话，它的影响显然是增加贫穷，国家可以通过立法制定一个最低工资标准，但国家很难要求雇主按照最低工资雇佣所有以前在最低工资标准以下被雇佣的人们，因为这不符合雇主的利益，最低工资制度的结果是使失业人数多于没有最低工资时的情况。由于最低工资的存在而从来未能在某些职业中受到雇佣的人，被迫接受甚至报酬还要低的工作或者进入接受救济者队伍之中。养老金机构国有化有助于强制执行养老金的购买，但国有化的代价似乎要超过它的任何优点，在养老保障领域，个人的自由选择与私人企业争取顾客的竞争，会促进现有各种养老金计划的逐步改善，并增加各种多样化和差别性以满足个人需要。养老金机构国有化还往往使得养老保障专家控制了整个养老金制度，他们成为国家雇员，不仅增加了官僚队伍，还会强调和扩展自己的职权，结果是"日益增长的比例的人口被拖入社会保险系统"。①

四　中间道路对社会保障制度综合性功能的提倡

从 20 世纪中期开始，西方社会开始对经济社会发展道路进行新的探索，逐渐形成了影响西方社会的"中间道路"思潮，中间道路思潮既强调重视社会保障制度的积极功能，同时也关注并提出通过社会保障制度改革以避免其消极功能。

德国社会市场经济思想的代表人物艾哈德指出，一些人幻想

---

① 弗里德曼：《资本主义与自由》，商务印书馆，1986，第 172～180 页。

人的快乐和幸福建立在集体的总责任之上，并沿着这条道路前进，直到走向依靠被认为是万能的国家，这种思想在福利国家构想中得到明显的体现。但是，如果我们越来越委身于某种形式的集体生活，没有人再愿意对自我承担责任，而且每个人都想在集体中得到保障，那么，我们将走向何处，我们将如何保持进步。这种思想正把我们推向福利国家，也只会给我们造成灾难性的后果。这种思想与倾向将比任何其他东西更加容易逐渐却肯定地扼杀勇于负责、博爱精神与自力更生等真正的优良品德。如果这种思想的瘟疫蔓延开来，我们势必滑向这样一种社会制度，其中的"每一个人都把手伸进别人的口袋"。如果社会政策的目的在于使每个人从一出生就得到全部社会保障，绝对没有任何社会风险，我们就不可能希望他们的精力、才干、创业精神与其他优秀品质得到充分发挥，而这些品质对于民族生存与发展却是至关重要的。争取和保障各项福利的最有成效的手段就是竞争。用这种方法就能最佳地增加福利，"'属于大众的福利'和'来自竞争的福利'这两句口号是不可分割的整体；第一句表示目的；第二句表示到达目的的途径"。①

英国思想家吉登斯通过提出"积极福利"和"社会投资国家"的主张，强调社会保障制度综合性、协调性与积极性功能的发挥。他指出，福利制度一经建立，便形成一套具有自身逻辑的自主系统，而不管能否达到设计者所期望的目标。这样，人们的预期就被锁定，相关的利益集团就得到保护，这些制度性问题的积累本身就是需要进行改革的一种征兆，而正是因为存在一种由福利系统本身创造出来的并且受其保护的利益集团，福利制度改革才不是那么容易实现的。福利制度改革应该注意的是：有效的风险管理并不意味着减小风险或者保护人们免受风险影响，它还意味着利用风险的积极的一面，并为风险承担提供必要的资源，这种风险承担往往对个人和社会都是有利的。应当倡导一种积极的福利，公民个人以及政府以外的其他机构也应当为这种福利做出贡献，

---

① 艾哈德：《大众的福利》，武汉大学出版社，1995，第1~3页。

它将有助于财富的创造。福利在本质上不是一个经济学的概念，而是一个心理学的概念，它关乎人们的幸福。因此，经济上的利益或好处本身几乎从来不足以创造出幸福。这不仅意味着种种其他情景和影响产生了福利，而且表明，福利制度还必须在关注经济利益的同时关注心理利益的培育。

为了取代福利国家这个概念，应当提出"社会投资国家"这个概念，这个概念适用于推行积极福利政策的社会。在社会投资国家中，作为积极福利的福利开支不再完全由政府来创造和分配，而是由政府和其他各种机构包括企业之间共同合作来提供，福利社会不仅仅是国家，还延伸到国家之上和国家之下；个人与政府之间的关系发生了转变，自主与自我发展将成为重中之重，社会福利制度不仅关注富人更关注穷人；自上而下分配福利资金的做法应当让位于更加地方化的分配体制。从更一般的意义上讲，福利供给的重组应当与积极发展公民社会结合起来；社会保障观念要发生积极的变化。在养老金制度方面，我们应当逐步废除固定的退休年龄，把老人视为一种资源而不是一种负担，退休年龄和养老金领取者等概念都是福利国家发明的，这些概念不仅与新的老龄化现实难以一致，而且明显地体现出依赖福利的色彩。在失业问题方面，失业福利支出应当维持适当的标准，并且主要用于人力资源的投资方面。[1]

英国工党领袖布莱尔提出了"第二代福利"的观点，以发挥社会保障制度的积极功能，避免其消极功能。他指出，第二代福利是要给人以扶持，而不是施舍。它意味着多种服务，而不仅仅是现金，包括子女抚养和子女补贴、培训和失业救济金、老年赡养和养老金。福利应成为成功的跳板，而不是缓解措施失败后的安全网。它应当创造稳定，使家庭和社会团体能够应付这个变化的世界。第二代福利能够适应家庭生活方式的改变。在这种家庭生活里，工作和照料孩子是被共同承担的，而且退休时间长达二三十年。社会福利必须使这种改变朝好的方向发展，用安全感来

---

[1] 吉登斯：《第三条道路》，北京大学出版社，2000，第119~132页。

代替恐惧感。第二代福利承认公民身份是建立在权利和义务的基础上的。第二代福利不会通过高高在上的政府来发号施令，而是鼓励地方决策，鼓励公共或私人开展合作，鼓励地方人民的革新措施。第二代福利要消除英国中等收入阶层的不安全感和低等收入阶层的贫困。①

五　简要的结论

综观西方对社会保障制度功能的认识，可以得出以下几个清晰又简明的结论。

西方对社会保障制度功能的认识具有一个历史的过程，并受到不同历史时期西方经济社会发展状况与主流思想的鲜明影响。19 世纪中期，受工业化发展及古典自由主义等主流思想的影响，西方比较强调济贫法的消极功能，即济贫法导致对救助制度的依赖，影响经济自由与政治自由等自由资本主义的基本原则的实现。19 世纪末 20 世纪中期，受经济快速发展、社会问题社会化和国家干预主义等主流思想的影响，西方比较强调现代社会保障制度在政治、经济、社会与道德方面的综合功能，尤其是强调社会保障制度在实现政治稳定、促进经济发展、推动社会公平与提升社会道德方面的积极功能。20 世纪后期，受到西方经济社会出现新的停滞与新自由主义等主流思想的影响，西方较多关注社会保障制度尤其是国家社会保障制度的消极功能，并提出一系列的改革建议以避免消极功能。20 世纪末期以来，受到西方经济社会变化与"中间道路"等主流思想的影响，西方社会既强调重视社会保障制度的积极功能，同时也关注并提出通过社会保障制度改革尽量避免其消极功能。可以说，西方对社会保障制度功能阶段性特点的认识，正是西方经济、社会、思想变化在社会保障制度上所施以的直接影响的体现。

西方关于社会保障制度功能的认识对该制度的产生和发展产

① 布莱尔：《新英国》，世界知识出版社，1998，第 167～168 页。

生了显著的影响。古典自由主义对旧济贫法消极功能的认识和批判，促使新济贫法除了具有社会救助的基本功能外，还具有扩大公民享有救助权利的范围、促进劳动力自由流动和抑制救助依赖等政治、经济与道德功能。国家干预主义对社会保障制度的政治、经济、社会与道德等综合性和积极功能的强调，直接推动着现代社会保障制度的产生、发展和福利国家的出现。新自由主义对社会保障制度尤其是国家社会保障制度消极功能的批判，使得西方国家社会保障制度改革更加强调个人责任、与经济发展的协调等经济与道德功能。中间道路思想既强调重视社会保障制度的积极功能，同时也关注并提出通过社会保障制度改革尽量避免其消极功能，促使当代西方在社会保障制度改革中，努力寻求其政治、经济、社会与道德功能的协调，进而更大限度地发挥其积极性功能，减少或者避免其消极性功能。

作为现代社会重要的治理手段之一的社会保障制度，既具有积极的功能也具有消极的功能，这是一个无可争议的历史事实。一个国家的社会保障制度的功能实际上处于一个不断变化的过程中，在一个时期具有积极性功能的社会保障制度，随着经济社会的发展变化，就会表现出其消极性。社会保障制度功能在理论上的两重性及其在各国实践中的教训告诉我们，社会保障制度预期与其最终所表现出来的功能不一定一致，我们应该客观认识和把握社会保障制度功能的两面性，避免在社会保障制度功能方面的理想主义与悲观主义等极端性和片面性，及时根据经济社会发展变化的实际情况和国际社会保障制度发展的一般规律，调整社会保障制度安排，提升社会保障制度的积极功能，努力避免其消极功能，进而增强社会保障制度的合理性。

英国济贫法制度的功能[*]

一　英国济贫法制度的社会功能

济贫法制度具有社会救济功能，这也是英国济贫法制度最基本的功能。16 世纪英国济贫法制度颁布和实施的基本原因是给老弱病残者等所谓的"值得救济者"提供必要的生活救济，对流民等所谓的"不值得救济者"予以惩罚并强制其进行劳动，^① 早期济贫法制度虽然惩罚性功能强于救济性功能，但是毕竟为值得救济者提供了必要的生活救济。17 世纪英国济贫法制度的救济对象虽然没有发生显著变化，但是对于劳动救济的强调以及劳动救济机构的出现，在客观上也为所谓不值得救济者提供了必要的救济来源。值得指出的是，十六七世纪的济贫法制度除了提供现金救济以外，还提供了相关的实物救济，主要包括食物、衣物、住所等。17 世纪以后，一些地方的济贫法管理机构甚至还向一些身患疾病的人提供少量的药物救济。^②到了 18 世纪，英国济贫法制度不仅在救济方式方面不断改善，而且对一些特殊人群，如儿童、麻风病人、精神病人提供专项救助，甚至对以前所谓的"不值得救济者"，如失业者及其家人提供必要

---

* 本文以《试论英国济贫法制度的功能》为题发表于《学海》2013 年第 1 期；发表后被中国人民大学复印报刊资料《世界史》2013 年第 5 期全文复印。

① R. H. Tawney and E. Power, *Tudor Economic Documents*, Vol. 2, London: Longman, 1924, pp. 328 – 331.

② 尹虹：《近代早期英国流民问题及流民政策》，《历史研究》2001 年第 2 期。

的救济,[①] 斯宾汉姆制度甚至被认为是一种过度救济制度而受到英国自由主义思想家的强烈批评。

1834 年新济贫法颁布实施以后，英国名义上实行严格的院内救济原则，济贫院也曾被称为穷人的"巴士底狱"，但是 19 世纪中期以后，英国的济贫法制度经过不断改革，其社会救济功能逐渐完善。如改变混合济贫院的传统，把院内贫民划分为不同的群体，实行区别对待；改善济贫院的环境，增加济贫医院的床位，建造新的条件较好的济贫院，改善济贫院的伙食等；对济贫院中的违反规定者的惩罚逐渐减轻；逐步放宽临时性救济条件并扩大临时救济人群。[②] 尤其重要的是，新济贫法虽然规定严格的院内救济原则，但是整个 19 世纪后期，济贫院外救济不仅存在，而且存在逐步扩大的趋势。1840～1890 年，英国接受济贫院外救济的人口占总人口的比例始终高于接受济贫院内救济的人口占总人口的比例。[③] 济贫院外救济无疑是一种较济贫院内救济更为合理的救济形式。正是由于 19 世纪后期经过改进以后的济贫法制度不断完善其功能，并逐步走向合理化，才使其在社会保险制度出现以后能够作为新型社会保障制度的补充而长期存在。

济贫法制度具有惩罚的功能。英国济贫法制度的基本特征之一是惩罚与救济相结合，这也是济贫法制度实现其社会控制功能的主要措施之一。这种惩罚不仅表现在新济贫法制度之中，而且也是旧济贫法制度的基本特征之一。英国早期济贫法制度的基本特征就是惩罚与救济相结合，济贫法制度对所谓值得救济者提供救济但数量极为有限，而对于不值得救济者，如流民等则实施强制性劳动作为惩罚，甚至直接施以严酷的惩罚，17 世纪济贫法制度虽然有所改进，但是其惩罚性依然严重存在，不值得救济者必须接受强制性劳动救济，值得救济者所得到的救济极为有限，定居法严重约束贫民的流动，对流民的惩罚性法律虽然有所改进，

① J. Burnett, *Plenty and Want*, *A Social History of Diet in England from 1815 to the Present Day*, London, 1979, p. 33.
② 丁建定：《从济贫到社会保险》，中国社会科学出版社，2000，第 150～151 页。
③ K. Williams, *From Pauperism to Poverty*, London, 1981, pp. 158–162.

但其惩罚依然十分严格。直到 18 世纪末期,英国旧济贫法制度的惩罚性才开始有所改变,救济性功能逐步提升,斯宾汉姆制度便是这种变化的集中体现,但是,英国旧济贫法制度惩罚性功能的下降与救济性功能的上升,立即引起英国自由主义者的强烈批评,并导致 1834 年新济贫法的颁布实施。

新济贫法制度的惩罚性是一个不容置疑的历史事实。1855 年,舍费尔德济贫法监督局主席对济贫院的功能做出如下评论:"济贫院所要培养起来的是这样一种传统,接受救济者的目标就是防止自己成为济贫院的长期居住者……贫民十分自然地得出结论,他在济贫院中所得到的救济只是对其失去自由的不充分的补偿,包括全日制劳动、他的劳动价值、他所必须忍受的耻辱以及他已经全部丧失的自我和自尊的痛苦体验等。谁还会怀疑最诚实的贫民一定会尽最大努力使自己身居济贫院之外呢。"[1] 1867 年,利物浦慈善家拉斯博也评论道:"济贫院确实成功地阻止了贫民向教区申请支持……但是,作为公共慈善制度,它是失败的。它在应对社区公平的复杂要求、对懒惰者更加严厉、对那些陷于贫困者的怜悯及同情方面,都超过了英国议会所能及的范围。诚实的贫民中有着难以忍受的匮乏,社会存在难以名状的饥饿、肮脏及痛苦,孩子缺乏食物,母亲双眼疲惫身体虚弱,毫无用处地在寻觅生存所需,但是,济贫法当局对这种挣扎毫无记述。"[2] 19 世纪中期的法国批评家 H. 泰恩参观了曼彻斯特一个模范济贫院之后指出:"济贫院被看成是监狱,穷人把是否进入济贫院看成是自己名誉的转折点。或许应当承认,这种管理制度是愚蠢的专制,令人担忧。这是每一项管理制度的缺陷,每一个人在这里成了机器,仿佛他们没有情感,总是无意识地受到侮辱。"[3]

英国济贫法制度尤其是新济贫法制度的惩罚性功能是由该制

---

[1] W. J. Mommsen, *The Emergence of the Welfare State in Britain and Germany*, London: Croom Helm, 1981, pp. 10–11.

[2] D. Fraser, *The Evolution of the British Welfare State*, London: Macmillan Press Ltd., 1985, p. 55.

[3] 郭家宏:《19 世纪英国济贫院制度评析》,《史学月刊》2007 年第 2 期。

度的本质属性决定的。济贫法制度下的救济基本上仍然是一种责任与权利不协调的制度，大部分济贫法制度所提供的救济的领取者几乎不履行任何个人责任，加之英国社会经济尚未发展到可以为大部分贫困群体提供有效的社会救济，英国政治民主化也没有发展到全体公民都能够享受普遍的社会保障权益。因此，为了避免贫困人群对济贫法制度下的救济产生依赖，也为了给英国工业社会提供充足的劳动力，济贫法制度必然实行极端严格的管理和提供极为低劣的条件，这使得英国济贫法制度尤其是新济贫法制度的惩罚性功能始终存在，并在 19 世纪中期达到极限。

济贫法制度还具有社会控制功能。中世纪晚期，英国济贫法制度出现的根本原因是实现社会控制，应对各类贫民尤其是流民成为包括济贫法制度在内的几乎所有社会政策措施的首要目标，对值得救济者提供的生活救济、对不值得救济者提供的劳动救济、对流民的严厉惩罚、严格实施的定居法、针对儿童的学徒规定等，无不凸显着通过直接、外在、强制性的社会控制实现社会政治稳定，这种情况一直延续到 18 世纪初期定居法的放宽和吉尔伯特法的实施。

早期济贫法制度的社会控制功能得到了许多学者的认同。基斯·怀特森指出：17 世纪"济贫法制度所体现的救济与控制的混合，在社会分化与社区聚合的平衡中，提供了一种对分化与差别行为的强有力的弥补"。[1] 阿彻指出："16 世纪晚期济贫法制度的实施，旨在强调比较贫困的教区成员要依靠教区中的富人，这些富人因此也有更多机会去缓和贫民的行为，济贫法制度逐渐被用作一种社会控制的手段。"[2] 博尔顿指出："济贫法制度下的救济成为控制或者约束贫民的那些办法的组成部分，换句话说，济贫法制度变成了复辟王朝以后英国社会结构的整合工具。"[3] 里姆林格

---

[1] K. Wrightson, *English Society 1580 – 1680*, London, 1982, pp. 181 – 182.

[2] I. Arche, *The Pursuit of Stability*, *Social Relations in Elizabethan London*, Cambridge, 1991, pp. 96 – 98.

[3] T. Hitchock, *Chronicling Poverty*, *the Voice and Strategies of the English Poor*, *1640 – 1840*, London: Macmillan Press Ltd. , 1997, p. 19.

也指出："政府对贫民救济的关注从本质上不是出于救济不幸者的目的，而是为了维护法律和社会秩序。与贫民救济相关的立法起源于对流民的惩罚并将这种救济制度的特点保持至今。"①

新济贫法制度同样具有社会控制功能，但是，这种社会控制较旧济贫法制度发生了一定的变化。新济贫法制度通过废除旧济贫法制度对流民的惩罚，从而改变了社会控制的方式和性质；通过取消值得救济者与不值得救济者的划分，院内救济与次等权力原则对接受救济者做出限制，院内救济原则与院外救济的事实存在，生活救济与强制劳动等，使得新济贫法制度下的社会控制具有外部控制与内在控制、强制性控制与非强制性控制相结合的特征，从而改进和提升了济贫法制度的社会控制效果。

新济贫法制度的社会控制功能在当时已经受到了恩格斯的高度关注，他指出："在国家的这个措施中，英国资产阶级是 in cor-pore〔作为一个整体〕，作为当权者出现的，在这里他们清楚地表明了他们的真正愿望，表明了他们那种使无产者处处遭殃但又把这归之于个别人的罪过的恶劣行为的真正含义。这个措施不是出自资产阶级某一集团之手，而是得到了整个阶级的赞许的，……这样就宣布了无产阶级是不受国家和社会保护的；这样就公开地宣布了无产者不是人，不值得把他当人看待。"② 新济贫法制度的社会控制功能还受到当代学者的认同，著名学者弗雷泽就曾指出，新济贫法制度具有三种社会控制功能，即它被用作强化统治者对被统治者权威的一种工具，它被用来操纵劳动力市场尤其是工资标准，它还被用作将资产阶级的价值体系强加于工人阶级身上的一种工具。③

直到 19 世纪末 20 世纪初，随着英国现代社会保障制度的建立，济贫法制度的地位开始明显下降，其在英国政治生活中所具

① G. V. Rimlinger, *Welfare Policy*, *Industrialization in Europe*, *America and Russia*, New York: John Wiley and Sons Inc., 1971, p. 19.

② 《马克思恩格斯全集》第 2 卷，人民出版社，1957，第 582 页。

③ W. J. Mommsen, *The Emergence of the Welfare State in Britain and Germany*, London: Croom Helm, 1981, p. 24.

有的社会控制功能不仅明显减弱，而且随着享受社会保障逐步成为一种公认的公民权利，作为社会保险制度必要补充的济贫法制度的社会控制功能的强制性明显减弱，通过建立完善的社会保障制度，减轻社会问题压力，缓和社会矛盾，促进社会公平，进而实现社会政治稳定成为英国社会政策的基本目标，济贫法制度的社会控制功能也便逐渐表现出内在控制的基本特征。

二　英国济贫法制度的经济功能

济贫法制度除了具有上述社会功能以外，还具有一定的经济功能。旧济贫法制度具有稳定就业和促进英国农业经济发展的功能。14 世纪的黑死病使得大量农村人口离开家园成为流动人口，16 世纪开始的圈地运动更使大量人口离开土地成为流民。在工业革命开始以前，英国经济以农业经济为主，农业经济的主要特征是依靠大量劳动力从事生产劳动，显然，大量人口的流动必然影响英国农业经济的正常发展。于是，如何为农业经济提供足够的劳动力，便成为包括济贫法制度在内的早期英国社会政策的主要目标，旧济贫法制度的重要经济功能之一，便是保证足够数量的从事农业经济的劳动力。因此，旧济贫法制度的各种相关内容无不与目标直接相关，早期的劳工条例是如此，对流民的惩罚条例也是如此，延续几个世纪的定居法更是如此，而对劳动救济措施的关注和强调同样是如此，旧济贫法制度正是适应英国农业经济并维护其稳定发展的一种社会政策工具。

索拉尔在论及工业化以前英国济贫法制度的经济功能时指出："英国的旧济贫法制度要优于欧洲大陆的贫民救济，不仅是因为英国的旧济贫法制度建立在依靠税收作为财政、覆盖全国及其救济的综合化的基础上，旧济贫法制度还对英国国民经济的发展做出了重要贡献。"[①] 哈蒙德夫妇也指出："18 世纪的济贫法既是一种

[①]　P. M. Solar, "Poor Relief and English Economic Development before the Industrial Revolution," *the Economic History Review* 1 (1995).

救济制度，也是一种就业制度。"① 里姆林格更指出，旧济贫法制度的一个重要目的就是将所有无以为生者和没有经常性或间断性工作以维持生计者置于工作之上。为了实现就业的目标，旧济贫法制度管理当局有四种可供选择的途径：①它们可以依靠公共赞助或者与私人实业签订协约为穷人创造就业机会；②它们可以通过限制行乞或者使救济很难得到以迫使穷人为自己寻找工作；③它们可以为贫民儿童寻找就业机会以便使其能为家庭收入提供补充；④它们还可以通过提供工资补贴以促进贫民就业。上述四种办法在整个 17～18 世纪曾被广泛采用，而第一种办法在 18 世纪初更为流行，第四种办法则流行于 18 世纪末。②

　　18 世纪末 19 世纪初，英国开始进行工业革命并逐步进入工业社会，工业社会与农业社会的一个显著差别在于，农业社会需要大量劳动者固着在土地上，而工业社会则需要大量的自由劳动力。于是，工业社会的发展对自由劳动力的需求，便与旧济贫法制度下对劳动力流动的限制与束缚之间产生尖锐的矛盾，工业革命的发展对劳动力的需要"太普遍，太强大，以致不能用个人手段予以阻止。随着大工业的发展，大工业愈益不耐烦地感到那些障碍还在对抗它的进展"，旧济贫法制度尤其是定居法成为严重阻碍英国工业化所需要的大量自由劳动力形成的主要因素。早在 1753 年，罗格·诺斯就已指出："定居法使得贫民被囚禁于他们所在的城市并深陷于贫困之中，他们被剥夺了通过移居到更适合他们的地方以改变其生活条件的权利。""人们需要工作，工作也需要人，工作与人之间的协调关系被定居法所割裂。"③ 威廉·皮特指出：定居法"阻碍了工人到他可以根据最有利的条件出卖劳动力的市场中去，同时也阻碍了资本家雇佣那些能为他所投的资本带来更高

①　J. L. Hammond and B. Hammond, *The Village Laborer*, London: Longman, 1978, p. 98.

②　G. V. Rimlinger, *Welfare Policy, Industrialization in Europe, America and Russia*, New York: John Wiley and Sons Inc., 1971, p. 19.

③　E. Lipson, *The Economic History of England*, London, 1948, pp. 463 - 466.

报酬的能干的人们"。①

旧济贫法制度所具有的经济功能与工业化的发展所期望的济贫法制度经济功能的变革之间的矛盾变得越发明显，济贫法制度经济功能的改变意味着济贫法制度的本质必然发生变化。于是，新济贫法制度的经济功能便从旧济贫法制度所具有的保证农业劳动力规模以促进农业经济稳定为主，变为提供大量自由流动的劳动力以适应工业经济的发展为主，新济贫法制度成为适应和促进英国工业经济发展的社会政策工具。

19 世纪中后期，英国新济贫法制度的经济功能主要表现在两个方面。为英国工业化的发展提供充足的自由劳动力仍然是新济贫法制度的重要经济功能之一。院内救济与次等权力原则等使得大部分贫民难以将进入济贫院作为自己的首要选择，而是把依靠自己工作维持生活作为主要选择。芬纳在论及新济贫法中的次等权力原则对英国工业经济发展的影响时指出，次等权力原则的重要性在于，它从理论上具有了将对身体健全的工人的救济与自由劳动力市场，工人阶级的勤劳、远见与独立意识等的发展衔接起来的可能性。② 里姆林格认为，次等权力原则是一种新的劳动力政策措施，如果得以充分实施，将使得救济不仅"安全"而且"持续有效"，反映了新的市场文明的商业价值观念。③

为工业化的发展提供稳定的社会环境是新济贫法制度的另一经济功能。工业革命促进了英国经济的发展，但导致英国社会问题的社会化、工人阶级生活的贫困化、劳资关系的对抗化以及无产阶级与资产阶级利益的极端化，从而导致英国社会的不稳定，也势必影响英国工业化的快速发展。如何有效缓解社会问题，减轻贫困化程度，化解社会矛盾，不仅成为英国社会政治的需要，而且也成为英国工业化进一步发展的需要。芒图对此指出，旧济贫法只不过是一种治标的方法而已，"产业革命提出了一个为最巧

---

① 转引自芒图《十八世纪产业革命》，商务印书馆，1983，第 352 页。

② S. E. Finer, *The Life and Times of Sir Edwin Chadwick*, London, 1952, p. 45.

③ G. V. Rimlinger, *Welfare Policy, Industrialization in Europe, America and Russia*, New York: John Wiley and Sons Inc., 1971, p. 52.

妙的赈济不能解决的问题：怎样改善这群对于自己努力所创造出来的财富享有那么少的份额的劳动者的状况呢"？

新济贫法制度虽然实行严格的院内救济与次等又力原则，但其从救穷改变为济贫扩大了接受救济者的人数，院外救济的事实存在也发挥了一定的救济作用，从而比较有效地缓解了英国的社会矛盾，保证了英国工业革命的顺利进行和工业化的快速发展。芒图针对新济贫法制度对英国工业革命顺利进行的影响指出："在欧洲革命和战争中间继续开展着的那一伟大的经济运动，多亏新的恤贫法才把若干使其进展延迟的障碍搬开了。在某些地区中，教区发给救济金使得反机械化几乎完全消失了，因为救济金部分地补偿了工业前此所提供的家庭劳动的工资损失，而且比工资又有不费任何努力的好处，人们看到乡下纺纱女人自己粉碎了自己的纺车。"[①]

三 英国济贫法制度的政治功能

济贫法制度不仅具有社会与经济功能，还具有重要的政治功能。济贫法制度确立了英国民族国家及政府的合法性。宗教改革以前，英国如同其他欧洲国家一样基本上是一个神权社会，教会不仅拥有极大的宗教权力，更拥有广泛的世俗权力，同时也拥有很大的经济权力。英国神权政治的合法性不仅依靠宗教的精神控制，也依靠教会地产与什一税等经济力量，更与其所实施的广泛的社会救济密不可分。可以说，正是宗教慈善救济所体现出的社会责任，才使得英国社会对神权国家表示认同，亦使得英国神权国家的合法性得以确立。维尔纳·格兹曾就教会的救济功能明确指出："在那个'国家'还没有社会政策的时代，除了对灵魂的关怀和教育，修道士的第三个任务就是社会救济。"[②]

宗教改革在英国开始了一个神权国家向民族国家、神权政治

---

① 芒图：《十八世纪产业革命》，商务印书馆，1983，第 354～355 页。
② 格兹：《欧洲中世纪生活》，东方出版社，2002，第 79 页。

向世俗政权的转变过程，这一过程最终通过资产阶级革命的形式得以完成。但是，权力的转移并不意味着民族国家与政府合法性的确立，权力转移的过程也是一个社会重大转型过程，重大社会转型必然引发严重的社会问题，权力转移的合法性必须通过责任承载的现实性加以实现。英国民族国家及政府权力的建立通过宗教改革与资产阶级革命得以实现，但英国民族国家及政府权力的合法性必须通过建立相关社会政策，承担原来由神权国家与宗教组织所履行的社会责任方能确立。

因此，中世纪晚期英国济贫法制度的出现，不仅是英国社会转型的需要和近代社会政策的起源，也是实现英国民族国家及政府权力合法性的需要。于是，从宗教改革开始，英国对贫民的救济逐渐从依靠建立在宗教基础上的教会救济，转变为依靠建立在民族国家责任理念基础上的政府救济。正如斯莱克所指出的那样：宗教改革与解散修道院"意味着 16 世纪英国的济贫改革，不像法国、意大利和西班牙那样只是对现存规定的重组或增补，它需要世俗政府和单个捐助者的介入去取代教士的职责，因此，它看起来好像就是从头重建一个社会福利体系"。[①] 斯莱克进一步指出："1500 年以前，对贫民的救济与帮助表现为各种方法的混合，如宗教性机构——修道院、兄弟会以及基尔特、城镇的劳动介绍所、济贫院以及教堂捐助等，除了有关要求劳动、惩罚乞丐和流民的法令外，国家对济贫几乎没有参与和行动。然而，从 1530 年以后，政府干预、中央化以及统一化的趋势开始出现并不断增强。"[②]

这种观点还得到了其他学者的认同。德国经济史学者豪斯赫尔指出：宗教改革与解散修道院"这有损于履行旧教会履行过的救济义务。旧的修道院居住者们凡是不住在自己家里的，多半被人毫无顾忌地抛向街头，变成乞丐。当时，对贫民的救济和教育关注甚少。这就是英国为什么在十六到十七世纪的转折时期制定

---

① P. Slack, *Poverty and Policy in Tudor and Stuart England*, London: Longman, 1988, p. 13.

② P. Slack, *The English Poor Law, 1531 – 1782*, Cambridge, 1995, p. 6.

世俗的济贫法的原因"。① 里姆林格也指出："正在出现的民族国家及政府逐渐认识到，它们不得不关注由大量的贫困个体导致的问题，事实上，几乎从近代民族国家开始出现之时，贫困便成为国家必须关注的问题。毫无疑问，如何处理劳工贫困的问题，在那些关注国家经济政策的人们的心目中占据了一个非常重要的地位。"②

另外，济贫法制度逐步扩大了英国公民享有社会救济的权利。中世纪晚期，英国民众中享有救济权利的比例极为有限，最初的贫民法以惩罚为主，毫无公民权利的色彩，随后的济贫法制度表现出一个以惩罚为主逐步走向以惩罚为主救济为辅的变化过程，济贫法将贫困群体划分为"值得救济者"与"不值得救济者"两种，享有救济权利者仅仅为一小部分所谓的"值得救济者"，且受到家庭收入、个人品行、居住地点等方面的严格限制，"不值得救济者"不可能得到救济，其必须接受相关强制性劳动，否则将受到严厉惩罚。显然，早期英国济贫法制度是一种救穷不救贫性质的社会政策，但对所谓的"值得救济者"提供有限的救济，应该说已是对英国公民享有救济权利的一种认可，这种认可随着英国社会的变化和济贫法制度的变化而逐步发展变化，到 18 世纪末 19世纪初，英国公民享有救济权利的扩大成为济贫法制度改革的重要内涵之一。

1834 年新济贫法的主要政治功能是部分扩大了英国公民享有救济权利的范围。虽然新济贫法制度确立了严格的院内救济原则、带有歧视性的贫民次等权力理念，推行带有侮辱性的以公民权利为代价换取有限救济的做法，但是，从公民享有救济权利的角度来看，新济贫法制度在一定程度上有所进步，新济贫法制度最为突出的变化是不再将贫民划分为"值得救济者"和"不值得救济者"，不仅以前所谓的"值得救济者"可以申请救济，即使以前所

---

① 豪斯赫尔：《近代经济史》，商务印书馆，1987，第 105 页。

② G. V. Rimlinger, *Welfare Policy*, *Industrialization in Europe*, *America and Russia*, New York: John Wiley and Sons Inc., 1971, p. 13.

谓的"不值得救济者"也可以申请救济，英国济贫法制度开始从救穷转变为既救穷也救贫。

特别需要指出的是，除了济贫院内救济之外，济贫院外救济的事实存在及不断扩大的趋势，也在一定程度上弥补了院内救济原则对部分贫民的排斥，使得一部分贫民不必进入济贫院就可以在济贫院外获得一定的救济，从而使得更多的英国公民或在济贫院内或在济贫院外获得济贫法制度所提供的相关救济。此后，随着英国社会的发展变化及济贫法制度的不断改进，尤其是19世纪末20世纪初以社会保险制度为核心内容的新型社会保障制度的出现，英国公民享有的救济权利逐步扩大。

此外，济贫法制度固化了英国地方政府的权力。英国济贫法制度这一政治功能的出现源于济贫法制度最初出现时的特点，英国早期济贫法制度出现的显著特点是，地方政府率先进行济贫尝试，其后中央政府在地方政府各种济贫尝试的基础上加以规范或推广。利普森对此明确指出："从本质上讲，《伊丽莎白济贫法》无非就是将各自治市政府所确立的济贫原则推向全国，该法的重要性不在于其所创造的济贫组织系统，而在于它将自治市当局现存的济贫组织系统推广到全国。"①

可以说，早期济贫法制度的几乎所有方面均以地方政府的探索性实践为主，甚至作为英国社会最基层组织的教区，在早期济贫法制度实施中都具有很大的自主权，并且始终保持了济贫事务中教区拥有较大自主权的传统。地方济贫尝试在早期济贫法制度出现时的重要影响，直接导致英国济贫法制度管理中地方政府拥有很大自主权的事实，这种自主权随着英国政治社会的变迁非但没有削弱，反而呈现一种逐渐强化的趋势。

17世纪中后期，英国济贫法制度管理中地方政府的自主权进一步增强，雷恩对此曾做出如下概括："英国内战爆发时，各地治安法官与枢密院之间的联系被打断，此后直到19世纪，几乎没有任何中央政府的权威能够指导和保持济贫法制度的统一。法律所

---

① E. Lipson, *The Economic History of England*, Vol. Ⅲ, London, 1984, p. 411.

赋予治安法官的权力虽依然存在，他们会指定济贫监督官，还有
权确定济贫税，还可以接受济贫监督官和教区委员呈递的报告，
也可以要求从比较富裕的教区提取济贫基金以帮助那些贫穷落后
的教区从事济贫事务，可以对争议做出裁决，可以处理有关定居
法的相关问题，并关注感化院的建立和运行，但是，济贫事务的
真正管理落在了济贫监督官的身上，推动相关法律实施的压力来
自地方对贫民救济需要的程度，各地济贫法实施的状况也存在明
显的不同。"①

　　进入 18 世纪，不仅英国济贫法制度管理中地方政府自主权更
加明显，而且在济贫法管理中出现了明显的教区化趋势。斯莱克
在总结济贫法制度管理中的教区化时指出："教区不仅负责这一时
期济贫法日常管理的具体工作，而且还对济贫法的宏观原则产生
重要影响。除了那些保护济贫税纳税人的个别法令以外，几乎所
有成为法律的济贫法案都建立在教区济贫实践的基础之上……事
实上，可以相对准确地说，在征得大多数教区的认可以前，议会
几乎不会批准任何有关济贫的法律。"② 这种地方化甚至教区化趋
势的增强，虽有助于各地根据具体情况实施救济，但也使得各地
济贫法制度极不一致，最终使济贫法制度成为英国社会关注、批
评和要求改革的焦点所在。

　　19 世纪中期以后，英国济贫法制度管理中的中央化初露端倪
并逐渐增强，济贫法修正法提出建立济贫法委员会，建立联合教
区济贫院，要求实施严格的院内救济，禁止提供院外救济，1847
年甚至在中央政府建立了济贫法局，实现了济贫法制度管理机构
的中央化，1871 年又通过地方政府事务部法，将济贫法制度管理
明确划归地方政府事务部等，所有这些无不表现出强化济贫法管
理制度中的中央化迹象。20 世纪初的一些学者甚至指出："济贫法
制度的管理是统一的……贫民不可能在一个教区救济过度而在另

---

①　H. E. Raynes, *Social Security in Britain*, *A History*, London, 1960, p. 70.

②　P. Slack, *Poverty and Policy in Tudor and Stuart England*, London: Longman, 1988, pp. 8 - 9.

一个教区挨饿而死，每一项法律及行政规定在联合王国的每一个地方都会被不折不扣地推行……地方的济贫法管理当局及其官员是如此严格地执行济贫法相关规定，以至于几乎每一项法令都好像是在地方政府事务部的统一指令下实施的，除了执行包含在地方政府事务部各种一般或特殊规定中的指示外，济贫监督官几乎毫无他事可行。"①

然而，19世纪中期开始出现的济贫法管理中央化的程度极为有限，济贫法委员会虽然被建立但并非中央政府的济贫法管理行政机构，联合教区济贫院虽然被建立但进程缓慢且许多地方并未建立此类联合教区济贫院，院内救济虽为新济贫法制度的基本原则但并未被严格实施，院外救济虽被禁止提供但其事实存在并不断扩大，济贫法局虽然被建立但并未从根本上颠覆地方政府管理济贫法事务的自主权，济贫法制度管理虽被明确划归地方政府事务部但并未改变地方政府管理济贫法制度的基本政治格局。"济贫法制度的统一化与中央化较之现实性来说更具想象性。"② 因此，济贫法制度管理中央化趋势的出现并没有从根本上改变地方化的传统，济贫法制度管理权仍然是英国地方政府的一种具有较大自主性的传统权力，这种地方化传统如此根深蒂固和举足轻重，以至于20世纪初的自由党政府虽深知济贫法制度的弊端却没予以废除，而是选择在对其施以改进的基础上任其继续存在。

总之，济贫法制度既与英国政治、经济与社会的变迁具有直接联系，更对英国政治、经济与社会变化产生了重要影响，英国政治、经济与社会的变迁决定了济贫法制度性质与功能的变化，济贫法制度性质与功能的变化又反过来影响英国政治、经济与社会的发展变化。这使得济贫法制度在以社会保险制度为核心内容的新型社会保障制度出现以前，成为适应英国政治、经济与社会变化的核心社会政策，不仅对英国近代政治、经济与社会发展产

---

① W. J. Mommsen, *The Emergence of the Welfare State in Britain and Germany*, London: Croom Helm, 1981, p. 20.

② W. J. Mommsen, *The Emergence of the Welfare State in Britain and Germany*, London: Croom Helm, 1981, p. 21.

生重要影响，而且对现代英国社会保障制度的产生和发展也具有深远的影响。从斯莱克关于旧济贫法制度与英国政治、经济与社会的关系的论述，可窥见整个济贫法制度与英国政治、经济与社会整体发展变化关系的全貌。他指出："旧济贫法制度与近代早期英国历史中许多极为有趣的议题直接相关，当然，它与经济与社会环境有关，与其所欲应对的贫困与赤贫的存在有关，它还受到社会思潮与观点的影响，不仅因为贫困是一个相对的概念，对其理解常有变化，而且因为它并不倾向于仅关注可资测量的经济需求，还具有广泛的目的和相当广泛的影响。另外，它受到英国政府发挥功能的方式的影响，并强有力地影响英国政府发挥功能的方式。"①

---

① P. Slack, *The English Poor Law*, *1531 – 1782*, Cambridge, 1995.

发达国家的积极就业政策*

20 世纪 70 年代以来，发达国家为解决失业问题采取了各种积极政策和措施，这些积极就业政策的实施，对于改善就业状况、扩大就业机会、降低失业率、促进经济的发展和维护社会的稳定发挥了举足轻重的作用，在全世界产生了深远的影响。系统探讨发达国家积极就业政策，可以为我国现阶段就业政策的选择提供有益的借鉴。

一 发达国家积极就业政策出现的背景

第二次世界大战以后，特别是 20 世纪 70 年代中期以来，失业问题成为长期困扰发达国家的一个主要社会问题。

首先，大量失业经常化，且具有非周期性倾向。由二战前以与经济危机和经济停滞周期相关的周期性失业为主变为无论在经济停滞时期还是在经济复苏时期，失业问题都以持续存在的非周期性失业为主，这使失业规模不断扩大，例如经济合作与发展组织成员失业人数，20 世纪 70 年代年均在 1000 万人以下，20 世纪 80 年代一般在 2500 万 ~3000 万人，20 世纪 90 年代以后增至 3500 万人以上。[①]

其次，技术进步对劳动力素质要求的提高导致技术性失业现象越发明显。20 世纪 80 年代以后，发达国家开始进行经济改革，

---

* 本文以《发达国家积极就业政策及其启示》为题发表于《华中科技大学学报》（社会科学版）2004 年第 2 期，第一作者为丁建定，第二作者为柯卉兵。

① 罗润东：《论发达国家的失业现状、原因及对策》，《延边大学学报》1998 年第 1 期。

强调市场作用，企业为保持竞争优势，对员工素质的要求也越来越高。那些专业知识技术达不到要求的非熟练劳动力自然成了首先被解雇的对象，这些劳动力即使重新就业，也往往只能从事专业化程度不高的职业，并随时都会面临失业威胁。

最后，长期性失业大量存在。战后发达国家经济停滞的持续时间呈现越来越长的趋势，这使周期性失业对就业的影响具有较长的持续性；非周期性失业也造成失业问题长期化与失业人数扩大化；科学技术发展还引发发达国家经济结构的变化，从而导致结构性失业，并带来技术性失业，这些失业都具有长期性。这样，非周期性、长期性、结构性与技术性失业就成为发达国家失业问题的主要特点，也成为发达国家面临的重要问题。

发达国家失业问题的特点、原因的变化，使得提供失业保险津贴或者失业救济金的传统失业保护政策的消极性越发明显，失业保险支出不断增加，人们对失业保险津贴的依赖不断加大，就业的积极性不断下降，这促使发达国家探索新的解决失业问题的办法，针对失业特征及原因，采取积极的促进就业的政策来解决不断加剧的失业问题。

二　积极就业政策的主要内容

发达国家的积极就业政策主要包括以下几个方面。

第一，创造新的就业机会，促进就业增长。首先，鼓励创办新企业以增加就业机会。德国政府为新企业创办者提供培训，失业者在接受此类培训时还可以领取生活费补贴。政府还为新企业的创办提供厂房、仓库、实验室等必要设施，并为新创办企业提供政策优惠与财政补贴，补贴额相当于新办企业自有资本的1%。这项措施不仅使一半以上的创业培训者实现了自我创业，还为德国社会提供了新的就业机会。

其次，大力发展第三产业和中小企业以扩大就业机会。法国政府大力发展第三产业，把企业的保卫、财务、通信、饮食及其他相关服务分离出来，实现企业后勤服务社会化，同时，建立全面社会服务体系，以便提供更多的就业机会。法国政府还利用财政手段，逐步将向创造就业机会的企业发放奖金改为减免企业社会保险费，鼓励中小企业增加雇佣人数，扩大就业机会。德国政府大力支持中小企业发展，尤其是在资金方面加强对中小企业的支持，如提供财政补贴和低息长期贷款、实行税收减免、提供科研和技术补贴、设立中小企业发展基金等。1988 年，德国联邦政府和地方政府用于资助中小企业的款项约 50 亿马克；1989 年，德国联邦政府和各州政府还为中小企业获得贷款提供 90% 的担保。德国现有中小企业 300 万家，中小企业就业人数占总就业人数的 2/3 以上。①

最后，采取特殊政策，实现主要部门就业稳定。德国的煤炭、钢铁等传统部门是重要的就业部门，政府对这类企业给予成本和价格方面的补贴，通过保证企业正常生产来保障劳动者的就业稳定。德国政府还实行农产品价格控制政策，保证农业劳动者的利益，避免农业劳动者向工业部门转移而增加就业压力。德国还对落后地区实施投资倾斜政策，帮助落后地区发展经济，避免经济落后地区的劳动力向经济发达地区盲目流动。

第二，加强职业培训，提高劳动者竞争力。德国职业培训实行"双轨制"，即企业内部技术培训与职业技术学校专业知识学习相结合。德国职业培训是一种职前培训，青年人进入工作岗位以前必须经过职业培训，培训时间一般为 3 年到 3 年半，接受职业培训者一周内 3~4 天在企业接受技术培训与实习，1~2 天在职业技术学校接受基础知识教育。德国还为在职者和谋求新的就业岗位者提供职业进修和改行培训。接受培训者可以获得生活补贴、培训费用补贴；对于能为经过培训的失业人员提供工作岗位的企业，国家将向其支付"熟悉工作补贴"。②德国政府为推动技术教育和职业培训的发展，投入了大量资金，1994~1996 年，每年用于职业培训的费用从过去的 80 亿马克增加到 156 亿马克。

---

① 丁建定：《德国的就业保障与就业促进政策》，《中国社会保障》2003 年第 5 期。

② 杨继瑞：《欧盟就业政策及其对我国再就业政策的启示》，《四川大学学报》2000 年第 1 期。

瑞典政府也十分重视劳动力职业培训。政府规定不接受培训者不能就业，不接受培训者不能享受失业救济，推行免费培训、发给接受培训者生活补助等政策，受教育者在接受免费职业培训的同时，每天还可以领取生活费 55～210 克朗。政府要求失业者或即将面临失业者积极参加职业培训、转业培训、职前培训及在职培训等。职业培训由全国教育局赞助，劳动力市场培训中心举办。20 世纪 70～80 年代以来，瑞典每年参加职业培训的有 6 万多人。[1]

第三，改革失业保险制度，鼓励再就业。发达国家都把改革失业保险制度、鼓励失业者再就业作为失业保险制度发展的方向。英国保守党政府于 20 世纪 80 年代提出"求职者津贴计划"，将向失业者提供失业保险津贴改为向失业者提供求职津贴，鼓励失业者实现再就业。求职津贴因失业者失业时间的不同而有不同的规定，目的是推动长期失业者尽快实现再就业。英国工党政府也于 20 世纪 90 年代后期推行所谓"从福利到工作"的"新政"，1997 年 7 月，提出了一项 56 亿美元的"就业计划"，向失业者提供就业帮助，向年轻失业者、单亲家庭、残疾人等提供各种特殊的就业服务，试图通过扩大就业解决失业问题，实现"使能工作者得到工作，使不能工作者得到保障"的目标。[2]

美国从 20 世纪 70 年代开始改革失业保险制度，鼓励和推动失业者再就业。1996 年 8 月通过的福利改革方案的核心是强调个人责任感，主张变救济福利为工作福利，规定多数贫困家庭享受补助的时间为 5 年，有劳动能力的成年人需要在 2 年内找到工作，州政府有权决定分配使用联邦有限的援助资金。[3] 美国失业保险制度改革还规定，失业者可以使用一部分失业保险津贴作为培训费用与再就业保证金，为促使雇主尽量保持雇佣人数，美国失业保险制度还规定，雇主所承担的失业保险费以其过去裁员人数为标准，而不是以现在雇佣的人数为标准进行征收。

---

[1]　张彦：《劳动与就业》，社会科学文献出版社，2002，第 191 页。

[2]　刘昕：《英国最新福利制度改革评析》，《社会保障制度》1999 年第 12 期。

[3]　黄安年：《当代美国的社会保障政策》，中国社会科学出版社，1998，第 289 页。

德国的《就业促进法》规定，失业保险津贴的领取者必须在劳动介绍所登记，这意味着具有正常劳动能力的失业者，必须准备接受劳动部门安排的新工作。德国鼓励雇主尽可能吸收失业者再就业，对向失业者提供就业机会的雇主给予补助，补助期限最长为2年，数额可达其所吸收的再就业者的工资的一半。德国还鼓励失业者个人自谋职业，政府向已经领取4周以上失业保险津贴或失业救济补贴并愿意自谋职业者发放自谋职业补助。德国重新统一后，为缓解失业压力，政府把本来准备用于发放失业保险津贴和失业救济补贴的资金用作就业促进补贴，资助那些安置失业者再就业的行业或部门的生产经营，通过改善这些部门的生产经营条件，为失业者和面临失业威胁者提供更多就业机会。①

日本政府从1984年开始对失业保险制度进行改革。降低失业保险津贴的领取标准，提高失业保险缴费的标准；改革领取失业保险津贴时限的计算标准，将以往仅仅以被保险者的年龄作为计算标准，改为按照被保险人的年龄以及缴纳失业保险费的时间而定，新的失业保险津贴领取时限最低为90天，最高为300天。日本还新设立再就业津贴制度。失业保险津贴领取者在领取失业保险津贴期间，如果找到合适工作，可以领取一定时间的再就业津贴，以鼓励失业保险津贴领取者尽可能寻找就业机会。1995年，日本实行"连续就业补助"，针对那些年龄较大、很难找到连续性就业机会者，提供连续性就业补助。1998年，日本又实行"教育训练补助"，规定参加政府劳动管理部门举办的就业培训者，均可得到80%的培训费用补贴，连续就业补助的适用范围扩大到因护理家人而不得不停止工作者。②

第四，加强立法，依法保护劳动者就业权利。德国政府十分注意通过法律保护工人的劳动权。《德国解雇保护法》规定，雇主在进行下列解雇行为前必须向政府劳动部门报告：①30天内，

① 丁建定：《德国的就业保障与就业促进政策》，《中国社会保障》2003年第5期。
② 吕学静：《各国失业保险与再就业》，经济管理出版社，2000，第179页。

20~60 人的企业解雇 5 名雇员；②30 天内，60~500 人的企业解雇 10% 以上常雇雇员或 25 名雇员；③30 天内，500 人以上的企业解雇 50 名以上的雇员。属第①种和第②种情况的，须向地方政府劳动部门报告；属第③种情况的，须向联邦政府劳动部门报告。雇主在解雇雇员前，应就解雇原因、解雇人数、通常情况下解雇总数、解雇日期及其他有关问题及时书面通知企业职工委员会，雇主和企业职工委员会应该进行协商，尽量避免解雇发生，或限制被解雇者数量，减轻解雇的后果。雇主在解雇雇员前，还必须将书面报告报送政府劳动部门，政府劳动部门对有关解雇报告做出处理的时限为 2 个月，政府劳动部门做出处理意见之前发生的解雇行为无效。当解雇发生时，应当付给被解雇者一次性补偿金，补偿金一般标准为解雇前 12 个月的工资额；被解雇者如果年满 50 岁且双方保持劳动关系 15 年以上，其补偿金可以达到 15 个月的工资额；被解雇者如果年满 55 岁且双方保持劳动关系 20 年以上，其补偿金可以达到 18 个月的工资额。①

日本政府在战后制定一系列劳动法，1947 年《职业安定法》要求在全国各地设立职业安定所，1964 年《劳资关系调整法》对劳资关系做出法律规定，特别是 1966 年《雇佣对策法》明确提出，对成为事实的失业采取的对策是一种消极对策，应该将这种消极对策转变为积极对策，政府应该从全局考虑劳动力在数量与素质上的供求平衡，要加强劳动力市场的计划性，并将就业计划纳入国民经济发展总体规划。1974 年《雇佣保险法》和《劳动者灾害补偿保险法》对劳动者就业权利和劳动保障做出了规定。② 此外，1988 年《劳动关系调整法》、1991 年《中小企业劳动力确保法》和《男女雇佣机会均等法》等，都为保障劳动者的就业权利发挥了积极影响。

美国政府于 20 世纪 40 年代开始颁布一系列法律法规来规范劳动力市场。1978 年，卡特总统向国会提出修改《综合就业和培训

① 劳动和社会保障部劳动科学研究所：《外国劳动和社会保障法规》，中国劳动出版社，1999，第 371~382 页。
② 吕学静：《各国失业保险与再就业》，经济管理出版社，2000，第 179 页。

法》的建议，把为少数民族尤其是黑人青年提供有效的就业帮助作为修改该法的主要内容，建议将该项法案适用期延长到 1982 年年底，1978~1979 年保持 72.5 万个公共服务工作机会，此后，提供公共服务就业机会的数量根据失业情况的变化而增减。不得以参加综合就业和培训计划的工人代替正在就业的工人，工资低于劳工局所规定的最低生活标准 70% 的人才可以申请参加综合就业和培训计划。建议各地建立工业培训委员会，具体实施青年人的就业培训工作。该项建议被国会通过，成为美国政府就业保护政策方面的重要法令之一。[①]

三　发达国家积极就业政策对中国的启示

发达国家的积极就业政策措施，对我国就业政策与措施的选择能带来有益的启示。

首先，既要重视经济发展，也要重视就业机会扩大。发展经济是解决就业问题的根本基础，但是，经济的发展本身并不能带来就业率的自然增长与就业问题的解决，必须使经济发展目标与解决就业问题的目标协调一致。第二次世界大战以后，主要发达国家把实现充分就业作为社会经济发展的重要目标。相关研究认为，我国 GDP 每增加 1%，就业总量将增加 0.15%，按照年均 7% 的 GDP 增长率，2001~2010 年将年均增加 450 万个就业机会，10 年间将增加 4500 万个就业机会。但最近的研究表明，我国依靠经济增长吸纳就业的能力在不断下降，我国经济虽然保持了较高的增长速度，但就业率并没有与经济同步增长。例如，1997 年 GDP 增长率为 8.8%，就业增加 1.1%；1998 年 GDP 增长 7.8%，就业仅增长 0.5%；1999 年 GDP 增长 7.1%，就业增加 0.9%；2000 年 GDP 增长 8.0%，而就业仅增加 0.8%。[②]

---

① 黄安年：《当代美国的社会保障政策》，中国社会科学出版社，1998，第 289 页。
② 《改革内参》2002 年第 11 期。

出现这种情况的根本原因是社会经济发展目标与实现充分就业目标不协调。因此，我国就业政策选择必须首先实现社会经济发展目标与争取充分就业目标的协调一致。政府应该充分发挥宏观调控的职能，在制定和实施国民经济发展规划时，把就业机会的增加作为重要内容之一，同时还应该扩大用于实现就业的公共支出，通过协调财政支出中用于发展社会经济和保证充分就业的比例，实现在社会经济发展的同时就业机会同步增长。

其次，在开拓新的就业机会时，既要重视第二产业的作用，也要重视第三产业的作用。产业结构合理程度不仅影响社会经济的发展变化，而且影响就业政策选择与就业问题的解决。发达国家就业结构一般呈"三、二、一"顺序，即在第三产业就业的人数最多，其次是第二产业，最后是第一产业，这种就业的结构对发达国家就业机会的增加、就业压力的缓解发挥了重要作用。（见表1）

表1　1980年与1997年发达四国就业结构的比例①

单位：%

国别	年份	第一产业	第二产业	第三产业
美国	1980	3.6	30.8	65.7
美国	1997	2.7	24.1	73.1
英国	1980	2.6	37.6	59.7
英国	1997	1.8	26.8	71.0
德国	1980	4.2	40.3	55.5
德国	1997	2.9	34.3	62.8
日本	1980	10.4	35.3	54.0
日本	1997	5.3	33.1	61.1

改革开放以来，我国就业部门结构正在发生变化，第一产业就业的劳动力比例逐渐下降，第二产业的劳动力比例有所增加，

① 刘燕斌主编《面向新世纪的全球就业》，中国劳动社会保障出版社，2000，第2页。

第三产业的劳动力比例明显增长，1980～1998 年，我国的第一产业劳动力比例从 68.9% 下降到 49.8%，第二产业的劳动力比例从 18.5% 增加到 23.5%，第三产业的劳动力比例从 12.6% 增加到 26.7%。[①] 但是与发达国家的劳动力产业结构相比，特别是要适应我国社会经济发展的现实与未来趋势，我国劳动力就业的产业结构应该进一步调整，应该采取积极政策与措施，实现就业的产业和部门结构的合理化，这就是发展农业产业化，减少农业剩余劳动力对第二产业劳动力市场的冲击；调整第二产业结构，推动工业化进程，提供更多的就业机会吸纳劳动力；大力发展第三产业，吸纳第一、第二产业多余的劳动力。

再次，既要重视全日制就业方式，也要发展非全日制就业方式，实行灵活多样的就业，扩大就业人数。20 世纪 70 年代以后，发达国家就业观念发生明显变化，非全日制的就业方式受到越来越多人的认同，非全日制的就业人数占总就业人数的比例，几乎逐年上升。（见表 2）非全日制就业的灵活就业方式为发达国家缓解就业问题提供了很好的途径。当前，我国就业形势十分严峻，政府应采取相关政策，规范管理和积极促进非全日制就业、短期就业、季节就业、承包就业、独立就业以及劳务输出等灵活就业方式；应该采取积极措施并创造条件帮助一些人尤其是难以找到全日制工作的人实现灵活就业；同时，还应该通过有关的政策与法规，合理解决灵活就业者的工资收入、劳动条件和社会保障等问题。

表 2   1979～1997 年主要发达国家非全日制就业占
总就业的百分比[②]

单位：%

国家	1979 年	1983 年	1990 年	1996 年	1997 年
德国	11.4	12.6	13.2	15.0	17.5
英国	16.4	19.4	21.8	23.2	23.2

---

① 国家统计局：《中国劳动统计年鉴 1999》，中国统计出版社，2001，第 8 页。
② 刘燕斌主编《面向新世纪的全球就业》，中国劳动社会保障出版社，2000，第 175 页。

国家	1979 年	1983 年	1990 年	1996 年	1997 年
法国	8.2	9.7	12.0	14.8	15.5
日本	15.4	16.2	17.6	—	—
美国	16.4	18.4	16.9	13.2	17.7

最后，既要创造新的就业机会，促进就业人数增长，也要加强劳动立法，依法保护劳动者的劳动权益。解决失业问题，除了积极发展经济、不断创造新的就业机会、促进就业人数增长这一根本措施之外，加强劳动立法、依法保护劳动者的就业权利也是一个十分重要的途径。尤其是在当前经济体制改革不断深化、企业用工制度改革加速进行、新增就业机会面临一定困难、失业人数不断上升的情况下，依法保护劳动者就业权利，加强劳动和就业监督，防止不合理用工和不合理解雇现象的发生，减少解雇的随意性，对于稳定就业队伍和减轻失业压力具有直接的作用。

我国和谐社会建设需要合理的
社会保障制度[*]

建设和谐社会是我国今后社会发展的一个基本目标，和谐社会建设需要一系列的政策制度来推动，社会保障制度是其中重要的政策制度因素之一。社会保障制度在和谐社会的建设中无疑具有直接和重要的影响，然而，社会保障制度既能够对和谐社会的建设发挥积极的作用，也能够对和谐社会建设产生消极的影响。合理的社会保障制度对我国和谐社会建设发挥积极的作用，不合理的社会保障制度对我国和谐社会建设产生消极的影响。和谐社会建设不只是需要建立社会保障制度，更重要的是需要建立合理的社会保障制度，只有合理的社会保障制度才能促进我国和谐社会的建设和发展。

一 和谐社会建设需要正确认识
社会保障制度的社会功能

社会保障制度在社会主义和谐社会建设中的作用问题，实际上是一个有关社会保障制度的社会功能问题。无论是在理论研究领域还是在社会保障制度实践领域，关于社会保障制度的社会功能始终是一个存有争议的问题，① 争论的焦点集中在社会保障制度究竟是具有增强社会合力的功能，还是具有导致社会离解的功能，

---

　* 本文以《和谐社会建设需要构建合理的社会保障制度》为题发表于《人口与经济》2009 年第 3 期。
　① 郑功成：《社会保障学》，商务印书馆，2000，第 180～182 页。

并集中体现在社会民主主义与新自由主义观点的对立上。

社会民主主义理论认为，社会保障制度是能够最大限度地实现社会平等的主要动力机制，社会保障能够促进社会的紧密结合与协调，社会政策可以增强社会参与意识，防止社会离心倾向，社会保障制度的社会合力功能是其区别于经济政策的主要方面；而新自由主义理论则认为，国家实施的社会保障制度有可能带来特权，随着有特权人数的增加及这些人的有保障和其他人的无保障之间差别的扩大，就会带来社会对立和社会价值标准的蜕化。社会民主主义与新自由主义有关社会保障制度的社会功能的分歧，实际上表明社会保障制度的社会功能具有两重性。也就是说，社会保障制度既具有增强社会合力的积极功能，也具有导致社会分裂的消极影响，只有合理的社会保障制度才具有增强社会合力、促进社会和谐的积极功能，而不合理的社会保障制度将产生导致社会分裂和社会不和谐的消极影响。

社会保障制度的实践也证明社会保障制度的社会功能的两重性。世界各国社会保障制度的建立、发展与逐步完善在促进各国社会公平和维护社会稳定中发挥了积极作用，但由社会保障制度的不合理导致的社会公平失衡及社会不稳定的历史事实也不乏例证。新中国成立以后，由于特殊的时代背景，我国社会保障制度的发展选择了一条城乡差别的发展道路，并在以后的数十年间基本保持不变，从而使得最初具有一定合理性的社会保障制度发展道路的消极影响越发明显，城乡社会保障制度的差别逐渐演变成城市居民拥有充分的社会保障，而农村居民基本上毫无社会保障的本质区别，这样的社会保障制度是一种不合理的社会保障制度，它尽管在一定时期内曾发挥过促进中国社会稳定发展的积极作用，但其导致我国社会公平失衡、社会发展失和的消极影响是显而易见的。[1]

社会保障制度的不合理性也成为20世纪90年代以来法国不断

---

[1] 郑功成：《中国社会保障制度变迁与评估》，中国人民大学出版社，2002，第15~20页。

爆发的罢工、罢课与各种社会骚动的直接原因。混合型社会保障制度在加重政府社会保障负担的同时，导致了公民间社会保障权益的不公平，还使该制度成为各利益群体维护自身利益的制度工具，一旦政府的社会保障制度改革危及某些社会群体的利益，就将引发罢工、罢课等社会运动。① 显然，法国混合型社会保障制度不但没有发挥其增强社会合力、促进社会和谐的积极作用，反而成为引发社会分裂、导致社会不稳定的重要制度因素。

社会保障制度的社会功能在理论上的两重性及其在各国实践中的教训提示我们，并非建立了社会保障制度就一定能够促进社会的和谐发展，社会保障制度能否促进社会和谐发展的关键在于社会保障制度是否具有合理性。我们应该正确认识和把握社会保障制度的社会功能，一方面要强调和发挥合理的社会保障制度对促进社会和谐的积极作用，推进我国社会保障制度建设更加合理和完善，从而使得社会保障制度在社会主义和谐社会建设中真正发挥积极的促进作用；另一方面也要客观认识不合理的社会保障制度对社会主义和谐社会建设可能带来的消极作用，积极构建合理的社会保障制度，避免因社会保障制度自身的不合理而导致的社会不和谐。只有这样，才能使我国的社会保障制度在促进社会主义和谐社会建设中发挥积极作用。

二 和谐社会建设需要构建合理的社会保障制度体系

笔者认为，社会保障制度的基本体系应包括内容体系、结构体系与层次体系。社会保障制度的内容体系主要是指社会保障制度的基本项目，它表明社会保障制度对社会问题的覆盖面，反映社会保障制度对社会风险的预防和保障能力；社会保障制度的结构体系主要是指社会保障制度的对象构成，它表明社会保障制度对社会成员的覆盖面，反映社会成员享受社会保障权益的公平程

---

① 丁建定：《萨科奇能赢吗?》，《中国社会保障》2008 年第 3 期。

度；社会保障制度的层次体系主要是指社会保障制度主体的相互关系，它表明社会保障制度主体参与社会保障制度的状况，反映政府、社会组织与个人在社会保障制度中的责权关系。在社会保障制度基本体系中，内容体系是基础，结构体系是核心，层次体系是关键，三者之间应该相互协调，缺一不可。

经过改革开放 30 多年的社会保障制度发展，我国已经初步建立社会保障制度的内容体系、结构体系和层次体系。我国现行社会保障制度的内容体系包括具有相互衔接关系的社会保险、社会救助、社会福利和慈善事业等；我国社会保障制度的结构体系可以划分为城市企业职工社会保障制度、机关事业单位工作人员的社会保障制度、农村居民的社会保障制度、军人的社会保障制度以及正在探索中的农民工的社会保障制度等；我国社会保障制度的层次体系可以划分为国家基本社会保障制度、单位补充社会保障制度以及个人储蓄性补充保障。[①]

毫无疑问，我国社会保障制度内容体系、结构体系与层次体系的建立和发展，对保证我国经济体制改革的顺利实施、社会生活水平的提高以及政治安定局面的发展发挥了重要的积极作用，并为我国社会保障制度的进一步发展提供了基本前提条件，也为我国社会主义和谐社会的建设提供了必要的基础。然而，我国社会保障制度基本体系的初步建立并不表明其已经具有明显的合理性，事实上，我国社会保障制度基本体系中依然存在一些显著的不合理的地方，这些不合理之处有可能影响我国社会保障制度在促进社会主义和谐社会建设中的积极作用的发挥。

我国社会保障制度的内容体系中社会救助制度建设还很不完善，社会福利和慈善事业发展滞后，使得社会保险、社会救助、社会福利与慈善事业等内容之间的衔接难以实现；我国社会保障制度的结构体系中城乡社会保障制度之间发展不协调，城市企业职工与机关事业单位职工社会保障制度不协调，农民工社会保障

---

① 宋晓梧：《中国社会保障体制改革与发展报告》，中国人民大学出版社，2001，第 3~7 页。

制度与城市企业职工社会保障及农村居民社会保障制度之间的关系也需要合理构建；我国社会保障制度的层次体系中基本社会保障制度还不太完善，单位补充社会保障制度还没有充分建立起来，个人储蓄性社会保障的发展也十分有限。[①]

这种状况必然导致我国社会保障制度的内容体系、结构体系与层次体系之间的不协调，从而影响我国社会保障制度基本体系的合理性及其在促进社会主义和谐社会建设中的积极作用的发挥，尤其是我国社会保障制度结构体系的不合理，事实上已经成为影响我国社会和谐的重要制度性因素之一。因此，我国社会保障制度的建设和发展必须将实现社会保障结构体系的合理性放在突出位置，同时进一步完善社会保障制度的内容体系，推进社会保障制度层次体系的合理性。只有这样，才能增强我国社会保障制度的合理性，从而更好地发挥社会保障制度在促进社会主义和谐社会建设中的积极作用。

三　和谐社会建设需要选择正确的社会保障制度发展道路

社会保障制度的发展道路是指一个国家在社会保障制度发展中所选择的基本制度路径，尤其是指一个国家的社会保障制度是选择全国统一的制度，还是选择差别性的制度。应该指出的是，任何一种社会保障制度发展道路都有其重要的作用和影响，我们不能认为只有统一的社会保障发展道路才能够更好地促进社会和谐，而差别的社会保障制度发展道路则不利于促进社会和谐。社会保障制度发展道路并没有优劣之分，只有选择得是否合理亦即是否适合本国国情的差别，只有适合本国国情的社会保障制度发展道路才能够更好地促进社会和谐。

在世界各国社会保障制度发展道路的选择中，既有选择统一

---

① 邓大松：《中国社会保障若干重大问题研究》，海天出版社，2000，第 707 ~ 710 页。

性社会保障制度发展道路的国家，如英国、瑞典等，这些国家的社会保障制度在统一性发展道路上建立起福利国家，并对这些国家的社会发展产生积极影响；也有选择差别性社会保障制度发展道路的国家，如法国、日本等，这些国家虽然选择了差别性的社会保障制度发展道路，但并非所有选择差别性社会保障制度发展道路的国家，其社会保障制度都导致了如同法国的差别性社会保障制度发展道路所带来的严重的社会不和谐。

我国社会保障制度的发展仍然面临统一性与差别性的选择。我国社会保障制度改革与发展曾经体现出部分的统一性趋势，如基本医疗保险制度改革的实施范围包括城镇企业和事业单位的全部职工，失业保险制度的适用范围也扩大到城镇企业和事业单位的全体职工，我国社会保障制度的改革政策已经提出要加快企业职工与机关事业单位基本养老保险制度统一的步伐，并提出要建立统一的社会保险关系转移体制等。① 但这并没有从根本上改变我国社会保障制度发展道路的差别性特征，相反，我国社会保障制度改革实践在一定程度上强化着社会保障制度发展道路的差别性。

我国社会保障制度结构体系的差别性依然显著，企业职工社会保障制度是社会保障制度改革的主战场，机关事业单位社会保障制度改革举步维艰，农村社会保障制度的建设刚刚起步，适合农民工特色的社会保障制度依然处于探索阶段等。我国现行社会保障制度的这种差别性发展道路在一定程度上适应了中国社会结构的基本特征，也在一定程度上促进了社会稳定与发展，但社会保障制度发展道路的强烈差别性也成为影响我国社会和谐的重要制度性因素之一，因此，中国社会保障制度发展道路必须做出进一步的合理选择。

我国的基本国情决定了社会保障制度发展道路不可能很快走向全国统一，我国现阶段社会保障制度应该选择一种以差别道路为主，在差别道路的基础上推进部分社会保障项目的统一性，进

---

① 《中共中央关于构建社会主义和谐社会若干重大问题的决定》，人民出版社，2006。

而逐步实现社会保障制度更大范围和更深层次的统一的发展道路，只有这样，我国的社会保障制度才能够在适应中国基本社会结构的基础上合理、稳定地发展，其所应该发挥的促进社会主义和谐社会建设的作用才能够很好地发挥。[①] 仅仅强调我国基本国情决定下的社会保障制度发展道路的差别性，有可能加剧不同社会成员之间社会保障权益的不公平，进而影响社会保障制度在社会主义和谐社会的建设和发展中的积极作用的发挥，相反，过分强调中国社会保障制度的统一性道路选择，也不利于我国社会保障制度在现实国情下的顺利发展，进而影响我国社会保障制度在社会主义和谐社会建设中的积极作用的发挥。

统一的社会保障制度应该成为我国社会保障制度发展道路的基本选择和未来目标，差别性的社会保障制度既应是我国现阶段社会保障制度的基本发展道路选择，更应是实现我国社会保障制度未来发展目标的重要途径和准备阶段。我国在社会保障制度发展道路选择问题上必须合理处理统一与差别的关系，只有这样，我国社会保障制度发展道路才能在促进社会主义和谐社会建设中发挥积极作用。

四 和谐社会建设需要确定科学的 社会保障水平指标体系

社会保障水平的内涵可以从不同角度去理解。一般来说，社会保障水平是指一定时期内一个国家的社会保障支出占国内生产总值的比例，社会保障支出占国内生产总值的比例越高，社会成员享受社会保障的程度就越高，它表示社会成员享受社会保障待遇的程度。[②] 社会保障水平也可以从社会保障制度对社会问题的覆盖程度的角度来理解，社会保障制度越健全，其对社会问题的覆

---

① 郑功成：《论中国特色的社会保障道路》，武汉大学出版社，1997，第 133 ~ 140 页。

② 穆怀中：《社会保障国际比较》，中国劳动社会保障出版社，2002，第 110 页。

盖程度就越高，社会成员所承受的社会风险就会越少，社会保障水平也就相对较高，它表示一种社会保障制度应对社会风险的范围和程度。社会保障水平还可以从社会保障制度对社会群体的覆盖程度的角度来理解，社会保障制度越完善，其对社会群体的覆盖程度就越高，享受社会保障权益的人数就越多，遭受社会风险的人数就越少，社会保障水平也就越高，它表示一种社会保障制度为社会成员提供保障的范围和程度。显然，从上述三个角度理解的社会保障制度水平之间存在一定的区别。

应该说，现代社会将社会保障支出占国内生产总值的比例作为社会保障水平的衡量指标具有一定的普遍意义。但是这一指标的确立在西方社会保障制度的发展中经历了一个长期的过程，并具有一定的条件限制。事实上，在西方社会保障制度建立的初期，社会保障支出占国内生产总值的比例并没有被视为社会保障水平的唯一衡量指标，而是把社会保障制度对社会问题的覆盖程度、对社会群体的覆盖程度以及社会保障支出占国内生产总值的比例结合起来作为衡量社会保障水平的指标。换句话说，当西方国家社会保障制度处于建立和发展的初期阶段时，社会保障水平的衡量指标是一个集上述三项指标为一体的综合指标体系。

随着西方社会保障制度的发展和完善，西方国家社会保障制度对社会问题的覆盖程度越来越高，对社会群体的覆盖程度也越来越高，在这样的条件下，社会保障支出占国内生产总值的比例逐渐演变为衡量社会保障水平的单一指标，因为当西方社会保障制度对社会问题以及社会群体的覆盖面达到较高程度时，社会保障支出占国内生产总值的比例的提高或下降，会对全体民众享受社会保障的程度产生普遍和直接的影响。

显然，在社会保障制度尚处于不完善阶段时，作为衡量社会保障制度水平的指标不能是单一指标，而应该是由上述三者共同构成的一种社会保障水平综合指标体系，社会保障水平既应该包括国民享受社会保障待遇的程度，也应该包括社会保障制度对社会问题与社会成员的覆盖程度，三者在衡量一个国家的社会保障水平时缺一不可。只有当社会保障制度已经相当完善，不仅覆盖全体社会成员，而且覆盖大部分社会问题时，社会保障支出占国内生产总值的比例才能作为衡量社会保障水平的唯一标准。在社会保障制度建立的初期，如果将社会保障支出占国内生产总值的比例作为衡量社会保障水平的唯一指标，不仅不能有效地衡量社会保障制度对社会问题的覆盖程度，不利于促进社会保障制度内容体系的完善，而且不能有效地衡量社会保障制度对社会群体的覆盖程度，不利于社会保障制度结构体系的完善。

我国社会保障制度还处于不完善阶段，并在上述三个方面都存在问题，我国社会保障支出占国内生产总值的比例还比较低，社会保障制度对社会问题和社会成员的覆盖程度也比较低。① 这样的社会保障水平不但不能有效地满足社会成员的社会保障需求，而且导致因社会保障制度的缺失而使部分社会成员面临生活困难，甚至导致社会成员间社会保障权益的不平等，从而不利于社会和谐。因此，必须合理地确定我国社会保障水平指标体系，将国民享受社会保障经济待遇的程度、社会保障制度对社会问题及社会成员的覆盖程度一同纳入社会保障水平指标体系，构建我国社会保障水平的综合指标体系，在着力提高社会保障制度对社会问题及社会成员的覆盖程度的同时，不断提高国民享受的社会保障经济待遇，只有这样，才能在提高我国社会保障水平的同时，更好地促进我国和谐社会的建设和发展。

五　和谐社会建设需要确立合理的 社会保障制度目标

社会保障制度的目标是指一个国家实施社会保障制度所要达到的基本目的。社会保障制度的基本目标包括政治目标、社会目标、经济目标和道德目标。社会保障制度的政治目标是指通过实施社会保障制度实现社会基本稳定，社会目标是指通过实施社会保障制度实现社会公平正义，经济目标是指通过实施社会保障制

---

① 王东进：《中国社会保障制度的改革与发展》，法律出版社，2001，第 12 页。

度实现经济稳步发展，道德目标是指通过实施社会保障制度实现社会道德水平提高。社会保障制度的目标选择对社会保障政策的选择以及社会保障制度的发展进程具有直接影响，一般来说，关注社会保障制度的政治与社会目标有利于促进社会保障制度的快速发展，关注社会保障制度的经济与道德目标则可能导致社会保障制度的紧缩或改革。

西方国家社会保障制度目标的发展变化，存在一种从被动地选择单一的政治、社会、经济与道德目标，逐渐转变为主动地选择社会保障的政治、社会、经济与道德等多种目标相互协调的发展趋势。事实上，被动地选择单一的社会保障目标在可能提升个别目标的同时还有可能导致其他目标受损，并且，单一目标选择的不同对其他目标的影响程度也存在显著差异。如单一选择社会保障制度的政治目标可能提升社会目标，不一定提升道德目标，但有可能导致经济目标受损；单一选择社会保障制度的经济目标则可能导致政治、社会与道德目标同时受损；单一选择社会保障制度的社会目标有利于政治目标的实现，但不一定必然导致经济目标与道德目标受损。因此，随着社会保障制度的发展，社会保障制度的目标应该是努力争取多种目标的协调发展，只有多种目标协调发展的社会保障制度才能够更好地发挥促进社会公平、维护社会稳定、推动经济发展以及提升社会道德的作用，从而更好地促进我国和谐社会的建设和发展。

我国社会保障制度目标也不可避免地存在从被动地选择单一性社会保障制度目标，到主动地选择多种制度目标协调发展的过程。在改革开放初期，我国社会保障制度的目标体现出强烈的经济目标取向，社会保障制度的改革主要是服务于经济体制改革，这是一种被动的单一性社会保障制度目标选择。其后，我国社会保障制度的政治目标取向逐步明确，维护社会稳定成为我国社会保障制度发展和完善的主要制度动机，这同样是一种被动的单一性制度目标选择。近几年，我国社会保障制度的目标开始从被动地选择单一的经济或政治目标，逐步转变为通过主动地选择社会保障的社会目标促进经济、政治、社会与道德目标的协调发展，社会保障制度改革不再仅被作为经济体制改革的配套措施，也不再仅被当作维护社会稳定的制度工具，而被赋予实现社会公平、维护社会稳定、促进经济发展与提升社会道德的重要作用，成为实现社会和谐的重要制度保证。

我们应该推进我国社会保障制度目标从被动地选择单一性制度目标向主动地选择多种目标的协调发展的转变过程，避免追求单一性社会保障制度目标所导致的其他社会保障制度目标的受损，实现社会保障制度多种目标的协调发展，推动我国社会保障制度更加完善，从而使我国社会保障制度在促进和谐社会的建设和发展中更好地发挥积极作用。

综上所述，只有建立合理的社会保障制度才能够促进我国和谐社会的建设和发展，而社会保障制度是否合理不仅取决于我们对社会保障制度功能的认识，而且取决于我国社会保障制度的基本体系、发展道路、水平体系以及制度目标的合理性。只有正确地认识社会保障制度的社会功能，构建起内容体系、结构体系与层次体系相互协调的合理的社会保障制度基本体系，选择符合中国国情的统一与差别相结合的社会保障制度发展道路，建立科学的社会保障水平综合指标体系，确立政治、社会、经济与道德诸目标协调一致的社会保障制度目标，我国社会保障制度才能在发展中逐步完善与走向合理，也才能在和谐社会建设中真正发挥积极作用。

中国共产党对社会保障制度功能
认识的发展及其影响[*]

一 从认识不足到初步认识社会
保障制度的功能

改革开放初期，中国共产党的工作重心开始转移到以经济建设为中心，从而开始了中国经济体制改革的进程。打破严重存在的平均主义、提高经济效益成为经济体制改革的最初目标与基本途径，反对平均主义成为中国共产党这一时期经济主张的核心内容，这在 1984 年《中共中央关于经济体制改革的决定》中得以集中和明确地体现。该决定指出："长期以来在消费资料的分配问题上存在一种误解，似乎社会主义就是要平均，如果一部分社会成员的劳动收入比较多，出现了较大的差别，就人为是两极分化，背离社会主义。这种平均主义思想，同马克思主义关于社会主义的科学观点是完全不相容的。历史的教训告诉我们：平均主义思想是贯彻执行按劳分配原则的一个严重障碍，平均主义的泛滥必然破坏社会生产力。当然，社会主义社会要保证社会成员物质、文化生活水平的逐步提高，达到共同富裕的目标。但是，共同富裕决不等于也不可能是完全平均，绝不等于也不可能是所有社会

---

* 本文以《中国共产党对社会保障制度功能认识的发展及其影响——基于党的若干重要历史文献的研究》为题发表于《当代世界与社会主义》2013 年第 5 期；发表后被中国人民大学复印报刊资料《社会保障制度》2014 年第 2 期全文复印。

成员在同一时间以同等速度富裕起来。如果把共同富裕理解为完全平均和同步富裕，不但做不到，而且势必导致共同贫穷。只有允许和鼓励一部分地区、一部分企业和一部分人依靠勤奋劳动先富起来，才能对大多数人产生强烈的吸引和鼓舞作用，并带动越来越多的人一浪接一浪地走向富裕。"

不仅如此，中国共产党还对反对平均主义、鼓励一部分人先富起来与共同富裕的关系、一部分人先富起来所产生差别的性质以及鼓励一部分人先富起来的基本政策属性等做出了明确回答，"由于一部分人先富起来产生的差别，是全体社会成员在共同富裕道路上有先有后、有快有慢的差别，而绝不是那种极少数人变成剥削者，大多数人陷于贫穷的两极分化。鼓励一部分人先富起来的政策，是符合社会主义发展规律的，是整个社会走向富裕的必由之路"。中国共产党在打破平均主义、促进经济效益提高和鼓励一部分人先富起来的同时，对部分地区与部分人群的贫困等问题也予以关注，并提出社会救济与政策扶贫的主张。"我们必须对老弱病残、鳏寡孤独等实行社会救济，对还没有富裕起来的人积极扶持，对经济还很落后的一部分革命老根据地、少数民族地区、边远地区和其他贫困地区实行特殊的优惠政策，并给以必要的物质技术支援。"①

显然，反对平均主义、鼓励一部分人先富起来是该决定的核心思想之一，该决定虽然提到必须对老弱病残、鳏寡孤独等实行社会救济，对还没有富裕起来的人或者地区积极扶持等，却对社会保障制度的功能缺乏系统的表述。经济体制改革序幕已经拉开，其在促进经济效益提高的同时所引发的社会问题也不可避免地开始出现。1986 年《国营企业实行劳动合同制暂行规定》颁布，开始在国有企业中实施劳动合同制度，劳动用工制度改革必然引发基本民生问题，于是，改变传统的单位保障与企业保障势在必行，

---

① 《中共中央关于经济体制改革的决定》，载中共中央文献研究室编《十二大以来重要文献选编》，人民出版社，1986，第 577~578 页。

这不仅是应对基本民生问题的需要，也是适应国有企业用工制度改革的必需。1986 年《国营企业职工待业保险暂行规定》成为服务于经济体制改革的较早出现的社会保障制度措施。该制度开始了逐步建立失业保险制度的进程。1991 年《关于企业职工养老保险制度改革的决定》正式提出实行养老保险制度。

20 世纪 90 年代初期，中国经济体制改革经历 10 年进程，其在促进经济快速发展的同时所引发的社会问题开始显性化，促使中国共产党必须思考和阐述经济体制改革与收入分配、社会保障制度之间的关系，必须明确社会保障制度建设的必要性，从而使得中国共产党对社会保障制度的功能的认识开始发生变化，这在1993 年《中共中央关于建立社会主义市场经济体制若干问题的决定》中得以明确体现。该决定提出，要"建立合理的个人收入分配和社会保障制度"。并对社会保障制度的功能做出比较明确的表述："建立多层次的社会保障体系，对于深化企业和事业单位改革，保持社会稳定，顺利建立社会主义市场经济体制具有重大意义。"该决定还指出："重点完善企业养老和失业保险制度，强化社会服务功能以减轻企业负担，促进企业组织结构调整，提高企业经济效益和竞争能力。"

该决定还对中国社会保障制度体系、保障水平、制度设计与制度管理等提出基本要求，"社会保障体系包括社会保险、社会救济、社会福利、优抚安置和社会互助、个人储蓄积累保障。社会保障政策要统一，管理要法制化。社会保障水平要与我国社会生产力发展水平以及各方面的承受能力相适应。城乡居民的社会保障办法应有区别。提倡社会互助。发展商业性保险业，作为社会保险的补充"。该决定还对相关社会保障制度运行机制、农村社会保障制度建设原则等提出要求："按照社会保障的不同类型确定其资金来源和保障方式……城镇职工养老和医疗保险金由单位和个人共同负担，实行社会统筹和个人账户相结合。进一步健全失业保险制度，保险费由企业按职工工资总额一定比例统一筹交。普遍建立企业工伤保险制度。农民养老以家庭保障为主，与社区扶持相结合。有条件的地方，根据农民自愿，也可以实行个人储蓄积累养老保险。发展和完善农村合作医疗制度。"①

显然，20 世纪 90 年代初，中国共产党开始认识到建立合理的社会保障制度体系的必要性，但是，基于经济建设的中心地位，中国共产党虽然认识到社会保障制度的政治与社会功能，指出社会保障制度能够"促进社会稳定"，但突出了社会保障制度的经济功能，尤其是强调了社会保障制度建设对"深化企业和事业单位改革"，"顺利建立社会主义市场经济体制"，"减轻企业负担，促进企业组织结构调整，提高企业经济效益和竞争能力"等多种经济功能。

中国共产党对社会保障制度功能的认识及其对社会保障制度体系建设的基本要求，必然影响中国社会保障制度体系建设，旨在提高企业经济效益与竞争能力的待业（失业）保险制度必然具有突出地位，1993 年《国有企业职工待业保险规定》和《国有企业富余职工安置规定》建立起待业（失业）保险制度和富余职工就业安置制度。1998 年《关于切实做好国有企业下岗职工基本生活保障和再就业工作的通知》颁布，开始建立国有企业下岗职工基本生活保障制度。旨在减轻企业负担的养老保险制度与医疗保险制度开始逐步建立起来，1995 年《关于深化企业职工养老保险制度改革的通知》，推进了以统账结合为基本原则的企业职工基本养老保险制度改革的步伐。1997 年《关于建立统一的企业职工基本养老保险制度的决定》，确定了社会统筹与个人账户的基本规模。1994 年《关于职工医疗制度改革的试点意见》颁布，开始建立企业职工基本医疗保险制度。1998 年《关于建立城镇职工基本医疗保险制度的决定》颁布，建立了统账结合的企业职工基本医疗保险制度。针对特困群体的基本生活保障制度也开始出现，1997 年《关于在全国建立城镇居民最低生活保障制度的通知》颁布，开始建立城镇居民最低生活保障制度。

---

① 《中共中央关于建立社会主义市场经济体制若干问题的决定》，载劳动和社会保障部、中共中央文献研究室编《新时期劳动和社会保障重要文献选编》，中国劳动社会保障出版社、中央文献出版社，2002，第 137～139 页。

可见，改革开放初期，中国的经济体制改革驱动了社会保障制度改革，中国共产党开始认识到建立社会保障制度的必要性，但经济体制改革的核心地位使得中国共产党对社会保障制度功能的认识，在肯定其具有促进社会稳定的政治与社会功能的同时，突出了社会保障制度的经济功能，社会保障制度改革服务于经济体制改革，并成为经济体制改革的工具。社会保障制度改革的主要目标是改变单位保障模式、实行社会保障模式、为经济体制改革创造环境，社会保障制度体系建设的重点也是与经济体制改革直接相关的待业（失业）保险制度、企业职工基本养老保险制度与基本医疗保险制度等项目。

二 从片面认识到重新认识社会保障制度的功能

世纪之交，中国经济体制改革向纵深发展，提高经济效益和增强企业竞争力成为突出的目标，国有企业改革进入攻坚阶段，服务和推进经济体制改革成为包括社会保障制度在内的许多社会政策的出发点和落脚点，这势必影响中国共产党对社会保障制度功能的认识。这在 1999 年《中共中央关于国有企业改革和发展若干重大问题的决定》中可以清楚地看出。该决定指出："下岗分流、减员增效和再就业，是国有企业改革的重要内容。要把减员与增效有机结合起来，达到降低企业成本、提高效率和效益的目的。""加快社会保障体系建设，是顺利推进国有企业改革的重要条件。"显然，该决定更加突出了社会保障制度的经济功能，并将社会保障制度建设定位为顺利推进国有企业改革的条件。

基于上述认识，该决定对旨在实现减员增效的下岗失业人员的社会保障制度提出特别要求："切实做好下岗职工基本生活保障工作，维护社会稳定。下岗分流要同国家财力和社会承受能力相适应……要进一步完善下岗职工基本生活保障、失业保险和城市居民最低生活保障制度，搞好这三条保障线的相互衔接，把保障下岗职工和失业人员基本生活的政策措施落到实处。"该决定还对相关社会保障制度建设提出明确要求，这一方面是为了通过相关社会保障制度建设"维护社会稳定"，另一方面是为了更好地服务于"推进国有企业改革"。决定指出："要依法扩大养老、失业、医疗等社会保险的覆盖范围，城镇国有、集体、外商投资、私营等各类企业及其职工都要参加社会保险，缴纳社会保险费……进一步完善基本养老保险省级统筹制度，增强基金调剂能力。要采取多种措施，包括变现部分国有资产、合理调整财政支出结构等，开拓社会保障新的筹资渠道，充实社会保障基金……逐步推进社会保障的社会化管理，实行退休人员与原企业相分离，养老金由社会服务机构发放，人员由社区管理。"①

中国共产党对社会保障制度功能的认识及其对社会保障制度体系建设的要求，直接影响了中国社会保障制度体系的建设。失业保险制度依然是社会保障制度体系建设的重点，1999年《失业保险条例》建立起失业保险制度。2000年《关于完善城镇社会保障体系的试点方案》颁布，开始实施国有企业下岗职工基本生活保障、失业保险与城市居民最低生活保障三条线并轨，并推进做实企业职工基本养老金个人账户。1999年《城市居民最低生活保障条例》颁布，开始逐步完善城市居民最低生活保障制度，以便为下岗失业群体提供基本生活保障。

"减员增效"势必导致经济增长与收入分配、经济效率与社会公平等的不协调，从而有可能引发社会问题的突出化，促使中国共产党必须反思经济发展与改善民生的关系，对社会保障制度功能的认识，再次成为中国共产党必须做出合理判断和明确回答的问题。于是，中国共产党在认真总结以往认识的基础上，结合经济发展的基本要求与民生改变的普遍需求，对社会保障制度功能进行新的思考和定位，并在2003年《中共中央关于完善社会主义市场经济体制若干问题的决定》中做了明确的表达，该决定提出，

① 《中共中央关于国有企业改革和发展若干重大问题的决定》，载劳动和社会保障部、中共中央文献研究室编《新时期劳动和社会保障重要文献选编》，中国劳动社会保障出版社、中央文献出版社，2002，第414~415页。

"加快建设与经济发展水平相适应的社会保障体系"。这不仅表明中国共产党对建立和完善社会保障制度必要性认识的发展，而且表明中国共产党已经正确认识到社会保障制度与经济发展的关系。

正是在上述认识的基础上，该决定提出了中国社会保障制度体系建设的整体要求，不仅要完善企业职工社会保障制度，而且要推动机关事业单位的社会保障制度改革，还要加快农村社会保障制度建设；不仅要推进社会保险制度建设，而且要完善以最低生活保障制度为核心的社会救助制度；不仅要发展国家社会保障制度，而且要发展企业补充社会保障和商业保险。该决定指出："完善企业职工基本养老保险制度……条件具备时实行基本养老金的基础部分全国统筹。健全失业保险制度，实现国有企业下岗职工基本生活保障向失业保险并轨。继续完善城镇职工基本医疗保险制度……扩大基本医疗保险覆盖面，健全社会医疗救助和多层次的医疗保障体系。继续推行职工工伤和生育保险。积极探索机关和事业单位社会保障制度改革。完善城市居民最低生活保障制度，合理确定保障标准和方式……鼓励有条件的企业建立补充保险，积极发展商业养老、医疗保险。农村养老保障以家庭为主，同社区保障、国家救济相结合。有条件的地方探索建立农村最低生活保障制度。"①

中国共产党对社会保障制度功能的重新认识及其对社会保障制度体系建设的整体要求，必然对中国社会保障制度体系建设产生积极影响，从而推动中国社会保障制度建设进入体系构建的新阶段，社会保障制度建设开始关注城乡与社会群体之间的合理与公平，特殊困难群体的社会保障制度建设开始受到突出的关注。2003 年《关于建立新型农村合作医疗制度意见的通知》颁布，开始建立农村医疗保障制度；同年《工伤保险条例》颁布，逐步完善了工伤保险制度；《城市生活无着的流浪乞讨人员救助管理办

---

① 《中共中央关于完善社会主义市场经济体制若干问题的决定》，载中共中央文献研究室编《十六大以来重要文献选编》（上），中央文献出版社，2005，第476页。

法》颁布，建立起流浪乞讨人员生活救助制度。2004 年《民政部、教育部关于进一步做好城乡特殊困难未成年人教育救助工作的通知》颁布，开始建立城乡特殊困难未成年人教育救助制度；同年《农村部分计划生育家庭奖励扶助制度试点方案（试行）》颁布，开始建立农村部分计划生育家庭养老及其他保障制度。2005 年《国务院关于完善企业职工基本养老保险制度的决定》颁布，建立和完善了城镇职工基本养老保险制度。

显然，世纪之交，随着中国经济体制改革的深化和由此而引发的经济发展与改善民生之间的矛盾，社会问题开始比较突出地表现出来，中国共产党对社会保障制度功能的认识存在一个显著变化的过程，这就是从突出强调社会保障制度的经济功能与经济体制改革的工具的作用，转变为重新强调社会保障制度建设的必要性、正确认识社会保障制度建设与经济发展水平的关系，从而在一定程度上确认了社会保障制度功能的综合性。在此基础上，中国社会保障制度体系建设也从比较强调服务于深化经济体制改革、提高国有企业经济效益的相关社会保障制度，逐步转变为构建适合中国基本国情、旨在逐步改善民生、推进社会公平的社会保障制度体系。

三　从局部认识到科学把握社会保障制度的功能

中国共产党第十七次全国代表大会以后，随着中国共产党对社会主义市场经济认识的不断全面和深入，中国的国民经济也达到了一个新的水平，如何在经济发展的基础上实现民生的改善，从而推动和促进社会主义和谐社会建设，成为党在新时期必须要思考和把握的重大问题，这将对中国共产党的执政合法性、国民经济结构调整和可持续发展、人民生活的根本改善以及社会主义和谐社会建设等产生重要的影响。社会保障制度功能问题必然成为中国共产党必须深入思考和定位的一个重要问题。中国共产党在总结改革开放以来关于社会保障制度功能认识的经验与教训的基础上，对社会保障制度功能进行了重新定位，并集中体现在

2006 年《中共中央关于构建社会主义和谐社会若干重大问题的决定》之中。该决定明确指出："完善社会保障制度,保障群众基本生活。"显然,该决定表明党对社会保障制度功能的认识发生了重大变化,社会保障制度的基本目的是保障群众的基本生活,经济体制改革依然是党的工作重心,但不再强调社会保障制度作为经济体制改革的工具的经济性功能,而其促进社会公平与民生幸福的社会性功能得以被肯定并受到高度重视。

在此基础上,该决定更加系统全面地提出了中国特色社会保障制度体系建设和完善的新要求。"适应人口老龄化、城镇化、就业方式多样化,逐步建立社会保险、社会救助、社会福利、慈善事业相衔接的覆盖城乡居民的社会保障体系……完善企业职工基本养老保险制度,强化保险基金统筹部分征缴,逐步做实个人账户,积极推进省级统筹,条件具备时实行基本养老金基础部分全国统筹。加快机关事业单位养老保险制度改革。""完善城镇职工基本医疗保险,建立以大病统筹为主的城镇居民医疗保险,发展社会医疗救助。""推进失业、工伤、生育保险制度建设。"决定对农村居民、城镇居民、特殊社会群体的基本社会保障制度建设给予特别强调,决定指出:"逐步建立农村最低生活保障制度,有条件的地方探索建立多种形式的农村养老保险制度。""加快推进新型农村合作医疗。""加快建立适应农民工特点的社会保障制度。""加强对困难群众的救助,完善城市低保、农村五保供养、特困户救助、灾民救助、城市生活无着的流浪乞讨人员救助等制度。完善优抚安置政策。"决定还对社会福利、福利服务与慈善事业等予以充分的关注,以不断提高人民群众的幸福度,该决定指出:"发展以扶老、助残、救孤、济困为重点的社会福利。发扬人道主义精神,发展残疾人事业,保障残疾人合法权益。发展老龄事业,开展多种形式的老龄服务。发展慈善事业,完善社会捐赠免税减税政策,增强全社会慈善意识。"①

---

① 《中共中央关于构建社会主义和谐社会若干重大问题的决定》,载新华月报社编《时政文献辑览(2006.3~2007.3)》,人民出版社,2007,第40页。

在中国共产党对社会保障制度功能的认识及其对社会保障制度体系完善的进一步要求的指引下，中国社会保障制度体系建设开始进入以制度结构调整促进制度体系完善的新阶段。农村社会保障制度体系建设快速发展，2006 年《国务院关于解决农民工问题的若干意见》提出建立适合农民工特色的社会保障制度；同年《农村五保供养工作条例》建立起适应新时期的农村五保供养制度。2007 年《国务院关于在全国建立农村最低生活保障制度的通知》颁布，开始建立农村居民最低生活保障制度。2009 年《国务院关于开展新型农村社会养老保险试点的指导意见》颁布，开始建立农村居民社会养老保险制度。城镇居民的社会保障制度体系建设也同样受到高度重视并被积极推进，2007 年《国务院关于开展城镇居民基本医疗保险试点的指导意见》颁布，开始建立城镇居民基本医疗保险制度。同年《国务院关于解决城市低收入家庭住房困难的若干意见》颁布，开始建立城市低收入家庭住房保障制度。2011 年《国务院关于开展城镇居民社会养老保险试点的指导意见》颁布，开始建立城镇居民的基本养老保险制度。相关社会救助制度得以完善，2009 年《关于进一步完善城乡医疗救助制度的意见》颁布，开始建立城乡医疗救助制度；2010 年《自然灾害救助条例》颁布，开始建立自然灾害救助制度。

至此，中国不仅初步建立起包含社会保险制度、社会救助制度、社会福利制度与社会福利服务体系等在内的比较完善的社会保障制度内容体系，而且初步建立了包括城镇企业职工社会保障制度、农村居民社会保障制度、城镇居民社会保障制度等在内的社会保障制度结构体系，与此同时，机关事业单位社会保障制度改革开始起步，并在社会保障制度内容体系和结构体系建设的过程中，逐步建立起针对不同群体的社会保障制度中的政府、社会与个人的责任与权利机制，从而初步建立起中国社会保障制度的层次体系。

认识总是随着实践的不断发展而逐步发展并走向科学和成熟，实践也将不断通过提出新的问题从而促使认识走向新的阶段。中国共产党第十七次全国代表大会以来，党对社会保障制度功能的认识不断走向科学与成熟，并指引中国社会保障制度体系建设不断走向完善。中国社会保障制度体系建设和国民经济与社会发展的实践，推动着中国共产党对重大社会问题、重大社会政策的认识不断发展，从而使得中国共产党对社会保障制度功能的认识走向全面、科学和成熟。这突出表现在中国共产党第十八次全国代表大会报告即《坚定不移沿着中国特色社会主义道路前进　为全面建成小康社会而奋斗》之中，该报告明确指出："社会保障是保障人民生活、调节社会分配的一项基本制度。"显然，党对社会保障制度功能的认识提升到了一个新的高度，社会保障制度不再被作为推动经济体制改革的工具，也不再仅仅是为了保障人民群众的基本生活，而是为了保障人民生活和调节社会分配。社会保障制度不是保障人民生活和调节社会分配的一项特殊或者临时制度，而是保障人民生活和调节社会分配的一项基本制度。

　　基于此，该报告对中国社会保障制度体系完善提出了新的全面要求。报告对完善社会保障制度提出了基本目标要求，这就是"社会保障全民覆盖，人人享有基本医疗卫生服务，住房保障体系基本形成"。报告提出了对社会保障制度公平的基本要求，"必须坚持维护社会公平正义。公平正义是中国特色社会主义的内在要求。要在全体人民共同奋斗、经济社会发展的基础上，加紧建设对保障社会公平正义具有重大作用的制度，逐步建立以权利公平、机会公平、规则公平为主要内容的社会公平保障体系，努力营造公平的社会环境，保证人民平等参与、平等发展权利"。报告还对社会保障制度完善的方针与重点提出要求，"要坚持全覆盖、保基本、多层次、可持续方针，以增强公平性、适应流动性、保证可持续性为重点，全面建成覆盖城乡居民的社会保障体系"。

　　报告还对社会保障制度体系及其具体项目的完善提出了新的要求："改革和完善企业和机关事业单位社会保险制度，整合城乡居民基本养老保险和基本医疗保险制度，逐步做实养老保险个人账户，实现基础养老金全国统筹，建立兼顾各类人员的社会保障待遇确定机制和正常调整机制。扩大社会保障基金筹资渠道，建立社会保险基金投资运营制度，确保基金安全和保值增值。完善社会救助体系，健全社会福利制度，支持发展慈善事业，做好优抚安置工作。建立市场配置和政府保障相结合的住房制度，加强保障性住房建设和管理，满足困难家庭基本需求。……积极应对人口老龄化，大力发展老龄服务事业和产业。健全残疾人社会保障和服务体系，切实保障残疾人权益。健全社会保障经办管理体制，建立更加便民快捷的服务体系。"①

总之，中国共产党第十七次全国代表大会以来，为了适应中国经济和社会发展的新变化和新要求，中国共产党对社会保障制度功能的认识逐步走向科学和成熟，从对保障人民群众基本生活的局部性功能把握，发展到对保障人民生活和调节社会分配的整体性、科学性把握。中国共产党对社会保障制度功能认识的不断科学与成熟，决定了中国共产党对社会保障制度体系建设和完善的要求不断走向系统、全面和科学，从而推动了中国社会保障制度体系建设从重视制度内容体系建设到重视制度结构体系完善，同时，逐步实现制度层次体系的合理，进而为新时期中国社会保障制度体系的进一步完善奠定了科学的认识基础、政策要求、制度选择和制度目标等前提。

四 基本结论

改革开放以来，随着中国经济社会的发展变化，中国共产党的执政理念也在发生显著的变化，以人为本和构建社会主义和谐社会成为中国共产党执政理念的重要组成部分。在此基础上，中国共产党对社会保障制度功能的认识也发生了深刻的变化。改革开放初期，党对社会保障制度功能的认识从认识不足走向初步认识该制度的功能，世纪之交，中国共产党对社会保障制度功能的认识从片面认识走向重新认识该制度的功能，中国共产党第十七次全国代表大会以来，中国共产党对社会保障制度功能的认识从

---

① 《坚定不移沿着中国特色社会主义道路前进　为全面建成小康社会而奋斗》，人民出版社，2012，第14～37页。

局部认识走向全面科学把握该制度的功能。

随着中国共产党对社会保障制度功能认识的发展变化，中国共产党对社会保障制度建设的要求也存在一个显著的变化过程。改革开放初期，中国共产党对社会保障制度体系建设的要求从相对忽略社会保障制度体系建设，走向初步提出社会保障制度体系建设的基本要求。世纪之交，中国共产党对社会保障制度体系建设的要求从突出与经济体制改革和提高企业经济效益直接相关的社会保障制度建设，走向开始提出中国特色社会保障制度体系建设的整体要求。中国共产党第十七次全国代表大会以来，中国共产党对社会保障制度体系建设的要求从强调和保障与人民群众基本生活直接相关的社会保障制度建设，走向对旨在保障人民生活和调节社会分配的整个社会保障制度体系建设和完善的全面要求。

随着中国共产党对社会保障制度功能的认识及其对社会保障制度体系建设要求的发展变化，中国社会保障制度体系建设也经历了一个变化的过程。改革开放初期，中国社会保障制度体系建设的重点是建立社会保险制度、以最低生活保障为核心的社会救助制度、部分社会成员的社会福利制度等社会保障制度的内容体系。世纪之交，中国社会保障制度体系建设的重点开始转变为在继续完善城镇企业职工社会保障制度的同时，重视不同社会群体尤其是城乡特殊困难群体的社会保障制度建设，从而进入中国社会保障制度结构体系的完善阶段。中国共产党第十七次全国代表大会以来，中国社会保障制度体系建设的重点是，一方面，通过对城乡居民基本社会保障制度建设的强调，逐步实现社会保障制度结构体系的进一步完善；另一方面，通过逐步调整不同社会群体的社会保障制度中的政府、社会与个人的责任，逐步实现中国社会保障制度层次体系的逐步合理化，进而推进中国社会保障制度体系建设的公平化。

改革开放以来，中国共产党对社会保障制度功能的认识过程，既是中国共产党对中国特色社会保障制度本质属性的认识过程，也是中国共产党对符合中国国情的社会建设理论的探索过程。中国共产党对社会保障制度功能的认识及其对中国特色社会保障制度体系建设的主张和要求，构成中国特色社会主义理论的重要组成部分，也是中国共产党对马克思主义理论体系和社会主义社会建设理论的重要贡献。中国共产党对社会保障制度功能认识的发展变化，决定了中国共产党对中国社会保障制度体系建设基本要求和政策主张的变化，从而直接影响中国特色社会保障制度体系建设和完善的实践探索，并将随着中国经济和社会的不断发展进一步走向全面、科学和成熟。

延迟退休年龄政策的目标
选择与机制构建 *

一 延迟退休年龄政策的目标选择

最近，延迟退休年龄政策的酝酿在中国社会引起了广泛的关注，几乎全社会都在议论这一话题，其主要观点褒贬不一。笔者觉得有必要换一种角度来讨论这一政策选择问题，弄清楚这一政策选择的基本学理比单一的褒贬更为重要，毕竟这是中国养老金制度难以回避的问题，也是事关亿万中国人民生的重大事情。先从延迟退休年龄的国际实践出发，讨论延迟退休年龄的理性目标选择和关键机制的构建。弄清楚这两个问题之后，中国为什么要实行和应该实施什么样的延迟退休年龄政策就会更加清晰。

延迟退休年龄在中国之所以引起强烈的关注，除了该项措施本身涉及养老金制度参加者的切身利益之外，还与对实施该措施所存在的认识误区直接相关。其主要认识误区可以概括为以下几个方面，即延迟退休是因为养老金存在巨大缺口，从而导致养老金制度的不可持续；延迟退休是因为人口老龄化的巨大压力，延迟退休是应对老龄化问题、养老金制度风险的唯一途径。

中国养老金缺口问题始终是一个舆论焦点话题，但是，无论如何，解决养老金存在的缺口问题，不应该被视为延迟退休的根

---

* 本文以《延迟退休年龄政策的目标选择与机制构建——基于发达国家典型实践经验的研究》为题发表于《社会保障研究》2015 年第 1 期，丁建定为第一作者，田子俊为第二作者。

本原因与基本目标。根据人力资源和社会保障部发布的 2013 年数据，城镇职工基本养老保险收入为 22483.6 亿元，支出为 18416.7 亿元，年度收支结余 4000 亿元。① 即便养老金存在缺口，也不是只有延迟退休年龄才是解决这一问题的唯一办法，养老保障基金的可持续具有三个途径：增加个人缴费、提高企业缴费、增加政府财政投入。虽然中国企业现已承担比较高的养老保险缴费率，大部分参保者个人在提高养老保险缴费方面的空间也已极为有限，但是，如果增大养老金中的政府财政投入规模，同样可以在一定程度上弥补养老金缺口，并在一定程度上有助于实现养老保险制度的可持续。

延迟退休年龄并不可能必然解决人口老龄化的压力问题。老龄化是普遍的社会问题，应对老龄化的政策选择具有多样性，日本社会保障咨询委员会甚至认为，保持经济稳定增长可以化解人口老龄化风险和实现人力资源效率最大化。有的欧洲人也认为，"要解决养老金的问题，不能仅靠提高年龄，比如可以开放私人养老投资项目等"。德国民意调查显示的结果是，80% 以上的民众反对再次提高退休年龄。②

延迟退休年龄并不必然能化解养老保险制度风险，从而解决人口老龄化问题。延迟退休年龄首先是一项劳动就业政策，其直接结果是工龄的延长，而劳动政策与养老保险政策之间存在差别。劳动政策是养老保险政策的基础，劳动关系是养老保险关系的基础，其中，工龄属于劳动关系中的重要因素，缴费资格年限属于养老保险关系中的核心要素，而工龄并非就是养老金缴费资格年限，比较普遍的现象是，养老保险制度参加者的缴费资格年限往往低于工龄，只有将工龄与养老金缴费资格年限强制关联时，才可以实现劳动政策与养老保险政策的有效衔接；只有实现劳动关系与养老保险关系的合理关联，才能使延迟退休年龄引发的工龄

① 《2013 年人力资源社会保障快报数据》，http://www.mohrss.gov.cn/SYrlzyhsh-bzb/zwgk/szrs/。
② 《欧盟专员提出"70 岁退休"》，《环球时报》2014 年 4 月 24 日。

延长与养老金缴费资格年限的延长密切关联，进而实现养老金制度的可持续、更加有效地应对老龄化下对养老金需求的增大。

如果延迟退休所增加的工作年龄不能与缴费资格年限、法定领取养老金的资格年龄、养老金替代率之间建立关联机制，单一提出延迟退休年龄并不能够从根本上解决养老金制度中所面临的现实问题。此外，老龄化问题的核心不完全是养老金问题，还包括一个很重要的方面即养老服务问题。延迟退休年龄的政策并不能够直接应对或者解决养老服务问题，相反，还有可能因为养老金制度参加者在延迟退休年龄政策下退休而使其更加快速地需要养老服务。因此，应对人口老龄化是延迟退休年龄政策选择的重要原因及目标之一，但是，单一的延迟退休年龄政策不可能解决老龄化问题。

显然，延迟退休年龄必须做出合理的政策目标选择。首先，延迟退休年龄政策的目标应是扩大经济活动人口的规模。劳动适龄人口和经济活动人口是两个重要的人口概念，但其意义截然不同，劳动适龄人口是经济活动人口的基础，而只有经济活动人口才对经济社会发展与养老金制度的可持续性具有直接影响。经济活动人口规模的扩大存在以下两个途径：一是单位人群经济活动时间的延长，延迟退休年龄是实现单位人群经济活动时间延长的基本途径；二是单位时间经济活动人口的增加。延迟退休年龄所增加的经济活动人口加上新增就业人口，是实现单位时间经济活动人口增加的根本途径。显然，对于增加经济活动人口的总量来说，延迟退休年龄的意义具有局限性，而延迟退休年龄所增加的经济活动人口加上新增就业人口则是具有实质意义的。

其次，延迟退休年龄政策的另一重要目标应是实现参保者养老保险权益的最大化。延迟退休年龄直接带来工龄的延长，并不一定直接带来养老金缴费资格年限的增加，除非在延长了的工龄与缴费资格年限之间建立强制关联机制。养老金缴费资格年限则是对养老金制度具有决定意义的因素，缴费资格年限直接影响养老保险制度可持续与参保者养老金权益。实现参保者养老金权益的最大化具有如下途径：单位缴费资格年限下的高缴费率是途径之一，但其具有消极性；合理缴费率下较长的缴费资格年限是另一途径，也是一个具有积极意义的途径；按照法定领取养老金资格年龄领取养老金，也应该是对养老金替代率的确定具有直接影响的因素。

二　延迟退休年龄政策的国际实践

现代西方国家在养老保险制度改革过程中，逐渐将延迟退休年龄作为养老金制度改革的重要措施之一。英国1992年社会保障法规定，领取国家基本养老金的人必须具备两个重要的资格：第一个是年龄资格，男子为65岁，妇女为60岁；第二个是缴费资格，任何人要想领取国家基本养老金，必须按照法律规定的数额和年限缴纳养老保险费，国家基本养老金严格按照缴费资格年限发放。缴费资格年限与工作年限紧密相连，即在一定的工龄中，国家基本养老金制度参加者的缴费资格年限必须达到规定的年数，方可在其达到法定领取养老金资格年龄时领取全额的国家基本养老金，否则，即被视为缴费资格年限不足，只能领取按规定比例降低后的国家基本养老金。缴费资格年限每差额1年，国家基本养老金的领取标准则降低2%～3%；缴费资格年限低于规定年限的1/4者，即无权领取国家基本养老金；缴费资格年限每增加1年，领取国家基本养老金的标准则按照规定的比例相应提高。[①]（见表1）

表1　英国国家基本养老金制度中的工龄与缴费资格年限关联

单位：年

养老金制度参加者工作年限	相对应的养老金缴费资格年限
10	9
11～20	18

---

① 丁建定：《英国现代社会保障制度的发展》，中国劳动社会保障出版社，2004，第189～190页。

养老金制度参加者工作年限	相对应的养老金缴费资格年限
21～30	27
31～40	36
41 以上	36 以上

资料来源：David Black, *Pension Scheme and Pension Fund in the United Kingdom*, Oxford: Clarendon Press, 1995, p. 52.

法国 1993 年出台的养老金制度改革规定，从 1994 年起，养老金制度参加者缴费资格季度每年增加 1 个季度，获得全额养老金者的缴费资格季度从 160 个季度（37 年半），逐步增加到 2004 年的 170 个季度（40 年），养老金替代率计算所依据最好工资年数从 1994 年开始每年增加 1 个年度，直到逐步过渡到按照 20～25 年最好年均工资计算养老金。[1]（见表 2）

表 2 法国养老金缴费资格季度与过渡期间养老金计算依据

出生年份	60 岁时的年份	缴费资格季度	养老金计发所依据的年均工资年数
1934	1994	151	11
1935	1995	152	12
1936	1996	153	13
1937	1997	154	14
1938	1998	155	15
1939	1999	156	16
1940	2000	157	17
1941	2001	158	18
1942	2002	159	19
1943	2003	160	20
1944	2004	160	21
1945	2005	160	22
1946	2006	160	23

[1] 米尔丝：《社会保障经济学》，法律出版社，2003，第 197～198 页。

续表

出生年份	60 岁时的年份	缴费资格季度	养老金计发所依据的年均工资年数
1947	2007	160	24
1948	2008	160	25

资料来源：迪贝卢、普列多：《社会保障法》，法律出版社，2002，第 90 页。

美国 1983 年社会保障法修正案规定，从 2003 年开始，每年将退休年龄延长规定的月数，逐渐将退休年龄从 2002 年的 65 岁推迟到 2008 ~ 2019 年的 66 岁，再依照同样的办法，将退休年龄从 2019 年的 66 岁推迟到 2025 年及其以后的 67 岁。提高养老金领取者缴纳养老保险税的资格年限，从 1990 年起，领取联邦政府养老金的纳税年限从 10 年提高到 20 年。建立退休年龄、法定领取养老金资格年龄与养老金替代率的关联机制，在确定法定领取养老金资格年龄的同时，根据实际退休年龄的早晚，确定养老金替代率的高低，提前退休者只能领取降低了替代率的养老金，按照法定领取养老金资格年龄退休者，领取正常替代率的养老金，延迟退休者，可以领取提高了替代率的养老金。（见表 3）

表 3　美国退休年龄变化与养老金标准变化

单位：%

年份	正常退休年龄	提前、正常或推迟退休者所领基本养老金标准			
		62 岁	65 岁	67 岁	70 岁
1994 ~ 1995	65 岁	80	100	109	123
1996 ~ 1997	65 岁	80	100	110	125
1998 ~ 1999	65 岁	80	100	111	128
2000 ~ 2001	65 岁	80	100	112	130
2002	65 岁	80	100	113	133
2003	65 岁 +2 个月	79	99	112	131
2004	65 岁 +4 个月	78	98	112	133
2005	65 岁 +6 个月	78	97	111	132
2006	65 岁 +8 个月	77	96	110	133

年份	正常退休年龄	提前、正常或推迟退休者所领基本养老金标准			
		62 岁	65 岁	67 岁	70 岁
2007	65 岁 + 10 个月	76	94	109	131
2008 ~ 2019	66 岁	75	93	108	132
2020	66 岁 + 2 个月	74	92	107	131
2021	66 岁 + 4 个月	73	91	105	129
2022	66 岁 + 6 个月	73	90	104	128
2023	66 岁 + 8 个月	72	89	103	127
2024	66 岁 + 10 个月	71	88	102	126
2025	67 岁	70	87	100	124

资料来源：邓大松：《美国社会保障制度研究》，武汉大学出版社，1998，第256 页。

日本政府于 1994 年对养老金制度进行改革，自 1999 年起，将女性退休年龄从 58 岁推迟到 60 岁，同时提出，只要个人愿意并具有一定的工作能力，每个人都可以工作到 65 岁。养老金仍从 60 岁开始支付，但是 60 ~ 64 岁仍然工作者，可以领取部分养老金（Part-time Pension），到 65 岁时，再领取全额养老金。将养老金支付与雇佣保险津贴联系起来进行调整，60 ~ 64 岁者从 1996 年 4 月开始，领取失业保险津贴者停止领取养老金，企业如果雇佣 60 ~ 64 岁人员，政府可以提供 25% 的工资补贴。[①]

可见，延迟退休年龄逐渐成为西方国家养老金制度改革中普遍采用的政策措施，尽管各国实施延迟退休年龄政策的背景各异，但其政策举措均非单一的延迟退休年龄，而是普遍建立一种延迟退休年龄的政策关联机制，即建立延迟退休年龄、养老金缴费资格年限、法定领取养老金资格年龄与养老金替代率之间的关联机制。

三 延迟退休年龄政策的机制构建

如同世界上许多国家一样，中国人口老龄化趋势也在逐渐增

---

① 吕学静：《日本社会保障制度》，经济管理出版社，2000，第 60 ~ 61 页。

强，2009 年，中国 60 岁以上人口约 1.67 亿，80 岁及以上人口达到 1899 万，根据人口学界的相关预测，2010～2049 年将是中国人口快速老龄化时期，65 岁以上人口比例在 2049 年将达到 22%，2055 年将达到 25%，此后将在 24%～26% 徘徊。与人口老龄化相对应的是中国老年人抚养比的不断上升，1982 年为 7.97%，2000 年为 9.99%，2009 年已经达到 13.24%。① 人口老龄化给中国养老金制度带来了直接的压力，为了应对这一压力，西方国家近年来所实施的延迟退休年龄政策，便受到中国政府当局和学者的关注乃至推崇。

西方国家养老金制度经过近百年的发展完善，已经建立起一种比较完善的内在机制，这种内在机制集中体现在工作年限即所谓的工龄、缴费资格年限、缴费率、法定领取养老金的资格年龄、退休年龄、养老金待遇计算标准以及养老金替代率之间的一种机制。在这种机制下，延迟退休年龄所引发的工龄的延长，很自然带来缴费资格年限的延长，进而使得延迟退休年龄自然进入整个养老金制度运行机制之中，因此，我们现在所看到的似乎是西方国家实施了延迟退休年龄政策，实际上，西方国家所实施的延迟退休年龄政策是一种机制。

中国养老金制度的现实并非如此。由于长期受到国家保障与单位保障体制的影响，中国社会保障管理部门和劳动者本人都存在关注工龄而非重视缴费资格年限的倾向，缴费资格年限在养老金制度中的关键性地位未被确立，基本养老金缴费 15 年的缴费资格年限既不适应中国养老金制度发展的现实，也反映出在缴费资格年限这一核心要素规定方面的本质缺陷。由此而来，中国养老保险制度中必然出现工龄、缴费资格年限、缴费率、法定领取养老金的资格年龄、退休年龄、养老金待遇计算标准、养老金替代率等养老金制度诸要素之间的独立性，导致中国养老金制度中有制度却无机制，进而导致养老金制度运行效果受到直接影响。

---

① 郑功成：《中国社会保障改革与发展战略：总论卷》，人民出版社，2011，第 7 页。

根据延迟退休年龄的国际实践，结合中国人口老龄化的趋势，尤其是结合中国养老金制度在机制方面所存在的严重缺陷，笔者认为，中国如果选择延迟退休年龄作为养老金制度改革的重要措施之一，就不能单一强调延迟退休年龄政策，而必须在实施延迟退休年龄政策时，注重养老金制度的核心机制构建，即工龄、缴费资格年限、缴费率、法定领取养老金的资格年龄、退休年龄、养老金待遇计算标准以及养老金替代率之间的强制关联机制。

首先，建立工龄与养老金缴费资格年限之间的强制关联机制。通过延迟退休年龄实现参保者工龄的延长，将一定的工龄与规定的养老金缴费资格年限之间强制关联，只有建立二龄与养老金缴费资格年限之间的强制性关联机制，才能确保和实现参保者养老金缴费资格年限的延长，进而使得延迟退休年龄的政策选择具有实际意义。

其次，建立养老金缴费资格年限、缴费率与替代率之间的关联机制。应该建立基于强调缴费资格年限的合理的缴费率确定和调整机制，鼓励养老金制度参加者多缴费和长缴费，实现养老金缴费资格年限、缴费率与替代率之间的强制关联机制，进而实现养老金制度的激励机制。在实施延迟退休年龄政策、延长工龄的基础上，强制提高养老金缴费资格年限，确定比较科学、合理的养老金缴费率，进而根据养老金缴费资格年限、缴费率确定养老金替代率，保证养老金制度参加者养老权益最大化。

再次，建立养老金缴费资格年限、缴费率、替代率与法定领取养老金资格年龄之间的关联机制。应该用法定领取养老金资格年龄取代现行退休年龄在养老金制度中的地位和作用，这需要合理确定法定领取养老金资格年龄，即延迟退休年龄政策所选择的合理退休年龄。用法定领取养老金资格年龄取代现行退休年龄在养老金制度中的地位和作用，这有利于解决现行养老金制度下，难以用退休年龄政策约束非正规就业人员在养老金制度中的责任的问题，从而更加有效地促进非正规就业人员参加养老金制度的机制的完善。与此同时，在合理确定法定领取养老金资格年龄的基础上，建立起工龄、养老金缴费资格年限、缴费率、法定领取养老金资格年龄与养老金替代率之间的强制关联机制，实现延迟退休年龄政策的根本目标。

最后，建立弹性退休年龄制度。养老金缴费资格年限、缴费率、替代率与法定领取养老金资格年龄之间的强制关联机制，使得工龄与退休年龄在养老金制度中不再具有实质意义，也就是说，工龄、退休年龄不再是养老金制度中具有重要意义的要素。缴费资格年限、缴费率、替代率与法定领取养老金年龄资格的关联机制成为养老金制度稳定和可持续运行的核心。是否在法定领取养老金资格年龄领取养老金、养老金缴费资格年限的长短、缴费率的高低等决定养老金替代率水平的高低。应在养老金待遇标准变化中始终遵循工龄、缴费资格年限、缴费率、法定领取养老金资格年龄之间的强制关联机制，并辅之以领取部分养老金与非全日制工作之间的关联机制。（见表4）

表4 部分国家退休年龄情况

单位：岁

国家	男性			女性		
	法定退休年龄	实际退休年龄	差距	法定退休年龄	实际退休年龄	差距
韩国	60	71.1	11.1	60	69.8	9.8
墨西哥	65	72.3	7.3	65	68.7	3.7
智利	65	69.4	4.4	60	70.4	10.4
日本	65	69.1	4.1	65	66.7	1.7
葡萄牙	65	68.4	3.4	65	66.4	1.4
土耳其	60	62.8	2.8	58	63.6	5.6
新西兰	65	66.7	1.7	65	66.3	1.3
爱尔兰	67	68.2	1.2	67	67.2	0.2
瑞士	65	66.1	1.1	64	63.9	−0.1
瑞典	65	66.1	1.1	65	64.2	−0.8

资料来源：王刚：《发达国家实际退休年龄男64女63》，《环球时报》2014年6月3日。

延迟退休年龄政策的机制构建是为了实现该政策的两个基本

目标，即在延迟退休年龄政策的实施中，构建养老金制度的运行机制，使得延迟退休年龄政策的功能不仅是单一的养老金制度改革措施，也不仅是为了缓解养老金制度所面临的压力，更是推进中国养老金制度机制形成和完善的关键举措，进而使得延迟退休年龄政策的实施，不仅能够真正扩大经济活动人口的规模，而且有助于实现养老金制度参加者养老金权益的最大化和最优化。

总之，延迟退休年龄政策不应该是单一性政策，延迟退休年龄的国际实践普遍强调建立一种延迟退休年龄的内在关联机制，延迟退休年龄政策的目标选择应该是扩大经济活动人口的规模和实现参保者养老金权益的最大化，其核心机制是构建起工龄、养老金缴费资格年限、缴费率、法定领取养老金资格年龄与替代率之间的强制性关联机制。只有建立起这一强制关联机制，延迟退休年龄政策才具有实际意义。

社会保障制度共识论

保守党与英国现代社会
保障制度的建立[*]

英国现代社会保障制度的建立以 1906 年自由党上台后所建立的社会保险制度为起点，因此，学术界一般对自由党在现代社会保障制度建立过程中的作用予以充分的关注和较高的评价，对保守党在英国现代社会保障制度建立过程中的作用和地位则关注不够。事实上，在 1870 ~ 1914 年，保守党执政的时间远远多于自由党，在这样一个重大的社会改革时期，作为主要执政党的保守党不可能对日益加剧的社会问题置之不理，也不可能不采取任何措施试图解决社会问题，即使在自由党代替保守党上台执政以后，作为在野党的保守党也没有停止社会改革的呼吁和行动。

一　关于英国社会问题的看法

从迪斯累里到劳·安德鲁·博纳的历任保守党领袖大多数对社会问题十分重视，他们或者把社会问题的解决看作国家和政府的一种责任，或者把它看作缓和社会矛盾、削弱工党力量并与自由党进行竞争的一种手段。迪斯累里出任保守党领袖后，为了改变保守党长期在野的局面，洗刷自由党对保守党的种种指责和批评，提出了类似自由党"新自由主义"的所谓"新保守主义"。新保守主义把维护国家政治体制、巩固大英帝国、改善人民生活作

---

* 本文以《保守党与英国现代社会保障制度建立的关系》为题发表于《河南大学学报》（社会科学版）2000 年第 6 期；发表后被中国人民大学复印报刊资料《社会保障制度》2001 年第 4 期全文复印。

为保守党的三大呼吁目标，大臣应该首先考虑的问题是人民的健康，并且指出，"如果英国人民是把政治进步而不是把社会进步的实现作为自己追求的目标，那么他们就是一群白痴"。迪斯累里如此宣扬社会改革与进步，除了上述原因外，还有与自由党进行竞争的原因，呼吁进行社会改革，改善人民的生活环境，不仅可以得到广大民众的拥护，而且可以起到分裂自由党的作用。迪斯累里的这一招果然奏效，在 1874 年的选举中，保守党以绝对多数获胜，自由党人愤而称迪斯累里的做法为"污水政策"，借呼吁社会改革之牌，扬保守党之名，毁自由党之誉。

19 世纪 80 年代后，因为爱尔兰自治问题而与自由党决裂的约瑟夫·张伯伦加入保守党，并很快成为保守党的著名政治领袖和激进的社会改革家。早在 1885 年，仍是一名自由党人的张伯伦在选举中就已指出，我相信全体人民参加政府工作，将会迫使人们在更大程度上注意到一些社会问题，这些社会问题由于涉及最大多数人的最大幸福，是应该作为自由党政策的首要目标的。① 在其竞选纲领中，他要求实行初等教育免费，进行财政改革，增加税收，为社会改革、消除贫困、建造贫民住宅提供财政支持。1886年张伯伦加入保守党，同年，为解决失业问题，他向政府官员发了一份函件，要求授权自治市当局兴办市政工程以救济失业者，对贫民的歧视与不公不应该与因失业而造成贫困的人联系在一起，并要求扩大济贫院外救济，缓和失业者的贫困。②

进入 19 世纪 90 年代，面对工人运动与工党的兴起，张伯伦更加积极地呼吁社会改革，1892 年，他对贝尔福说，"社会立法运动即将发生，我们的任务是对此加以引导"。1894 年他又指出，选民现在对社会问题的兴趣远远超过对上院或其他任何宪法问题的兴趣。③ 张伯伦还提出一些具体的主张，如颁布工厂法，实行缴费养

---

① 马里欧特：《现代英国》，商务印书馆，1973，第 50 页。

② Derek Fraser, *The Evolution of the British Welfare State*, *A History of Social Policy since the Industrial Revolution*, London: Macmillan Press Ltd., 1984, pp. 140 – 141.

③ Matthew Fforde, *Conservatism and Collectivism*, *1886 – 1914*, Edinburgh, 1990, p. 72.

老金制度，减少劳动时间，实施最低工资制度，促进工人阶级住房条件的改善等。张伯伦如此竭力主张社会改革的目的是，通过社会改革，实现财富和福利的再分配，以巩固资产阶级的统治，他认为"当穷人对富人不再感到真正的嫉恨与不满时，财产的基础就会更加安全"。①

索尔兹伯里首相同样关注社会问题，赞成改善民众生活的社会保障措施。他说："我自己对任何形式的对工人的施舍深表厌恶，但是，好像没有什么理由去反对利用国家机器来提供它所能做到的任何帮助。"② 他提醒保守党人注意，工人将利用自己的选举权来争取改善他们的社会福利，"贫民将会把国家当作争取他们利益的工具，那些受救济的人无疑将会利用他们的选票在下次选举中争取工资的提高"。③ 贝尔福首相在 1895 年也指出了推行社会立法、改善民众生活条件的重要性，他说："在我看来，社会立法不仅不同于社会主义立法，而且恰恰是其对立物与解毒剂，掌权者如果能表现出解决每一种社会问题的热情，并把社会置于一种更加合理更加坚实的基础上，工人阶级就无法得到公共舆论的支持。"④

此外，还有许多保守党人也不同程度地注意到社会问题的重要性，呼吁和提倡社会改革。伦道夫·丘吉尔 1884 年在议会中明确指出，"除非托利党表示出准备解决重要的社会问题，否则，在很长时期内它不可能再次执政"。另一个保守党人罗利也在 1889 年指出，"国家正面临一些严重的社会问题，这些问题的解决已经刻不容缓，否则，将会把所有对此迟缓不动的人扫出政治舞台，政治家的责任就是通过自己的力量使那些可能变成社会革命的运动

---

① Pat Thane, "The Working Class and State Welfare in Britain, 1880 – 1914," *The Historical Journal* 4 (1984).

② D. J. Dutton, "The Unionist Party and Social Policy, 1905 – 1914," *The Historical Journal* 4 (1981).

③ Matthew Fforde, *Conservatism and Collectivism, 1886 – 1914*, Edinburgh, 1990, p. 79.

④ Derek Fraser, *The Evolution of the British Welfare State, A History of Social Policy since the Industrial Revolution*, London: Macmillan Press Ltd., 1984, p. 139.

和平地进行"。1898 年他又指出，"一个社会中贫富之间极端差异的存在无论是从政治上还是从社会上来说都是十分危险的"。①

二 关于应对社会问题相关措施的分歧

保守党在执政时期对一些重大社会问题进行了广泛深入的讨论，并针对一些社会问题采取了具体的措施。

保守党在执政时期组织过各种各样的委员会对各类社会问题进行调查。这些调查委员会中重要的有：1876 年皇家工厂法委员会，1882 年关于工匠和工人的住房问题委员会，1885 年皇家工人阶级住房委员会，1887 年关于国民救济保险委员会，同年济贫法委员会，1895 年皇家老年委员会，同年关于因失业导致的贫困问题委员会，1899 年关于值得救济的老年贫民委员会，1904 年关于国民身体素质下降委员会，1905 年关于公立学校儿童医疗检查和营养问题委员会以及皇家济贫法委员会。这些委员会几乎涉及社会问题的各个方面，委员会的调查对于客观认识英国社会问题的严重性，帮助保守党政府乃至以后的自由党政府制定有效的社会政策提供了极具价值的资料。

在养老金问题上，布莱克利、约瑟夫·张伯伦以及查理斯·布斯三人的养老金计划提出后，保守党政府多次组织委员会讨论这一计划。1885 年成立的国民保险委员会对布莱克利强制性缴费养老金计划提出反对，认为这种强制性意味着国家权力将会明显扩大，这在原则上是有害的，尤其对英国人口中普遍存在的自我节俭及自助传统更加有害。1895 年皇家委员会报告中，多数人认为，老年贫民的数量正在减少，因此，不必采取什么新的措施，不过现行济贫法应该更加宽容地对待老年问题，委员会认为，实施国家养老金制度的时机尚未成熟。1896 年，罗斯柴尔德先生受命组织一个新的委员会，旨在"讨论任何可能提交他们的意在鼓

---

① Matthew Fforde, *Conservatism and Collectivism*, *1886 – 1914*, Edinburgh, 1990, pp. 69 – 73.

励那些勤劳的人们通过国家帮助或其他途径对老年人提供福利的计划，并报告他们是否可以推荐采用某种方案，其中要特别注意这一方案对国家财政及地方税收可能带来的影响，对友谊会等组织可能带来的影响，以及这一方案在实际运作过程中是否可能得到各种社会组织的合作"。① 该委员会本欲考虑实施一种由国家补贴的缴费养老金计划，但由于分歧太大，最终未能提出任何可行的方案，无疾而终。

1899 年，以亨利·查普林为主席的又一个委员会成立，目的是研究如何改善老年人及值得救济的贫民的生活条件，并从已提交下院的 7 个养老金议案中选择一个，但委员会全然否定这些议案，自己提出一种类似于丹麦和新西兰养老金制度的方案：对那些每周收入在 10 先令以下的人，其 65 岁以后，每周被提供 5 ~ 7 先令的养老金，不过在发放养老金以前，首先要对其进行财产及品行调查，品行不好的适用范围限于 20 年间曾被拘禁、申领济贫补贴、没有努力养活自己及家人三个方面。查普林委员会提出的方案具有一定的可行性，它既是非缴费性的，又包含了一定提倡自助的倾向，做到了两者较为恰当的调和，这正是以往该种方案难以解决的问题，但是，这一方案同样没有得到实施。

养老金问题在保守党议员中存在两种明显对立的观点，W. 朗在 1899 年对这种对立倾向做了如下记述："对于养老金问题，我认为是应该实施的。如果我们能以一种正确而又令人满意的方式予以推行，那么，不管是从政策上还是从费用上来说，都是能很好地解决老年问题的。议会中的许多成员赞同我的观点并已投身于这样一种政策之中……不过，他们的困难处境是显而易见的，尤其是那些代表纯粹农业选民的议员，在那里，把养老金制度这类问题作为目标是会受到攻击的。"这样，虽然有许多保守党议员要求实施养老金制度，例如，1898 年，100 名保守党统一派议员向政府递交陈情书要求通过一部有效的养老金法，但反对养老金

---

① Doreen Collins, "The Introduction of Old Age Pensions in Great Britain," *The Historical Journal* 2 (1965).

制度的议员也不是少数。希克斯·比奇就指出："我们不会接受对那些无疑处于贫困之中但能养活自己的人予以救济的新的危险的思想，农业工人会坚决反对我们提出这样的计划，否则，我们就会失去而不是得到更多的朋友。"①

保守党内阁中同样存在严重的分歧。约瑟夫·张伯伦、贝尔福和亨利·查普林积极呼吁建立一种有效的养老金制度，这种养老金制度应该是一种有限的免费的养老金。相反，首相索尔兹伯里和财政大臣希克斯·比奇则对社会改革兴趣不大，他们认为，任何社会改革都有可能带来财政支出的巨额增长。养老金问题在保守党执政时期始终是一个处于争论中的问题。但是，这种争论也不是毫无结果，到19世纪90年代中期，强制性缴费的养老金制度逐渐不再为人们提倡，免费养老金制度越来越成为人们追求的目标。

失业问题是保守党政府所关注的又一重要社会问题。19世纪70~80年代，保守党政府一方面对济贫法制度进行改革，扩大对失业者的济贫院外救济；另一方面采纳查理斯·布斯、威廉·布斯以及韦伯夫妇的建议，在失业严重的地方建立各种类型的劳动移居地，对失业者提供劳动救济。1886年3月15日，地方政府事务部大臣约瑟夫·张伯伦向所有地方济贫监督官发出一份通函，提出一项对失业者提供劳动机会的"市政公共工程计划"。计划指出，在对贫困和失业者进行救济时，应该通过市政工程的扩大给失业者提供就业机会。张伯伦在通函中指出，在失业现象特别突出的地方，济贫监督官应当和地方当局进行协商，努力采取措施为非熟练工人安排工作以便使他们尽快就业。②

1895~1896年下院成立了一个由保守党、自由党及工党议员联合组成的关于失业问题的调查委员会。委员会成员在许多方面存在意见分歧，但是在重要方面仍然达成一致意见。委员会认为，

---

① Matthew Fforde, *Conservatism and Collectivism*, *1886 – 1914*, Edinburgh, 1990, p. 81.

② W. H. B. Court, *British Economic History*, *1870 – 1914*, *Commentaries and Documents*, Cambridge, 1965, pp. 402 – 405.

对于那些在极其特殊的情况下申请救济的人应该保留其选举权，地方政府事务部应该制定一些条例以便使济贫监督官能够行使其已废置不用的为失业者购买土地并提供计酬劳动的权力。但是，关于向失业者提供救济性工作的开支，委员们未能就全国各地的情况形成相同的意见，但在伦敦地区仍然形成一致的意见，委员会认为，伦敦地区为救济失业者提供工作的支出的一半应由整个首都区负担。委员会还提出把失业者定居在土地上的建议。

　　1905 年保守党政府开始采取措施，承担起解决失业问题的责任，其标志就是 1905 年颁布的失业工人法。该法规定：在伦敦地区每一个区议会中依照地方事务部的安排建立一个贫困委员会，贫困委员会的职责是熟悉其所在区的劳工状况，在中心委员会的要求下进行调查并对申请者进行区分。如果贫困委员会确认申请人的确渴望获得工作，但由于他们无法控制的特殊原因而暂时得不到工作，并认为申请人的情况依该法处理较济贫法更为合适，贫困委员会就可以尽力为申请人寻找工作。贫困委员会的任何开支应来自一笔由自愿捐款以及在中心委员会要求下每区议会按其税值比例批拨的款项组成的中心基金，但这笔批发款项的总数每年不得超过该区总税值中每镑一便士的标准。关于伦敦以外地区，法令规定：在每一个最近一次人口普查中拥有 5 万以上人口的自治区或市都应依照地方政府事务部的安排建立起成员及职责如同伦敦一样的贫困委员会。如果区议会向地方政府事务部提出申请并得到批准，这一规定的适用范围也可以扩大到在最近一次人口调查中人口少于 5 万但超过 1 万的各自治区及市区。①

　　西方研究英国社会保障制度的学者经常给予 1905 年失业工人法极高的评价，他们或者认为"这是对失业者的一种全新的责任"，或者认为"这是一项承认国家对其失业的居民应承担责任的立法，从这一意义上讲，它又是那些最终缔造了英国福利国家的

---

①　David Douglas, *English Historical Documents*, vol. XII, 1874 – 1914, London, 1977, pp. 580 – 582.

一系列立法中的第一部"。①

保守党在执政期间，还实施了一系列工厂法，对劳动时间、劳动保护以及工伤赔偿等方面做出了法律规定，特别是 1876 年和 1878 年工厂法，1878 年、1880 年、1897 年、1900 年工伤赔偿法在英国基本上建立起工伤赔偿制度，并使得英国的工厂法进一步完善起来。1902 年保守党政府的教育法对英国的教育体制进行了重大改革，基本上奠定了近代英国的教育体制。此外，保守党政府还实施了一些住房法，但是，这些法令的主要目的是改善居住区的卫生环境而不是改善居住拥挤状况。

三　针对自由党社会保障政策的反应

1906 年保守党在选举中失败后，一些年轻党员通过创办刊物、发表文章继续进行社会改革的鼓动工作。1908 年他们出版《新秩序》杂志，要求保守党把自己的主要力量投入社会改革之中，其中包括济贫法的改革以及与之相关的其他方面。1911 年，他们又在《观察家》杂志发表文章，呼吁保守党统一派把自己的兴趣放在社会问题方面。《晨邮报》发表保守党人格温的文章，要求保守党领袖博纳拿出一项社会改革的明确纲领，以重塑保守党的形象。加文提出警告："没有一项社会改革的重要计划或措施，保守党就休想再次执政。"②

保守党中的激进分子在自由党上台后，深感其各项社会立法可能对保守党带来灾难性的后果，于是，他们在 1911 年这一自由党社会改革的关键一年建立了"保守党统一派社会改革委员会"。这是一个非官方的机构，但在保守党总部拥有自己的办事处，并雇有长期工作人员，可见其在当时保守党中的重要影响。委员会的 60 多名成员中，约 35 人是下院议员，这些议员多为 1865 ~

① Kenneth D. Brown, "Conflict in Early British Welfare Policy: The Case of the Unem-ployed Workmen's Bill of 1905," *Journal of Modern History* 43 (4), 1971.

② D. J. Dutton, "The Unionist Party and Social Policy, 1906–1914," *The Historical Journal* 4 (1981).

1885 年出生的年轻议员。在一份题目为《国家托利主义与社会改革》的文件中，委员会主席史密斯阐述了该委员会的基本原则。他说，人们对保守党统一派社会政策的指责主要是认为，它是自由党政策与原则的翻版，然而恰恰相反，托利党的社会改革一方面不同于劳合·乔治的"激进社会主义"，另一方面不同于"辉格党的个人主义"，而是"第三条道路"。他认为，激进社会主义与辉格党个人主义这两种对立的原则，导致了阶级之间的仇恨。托利主义则相反，它是实用主义，只关心"生活本身的事实"，它不仅不会带来阶级之间的冲突，而且强调在一种高度的民族和帝国的统一体下阶级利益的调和。在政策上，该委员会旨在通过提倡远远超过自由党所能理解的那些更加集体主义的社会改革来取得优势。

为宣传自己的各项社会改革主张，保守党统一派社会改革委员会组织各种小组委员会，对各类社会问题进行调查，提出报告和建议。这些小组委员会所关注的社会问题主要集中在济贫法、住房、农业、教育、劳工争端和健康等方面。

关于济贫法的小组委员会 1912 年所提出的报告是保守党统一派社会改革委员会提出的第一个也是最重要的一个报告，报告名称为《济贫法改革》。报告的主要内容包括两个方面：第一，在现行的济贫法体制下，必须对各阶层进行绝对的区分，对不同的阶层采取不同的办法，有区别地给予适当的救济；第二，现行地方政府制度可以保持不变。报告在许多方面与 1905～1909 年皇家济贫法调查委员会的少数派报告的主张一致，报告极力主张彻底废除济贫法制度，把生病的人移交地方政府中的健康部门，济贫法医疗机构应该停止存在，取而代之的应该是一个统一的公共健康服务体制，考虑到城镇与乡村的不同情况，这种医疗服务应该分为不同的等级，并根据病人的不同需要予以区别对待，贫困者免费就医，具有支付能力者缴费就医。儿童也从济贫法体制下脱离出来，移交地方教育机关。对失业者应该在全国范围内采取一致的解决措施。①

---

① Jane Ridley, "The Unionist Social Reform Committee 1911 – 1914: Wets before the Deluge," *The Historical Journal* 2 (1987).

健康问题的小组委员会成立于 1913 年 8 月，到当年的 12 月已经召开了至少 6 次会议，并提出了一项正式的方案，由于第一次世界大战的爆发，这项题为《人民的健康》的方案被搁置。劳工争端的小组委员会成立于 1912 年，在广泛调查的基础上，该小组委员会得出这样的结论，贸易部应该被授予建立与劳工争端有关的仲裁制度的权力，其认为，"为了国家与民族的利益而监督劳工的生活状况并干预劳工争端，以保护社会的利益尤其是那些弱者的利益，这是国家的职责"。[①]

教育的小组委员会的报告以《学校与社会改革》为题发表于 1914 年，报告建议，通过地方政府实施的向学校儿童提供免费餐以及医疗保健应该成为强制性的法令，呼吁学校医疗部门与其他医疗部门彼此合作，"学校中的医疗工作要想充分发挥它的作用，就必须与地方政府所组织的各种对付贫困及疾病的力量密切配合。学校医疗人员、卫生检查人员、市区巡视员以及济贫人员务必紧密配合、互相支持"。针对教学中不利于学生就业的问题，报告指出，解决问题的办法是实施更多的职业技术教育，这不能通过提高学生离校年龄的办法来实现，而应该通过建立一种强制的业余继续教育制度的办法来实现。

住房问题的小组委员会曾在 1912 年 3 月和 1913 年 4 月提出两个方案，要求建立一种隶属于地方政府事务部的住房委员会制度，并拨给住房委员会一定的住房资助款项，住房委员会拥有迫使地方政府行动的真正权力。这一方案包含一种新的原则，那就是通过使用住房资助款来确立国家对地方政府的住房政策的调节与控制，并迫使它们发挥作用。因此，住房小组委员会的方案被一名自由党议员誉为"托利民主的第一个成果"。[②]

综上所述，可以得出这样的结论：1870 ~ 1914 年，保守党虽没有为英国民众建立一套以社会保险为核心的现代社会保障制度，

---

① D. J. Dutton, "The Unionist Party and Social Policy, 1906 – 1914," *The Historical Journal* 4 (1981).

② Jane Ridley, "The Unionist Social Reform Committee 1911 – 1914: Wets before the Deluge," *The Historical Journal* 2 (1987).

但是，保守党对社会问题的关注绝不亚于其后上台的自由党。保守党在执政时期所组织的多次有关社会问题的委员会、其对各种社会问题所进行的广泛调查和讨论以及其所采取的各项社会措施不仅在英国社会福利制度发展史上具有重要影响，而且在一定程度上为 1906 年自由党上台后所采取的重大措施提供了条件、奠定了基础。保守党执政时期爱尔兰问题的加剧、英国社会根深蒂固的个人主义和自助传统、错综复杂的政党斗争以及对济贫法所进行的一些改革等使得保守党没有能够在社会领域采取重大改革措施，因而没有在英国建立起现代社会保障制度，但它为英国现代社会保障制度的建立奠定了基础。

工人阶级与英国现代社会
保障制度的建立 *

一 关于工人阶级与英国现代社会保障
制度建立的学术争议

关于工人阶级与英国现代社会保障制度建立的关系，英国学者一般都认为："不列颠福利国家的建立和发展与工人阶级的角色及影响的变化紧密相连。"① 20 世纪 60 年代末，英国著名工党史学者亨利·佩林对这种传统观点提出疑义，他在 1968 年发表的《工人阶级和福利国家》一文中指出：人们通常都认为，1906 年后自由党政府在国家福利方面行动的扩大，与有组织的劳工运动的发展是联系在一起的，国家在社会福利方面的所作所为，至少受到工人阶级中绝大多数的支持和欢迎。佩林指出，这种观点是不正确的，直到养老金和国民保险这类立法出现后，工人阶级中的大多数至少对国家福利持敌视或无所谓态度。提倡福利改革的劳工政治家们自己都是中产阶级。②

1978 年，J. R. 海在其编纂的《1880～1975 年英国福利国家的发展》一书的前言中也提出了类似的观点，他认为，"英国工人阶

---

* 本文以《工人阶级与英国现代社会保障制度的建立》为题发表于《河南大学学报》（社会科学版）2001 年第 6 期。

① J. R. Hay, *The Development of the British Welfare State*, *1880 – 1975*, London: Edward Arnold Ltd. , 1978, p. 1.

② Henry Pelling, *Popular Politics and Society in Late Victorian Britain*, London: Macmillan Press Ltd. , 1968, pp. 1 – 18.

级对国家福利的态度与观点是十分复杂和矛盾的，他们对社会改革进程的影响，尽管绝不是一种无足轻重的因素，但也不是这种社会改革唯一直接的原因"。[①] 1984 年，英国社会保障制度史学者帕特·塞恩发表了《工人阶级和不列颠福利国家：1880 ~ 1914年》一文，帕特·塞恩认为，工人对自由党政治家的政策和行动在很大程度上持怀疑态度，因为他们认为这些政策太迟了而且太有"侵犯性"，对工人阶级的独立是一种威胁。但是，帕特·塞恩也指出：工人阶级的这些看法并不是普遍的，很可能随着时间的流逝而减弱，总体上说，大多数的贫穷工人对任何可以减轻其生活困难的措施都表示欢迎。所以，塞恩认为，有理由得出这样的结论，大多数工人还是希望能拥有稳定的工作、足够的收入、儿童能受到教育、拥有住房以及健康关怀，以便过上一种体面的生活。[②]

上述观点清楚地表明，在有关工会、工党与英国社会福利制度发展的关系这一学术问题上，英国学术界存在明显的争议。我国学术界也比较注意对这一问题的研究，一般认为，英国社会福利制度的发展是英国工人阶级斗争的结果，工会和工党的兴起、发展、壮大以及所进行的斗争是促进英国社会福利制度发展的动力。英国学者在这一问题上存在的争议以及中国和英国学术界在这一问题上观点的明显差别，使得对这一问题做全面客观的探讨十分必要。笔者在此仅就 1870 ~ 1914 年英国工会、工党与现代社会保障制度建立的关系做粗浅的探讨，以期促进学术界对这一问题进行更深入的研究。

二　英国工会社会福利职能和要求的加强

英国工会的一个重要职能是社会福利职能，工会是工人阶级

①　J. R. Hay, *The Development of the British Welfare State: 1880 – 1975*, London: Edward Arnold Ltd. , 1978, pp. 1 – 4.

②　Pat Thane, "The Working Class and State welfare in Britain, 1880 – 1914," *The Historical Journal* 4 (1984).

的一种重要的互助组织，这在工会早期历史上特别是熟练工会中表现得更加明显。非熟练工会出现以后，英国工会的政治性增强，但是，经济性依然存在，经济斗争特别是争取改善工人阶级生活和劳动条件的斗争，仍然是英国工会的一项重要斗争内容。

1870～1914 年，英国工会的政治性职能明显增强，但这并没有削弱工会作为工人互助性组织的经济职能，工会的大量开支还是用于工人的福利方面。（见表 1）1895～1904 年，英国 100 个工会的总支出为 1606 万英镑，其中的 86% 被用于工会会员的各类福利，只有 14% 被用于政治斗争。[①] 工会为工人提供的福利不仅数量大，而且种类也比较全面，主要包括丧葬津贴、疾病津贴、养老补贴、工伤补贴、失业津贴以及罢工补贴等。1912 年，英国工会用于罢工方面的补贴约占工会总支出的 30%，用于失业方面的津贴约占 27%，用于疾病和工伤方面的津贴约占 18%，用于养老方面的津贴约占 14%，用于丧葬方面的津贴约占 10%。[②]

表 1   1889 年英国 14 个大工会的福利和罢工津贴

单位：英镑

工会名称	丧葬、疾病、养老、工伤津贴	失业及罢工津贴	工会会员数	年均福利数	人均福利数
铁匠工会	3600	3300	1600	110	0.7
气锅、铁船制造工会	41900	38200	7300	1820	2.5
砌砖工人工会	7000	900	1400	350	2.5
木工工会	33500	43700	10200	1120	1.1
车辆制造工人工会	9200	11400	5800	400	0.7
伦敦排字工人工会	2600	11500	3300	60	0.2
工程业工会	142500	157900	34700	3650	1.0
铸铁工人工会	41400	74000	9000	700	0.8
苏格兰铸铁工人工会	8300	24000	2800	170	0.6

① 马里欧特：《现代英国》（中），商务印书馆，1973，第 400 页。
② 克拉潘：《现代英国经济史》下卷，商务印书馆，1975，第 614～615 页。

续表

工会名称	丧葬、疾病、养老、工伤津贴	失业及罢工津贴	工会会员数	年均福利数	人均福利数
灰泥工人工会	1000	1000	2500	40	0.2
蒸汽机制造工人工会	10900	9000	2800	290	1.0
石匠工会	32900	20700	14000	660	0.5
裁缝工会	17700	4600	4000	800	2.0
印刷工人工会	1900	6600	2400	70	0.3

资料来源：C. G. Hanson, "Craft Unions, Welfare Benefits, and the Case for Trade Union Law Reform, 1867 – 1875," *The Economic History Review* 2 (1975).

工会福利因工会类型的不同而各有特色，煤矿工人工会在这方面表现得最为明显。1850~1900 年，在 77 个英国煤矿工会中，有 46 个建立了与致死性工伤有关的福利基金，约占煤矿工会总数的 60%，这显然是因为煤矿工人中工伤事故的发生率较高；38 个煤矿工会提供了丧葬津贴，占煤矿工会总数的 49%；32 个煤矿工会提供非致死性工伤福利，占煤矿工会总数的 42%；17 个煤矿工会为工伤致死者的妻子和孩子提供津贴，约占煤矿工会总数的 22%。例如，达拉姆煤矿工会在其会员受工伤后的前 6 个月每周支付 10 先令的津贴，接下来的 6 个月每周支付 5 先令，再往后每周支付 4 先令，直到工伤者康复为止。沃维克郡和雷斯特郡的煤矿工会还为工伤致死者的妻子每周提供 6 先令的津贴，并向其孩子每周提供 1 先令 6 便士，直到 12 岁。[①]

工会十分重视会员的失业问题，多数工会在失业方面提供津贴，从覆盖面上讲，工会失业基金所覆盖的部门和行业，远远超过失业保险法所覆盖的部门与行业。1908 年，英国工会失业津贴覆盖的部门与行业有建筑业、钢铁机械造船业、采矿冶金业、纺织业、服装业、运输业、印刷业、木器制造业以及其他行业，共计 1455638 人，而 1911 年失业保险法覆盖的行业与部门则只有建

---

① John Benson, "English Coal-Miner's Trade-Union Accident Funds, 1850 – 1900," *The Economic Historical Review* 3 (1975).

筑业、钢铁机械造船业、车辆制造业等行业，共计 2325598 人。①

在对工会会员提供多种社会福利的同时，英国工会还积极提出社会福利方面的要求，促使政府建立有效的社会保障制度。早在 1874 年，积极的工会主义者劳合·琼斯就指出："工会当局的首要任务是决定一种最低工资，并认定此后雇主所给的工资永不得低于此。此最低限度之工资，应能为工人担保食物之充足及个人生活与家庭生活之相当舒适。"②

19 世纪 80 年代，英国工会展开了争取八小时工作日的斗争，1886 年，汤姆·曼建立了"八小时工作日同盟"，大多数非熟练工人要求和支持八小时工作日，例如，矿工工会与煤气工人工会在 1886 年宣布支持，排字工工会、铁路工人工会、木工工会等在 1889 年也都宣布支持八小时工作日。英国各大工会特别是矿工工会、铁路工人工会还进行了争取工伤事故赔偿的斗争。19 世纪 90年代，由于英国经济萧条和社会问题的日渐严重，工会的福利性职能得到一定程度的加强，当时一位法国观察家在谈到他所了解到的英国码头工人工会的情况时说："工会原有的战斗性已有了改变，罢工费用只占了一小部分，其数额甚至还没有确定。在另一方面，丧葬津贴倒是有详细规定的项目。"③ 可见，当时码头工会会员对工会的福利职能是十分关心的。

要求建立最低生活保障制度是这一时期英国工会的主要经济斗争目标。1889 年，伦敦码头工人罢工，提出每小时 6 便士最低保障工资的要求。1907 年，英国工会联合会在年度报告中明确宣布："我们已经暂时解决了我们的法律地位及工人工伤赔偿问题，我们呼吁我们的成员投身于下列社会改革：①矿工的八小时法定工作日和所有行业的劳动时间的减少；②养老金制度；③失业问题；④强制性国家保险；⑤修改济贫法；⑥对经常性超时工作的法律

---

① H. R. Southall, "The Origins of the Depressed Areas: Unemployment, Growth, and Regional Economic Structure in Britain before 1914," *The Economic Historical Review* 2 (1988).

② 韦伯夫妇：《英国工会运动史》，商务印书馆，1962，第 244 页。

③ 胡特：《英国工会运动简史》，世界知识社，1954，第 33 页。

限制；⑦工人阶级的住房问题。"① 1911 年全国矿工大罢工，同样要求实施最低工资保障法，男工每班 5 先令，童工每班 2 先令。1912 年的一本名为《矿工的下一步》的工会小册子，明确地提出了矿工的要求：①矿场以内或矿场附近所雇佣的一切工人的最低工资为每人每日 8 先令；②八小时工作日；③应该进行继续不断的骚动以利于逐渐提高最低工资和缩短工作时间。②

为了促进工人阶级各项福利的改善，英国工人阶级还建立起各类斗争组织，其中主要的有 1886 年"八小时工作日同盟"、1896 年"促进工人阶级的培训全国协会"、1898 年"反对血汗劳动制度同盟"、1898 年"工人阶级全国住房联合会"以及同年"有组织的劳工争取养老保险全国委员会"等。工人阶级全国住房联合会旨在使住房问题成为工人运动中的一个突出问题，并且为禁止工人被不公平地逐出原有住房而斗争，同时，积极争取降低房租，并在一些地方进行了卓有成效的斗争，使房租有较大幅度的下降。"有组织的劳工争取养老保险全国委员会"在英国养老金制度建立的关键时刻发挥了重要的作用。③

三　英国工党在建立现代社会保障制度方面的主张

英国工党在积极进行政治斗争、争取扩大工党政治影响的同时，十分注意工人阶级生活和劳动条件的改善，把促进工人阶级福利的提高和建立一套完善的现代社会保障制度作为自己的重要斗争目标之一。工党在建立过程的每一个时期的纲领中，都明确地写进社会福利方面的要求和目标。苏格兰工党在其纲领中要求：争取劳工立法；八小时工作日；取消现行济贫法制度以疾病、意

① J. R. Hay, *The Development of the British Welfare State*: *1880 - 1975*, London: Edward Arnold Ltd. , 1978, pp. 21 - 22.
② 马里欧特：《现代英国》，商务印书馆，1973，第 417 页。
③ Pat Thane, "The Working Class and State Welfare in Britain, 1880 - 1914," *The Historical Journal* 4 (1984).

外、死亡或老年的国家保险代替之；设立有权解决争端和规定最低
工资的仲裁法庭；每周支付工资；保障总值在 20 英镑以内的家庭用
具不致因为债务而被债主占取；工厂条例适用于一切进行劳动的公
私建筑物；公费教育，教育当局有义务供给学生免费膳食。①

　　独立工党成立伊始，其领袖及政治家们就批评政府在社会福
利方面的不足，提倡国家财政负担的住房制度、免费教育、学校
儿童的免费餐、60 岁以上老人的养老金、劳动介绍所制度、劳动
权等。独立工党主张采取集体行动，消除一切可以防止的人类疾
苦，尽可能采取一切办法，保证人人自小到老都享有公平的机会，
过上温饱而又愉快的生活。独立工党在社会福利方面的基本要求
主要包括：实行八小时工作日，制定最低工资限额，保障工人的
劳动权利，改善住宅及卫生条件，提供更好更平等的受教育机
会。② 劳工代表委员会在努力争取工人阶级政治权利的同时，也把
现代社会保障制度作为重要的斗争目标。在 1906 年的选举中，劳
工代表委员会的候选人都把争取社会改革、建立现代社会保障制
度作为目标，"政治运动表现为对社会改革的一种高度介入"，劳
工代表委员会中的候选人有 84% 提及失业问题，81% 提及养老金
问题，79% 提及教育问题，60% 提及住房问题。③

　　工党一直强烈要求建立一套完善的现代社会保障制度，以保
证每一个社会成员的正常生活和发展。苏格兰工党创立伊始即大
声呼吁，"当人们像今日的实际情况那样濒于饿死的时候，拖延是
不能被容许的，假若苏格兰的工人需要劳工立法的话，他们就必
须自己组成一个坚强的政党，在要求未达到以前，绝不让其他的
政党高枕无忧"。④ 工党在有关社会保障的几乎所有方面都提出了
自己的要求，并为之进行斗争。

　　失业是工党最为关心的问题之一。20 世纪 90 年代，独立工党
领袖哈定就在议会中呼吁为失业者提供有报酬的工作。1905 年，

---

① 马克斯·比尔：《英国社会主义史》下卷，商务印书馆，1959，第 263 页。
② 柯尔：《社会主义思想史》第三卷上册，商务印书馆，1981，第 191 页。
③ A. K. Russell, *Liberal Landslide*, Newton Abbot, 1973, pp. 65 – 83.
④ 马克斯·比尔：《英国社会主义史》下卷，商务印书馆，1959，第 264 页。

工党组织了"劳动权全国委员会",要求政府为失业者提供工作,保证工人的劳动权和生存权,工党的许多重要人物,如哈定、伯恩斯、麦克唐纳等都是该委员会的成员。当年年底,全国已建立起 21 个分支机构,委员会经常使用"劳动或者生存"作为行动的口号。1907～1909 年,工党议员在议会中三次提出"劳动权法案"。工党在失业问题上的要求和主张,对促使政府颁布 1905 年失业工人法、1909 年建立劳动介绍所制度产生了重要影响。[①]

独立工党成立后,已经开始注意老年问题,要求对老年人提供国家养老金。劳工代表委员会成立后的 4 年里,养老问题一直是工党议员关注的主要社会问题,前后共有 16 名工党议员写了关于养老金问题的小册子并在议会中散发。1906 年选举后,工党在议会中的力量得到明显的增长,工党议员在议会中努力使养老金问题成为议会所要解决的重点问题。工党在议会外的活动更加频繁,1908 年 1 月,工党就养老金问题召开了专门会议,向政府施加压力。1908 年 6 月,养老金法案正式通过,工党所提出的很多要求与建议被包含在该法案之中,例如,工党所提出的一项将一对夫妇的养老金提高到每周 10 先令的要求就被写进法案之中。

社会保险是工党关注的又一重要社会问题。议会中工党议员在麦克唐纳领导下同意接受政府的计划,实行缴费的社会保险制度,而以斯诺登为代表的另一些工党议员,坚决反对缴纳费用的社会保险制度。社会保险制度既是工党积极寻求的一项重大社会保障措施,也是在工党中争议最大的问题之一。在工伤赔偿方面,工党坚决要求雇主对受伤的雇工进行赔偿。1911 年的工党会议认为"对劳工伤残的赔偿应该由国家组织并提供,费用应该由雇主承担,工人不应该承担任何费用"。有些工党人士认为,工伤赔偿应该由帝国财政负担,但提议被大会否决。工党呼吁改革医疗服务,1909 年和 1910 年的工党年会都要求医院归国家所有,"以便对全社会成员提供更好的医疗服务"。1911 年的年会又要求提供国家医

[①] K. D. Brown, "The Labor Party and the Unemploymert Question, 1906 - 1910," *The Historical Journal* 3 (1971).

疗服务，"这是一种真正的医疗服务，它将适用于每一个公民"。

建立国民最低生活标准是工党的又一要求。工党认为，国民最低生活标准的概念包括以下内容："在农业以及所有工业部门中实行一项最低工资，工作时间减少至每周 48 小时，完全有效地预防疾病，保证儿童的正常营养水平，防止失业，为所有的人建造卫生良好的房屋，废除济贫法。"可见，工党关于国民最低生活标准的要求是一个综合性的概念，实际上就是要求建立一套完善的现代社会保障制度。党还要求国家为全体民众提供均等的受教育机会。1905 年的劳工代表委员会年会要求实行免费的小学以及初中教育，1907 年的工党年会要求对所有儿童提供奖学金，1912 年的工党年会又提出把强制义务教育的年龄提高到 16 岁。①

四　英国工人阶级对建立现代社会保障制度的意见分歧

通过以上阐述可以看出，1870～1914 年，英国工会和工党对旨在改善生活条件、提高生活水平的任何社会改革都表示欢迎，并把要求社会改革、建立现代社会保障制度作为自己的重要斗争目标。但是，这绝不是说英国工会和工党内部对建立现代社会保障制度的态度是一致的，实际上，英国工会和工党内部对建立现代社会保障制度的态度十分复杂。

英国工会和工党在一些社会保障措施上存在严重分歧。这种分歧在八小时工作日和养老金问题上表现得最为典型。大多数工人认为八小时工作日是有利的，因而支持这一诉求。也有一些地方的工会持不同意见，伯明翰机械工会第四分会在讨论这一问题时，只有 8 人支持，反对者却有 27 人。查塔姆地方工会也认为现在不是实现八小时工作日的时候。在实现八小时工作日的途径上，一些工会会员主张"最好通过议会立法而获得"，另一些会员则认

① Arthur Marwick, "The Labor Party and Welfare State in Britain 1900 – 1948," *American Historical Review* 2 (1967).

为应该通过"工会联合会的进一步发展来实现";一些会员主张通过大规模的罢工来实现,另一些会员则"怀疑现在开始举行罢工是不是一种良好的选择"。[1]

在养老金问题上,多数会员支持免费的养老金制度,另有一部分会员则认为,必须实行缴纳费用的养老金制度,否则,就会刺伤那些为确保老有所养而生活节俭者的心灵,还有可能鼓励懒惰。还有一些极端工会分子甚至认为,"养老金制度是破坏工人运动,维持社会不平等的工具"。[2]

一些工会会员和工党成员对旨在建立现代社会保障制度的重要措施的确出现过抵触甚至反对意见,但是,这种反对随着时间和条件的变化也在变化。工会和工党对 1878 年布莱克利提出的缴费养老金计划坚决反对,工会认为,缴费养老金不仅可能增加会员的支出,而且可能对已很微薄的工会会费收入带来巨大的竞争。1892 年,工会联合会通过一项决议,"任何有关养老金问题的法案都将是不能令人满意的,除非议会向工会拨付一定比例的会费基金资助"。[3] 有些工会对 1891 年张伯伦提出的养老金计划也反对,原因是张伯伦的养老金计划不仅需要缴费,而且把 65 岁作为领取养老金的年龄标准。炼铁工人工会在 1894 年指出,"张伯伦提出的关于 65 岁以上老人的养老金计划对钢铁工人毫无用处,因为不到 5% 的钢铁工人可以活到 65 岁"。缴费养老金制度受到了妇女工会的坚决反对。1895 年,"妇女工会联盟"陈述了她们难以接受缴费养老金制度的原因:①间歇性就业;②低工资;③结婚;④已婚妇女在结婚早期及哺育孩子期间无力缴纳任何额外的费用;⑤由于身体或家庭的需求经常可能停止工作。[4]

相反,工会对 1891 年布斯提出的免费养老金制度表示欢迎,

[1] J. R. Hay, *The Development of the British Welfare State: 1880 - 1975*, London: Edward Arnold Ltd., 1978.

[2] Pat Thane, *The Origins of British Social Policy*, London, 1981, p. 95.

[3] R. V. Sires, "The Beginning of British Legislation for Old Age Pensions," *Journal of Economic History* 4 (1954).

[4] Pat Thane, *The Origins of British Social Policy*, London, 1981, p. 91.

并将免费养老金确定为工会的奋斗目标。许多工会明确指出，"一项免费的国家养老金制度不仅对于保证最低工资率，而且对于工会的财政命运都是十分必要的"。① 免费的国家养老金制度不仅不会对工会基金产生任何竞争，而且可以解决工会会员的养老问题，这对于保证在业工人工资率及降低就业压力都是十分有利的。工会和工党坚决反对缴费的健康保险制度，更反对劳合·乔治提出的从工人工资中直接扣除保险费的主张。基尔·哈定批评劳合·乔治的健康保险计划没有拔掉贫困的根源——资本主义制度。麦克唐纳也指出："我认为这种缴费规定是不公平的，国家承担 2/9，雇主及雇工承担 7/9 是一种非常不公平的分配，这样的分配并不意味着国家正履行自己的职责。"麦克唐纳进一步指出："把一项医疗保险制度的费用强加于个人的收入是全然错误的，因为，任何一种在一定范围内将要实施的医疗保险制度必须是一种国家的制度……医疗保险制度必须由国家组织，必须由国家配备职员，必须由国家保证其正常运行。把这项制度开支方面的每一个便士强加于个人身上，都是十分错误和不公平的。"②

工会左派对劳动介绍所制度和缴费的国民失业保险制度也坚决反对，认为这是"走向奴隶制国家的一步"，是资本家"进一步加固被他们剥削的工资奴隶们身上的枷锁"，"工人在所谓的国家赞助下被欺骗了"。但是，当 1911 年国民保险法把工会作为"被批准的团体"并让其参与社会保险的管理时，工会的这种反对声渐渐平息。大多数贫困的工会会员反对强制教育法，一些地方甚至出现家长殴打进入家中劝说或强制要求儿童入学的官员的现象，仅 1892 年一年中，英格兰、威尔士就出现 86194 起工人违反强制性教育法不让孩子入学的事件。③ 但是，当免费教育法开始实施后，对强制性教育的反对也逐渐减弱。

从以上分析和阐述可以看出，1870～1914 年，英国工会仍然

① Jill S. Quadagno, *Aging of the Early Industrial Society*, New York, 1982, p. 181.
② Pat Thane, *The Foundation of the Welfare State*, London: Longman, 1983, p. 323.
③ Edward Royle, *Modern Britain*, *A Social History*, *1750-1985*, London: Edward Arnold Ltd., 1988, p. 214.

十分重视其社会福利职能，并把建立有效的社会保障制度作为重要斗争目标；英国工党在努力争取工人阶级政治权利的同时，也把建立有效的社会保障制度放在十分重要的位置；英国工会与工党在社会福利方面的要求和斗争，推动和迫使政府建立现代社会保障制度。但是，在建立现代社会保障制度的过程中，英国工人阶级、工会和工党的态度十分复杂，甚至对一些重要的社会保障措施存在抵制或反对态度。因此，在肯定英国工会和工党在现代社会保障制度建立过程中的作用的同时，不能忽视英国工人阶级对建立现代社会保障制度的复杂态度。事实上，英国社会的发展和变化才是英国现代社会保障制度建立和发展的根本原因，而英国工人阶级、工会和工党在社会福利方面的要求和斗争只能是一种促进力量。

知识分子与英国现代社会
保障制度的建立[*]

1870～1914 年是英国以社会保险为核心内容的现代社会保障制度建立的时期，英国知识分子在现代社会保障制度建立过程中发挥了重要的作用和影响。然而，学术界对此并未予以应有的重视和研究。本文试图对这一问题做粗浅的探讨，以促进学术界对历史发展过程中知识分子的作用这一课题的研究。

一 主动进行相关社会问题的调查

英国知识分子积极从事社会调查，这些调查不仅标志着现代英国社会调查的开端，而且为分析当时英国社会问题的原因、寻找解决社会问题的办法、社会改革乃至现代社会保障制度的建立提供了可靠的依据。

1889～1903 年，查理斯·布斯对伦敦东部地区进行了著名的贫困问题调查，发表了长达 13 卷的调查报告《伦敦的生活和劳动》。布斯之所以选择伦敦东区作为调查范围，按照他自己的说法是因为"东部伦敦包含了英格兰最贫困的人口，而且是贫困问题的焦点，贫困困扰着许多人，因此，这一地区存在的问题可能是英格兰这类问题中最严重的"。^① 他把东部伦敦的人口分为八种类型：A，最低收入阶层，包括偶然工作者、流浪汉，占人口的

---

* 本文以《知识分子与英国现代社会保障制度的建立》为题发表于《湘潭师范学院学报》2000 年第 1 期。

① E. P. Hennock, "The Measurement of Urban Poverty: From Metropolis to the Nation, 1880 - 1920," *The Economic Historical Review* 2 (1987).

0.9%；B，很贫困的阶层，包括临时工，他们常年贫困，难以糊口，占人口的 7.5%；C 和 D，贫穷阶层，包括那些无固定职业、收入不稳定者以及那些尽管有稳定职业但工资较低者，占人口的 22.3%；E 和 F，包括各类有稳定职业以及合理报酬者，占人口的 51.5%；G 和 H，主要是中产阶级及其以上者，占人口的 17.8%。据此，布斯认为，伦敦东部大约 30.7% 的人口处于贫困状态。[①]

1899 年朗特里在约克城进行了调查。根据调查，朗特里把约克城贫困人口分为两种，第一种是"最贫困者"，收入低于贫困标准，约占约克城人口的 10%；第二种是"次等贫困者"，收入略高于贫困标准，但经常陷于贫困状态，约占约克城人口的 17.93%。两者相加，约克城人口的 28% 是贫困人口，这一数字与布斯的调查数据基本一致。[②]

20 世纪初，鲍利及其助手对北安普敦、沃灵敦、博尔敦、雷丁及斯坦利五个城市的贫困问题进行了调查，按照朗特里的贫困标准，鲍利得出的结论是五个城市中工人总数的 12.6% 收入低于朗特里的贫困标准，各城市分别计算，收入低于朗特里贫困标准的人口比例分别为：雷丁 23.3%、沃灵敦 13.4%、北安普敦 8.9%、博尔敦 7.6%、斯坦利 6.0%。但是，鲍利认为，自朗特里的调查以来，物价发生了较大的变化，因此贫困线也应该做相应调整，根据自己定的贫困标准，鲍利认为上述五城市处于贫困线以下的人口比例为 32% 左右，工人阶级人口中的 16% 生活在根本贫困状态。[③]

农村的贫困在 19 世纪末几乎无人关注，20 世纪初这方面的调查和研究开始增多，英国知识分子同样发挥了重要作用。1904 年，H. H. 曼对贝德福特郡的里奇蒙特村进行了调查，结果是该地

① Charles Booth, *Life and Labor of the People in London*, New York, 1979, Vol. 2, pp. 20 - 21.
② Royle, *Modem Britain*, *A Social History*, *1750 - 1985*, London: Edward Arnold Ltd., 1988, p. 169.
③ 丁建定：《从济贫到社会保险》，中国社会科学出版社，2000，第 31 页。

38.5% 的家庭生活在贫困之中。[①] 1907 年前后，朗特里开始对农村贫困情况进行调查，在对全国进行的抽样调查中，42 个样品家庭中只有 10 个生活在贫困线以上，英格兰和威尔士只有 5 个郡农业工人的工资达到贫困线以上，朗特里由此得出结论，农场主付给工人的工资在绝大多数情况下不足以维持一个平均规模的家庭处于正常生活状态。1912～1913 年全国土地所有者联合会在对农业工资进行调查后得出了与朗特里同样的结论。

1913 年，乔治·伯恩在《农村的变化》一书中生动客观地描述了英国农村的贫困状况，"贫困已经变得几乎是普遍的，一句话，农村生活中已经毫无感情可言，如果写一部农村编年史，这部编年史绝不会是枯燥乏味的，因为它将充满悲剧、罪恶和灾难"。[②]

英国知识分子还根据调查对全国的贫困情况做出估计，如 1890 年威廉·布斯在《最黑暗的英格兰及其出路》一书中根据查理斯·布斯在伦敦的调查做出估计，他认为英国人口的 1/10 生活在贫困之中，朗特里根据自己的调查认为 25%～30% 的英国城市人口生活在贫困之中，鲍利根据自己的调查认为联合王国 5% 的工人家庭生活在贫困中，不列颠 13% 的工人生活在最低贫困线以下。[③] 这些数字在一定程度上反映了英国贫困问题的总体情况，但是由于这些数字都是以某一特定地区的调查结果为基础进行推断，必然存在局限性。

二 提出有关社会保障制度的 重要标准和概念

英国知识分子在大量社会调查的基础上对各种社会问题加剧的原因进行分析，并为现代社会保障制度的建立提出一些比较重

---

① E. H. Hunt, "Labor Productivity in English Agriculture, 1850 - 1914," *The Economic Historical Review* 2 (1967).

② Royle, *Modem Britain, A Social History, 1750 - 1985*, London: Edward Arnold Ltd., 1988, p. 169.

③ 丁建定：《从济贫到社会保险》，中国社会科学出版社，2000，第 33 页。

要的标准和概念。

对贫困问题加剧的原因分析是这一时期英国知识分子努力探讨的一个重要问题。布斯指出，"在上述 A、B 两类贫困人口中，55% 是由于就业问题，如从事临时工作、工作不稳定或从事低工资的工作等而造成贫困，14% 是由于个人不良习惯，如酗酒、不节俭，27% 是由于生活环境问题，如疾病、多子女、收入不稳定；在 C、D 两类贫困人口中，相应的比例分别为 68%、13%、19%"。[①] 朗特里指出，约克城贫困人口中 52% 是由低工资造成的，22% 是因为子女太多，16% 是因为家庭主要工资收入者去世，5% 是因为疾病与老年，3% 是由于职业不稳定，另外 2% 是由于失业。[②] 鲍利也对北安普敦、沃灵敦及雷丁三城市贫困问题的原因做了量化分析。（见表1）

表1　北安普敦、沃灵敦及雷丁三城市贫困问题原因分析

单位：%

贫困原因	北安普敦	沃灵顿	雷丁
主要挣钱者死亡	21	6	17
生病、年老	14	1	17
四个以上子女	9	38	16
三个以上子女	35	27	21
其他原因	21	28	29

资料来源：A. L. Bowley, *Livelihood and Poverty*, London, 1915, p. 40.

此外，斯奎尔和麦特兰在调查的基础上也指出，"贫困的主要原因如下：第一，是临时工和工作不稳定；第二是住房很差；第三是不卫生的工作及生活条件；第四是低工资"。[③]

关于 1870 年后英国失业问题日益严重的原因是知识分子群体

---

① Charles Booth, *Life and Labor of the People in London*, New York, 1979, Vol. 2, pp. 20 – 21.

② Royle, *Modern Britain*, *A Social History*, *1750 – 1985*, London: Edward Arnold Ltd., 1988, p. 169.

③ Jose Harris, *Unemployment and Politics*, *A Study in English Social Policy*, *1886 – 1914*, Oxford, 1984, p. 36.

努力探索的又一重要问题。经济学家福克斯韦尔把失业归因于通货的无弹性供应以及信用制度的不完善所造成的国际价格的下跌。庇古则认为,失业主要是由工资制度在调节劳动力供应时的失效造成的。马歇尔认为,失业主要是由劳动者生理或心理因素造成的不能工作而出现的。布斯认为,临时工的大量存在导致失业问题日益严重。韦伯夫妇则认为,失业可以划分为季节性、周期性和临时工的失业三类。

在对社会问题进行调查和分析的基础上,英国知识分子还为现代社会保障制度的建立提出了一些科学的标准和概念。首先是最低贫困线标准。布斯把每周 18~21 先令作为一对夫妇 3 个子女之家庭的贫困标准,朗特里以 21 先令 8 便士作为一对夫妇 3 个子女之家庭的贫困标准,把 26 先令作为一对夫妇 4 个子女之家庭的贫困标准,低于这一标准者即生活在贫困状态。在对英国农村贫困问题的调查中,朗特里又根据农村的不同情况将每周 20 先令 6 便士作为一对夫妇 3 个子女之家庭的最低生活标准。鲍利认为,自朗特里的调查以来,英国的物价水平发生了较大的变化,因此贫困线也应该做出相应调整。鲍利确定的贫困标准为一对夫妇 3 个子女之家庭每周收入 26 先令,在成人方面略高于朗特里的标准,在儿童方面略低于朗特里的标准。

最低工资标准。韦伯夫妇和霍尔森分别提出了最低工资的概念,但二者存在明显的差别,在霍尔森看来,最低工资不仅仅是一个保持工人效率的问题,而且还能鼓励工人更好地创造和发挥自己的才能,应该把工人在发展体质、智力及道德方面的要求都包括进去,也就是既包括物质方面的因素,也包括精神和娱乐方面的因素。韦伯夫妇的最低工资概念则仅限于维持工人生存的需要,他们认为,任何超出这一限度的法定最低工资对经济都是一种灾难,所以,在他们的概念中,最低工资是由工人的实际需要,如食品、衣服、住所等生理需要的支出来决定的。[①]

① Sheila Blackburn, "Ideology and Social Policy: The Origins of the Trade Boards Act," *The Historical Journal* 1 (1991).

另外，乔治·巴特利和朗特里还分别提出了贫困周期的理论。他们认为一个人在其一生的三个时期有可能面临贫困的威胁，第一个时期是 5～15 岁童年期，自己没有劳动能力，依靠父母为生，可能由于种种原因而陷于贫困；第二个时期是 30～40 岁婚后抚养孩子时期，结婚生子，缺乏劳动力，收入少而支出多，容易陷于贫困中；第三个时期是老年时期，丧失劳动能力，依靠他人生活往往陷入贫困，从而形成在一个人一生中贫困可能周期性出现的现象。[①]

这些标准、概念及理论成为 20 世纪英国福利经济学中的重要术语，预示着福利理论将逐渐从社会学、伦理学等学科中分离出来形成一种专门的理论。

三　提出社会保障制度的重要建议

英国知识分子为现代社会保障制度的建立提出许多很有价值的建议。关于贫困问题和失业问题。布斯通过调查认为"贫困者所以贫困是因为更加贫困者的竞争"，C 和 D 类人的贫困主要是因为 B 类人的增加，如果把 B 类人从社会上消除，他们所从事的工作就可以由 C 和 D 类人去做，从而改变 C 和 D 类人的生活状况。布斯指出："我认为，把这一非常贫困者从每天的斗争中解脱出来是解决问题的唯一办法。"他接着指出，把 B 类人从社会中消除可以通过建立某种工业或劳动移居地的途径实现，"我的建议是这些人应该被给予机会使其在工业社会中过一种正常的家庭生活……使他们有房子住，有饭吃，有御寒之物。通过教育和训练让他们为自己或为政府终日有工作可做"。[②] 1904 年，布斯发表《流民与失业：关于扩大土地或工业移居地制度从而使流民在适当条件下留居其上并强制劳动的一项建议》一文，其不仅认为移居地制度是

---

① John Bumett, *A Social History of Housing*, London, 1986.

② John Brown, "Charles Booth and Labor Colonies, 1889 - 1905," *Economic Historical Review* 2 (1968).

解决失业问题的有效途径，而且督促政府建立一些由国家管理的
劳动移居地。

威廉·布斯提出了与查理斯·布斯类似的主张，他认为，社
会问题的解决可以通过建立三种劳动移居地的途径实现，城市劳
动移居地收容愿意加入的失业者，农场劳动移居地用于对失业者
进行再培训，海外劳动移居地作为最终定居地。威廉·布斯希望
通过这种办法解决最贫困者的失业问题。韦伯夫妇在《工业民主》
一书中指出，失业问题可以通过像德国和荷兰等国所实行的劳动
移居地的方式加以解决。

对失业问题提出全新认识的是英国福利国家的未来设计师威
廉·贝弗里奇，他在 1909 年出版的《失业：一种工业问题》一书
中对失业问题提出两个具有重大影响的观点。第一，贝弗里奇认
为，"失业基本上是一种工业的和国家的问题，而不是个人品行以
及地方在供需调节方面的问题"，他说，"毫无疑问，在劳动力商
品方面正如同在其他商品方面一样，的确存在一种长期起调节作
用的经济力量，劳动力的供应——甚至在广泛意义上可以说人口
的供应——要受到需求状况的影响"。① 贝弗里奇的论述清楚地表
明，失业是工业社会发展过程中对劳动力供需进行调节的某种经
济力量未能发挥真正效力的结果。第二，贝弗里奇认为，英国对
失业性质的认识是错误的，失业数的增长并不意味着以前连续从
事工作的一些人突然失去工作，而是意味着那些不能经常稳定从
事工作的人发现就业机会之间的间隔时间越来越长，而且他们的
生活水平越来越接近仅仅能生存下来的状态，"问题的关键不是失
业，而是就业不足"。② 因此，贝弗里奇认为，仅靠劳动移居地及
市政工程等劳动救济措施是不够的，国家必须采取有效措施，对
劳动力供需进行有效调节，同时，在失业期间给失业者一定的救
济，才能有效解决失业问题。他说："为挣面包者提供合理的就业

① J. R. Hay, *The Development of the British Welfare State*, 1880 – 1975, London: Edward Arnold Ltd. , 1978.
② Bentley B. Cilbert, "Winston Churchill Versus the Website, Origins of British Unemployment Insurance," *American History Review* 3 (1966).

保障应该是一切个人义务及社会行动的基础。"①

贝弗里奇认为，建立劳动介绍所制度和失业保险制度是解决失业问题最有效的措施。劳动介绍所可以在劳动力供需之间进行协调，政府官员的职责是把那些懒惰者与真正愿意工作的人区分开来，给后者提供工作，而对前者则不让他们得到任何工作。1907年贝弗里奇对皇家济贫法委员会说："对那些想得到不固定工作的人来说，劳动介绍所将使这种希望根本不可能，劳动介绍所的结果是直接反对对懒惰者的帮助，它将使得他们很难得到临时工作，并迫使他们成为稳定的就业者。"贝弗里奇认为，失业的根源来自雇主对不固定职业者的需求，他建议，在失业保险法中对那些经常雇佣不固定职业者的雇主应收取较高的保险费，迫使其停止这种做法。② 贝弗里奇指出，"劳动介绍所制度的目的不是主张劳工简单的流动，而是有组织的合理的流动"。③ 他进一步指出，"劳动介绍所只要与直接的贫困救济发生任何联系就不可能顺利实施，作为工业组织的工具，它们需要工业性的管理，中央监督机构应是贸易部，地方的管理事务可以交给代表劳工、雇主的一个团体，这一团体或直接在贸易部监督下工作，或在地方政府机构的监督下工作，劳动介绍所制度应该是被认可的、工业化的以及全国化的"。④ 贝弗里奇在关于失业问题、劳动介绍所制度和失业保险制度等方面的建议对英国政府采取措施建立失业保险制度、有效解决失业问题产生了重要的影响。他本人也亲身参与了英国失业保险法的制定工作，成为英国失业保险制度的发起人和制定者。

关于养老问题。布莱克利1878年在《十九世纪》杂志发表了

① Kenneth D. Brown, "Conflict in Early British Welfare Policy. The Case of the Unem-ployed Workmen Bill of 1905," *Journal of Modern History* 4 (1971).
② Noel Whiteside, *Bad Times: Unemployment in British Social and Political History*, London, 1991.
③ Eric Hopkins, *A Social History of the English Working Class, 1815 – 1945*, London: Edward Arnold Ltd. , 1984.
④ Derek Fraser, *The Evolution of the British Welfare State, A History of Social Policy since the Industrial Revolution*, London: Macmillan Press Ltd. , 1984.

标题为《国民保险：一种废除济贫税的廉价的、实用的及可以推广的办法》的文章，提出了自己的养老金计划。布莱克利方案的最大特点是强制性缴费的养老金制度。他建议从 18～21 岁的人口的工资中强制性扣除共计约 10 英镑作为基金，这些被扣除足额基金的工资收入者，70 岁以前生病期间每周被付给 8 先令、70 岁后每周被付给 4 先令的养老金。布莱克利的缴费养老金制度虽因遭到社会各界的反对在 20 世纪初未被采纳，但这是较早的有关养老金问题的建议，而且 1925 年后英国开始改变养老金制度的免费性，实行缴纳费用的养老金制度。这样，布莱克利的建议就显得更有先见之明。

胡卡姆在其 1879 年出版的《一项解决我们今日的问题——贫困问题的计划纲要》这本小册子中提出了免费养老金的建议。1891 年，在吸收胡卡姆的免费养老金制度思想的基础上，布斯提出了一种普遍的、由国家提供的免费养老金制度计划，65 岁以上的老人每周可得 5 先令的养老金。布斯指出，养老金可以在一个规定的时间通过邮局每周发放一次，通常只能发放给养老金接受者本人，养老金的接受者只能向一个邮局申领养老金以防止欺诈行为。布斯提出的免费养老金制度的建议对 1908 年自由党政府实行的免费普遍养老金制度产生了极为重要的影响。

关于济贫法问题。韦伯夫妇在 1905～1909 年皇家济贫法委员会的少数派报告中，建议取消济贫法，把济贫法委员会的权力转归各郡议会，儿童福利由教育委员会负责，老年及疾病问题由健康委员会负责，失业由国家采取统一对策，并主张劳动介绍所制度应该实行强制性，失业保险制度则应该按照自愿原则实施。

此外，经济学家马歇尔建议，应该让工人也参加社会保险的管理工作，从而有效地监督和防止失业保险者的懒惰行为和健康保险者的装病行为。教育工作者麦克米伦建议政府通过法令在学校为贫困儿童提供免费用餐，马特兰则积极呼吁政府在学校建立医务所，对学生提供医疗保健服务。这些建议中有许多被政府采纳并体现在各类社会保障立法之中。

综上所述，可以得出这样的结论：1870～1914 年英国知识分子对社会问题所进行的调查，对主要社会问题加剧的原因的分析，他们所提出的一些有关社会保障制度方面的标准、概念和理论以及他们对建立现代社会保障制度所提出的各项建议，对于英国现代社会保障制度的建立发挥了积极的作用，英国知识分子对英国现代社会保障制度的建立起到了全面而又重要的影响。

医生在英国健康保障制度
体系建立中的影响[*]

一 医生对英国医疗救助制度出现的影响

英国的医疗救济制度起源于济贫法制度所提供的医疗救济，而在济贫院所提供的医疗救济中，医生产生了重要影响，他们对健康状况所进行的调查，引起英国社会和济贫法管理当局的关注和重视，促使济贫院中开始提供医疗救济，从而在英国开始出现医疗救济制度。

19世纪30年代初，利兹、格拉斯哥和曼彻斯特等地的医生所进行的关于疾病的调查，使得济贫法当局开始关注贫民的健康与医疗问题。1838年，伦敦的济贫法管理当局下令对该城市进行一项调查，该调查由詹姆斯·凯、詹姆斯·阿诺特和索斯伍德·史密斯三位医生负责，其最终报告被纳入1838年英国济贫法委员会的年度报告之中。到19世纪30年代末，英国济贫法委员会已经逐渐认识到疾病对济贫法制度的影响，查德威克在1838年就写道："总体上来讲，所有的流行病和传染病都会对济贫税产生直接而又根本性的影响。劳动者会由于突然患上传染病而被抛入贫困者之中，救济就需马上提供。在患病劳动者死亡时，寡妇及孩子就会成为贫民而被抛向教区，因此而新增的济贫负担如此巨大以致济

    * 本文以《医生在英国健康保障制度体系建立中的影响》为题发表于《学海》2014年第1期；发表后被中国人民大学复印报刊资料《社会保障制度》2014年第4期全文复印。

贫法官员不得不放弃节俭的做法，从而增加一部分费用以防止那些被描述为由于健康原因而导致的灾难。"[1] 查德威克甚至认为，城市中的疾病正在逐渐加重济贫法管理当局的成本，这表现在对病人的医疗与对寡妇孤儿的照顾方面。[2] 19 世纪 40 年代初，查德威克还对劳动者的健康状况进行了调查，并提出了《不列颠劳动人口健康状况报告》，根据报告，1838 年，英格兰和威尔士死于流行病、地方病和传染病，呼吸器官疾病，大脑、神经和精神性疾病以及消化器官疾病四种类型疾病的人数为 216299 人，占全体人口的 14‰，1839 年，上述两类数字分别为 214771 人和 14‰，与此同时，英格兰和威尔士由于致命性疾病死亡的人口占总人口的比例为 21‰~22‰。[3]

据此，19 世纪中期，英国济贫法当局开始采取措施，建立贫民的医疗救济制度。1842 年法令开始指定精神病患者委员，对各郡已经建立的精神病院进行调查。到 1844 年，英格兰和威尔士已经指派 2800 名医疗官员，其职责是处理由济贫官员提出的患病贫民，济贫监督官向济贫官员提供按病人计算或者按年计算的报酬，一些济贫监督官也采用向地方诊所付费的办法来利用这些诊所向贫民提供医疗救济，医疗官员还常被指派关照济贫院中的贫民，但是，这些医疗官员如果提供分娩服务则需另外付费。

1852 年，英国济贫法局指出，当家庭主要成员依然处于受雇状态且尚未沦于贫困的情况下，向其提供的医疗救济是合法的。1862 年精神病法授权各地的精神病监督员可以将精神病患者从济贫院转到精神病院。19 世纪中期，迫于不断增加的济贫院内外医疗救济支出的压力，许多联合济贫教区开始将济贫院内外的医疗救济分开实施，并分别指派医疗救济官员，负责济贫院外医疗救济

[1] Derek Fraser, *The Evolution of the British Welfare State*, *A History of Social Policy since the Industrial Revolution*, London: Macmillan Press Ltd. , 1984, p. 62.

[2] E. Hopkins, *A Social History of the English Working Class*, *1815 – 1945*, London: Edward Arnold Ltd. , 1984, p. 63.

[3] J. H. Wiener, *Great Britain*, *the Lion at Home*, *A Documentary History of Domestic Policy*, *1689 – 1973*, Vol. 2, New York, 1974, p. 1749.

者称为街区医疗救济官，负责济贫院内医疗救济者称为济贫院医务官。从 19 世纪 50 年代开始，许多联合济贫教区开始建立公共医院，这些医院逐渐被用于服务一般民众而非仅提供贫民医疗救济，从 1860 年起，"国立医院"一词开始广泛用于称济贫院医院，并很快发展起来，1861 年，英格兰和威尔士共有 6.5 万张医院病床，其中的 80%，约 5 万张是由济贫医院提供的，其余则为慈善医院提供。①

19 世纪 60 年代，一系列关于英国济贫院内患病贫民的调查进一步唤起了英国社会对此类人群的关注，尤其是英国著名社会活动家沙夫兹·伯利勋爵、查理斯·狄更斯、沃特·贝格浩特、托马斯·哈吉斯所组成的济贫院内病人状况改进会给济贫法当局以极大的推动，促使其对济贫院内患病贫民的状况进行深入调查，济贫法局敦促各地济贫法监督局采取措施改善济贫医院的条件。1866 年《时代》杂志指出："疾病与贫困是不同的情况，将其混淆并采用同样的办法加以处理是一种错误的制度、错误的管理，也是一种错误的思想观念。"②

1867 年，英国议会颁布首都济贫法，该法把伦敦的各联合济贫教区合并为一个"救济区"，并成立一个首都救济局，该局在整个首都救济区建立起专科医院、综合医院、热病医院以及隔离医院，并建立起首都急救服务系统，英国济贫法局主席哈迪在介绍该法时指出："我们必须始终坚持的是济贫院中的医疗必须采用一种全然不同的制度，因为人们所抱怨的灾难主要是由于济贫院的管理所造成的。"其继任者高斯钦甚至提出了"向所有贫民阶级提供免费医药"的建议，③ 不过，该建议引发了许多地方的济贫法监督局的强烈反对。1868 年，英国济贫法局开始为济贫医院添置设备，并开始聘用经过训练的护士。

19 世纪中期英国医疗救济制度产生了一定的效果，到 1870

---

① Derek Fraser, *The Evolution of the British Welfare State*, *A History of Social Policy since the Industrial Revolution*, London: Macmillan Press Ltd., 1984, p. 92.

② M. E. Rose, *The Relief of Poverty*, London: MacMillan Press Ltd., 1986, p. 37.

③ Derek Fraser, *The Evolution of the British Welfare State*, *A History of Social Policy since the Industrial Revolution*, London: Macmillan Press Ltd., 1984, p. 92.

年，英格兰和威尔士 800 万英镑济贫支出中的 30 万英镑被用于提供医疗救济的支出。① 济贫法局的一位医疗检察官在对伦敦地区的医院进行调查后指出："所有调查过这些重要的医疗机构者无不看到，这些医疗机构中的病人较之以前被提供了较好的膳食、衣服、住所以及照顾，济贫法医疗机构中的这些病人较之大量的只能依靠自己的收入为生者的状况要好得多。"也有调查者指出："济贫税是劳动者生活和健康的保障，它帮助贫民养老和治病，当贫民遭受精神疾病时，济贫税给他以保护，并由有专业技术的人员为其提供医疗服务，在现行农业工资标准下，一个农场劳动者甚至在某种程度上享有那些手工业者都不能为自己提供的医疗服务。"②

二 医生对英国现代健康保障 制度建立的影响

英国现代健康保障制度出现于 19 世纪末 20 世纪初，其标志是国民健康保险制度的建立，济贫法制度下所提供的医疗救济制度则是其补充。医生则在上述两个方面都产生了显著影响。

首先，医生对英国健康保险制度的出现产生了直接影响。1909 年，英国政府提出健康保险制度法案，实行强制缴费型健康保险制度，这一法案立即在英国社会引起强烈反应。工会坚决反对缴费型健康保险制度，更反对从工人工资中直接扣除保险费的主张，基尔·哈定批评健康保险计划没有拔掉贫困的根源，即资本主义制度，他认为，计划本身好像是自由党在宣布："我们不会拔掉贫困的老根，但将给你们一张透气的塑料布罩着由于贫困而导致的疾病。"③ 麦克唐纳也指出，"我认为这种缴费型规定是不公

① E. Royle, *Modern Britain*, *A Social History 1750 - 1985*, London: Edward Arnold Ltd., 1988, p. 185.

② Derek Fraser, *The Evolution of the British Welfare State*, *A History of Social Policy since the Industrial Revolution*, London: Macmillan Press Ltd., 1984, p. 93.

③ Erick Hopkins, *A Social History of the English Working Class*, *1815 - 1945*, London: Edward Arnold Ltd., 1984, p. 190.

平的，国家承担 2/9，雇主及雇工承担 7/9 是一种非常不公平的分配，这样的分配并不意味着国家正履行自己的职责"。"把一项健康保险制度的费用强加于个人的收入是全然错误的，任何一种在一定范围内将要实施的健康保险制度必须是一种国家的制度……健康保险制度必须由国家组织，必须由国家配备职员，必须由国家保证其正常运行。把这项制度开支方面的每一个铜板强加于个人身上都是十分错误和不公平的。"[1]

友谊会与工业保险公司反对任何可能对其形成竞争的强制性缴费健康保险制度，这些团体及组织的反对是如此具有影响以致劳合·乔治首相在 1910 年发出这样的抱怨，社会保险在德国很容易推行，在英国却不得不面对各种强有力的社会组织和团体的抵制，任何一届政府如果没有首先取得其他政党的合作，就试图取代这些团体的工作，最终必然走向失败。为了争得友谊会和工业保险公司的支持，他被迫做出让步，把友谊会、工会等组织作为"被批准的团体"，将健康保险法下原属于这些团体的成员的保险津贴发放权交给它们，同时，取消原计划中对寡妇及孤儿的保险津贴，以免与友谊会所实施的同类保险产生冲突。

一些工业部门的雇主缴费型健康保险计划提出反对。兰克夏棉纺业主联合组成"雇主议会联盟"，认为实行健康保险纯粹是对资源的一种浪费，也将是落在工业身上的又一重税，并且还将在工业部门中带来不平等。该联盟发言人查理斯·麦卡拉说："我主要关心的是我自己的棉纺织业，在这一行业中，我所看到的是雇主们受到了不公平的待遇。"棉纺业中雇佣的工人远远超过其他工业部门，棉纺业中工资占成本的 50%，这种工资比例在与那些雇佣工人较少、工资占成本比例较低的工业部门的竞争中显然是十分不利的。[2]

健康保险计划涉及的另一个利益集团是医生。他们既对受雇

---

① Pat Thane, *The Foundation of the Welfare State*, London：Longman, 1983, p. 323.
② J. R. Hay, *The Development of the British Welfare State, 1880 – 1975*, London：Edward Arnold Ltd., 1978, pp. 39 – 40.

于友谊会一类的团体感到不满，因为这些团体经常给他们较低的工资，又对健康保险计划感到担心，担心在一种由国家控制的健康保险计划中，会剥夺他们的自由行医权及病人的自由择医权，所以，他们对发给工资的医疗服务这种观点十分反对。劳合·乔治在与医生协会协商后做出妥协，在新的健康保险去中，医疗服务由一个新的机构——保险委员会来组织，该委员会保持一定程度的独立性，病人可以选择自己的医生，参加这一保险计划的医生所提供的医疗服务是免费的，但这仅限于一些普通的医疗服务，不包括特殊医疗服务。[1] 显然，劳合·乔治的妥协使得健康保险法案得到了医生的接受，从而为健康保险制度的建立排除了关键性障碍之一，而该妥协本身也使得英国国民健康保险制度的管理体制、医疗服务项目范围等发生了显著变化。

其次，济贫院中医生和护士人数的增加，使得济贫院中的医疗救济状况明显改善，医疗救济制度的改变使其成为新型的健康保险制度的补充得以存在并继续发挥作用。19 世纪末 20 世纪初，随着各种单独的济贫机构的建立及相关服务被引入济贫院，济贫院中的工作人员的构成开始发生变化，专门负责看管女性贫民的管理人员、专门负责医疗卫生的工作人员、各种护士等的数量明显增加，相比之下，济贫院中牧师人数在 19 世纪末 20 世纪初增长明显，到 20 世纪 20 年代明显下降，与此同时，济贫院中的学校教师的数量在 19 世纪末增长明显，但到 20 世纪初已显著下降。（见表 1）

表 1   1849 ~ 1906 年济贫院工作人员变化情况

单位：人，%

人员	1849 年人数	1872 年		1906 年	
		人数	增幅	人数	增幅
院长	1238	716	+ 17	812	+ 13
看管	—	734	—	835	+ 13

---

① Peter A. Kohler, *The Evolution of the Social Insurance*, 1881－1981, *Studies of Germany, France, Great Britain, Austria and Swithlan*, New York，1982, p. 185.

续表

人员	1849 年人数	1872 年		1906 年	
		人数	增幅	人数	增幅
院内医官	2680	741	+56	1010	+36
教区医官		3458		3718	+7
牧师	415	544	+31	599	+10
学校教师	707	924	+30	448	−51
护士	171	1406	722	6094	+333

资料来源：M. A. Crowther, *The Workhouse System*, *The History of One English Social Institution*, *1834 – 1929*, London：Methuen, 1983, p. 136.

一些教区的济贫院工作人员的类型变化更加明显，例如，在布里奇的肯提什联合济贫教区济贫院，19 世纪 40 年代仅有 6 名工作人员，1876 年以前，该济贫从未聘请护士，到 1880 年，该济贫院已经聘用 1 名征税员，1886 年，已经聘用 2 名学校教师，1896 年，聘用了 2 名职员。在兰克郡的伯恩雷联合济贫教区济贫院，1876 年以前，该济贫院没有聘用牧师，在 1876 年聘用了 1 名护士，1896 年，开始聘用 1 名牙医定期来济贫院检查牙病，1899 年，聘用了 1 名住济贫院的药剂师，1901 年，已经聘用 4 名有职业资格的护士和 2 名实习生，1902 年，开始聘用住济贫院的医疗人员，到 1916 年，该济贫院已经聘用 6 名有职业资格的护士和 32 名实习生，1919 年，另有 1 名外科医生定期来济贫院提供医疗服务，由于该济贫院中的儿童已经全部入学，该济贫院中的学校教师人数增加不多。[1] 济贫院管理人员构成的变化实质上反映济贫院救济功能的变化，医生和护士人数的显著增加表明医疗救济在济贫法制度中的地位及其功能的提升。

三　医生对英国国民保健制度建立的影响

国民保健制度是英国健康保障制度体系的重要内容，医生提

---

[1]　M. A. Crowther, *The Workhouse System*, *The History of One English Social Institution*, *1834 – 1929*, London：Methuen, 1983, pp. 136 – 137.

出的国民保健服务计划等，促使英国国民保健制度的出现。第二次世界大战一爆发，为了有效地实施战时救护和医疗保健，英国政府成立了一个"紧急医疗服务组织"，该组织不仅将当时英国的各种医院接管起来，而且直接建立一些新的医疗组织。更重要的是，该组织的建立及其工作使得英国社会认识到，加强对各种医疗机构的统一管理有助于增强英国现有医疗机构的实际效果。"紧急医疗服务组织"的建立，为英国战后医疗机构管理体制的改革提供了可资借鉴的先例。1940 年 8 月，英国各种医疗团体联合建立了一个委员会，为战后英国健康服务改革提出计划。1940～1941年，有关国民保健制度改革的讨论文章连篇发表于当时著名的《柳叶刀》、《英国医学杂志》上。与此同时，志愿医院与公共医院之间的自愿性地区协作已经开始。

1941 年，英国有关部门已经对国民保健制度达成了基本的共识。2 月，健康部的官员认为，必须为整个社会建立起一种综合性国民保健制度；10 月，健康部大臣欧内斯特·布朗宣布，现在对各种医院实施重组还不可能，为全体民众建立一种综合医疗服务体系必将在战后实施，病人将或者通过缴费或者通过其他途径为健康支出支付合理的费用。1942 年 5 月，医生委员会提出一项国民保健服务计划，其中包括没有最高收入界限、建立健康服务中心以及在地区管理的基础上合并医院等重要主张。与此同时，"社会主义者医疗协会"以及纳菲尔德基金会"重建联合会"等不仅主张在战后建立综合性健康服务，而且主张实施免费的国民保健服务。1942 年 12 月，贝弗里奇报告发表，大大地推动英国政府在国民保健制度改革方面的进程。

1943 年，英国信息部的调查表明，公众对建立国民保健服务的基本原则普遍支持，但他们也担心建立在健康中心基础上的支付工资的保健服务，将导致官僚主义的加强和非人道地对待病人等不良现象的增长。1943 年 2 月，英国政府宣布接受建立综合性国民保健制度的原则，"重建预备委员会"就此问题征询了有关大臣的意见，这些大臣对志愿医院的国有化表示了不同意见，但他们认为，医生应该被发给薪金，健康中心和医院应该受到区域性指导，并且认为通过收费向医生支付工资是不公平的。

1944 年 2 月，英国政府发表了著名的《国民保健制度白皮书》，白皮书主张建立一种覆盖每一个医疗部门及其相关活动的综合性国民保健制度，健康服务实行免费原则，其费用完全由税收承担。白皮书同时对医疗服务划分的合理化、如何向全体国民提供充分的健康服务提出要求，并主张应该对疾病予以及早治疗，志愿医院应该保持其独立性，并在其地域范围内与公共医院保持合作，为国民健康服务制度的完善发挥一定的作用。

白皮书受到英国社会大多数人的欢迎，但遭到"英国医生协会"中一些医生的坚决反对。1944 年，英国医生协会在全体会员中进行的民意测验表明，60% 的医生赞成建立一项普遍和免费的国民保健制度，68% 的医生原则上赞成建立健康中心，24% 的医生反对建立此种机构，62% 的医生赞成实行全部或部分发给工资的健康服务制度，29% 的医生反对实行发给工资的国民保健制度。[1] 英国政府经过与英国医生协会的协商，在 1945 年 7 月双方基本达成共识，私人医生被允许在健康中心工作，地方政府对健康服务的管理和控制应该减少，健康服务的整体管理与控制应该掌握在由志愿医院代表和地方政府代表共同组成的地区性规划机构手中。1946 年 5 月，国民保健法被提交给英国议会讨论，并很快获得通过，新的国民保健法于 1948 年 7 月 5 日正式生效。

英国国民保健制度由三个部分组成。一是关于医院提供的健康服务。法令规定，取消英国各种医院之间的等级及类型之分，所有医院实行国有化，并直接转归健康部管理。经过健康大臣签署批准的作为"教学医院"的志愿医院的基金仍然由这些医院的理事会掌握，成立"地区医院委员会"，分别管理其所在区的医院，英格兰和威尔士被划分为 14 个区，苏格兰被划分为 5 个区。地区医院委员会在经过健康大臣批准后，指定管理医院日常工作的医院管理委员会，当时，共建立了 376 个此类医院管理委员会。

---

[1] Pat Thane, *The Foundation of the Welfare State*, London: Longman, 1983, pp. 230 – 234.

二是关于由开业医生提供的一般医疗服务及牙科服务。法令规定，实施全民性免费医疗保健服务，每一个地方健康当局建立一个"执行委员会"，负责一般性医疗和医药服务、一般性牙科服务以及补充眼科服务。每一个执行委员会由 1 名经健康大臣指定的主席和 24 名其他成员组成，其中的 4 名成员由健康大臣指定，其他成员在相关利益团体中产生。开业医生可以与执行委员会签订协约，并由与之签约的执行委员会为其支付工资，开业医生被允许为病人开具处方以及提供一些医疗器具。执行委员会有责任为民众提供牙科服务，与执行委员会签约的牙科医生可以提供较为广泛的医疗服务，执行委员会必须为其所在区的民众提供眼科保健服务。

三是关于由地方健康当局提供的健康服务。法令规定，相关的地方政府是指郡政府和市镇政府，在国民健康服务法规定下，这些政府机构被称为"地方健康当局"。地方健康当局的主要职责是建立"健康中心"，提供母婴关怀、接生、健康访问、家庭护理、接种牛痘以及救护运输服务。地方健康当局不能雇佣开业医生及牙医提供一般性医疗保健服务，母婴关怀包括提供产前及产后婴儿福利诊所服务、孕妇牙科保健及母婴护理。

国民保健法在 1946 年颁布以后，再次遭到英国医生协会的不满，其反对政府在新的国民保健制度中将医生变为接受政府工资的医疗服务人员。1948 年 2 月，英国医生协会公布的数据表明，全英国 45549 名医生中，仅有 4735 名医生赞成参加国民保健服务计划。[①] 面对这种压力，健康部一方面对已经颁布的法令本身做出一定的修正，以满足医生协会的要求，例如，在法令颁布不久，健康部就提出一项修正案，将由政府向医生发放工资改为医生按病人人数收取一定费用。1947 年 12 月，健康部又发布一份通函，取消建立健康中心的强制性要求。另一方面，健康部加紧与英国医生协会之间的协商，并做出一定的承诺。这样，英国医生协会基本上接受了国民保健法，从而保证了该法在 1948 年 7 月 5 日的

---

① 陈晓律：《英国福利制度的由来和发展》，南京大学出版社，1996，第 184 页。

正式实施。可见，医生对于国民保健制度的态度及其做法不仅对英国国民保健制度的内容及其管理产生直接影响，而且对其实施过程也产生积极影响。

综上所述，英国是较早建立比较完善的国民健康保障制度体系的西方国家之一，其国民健康保障制度体系包括国民健康保险制度、国民医疗救济制度和国民保健制度三个方面。在英国国民健康保障制度体系建立的过程中，具有一定职业独立性与特殊性的医生，与该制度体系具有直接而又密切的关系，医生介入济贫法制度所提供的救济促使英国医疗救济制度的出现，医生的态度和做法不仅改变了英国国民健康保险制度的内容与管理体制，而且促使济贫法制度下的医疗救济通过改革和提升成为健康保险制度的补充，医生所提出的计划与建议促使英国国民保健计划的出台，而其对政府所提出的国民保健计划的态度和意见，又在很大程度上影响了该计划最终的内容和管理体制，进而影响了该制度的实施进程。

《贝弗里奇报告》及其评价*

威廉·贝弗里奇（Wiliam Beveridge）是英国著名经济学家，他毕生致力于英国社会保障制度的建立和发展。20世纪初，他曾担任伦敦著名济贫院汤因比会馆副院长、伦敦中央商业委员会委员，当时正值英国社会保险制度出现时期，贝弗里奇对英国社会保险制度的建立产生了重要影响。20世纪20~30年代，贝弗里奇曾经长期担任失业保险法定委员会主席，并发表了《失业：一种工业的问题》《全民保险》《社会主义制度下的计划》等重要著作，为英国失业保险制度的发展与失业救济制度的建立做出了重要贡献。20世纪40年代初，贝弗里奇担任有关社会保险与相关服务的各部门委员会主席，组织了对英国现行的社会保险制度与相关服务进行调查，并于1942年发表了《社会保险与相关服务》，即《贝弗里奇报告》，其成为影响英国乃至许多国家社会保障发展的重要文献。

一 贝弗里奇委员会的成立

直到20世纪30~40年代，失业、贫困和养老问题依然是困扰英国政府的主要社会问题。1941年，英国著名社会调查家朗特里写道："在英国已经取得的如此多的进步是令人高兴的，但是，如果我们不是向后看而是向前看，我们就会看到，有多少工人的生活水平距离我们所认为的满意程度还相差很远。尽管过去的40年

---

* 本文以《〈贝弗里奇报告〉及其评价》为题发表于《社会保障研究》2007年第1期。

里所取得的进步是巨大的，但是，英国人还没有理由表示满意。"①
第二次世界大战的爆发激发了英国人对政府的新的希望与要求，
他们希望英国政府能在战后给他们带来更加有保障的生活。1941
年 1 月 4 日《邮政画刊》写道："我们关于新英国的计划不是在战
争之外的事情，也不是在战争结束以后的事情，它是我们正在进
行的战争的目标的重要组成部分，实际上，它正是我们最积极的
战争目标。"②同年 12 月 30 日《泰晤士报》也写道："有理智的人
们不能不看到，人类不仅要经历世界大战的战火，而且要经历社
会革命的烈火，并将看到由此产生的新世界。"③ 一些人开始对政
府产生抱怨，他们认为自己从英国政府那里得到的太少，必须为
争取某些实际的利益而斗争。④ 政府对此深感担忧，1941 年财政部
档案曾有这样的记录：现在的情况十分危险，一方面可以说我们
的责任越来越重要；另一方面，各种意见与要求四处传播，与日
俱增，令人不安。⑤

　　英国现代社会保障制度虽然经过多次改革正逐步走向规范化
与合理化，但其缺点与不足依然十分明显。首先，现行社会保障
制度的内容构成十分复杂，各项社会保障措施彼此孤立。这集中
表现在养老金制度、失业保险制度与健康保险制度三大主要制度
自成体系，独立运行，难免出现相互抵触、相互重叠。其次，社
会保障机构繁多，管理混乱。当时，英国失业保险归劳工部管理，
养老金制度和健康保险制度归健康部管理，济贫法制度归地方政
府事务部管理，工伤赔偿制度归内政部管理。在失业保障制度中，
失业保险归失业保险法定委员会管理，失业救济归失业救济委员
会管理。在健康保障制度中，健康保险由近千个工会、友谊会以

---

① Rowntree, *Poverty and Progress*, *A Second Social Survey of York*, London, 1941, p. 476.
② Anne Digby, *British Welfare Policy*, *Workhouse to Workfare*, London, 1989, p. 55.
③ 特鲁汉诺夫斯基：《英国现代史》，三联书店，1979，第 379 页。
④ Morice Bruce, *The Coming of the Welfare State*, London, 1968, p. 297.
⑤ 丁建定：《英国社会保障制度的发展》，中国劳动社会保障出版社，2004，第 94 页。

及工业保险公司等法定社会团体管理。最后，社会保障津贴类型
复杂多样。不同的社会保障管理部门向民众发放不同标准的社会
保障津贴。各地济贫法管理机构有权根据地方情况决定救济的数
量标准。不同地区的不同社会团体常常根据本地健康保险基金以
及健康水平，制定不同的健康保险津贴标准以及其他相关服务的
标准。英国的失业保险津贴以及失业救济补贴标准几乎年年变化。

进行社会保障制度改革的呼声和要求日益强烈。1941 年 2 月，
英国工会联合会提出："国家再也不能向其国民提供没有实际效果
的社会保障服务了。我们请健康部率先对英国现行社会保障制度
进行调查，以便为英国人建立一种更加合理、更加公平的社会保
障制度。"该组织进一步指出，从一方面来说，现在还不是从事此
类调查的时机，但从另一方面来说，现在又必须进行此类调查，
以便为未来的改革提前做好各种准备。当和平时代来到时，必须
向民众提供良好的社会保障，"必须实行相互协作的社会保障计
划"。① 工党也强烈要求对现行社会保障制度进行改革。1942 年，
工党年会明确宣布自己关于社会保障制度的基本主张：建立综合
的社会保险制度，提供充分的社会保障现金补贴，建立由国家财
政负担的家庭补贴制度，建立国民保健服务制度。②

1942 年，120 名著名工业家联名发表声明，提出关于社会保障
改革的建议：工人应该获得充分的发展机会；应该建立一种最低
基本工资制度；工业企业应该从政府以及相关行业联合组织中得
到咨询服务以避免失业加剧；疾病与残废补贴的领取者一旦失去
工作能力，此类补贴应该免费发放；在整个工业部门应建立起发
薪休息日制度；根据工作性质及其他情况，制定合理的工作时间；
向所有未达到离校年龄的学生提供家庭补贴；应该提倡建立私人
养老金制度；企业有责任向工人提供合适的住房；学生离校的年

① J. R. Hay, *The Development of the British Welfare State, 1880 – 1975*, London：
Edward Arnold Ltd. , 1978, pp. 76 – 77.

② W. J. Mommson, *The Emergency of the Welfare State in Britain and Germany*, Lon-
don：Croom Helm, 1981, p. 297.

龄应该提高到 16 岁。①

　　社会问题的持续严重化、大部分民众对战争结束后的社会保障与社会生活的期望、部分民众的抱怨给英国政府带来的担忧，英国社会保障制度的缺陷和不足本身所表现出的改革的必要性，社会各界对社会保障制度改革的呼声和要求，直接推动英国政府在社会保障制度改革方面尽快做出表示。1941 年 6 月，英国政府宣布成立一个由各部门组成的关于社会保险合作问题的委员会，这就是"社会保险与相关服务委员会"，由贝弗里奇担任委员会主席。

　　社会各界对委员会寄予很大希望，当时的报纸曾做出如下评论："有关英国社会状况的最广泛的、最全面的调查已经开始，其目标是为每一个社会成员建立起基于公平原则上的经济与社会保障。"②但委员会的工作并非像社会各界所希望的那样和谐一致。贝弗里奇虽然是委员会主席，委员会内部实际上存在严重分歧，劳工部的代表坚决主张不能将家庭补贴制度包括在社会保障制度之中，财政部的代表只希望委员会就社会保障管理方面提出意见，还有一些部门的代表主张丧葬补贴不应该包括在社会保障制度之内。③ 为避免委员会将来提出的报告充满分歧，英国政府断然做出决定，社会保险与相关服务委员会的最后报告由贝弗里奇本人签署，委员会中各部门的代表一律视为贝弗里奇的顾问，这实际上把由英国政府各部门组成的委员会变成了以贝弗里奇为主的委员会。因此，人们通常将社会保险与相关服务委员会称为贝弗里奇委员会。

二　《贝弗里奇报告》的主要内容

　　《贝弗里奇报告》的主要内容与原则是由该报告出现前的两份

---

① Charles Madge, *Industry after the War*, London, 1943, p. 35.
② Howard Gelenrster, *British Social Policy since* 1945, Blackwell, 1995, p. 25.
③ 丁建定：《英国社会保障制度的发展》，中国劳动社会保障出版社，2004，第 97 页。

重要的备忘录确定的。贝弗里奇委员会的正式报告发表以前，该委员会一共召集了四次会议，收集、整理并提出 154 份文件，其中最重要的两份文件是贝弗里奇向委员会提出的备忘录。1941 年 11 月备忘录的标题为"一项社会保障制度的要点"。它指出，社会保障制度必须建立在三种观念之上，那就是针对全体社会成员的国民保健制度、针对所有儿童的普遍的家庭补贴制度以及充分就业。必须实行统一的社会保障制度，其原则是确保每个社会成员的收入达到基本生活水平，为此，任何形式的有关家庭收入状况的调查在新的社会保障制度下都必须取消，新的社会保障制度只应保障基本生活，对于超出基本生活水平的生活需求不予保障。备忘录详细列举了社会保障制度应该覆盖的七种基本需求及其保障途径：儿童需求由儿童补贴保障，老年需求由养老金制度保障，残疾需求由残疾补贴保障，失业需求由失业津贴保障，丧葬需求由丧葬补贴保障，财产损失需求由损失补贴保障，妇女婚姻需求由各种具体补贴保障。

1942 年 1 月的备忘录的标题为"社会保险津贴的范围以及贫困问题"。它指出，社会保险的基本目的是防止和减少由失业、疾病、事故、老年、死亡、丧偶或其他因素造成的收入中断或损失而带来的贫困，并在此基础上为其他因素带来的困难提供帮助，社会保险直接通过阶级之间、个人之间、有收入时与无收入时的收入再分配来实现其基本目标。[①]

上述这两份备忘录为贝弗里奇委员会的工作确定了目标，并大大推动了委员会工作的进程，1942 年 10 月，委员会拟就最后报告，12 月，贝弗里奇正式在《社会保险与相关服务》上签字，这就是著名的《贝弗里奇报告》。

《贝弗里奇报告》对英国现行社会保障制度的缺陷提出了批评。报告指出，英国现行社会保障制度中，每一种社会问题在被

① Derek Fraser, *The Evolution of the British Welfare State*, *A History of Social Policy since the Industrial Revolution*, London: Macmillan Press Ltd. , 1984, pp. 287 - 290.

处理时都是单独进行的，而不考虑或很少考虑相关社会问题，这使各种社会保障措施彼此孤立，有时造成重复，有时出现空白点，从而影响了社会保障制度的实际效果。英国社会保障制度改革应该坚持三项原则：第一，社会保障制度未来改革与发展不应该仅限于对局部利益的考虑和以往的经验，而应该是一种革命性变革；第二，社会保险应成为综合性社会发展政策的一部分；第三，社会保障必须通过国家与个人之间的合作来实现。

报告阐述了社会保障的基本范畴。社会保障是对因失业、疾病或事故造成的收入中断所提供的保障，是对因年老而退休所提供的收入保障，是对因另一个人的去世而失去生活依靠所提供的保障，也是对诸如与生育、死亡以及婚嫁相关的额外开支所提供的保障。社会保障是指对最低生活标准的一种收入保障，这种保障必须与那些能够尽快恢复劳动收入的措施密切相连。

报告着重阐述了社会保障的三种途径，即为保障基本需要而实施的社会保险，为保证特殊需要而实施的国民救济，为满足基本需要以外的需求而实施的自愿保险。社会保险是指对被保险人提供的基于强制性缴费基础上的现金津贴，它是三种社会保障措施中最重要的一种，应尽可能实现综合性和普遍性，但它不是唯一的保障措施，还需要国民救济与自愿保险作为补充。国民救济是对特殊需求所提供的保障，实行免费原则，它是社会保障制度必不可少的补充。自愿保险是社会保险制度与国民救济制度的补充。由国家组织的社会保险与国民救济旨在保障一种基本的生存收入，不同人的实际收入及需求存在很大的差异，为较高水平的生活提供保障应该是个人自愿保险的目标，但国家应该保证所实施的各项措施为其留下余地并加以鼓励。

报告指出，英国社会保险制度的发展应该遵循六个基本原则。第一，社会保险制度同一津贴标准原则。不管被保险人的收入存在多大差异，在领取社会保险津贴时采用同一标准。第二，社会保险制度同一缴费标准原则。所有被保险人为获得同样标准的社会保险津贴，就必须按照同样的标准缴纳社会保险费。第三，社会保险制度统一管理原则。社会保障管理责任必须统一，每一个被保险人只需要每周缴纳一项综合性社会保险费，所有社会保险费应该集中到一项社会保险基金中，所有的社会保险津贴也将从该项社会保险基金中支付。第四，社会保险津贴发放时间与数量应该合理的原则。同一标准的社会保险津贴在数量上必须保证被保险人在正常情况下的基本生活，在时间上，只要被保险人的这种需求继续存在，就应该向其发放社会保险津贴。第五，社会保险制度综合性原则。社会保险制度应该是一种综合性制度，它应该与国民救济制度及自愿保险制度结合起来，建立一项综合有效的社会保障制度。第六，社会保险制度分类原则。社会保险制度必须根据不同收入与需求调整社会保险费用与津贴，并在每一种社会保险阶层中，根据大多数人的需求来确定社会保险的有关标准。①

三　英国社会对《贝弗里奇报告》的反应

《贝弗里奇报告》公布以后，英国社会对该报告的反应并不都是赞成和支持。《贝弗里奇报告》在发表后不到一个月的时间内，已经售出 10 万份，最后销售总量为 63.5 万份，成为当时最畅销的出版物。② 这足见英国社会对报告的关注。

但是，社会各界对报告的反应并不一致。《贝弗里奇报告》受到大多数普通民众的支持和拥护，他们渴望这一计划尽快变为现实，并将能否实现报告所提出的计划作为他们选择和评判各种政治力量的重要标准。1943 年《曼彻斯特卫报》发表这样的评论："贝弗里奇报告发表时，英国政府已经向政坛未来的发展抛出了赌注，其砝码已经与实行一项重大的社会保障计划紧紧地连在了一起。"柯莱塞德的一位官员报告说：人们对报告的兴趣非常强烈，有一两个星期，战争新闻被人冷落，每个人都认同报告所提出的

① Rex Pope, *Social Welfare in Britain, 1885–1986*, London: Croom Helm, 1989, pp. 116–125.
② John Brown, *The British Welfare State: A Critical History*, Oxford: Blackwell, 1995, p. 26.

原则，士兵在家书中谈到报告时都流露出高兴之情。① 英国工会联合会提出对《贝弗里奇报告》表示支持的备忘录，议会中的工党议员在对报告提出一项修正意见后，对报告表示拥护和支持。但社会主义组织对报告的反应并不一致，社会主义组织的右派认为《贝弗里奇报告》已经走到了通往莫斯科的半路上，左派则批评报告将人们的注意力从社会革命的实质问题上引开。部分工党成员对报告所提出的同一缴费原则表示不满，但整个报告得到工党左派的热烈欢迎。

政府官员及官方组织对《贝弗里奇报告》的反应也不一致。内阁首相丘吉尔对《贝弗里奇报告》反应冷淡。他认为，有关社会改革的一切行动应该等到战争结束以后再进行，他担心报告有可能在民众中引起过分乐观情绪，并由此导致社会不安，因此在内阁声明中指出："关于战后社会生活的一种危险的乐观主义情绪正在增长，依我看，各部大臣应该留心，不要引发一些虚假的希望，我不希望用虚假的希望以及难以实现的许诺来欺骗民众。"② 财政大臣金斯利·伍德担心报告所提出的庞大计划在战后英国的经济环境下能否实现。信息部大臣布伦丹·布拉肯最初对报告表示支持，但由于同仁的反对而很快收回支持。

内阁中的工党成员对报告的反应也不一致。贝文认为，报告的许多内容对于工会来说是不可接受的。社会保险应该是一项更加广泛的社会重建计划的一部分，这项重建计划将涉及充分就业问题、建立在工业基础上的大范围的福利措施以及工资协商制度的改革，这样一项计划的提出与实施应该推迟到战争结束以后。艾德礼与道尔顿虽对报告的发表表示祝贺，但在促使这一报告尽快实施方面并不热心。莫里森指出："《贝弗里奇报告》提出的社会保障原则非常重要，为了铲除绝对贫困、营养不足等社会灾害，政治是对经济健康与社会稳定产生最令人满意影响的一种重要手段。"③

---

① Sydney Wood, *The British Welfare State*, *1900 – 1945*, Cambridge, 1980, p. 39.

② W. S. Churchill, *The Second World War*, IV, London, 1954, p. 861.

③ Eric Hopkins, *A Social History of the English Working Class*, *1815 – 1945*, London: Edward Arnold Ltd., 1979, p. 270.

　　《贝弗里奇报告》还引起一些利益集团与社会组织的不同意见。英国雇主联盟发表声明指出，在战争还没有结束之前就许下有关战后社会福利的诺言是危险的，社会保障津贴必须与更高的生产力发展水平相联系。商业保险公司谴责贝弗里奇是一位只会将建议写在书本上的经济学家，完全缺乏对工人阶级生活状况的了解。① 妇女自由联盟指出，报告承认了妇女的工作地位，但没有赋予她们独立的公民地位。该联盟主席威廉斯指出，每一个公民不管他们是否就业、是否结婚、是否年老、是否贫困，都应该从国家得到一种基本的最低收入津贴，这种普遍的最低收入将由同一标准的社会保障税作为其财政来源，这有利于社会保障制度管理的简单化。② 《贝弗里奇报告》发表后，英国政府很快成立了一个调查委员会，该委员会接受了报告的大部分原则，却否定了报告中所提出的生存水平的社会保障津贴原则，并对报告提出的建立家庭补贴制度的主张表示怀疑，认为如果需要提供家庭补贴，也只能给予道义性补贴而不是现金补贴。该委员会认为，为了有效控制社会救济的规模，发放救济时应该继续采用家庭收入状况调查。该委员会的修正意见受到不久成立的重建委员会的支持。③

　　尽管英国社会对《贝弗里奇报告》的反应不一，但由于普通民众的支持和拥护，使得英国政府不得不对报告采取接受和支持态度。丘吉尔在1943年已改变态度，他指出：如果我们能展示一系列的社会计划，议会各党、全国人民、我们的士兵都将欣喜万分。1943年2月，英国议会就《贝弗里奇报告》进行辩论，各派议员转而对报告表示支持，负责重建计划的阿瑟·格林伍德在辩论中说，本届议会欢迎贝弗里奇先生的关于社会保险以及相关服务的报告，它代表英国社会保障制度的一种普遍观点，也是英国政府战后重建计划的各种政策所要达到的目标。于是，英国下院

① Joes Harris, *William Beveridge: A Biography*, Oxford, 1977, p. 415.
② 丁建定：《英国社会保障制度的发展》，中国劳动社会保障出版社，2004，第105页。
③ W. J. Mommson, *The Emergency of the Welfare State in Britain and Germany*, London: Croom Helm, 1981, pp. 255-257.

终以 335 票赞成、119 票反对通过了《贝弗里奇报告》，使之成为一份官方的社会保障制度改革文件。

接着，英国政府开始制定各项社会保障改革计划，这便是 1944 年所发表的一系列政府白皮书，其中最重要的有 2 月发表的《关于健康服务的白皮书》，5 月发表的《关于就业问题的白皮书》以及 9 月发表的《关于社会保险的白皮书》。

四 《贝弗里奇报告》与英国
福利国家实践

《贝弗里奇报告》所提出的社会保障改革和发展原则与第二次世界大战以后英国的社会保障实践存在差别。国内外学术界关于《贝弗里奇报告》对英国社会保障制度发展的影响一直予以高度评价。美国学者认为，"这个报告是在各民主国家都感到迫切需要一个预先拟好的战后计划时发表的"。[①] 英国学者认为，贝弗里奇的"突出成就是在第二次世界大战期间，应政府之邀请制定出英国战后福利国家的蓝图"。[②] 中国学者指出："它构建了福利国家的理论蓝图并被许多国家变成了现实。尽管福利国家在发展中也出现了某些问题，但《贝弗里奇报告》与贝弗里奇本人却在社会保障史上占有着无可争辩的不朽地位，他倡导的理念、原则、方法乃至所确立的制度框架，仍然对社会保障的发展具有深远影响。"[③] 显然，《贝弗里奇报告》对战后英国社会保障制度的发展产生了直接的影响，并对世界社会保障制度的发展产生了推动作用，这是一个不争的历史事实。

需要指出的是，第二次世界大战以后，英国政府所进行的社会保障制度改革，并非全部依照《贝弗里奇报告》所提出的方案实施，政府的许多改革措施与《贝弗里奇报告》的主张存在很大

---

① 商务印书馆编辑部：《近现代世界名人辞典》（上），商务印书馆（香港），1965，第 217 页。

② 《简明不列颠百科全书》（第 1 卷），中国大百科全书出版社，1985，第 617 页。

③ 贝弗里奇：《贝弗里奇报告》，中国劳动社会保障出版社，2004。

差别，甚至《贝弗里奇报告》所提出的一些基本原则后来也被英国政府否定。例如，在社会保障制度的管理方面，原来纷繁复杂的社会保障制度类型改变为综合性社会保障制度，被批准的法定社会团体不再参与社会保障制度的管理工作，社会保障由中央和地方职能部门统一管理。但是，报告中所提出的建立社会保障部的建议一直没有变成现实，只是建立了一个国民保险部和一个独立的国民救济局。《贝弗里奇报告》指出，应该让友谊会继续作为社会保障制度的管理机构保留下来，以鼓励私人自愿保险的发展，英国政府在实际改革过程中也没有采纳这一建议。

《贝弗里奇报告》提出建立一种基于民众不同需求的最低收入保障制度，而个人需要的差别使这种主张很难做到，英国政府在改革过程中只能根据整体情况，做出实行统一的最低生活标准的政策选择。到 20 世纪 50 年代，《贝弗里奇报告》所提出的一些重要主张实际上已经被放弃。该报告主张社会保险制度实行同一缴费和津贴标准的原则，这实际上很快就不再适应英国社会发展的需要。20 世纪 50 年代，英国实施与收入相联系的养老金制度，基本上宣告了《贝弗里奇报告》上述原则的结束。贝弗里奇希望失业与疾病方面的津贴没有时间限制，这种主张已没有被英国政府采纳。贝弗里奇还主张养老金制度参加者应该在参加该项制度 20 年后才可领取全额养老金，这种主张遭到民众的反对，也被英国政府否决。

正是由于上述历史事实，研究英国社会保障制度的著名学者、贝弗里奇的传记作家哈里斯在总结《贝弗里奇报告》对战后英国社会保障制度的影响时这样写道："看似矛盾但是正确的是，尽管英国被认为是贝弗里奇所提出的普遍的社会保障制度的发源地，相反的情况几乎也是一种事实，欧洲大陆国家全面采用缴费型社会保障制度，而英国却保留了附带家庭收入情况调查的、直接传承于济贫法制度的社会保障制度。"①

---

① Joes Harris, "Enterprise and Welfare State: A Comparative Perspective," *Transactions of Royal Historical Society* 40 (1990), pp. 181 – 184.

五　几点结论

综上所述，我们可以对《贝弗里奇报告》及其评价得出以下几点结论。首先，贝弗里奇委员会的建立和《贝弗里奇报告》提出的背景主要是，英国尽管建立了社会保障制度，但这种制度直到 20 世纪 40 年代初依然存在许多问题和缺陷，这使得这种制度难以有效应对和缓解英国持续存在的社会问题。第二次世界大战的爆发，在英国民众中引发了两种情绪，一种是希望英国政府能够在战争结束以前就提出战后社会保障与社会发展的基本目标，另一种是抱怨英国政府在社会发展与社会改革方面进展迟缓，这两种情绪通过社会各界关于进行社会保障制度改革的强烈呼声和要求得以进一步表现，进而对英国政府产生巨大的压力，促使英国政府尽快做出有关战后社会保障制度发展的承诺。可以说，贝弗里奇委员会的成立和后来的《贝弗里奇报告》的提出，正是英国政府对社会舆论和民众期望的一种积极回应。正因为如此，英国社会对贝弗里奇委员会的成立和后来发表的《贝弗里奇报告》都表现出强烈的支持和拥护，从而保证报告本身得以顺利获得英国议会的批准。

其次，《贝弗里奇报告》的确对第二次世界大战以后英国社会保障改革产生了直接影响。英国现代社会保障制度建立于 19 世纪末 20 世纪初，其后一直处于不断改革和完善过程中，但是，这一过程在第二次世界大战以前进展缓慢。第二次世界大战的爆发推迟了这场改革的到来，却不可能阻止这场改革的发生。贝弗里奇委员会对英国当时的社会保障制度进行了比较广泛的调查，《贝弗里奇报告》对英国社会保障制度存在的弊端提出了强烈的批评，并且提出了改革社会保障制度的详尽计划，包括改革的基本原则与方法、社会保障制度发展的基础、社会保障制度的目标以及社会保障制度管理方面的有关问题。《贝弗里奇报告》所提出的一些重要原则被英国政府接受，成为英国战后社会保障制度建设和福利国家发展的纲领性文件。

　　最后，尽管贝弗里奇委员会的成立和《贝弗里奇报告》的发表顺应了英国社会保障制度发展的需要，并为英国战后社会保障制度的发展与福利国家的建设描绘了蓝图，但是，一些重要的历史事实在我们对《贝弗里奇报告》及其对英国社会保障制度的影响的评价中是不能忽视的。这些重要的历史事实是：贝弗里奇委员会因为内部存在严重的分歧而影响了委员会的工作乃至英国政府的决策；贝弗里奇在1941年11月和1942年1月提出的两份备忘录，对最终形成《贝弗里奇报告》产生了直接影响；《贝弗里奇报告》的发表并非受到英国全社会一致的支持和拥护，而是在英国社会各界引起了不同反应，最终因为广大普通民众的支持才使社会各界的反应从分歧很快走向共识，英国政府才不得不接受《贝弗里奇报告》；战后英国政府所进行的社会保障制度改革和福利国家建设，并非全部依照《贝弗里奇报告》所提出的方案实施，英国政府的许多社会保障制度改革措施与《贝弗里奇报告》的主张和原则存在明显差别，《贝弗里奇报告》所提出的一些重要原则甚至在社会保障制度实践中被英国政府否定。毫无疑问，上述历史事实将对我们全面客观地评价《贝弗里奇报告》及其对英国社会保障制度发展的影响具有重要意义。

社会保障制度完善论

我国城镇企业职工基本养老金调整机制[*]

一 引言

养老金调整机制对保证退休人员生活质量不下降，使其与其他国民共享经济发展成果至关重要。学者已对我国城镇企业职工基本养老金调整机制进行了一定程度的研究。穆怀中以卡尔多·希克斯社会福利补偿理论为基础，构建了养老金调整指数的标准，即不论社会价值取向如何，都应坚持公平与效率的同一与兼得，建立了物价、工资、生存标准"三位一体"的综合指数，对中国养老金适度调整指数的高、中、较低和最低四种方案进行了实证分析，主张我国应建立规范、适时、合理的调整指数。① 韩伟和穆怀中对基于工资指数的公共养老金调整指数的特点及其对我国的启示进行了分析，认为在设计中国养老金调整指数时，既要考虑中国国情，又要考虑人口老龄化背景下工资指数作为养老金调整指数的特点，所以调整指数的设计应以保障老年人口部分综合消费水平——相对基本生活水平不降低为限;② 对"老人"保障由统筹养老金提供的食品相对消费水平不降低，对"新人"仅保障基

---

* 本文以《我国企业职工基本养老金调整机制：变迁、问题与优化》为题发表于《保险研究》2011 年第 9 期，丁建定为第一作者，郭林为第二作者；发表后被中国人民大学复印报刊资料《社会保障制度》2012 年第 2 期全文复印。

① 穆怀中：《中国养老金调整指数研究》，中国劳动社会保障出版社，2008，第 27 页。
② 韩伟：《基于工资指数的公共养老金调整指数特点及启示》，《统计与决策》2008 年第 13 期。

础养老金绝对购买力水平不降低的最低调整指数方案，是中国现行养老金计划的适度调整指数方案。[①] 曲川认为，我国基本养老金调整机制存在不规范、功能被泛化等问题，并以武汉市为例分析了养老金调整及其机制建设对退休人员养老金水平的影响。[②] 徐延君提倡建立复合调待指标，并将复合调待指标分为重要挂钩指标和辅助修正指标。[③] 杨俊认为，应借鉴德国 2003 年养老保险改革经验，在养老金调整机制中引入考虑人口老龄化因素的调整因子。[④] 郭爱晔和郑奇芳认为，我国基本养老金调整机制存在非制度化、调整办法不科学和各省办法不统一等问题，应该建立制度化的正常调整机制、调待水平体系、调待协调联动机制等，以完善基本养老金调整机制。[⑤]

尽管上述研究已经取得了一定成果，但目前理论界尚缺乏从制度变迁角度对我国城镇企业职工基本养老金调整机制的研究。从 2001 年开始，我国已经多次调整基本养老金，为切实保障国民养老权益做出了巨大的贡献。然而，在我国基本养老金调整机制变迁的过程中，存在一些使得基本养老金调整偏离科学轨道的问题，亟须解决。

二　养老金调整机制的理论分析

一般而言，调整养老金所需资金来源于当期一般性税收或当期劳动者向养老金制度的缴税或缴费，这属于现收现付的财务机制。在我国，调整基本养老金所需资金由企业职工基本养老保险基金或中央财政承担。我国城镇企业职工基本养老保险实行现收现付制的社会统筹与基金制的个人账户相结合模式。基本养老金

---

① 韩伟：《中国统筹养老金适度调整指数分析》，《财经研究》2007 年第 4 期。
② 曲川：《关于我国养老金调整机制建设的思考》，《社会保障研究》2009 年第 6 期。
③ 徐延君：《科学确定养老金调整政策》，《中国社会保障》2010 年第 5 期。
④ 杨俊：《中国养老金调节机制设计研究》，《山东社会科学》2009 年第 4 期。
⑤ 郭爱晔：《完善养老金调整机制的思考》，《中国社会保障》2007 年第 11 期。

由两部分组成，一部分是社会统筹部分提供的基础养老金，另一部分是个人账户养老金。个人账户资金产权属于个人，应按照基金制的财务模式运行，用于个人账户产权所有者的养老。因此，企业职工基本养老保险基金所承担的调整基本养老金的资金不应来源于个人账户部分，而应该来源于现收现付的社会统筹部分。同时，中央财政承担的调整基本养老金的资金主要来源于一般性税收收入，亦体现了现收现付制的原则。因此，养老金调整比率应与现收现付养老金计划的收益率一致。下面应用迭代模型对现收现付养老金制度的收益率即养老金调整比率进行理论分析。

假定所有的人被同一现收现付养老金制度覆盖，每天出生新的一代，且每代人口生命周期为两个期间。个人在第一个期间仅仅工作，其工资率为 w_t，劳动供给量为 f_t，向养老金制度的缴费率为 j_t，养老金水平为 b_t。在上述假设条件下，制度的收益率 R 即养老金调整比率的计算公式如下所示：

$$1 + R = b_t / (j_t \times w_t \times f_t) \tag{1}$$

将 n_t 定义为 t 代的人数，如果养老金制度要实现财务平衡，需要下式得以成立。

$$n_t \times b_t = j_{t+1} \times n_{t+1} \times w_{t+1} \times f_{t+1} \tag{2}$$

则

$$b_t = j_{t+1} \times n_{t+1} \times w_{t+1} \times f_{t+1} \tag{3}$$

将上式代入公式（1），得到养老金制度的收益率为：

$$1 + R = (j_{t+1} / j_t) \times [(n_{t+1} \times w_{t+1} \times f_{t+1})/(n_t \times w_t \times f_t)] = (j_{t+1} / j_t) \times (1 + G_{t+1}) \tag{4}$$

可以看出，G_{t+1} 为工资收入总额增长率。如果缴费率不变，那么收益率即养老金调整比率显然为 G_{t+1}。需要指出的是，上述工资收入总额增长率，即养老金调整比率是在充分考虑通货膨胀率和经济增长率的基础上得出的理论值，它既能保证退休者生活质量不下降，又能实现当期退休者和劳动者共享经济发展成果的目标。在现实中，一国工资收入总额的增长率往往并非上述理论值，因此，在确定养老金调整比率时，应综合考察工资增长率和通货膨胀率等因素。

三 我国城镇企业职工基本
养老金调整机制的变迁

1995 年，国务院发布了《关于深化企业职工养老保险制度改革的通知》，对基本养老金调整机制规定如下：基本养老金可按当地职工上一年度平均工资增长率的一定比例进行调整，具体办法在国家政策指导下由省、自治区、直辖市人民政府确定。① 2001 年，针对部分地区擅自提高基本养老金水平所带来的损害国家政策权威性和统一性、不利于基本养老金按时足额发放和各地区盲目攀比等问题，国务院办公厅颁布了《关于各地不得自行提高企业基本养老金待遇水平的通知》，明确规定：今后，企业基本养老金待遇水平的调整，由劳动和社会保障部与财政部根据实际情况，参照城市居民生活费用价格指数和在职职工工资增长情况提出调整总体方案，报国务院批准后统一组织实施；各地区制定的具体实施方案，报劳动和社会保障部、财政部审批后执行。② 国务院 2005 年颁布的《关于完善企业职工基本养老保险制度的决定》指出，要建立基本养老金正常调整机制。根据职工工资和物价变动等情况，国务院适时调整企业退休人员基本养老金水平，调整幅度为省、自治区、直辖市当地企业在岗职工平均工资年增长率的一定比例。各地根据本地实际情况提出具体调整方案，报劳动和社会保障部、财政部审批后实施。③ 可以看出，上述关于城镇企业职工基本养老保险制度的重要法规和规章均对基本养老金调整机制做出了规定，为我国开展基本养老金调整奠定了坚实的基础。

---

① 《国务院关于深化企业职工养老保险制度改革的通知》，1995。
② 《国务院办公厅关于各地不得自行提高企业基本养老金待遇水平的通知》，2001。
③ 《国务院关于完善企业职工基本养老保险制度的决定》，2005。

在现实执行中，我国基本养老金调整遵循普遍调整与特殊调整相结合的原则。近 10 多年来，普遍调整与特殊调整的具体内容经历了一个变迁过程。

普遍调整的变迁。普遍调整的变迁内容如表 1 所示。从表 1 中可以看出，第一，在调整时间方面，2001、2002、2004～2007 年的调整时间均为当年的 7 月 1 日，而 2008 年至今，调整时间是当年的 1 月 1 日；第二，在调整基数方面，2001 和 2002 年的调整基数为上一年 12 月企业退休人员基本养老金，而 2005～2011 年，调整基数为上一年企业退休人员月人均基本养老金；第三，在调整比率方面，2001、2002、2004～2007 年的基本养老金调整比率以占上一年企业在岗职工平均工资增长率的比例为标准，分别为不超过 60%、50% 左右、45% 左右、60% 左右、100% 左右和 70% 左右，而 2008～2011 年的调整比率为 10% 左右。（见表 1）

表 1　我国城镇企业职工基本养老金普遍调整方案的变迁

年度	调整时间	调整范围	调整基数	调整比率
2001	当年 7 月 1 日	上一年 12 月 31 日前已按规定办理退休手续的企业退休人员	上一年 12 月企业退休人员基本养老金	不超过 60%
2002				50% 左右
2004			—	45% 左右
2005			上一年企业退休人员月人均基本养老金	60% 左右
2006				100% 左右
2007				70% 左右
2008	当年 1 月 1 日			10% 左右
2009				
2010				
2011				

注：1. 2001、2002、2004～2007 年的调整比率为占上一年企业在岗职工平均工资增长率的比例。2. 原劳动和社会保障部与财政部颁布的《关于从 2004 年 7 月 1 日起增加企业退休人员基本养老金的通知》未对调整基数做出明确规定，由各地区根据本地实际情况和企业职工基本养老保险基金承受能力制定。

资料来源：根据人力资源和社会保障部（原劳动和社会保障部）与财政部颁布的历年调整企业退休人员基本养老金的通知整理。

特殊调整的变迁。特殊调整的变迁主要体现为对实施基本养老金高水平调整或专门调整的特殊群体范围的变化。2001 年特殊调整规定基本养老金的调整要向基本养老金偏低的退休人员倾斜；2002 年则规定要在普遍调整的基础上，对退休早、基本养老金偏低的老干部、老工人、军队转业干部等人员适当提高调整水平；2004 年特殊调整规定要继续向退休早、养老金偏低的人员适当倾斜调整基本养老金；2005～2007 年的特殊调整对象在 2004 年的基础上，增加了具有高级职称的退休科技人员；2008 年继续扩大特殊调整的覆盖范围，在 2005～2007 年所规定的特殊调整对象的基础上，增加了专门调整的内容，规定对基本养老金偏低的企业退休军转干部，继续按照中办发〔2003〕29 号规定予以倾斜；[①] 2009～2010 年的特殊调整对象在 2008 年的基础上，增加了艰苦边远地区的企业退休人员。

此外，各调整基本养老金的通知发布日期呈现逐步固定的变迁过程。在 2007 年及以前，关于基本养老金调整的通知没有固定日期。例如，《关于 2001 年调整企业退休人员基本养老金水平的通知》发布于 2002 年 1 月 14 日，《关于 2002 年调整企业退休人员基本养老金的通知》颁发于 2002 年 8 月 16 日，而《关于从 2004 年 7 月 1 日起增加企业退休人员基本养老金的通知》发布于 2004 年 9 月 30 日，《关于调整企业退休人员基本养老金的通知》颁发于 2006 年 6 月 16 日，该文件对 2005～2007 年养老金的调整方案做出了规定。2008～2011 年的基本养老金通知则分别发布于上一年度的 12 月，颁布日期较为固定。

四　我国城镇企业职工基本养老金调整机制变迁中的问题

调整时间和调整基数的非同步变迁。从上述文字可看出，我

---

① 中共中央办公厅、国务院办公厅：《转发人事部等部门〈关于进一步贯彻落实人发〔2002〕82 号文件精神，切实解决部分企业军转干部生活困难问题的意见〉的通知》，2003。

国基本养老金的调整时间从 2008 年开始发生变化，而调整基数则是在 2005 年进行了改变，调整时间和调整基数呈非同步变迁的特点。这一特点对 2005～2007 年的调整基数的合理性产生了不利的影响。由于仅仅按上一年 12 月企业退休人员基本养老金作为当年下半年和下一年上半年养老金调整的基数，2002 年的调整基数为 2001 年增长后的养老金，这有利于保证企业退休者的养老权益；而在 2005～2007 年，调整基数为上一年企业退休人员月人均基本养老金，2005 年下半年和 2006 年上半年、2006 年下半年和 2007 年上半年、2007 年下半年的调整基数分别为 2004、2005、2006 年调整前的养老金与调整后的养老金的均值，这无疑损害了调整基数精算的科学性，降低了调整基数，损害了企业退休人员的生活质量。而 2008 年的情况则比较特殊，一方面，上半年的调整基数不再是 2006 年调整前后的基数均值，而是 2007 年调整前后的基数均值，这能在一定程度上弥补 2005～2007 年调整基数的下降；另一方面，下半年的调整基数与调整年度变化前的情况一致，又在一定程度上降低了调整基数的应有值，2008 年对调整基数的净效应取决于上半年增加的调整基数数量与下半年减少的调整基数数量绝对值的差值。从 2009 年开始，调整基数为上一年度调整后的人均养老金，调整方案得到优化，但是，以前年度调整方案的不合理所带来的调整基数下降并未得到充分弥补。

调整比率确定方法的蜕化。在调整比率方面，2001、2002、2004～2007 年的调整方法将平均工资增长率纳入基本养老金调整机制之内，有利于促进退休者基本养老金水平与经济活动人口生活水平一致提高。以平均工资增长率的一定比例作为调整标准，既体现了在我国人口老龄化背景下，平均工资增长率要高于工资收入总额的增长率，又考虑到了通货膨胀因素，具有一定合理性。但是，上述调整比率确定机制由于在确定占去年企业在职职工平均工资增长率的比例时缺乏制度性的精算规则而凸显随意和粗放，导致所确定的调整比率偏离合理水平。2008～2011 年的调整比率直接被规定为 10% 左右。严格来讲，这种方法粗放有余，而精算不足，因为它并没有将工资增长率、通货膨胀率等养老金调整因素考虑在内，既违背了养老金调整的现收现付规律，也不符合 2005 年颁布的《关于完善企业职工基本养老保险制度的决定》中对基本养老金调整机制的规定。可以说，相对于以前的调整方案来说，2008 年及以后的基本养老金调整机制是一种倒退。

特殊调整覆盖范围缺乏公平性。目前，我国特殊调整的覆盖范围包括具有高级职称的企业退休科技人员，新中国成立前的老工人，1953 年年底以前参加工作的人员，原工商业者等退休早、基本养老金相对偏低的人员，艰苦边远地区的企业退休人员，基本养老金偏低的企业退休军转干部。从上述特殊调整的变迁可以看出，我国基本养老金特殊调整经历了一个覆盖范围逐步扩大的过程，体现了对弱势退休人员的保障和具有特殊贡献人群的重点关注，具有重要的意义。然而，特殊调整将对象中的弱势群体重点界定在特殊群体，即退休早、基本养老金相对偏低的新中国成立前的老工人，1953 年年底以前参加工作的人员，原工商业者和养老金偏低的企业退休军转干部，而忽视了基本养老金偏低的一般人员。诚然，上述特殊群体为我国经济社会发展做出了较为突出的贡献，理应重点加大其基本养老金调整力度，但这不应成为忽视基本养老金偏低的一般退休者的理由。

此外，2007 年及以前调整基本养老金通知的发布时间不固定意味着确定调整比率所基于的数据无固定期间，这使得基本养老金的调整具有不应有的波动性。2008 年及以后各年基本养老金调整文件的发布大概在每年的 12 月，但是这几年的调整比率均为 10% 左右，缺乏精算性。

五　我国城镇企业职工基本养老金调整机制的优化

2010 年，全国人大常委会第十七次会议通过的《中华人民共和国社会保险法》规定：国家建立基本养老金正常调整机制。因此，构建我国科学的基本养老金调整机制刻不容缓。我们应该在尊重现收现付制养老金调整理论的基础上，充分考虑到我国具体国情，遵循精算原则、公平原则和程序化原则，积极构建科学的基本养老金调整机制。

建立科学的基本养老金调整精算公式。科学的精算公式有利于增强基本养老金调整机制的准确性。在精算公式中，调整基数可设定为上一年企业退休人员月人均基本养老金。调整比率的确定是精算公式中的重点。

在一定时期内，我国企业职工基本养老保险制度的缴费率具有稳定性。由本文第二部分对养老金调整机制的分析可知，在理论上，基本养老金调整比率应为职工工资收入总额增长率。然而，考虑到我国严峻的人口老龄化和基本养老金支付压力较大等状况，以职工平均工资增长率作为确定调整比率的因素之一具有以下优势。第一，不违背第二部分所述的养老金调整机制理论，因为平均工资增长率与工资收入总额增长率紧密相关。第二，由于在人口老龄化背景下，平均工资收入的增长率要高于工资收入总额的增长率，采用平均工资收入的增长率作为确定调整比率的因素之一有利于实现退休者的养老金水平与当期劳动人口生活水平同步增长。第三，在基本养老金支付面临资金压力的情况下，可将平均工资收入增长率的一定比例作为精算调整比率的因素之一，这彰显了在调整机制中应用平均工资收入增长率这一精算变量的灵活性。

从第二部分对养老金调整机制的分析可知，工资收入总额增长率的理论值与现实值之间存在差异，平均工资收入增长率亦然。因此，科学调整比率的确定应将通货膨胀率纳入精算范畴。通过综合考虑职工平均工资增长率、通货膨胀率等精算变量来确定我国基本养老金调整比率可使企业退休人员不仅生活质量不下降，而且能享受到经济发展成果。

调整时间和调整基数的非同步变化等导致我国养老金水平偏低，但是如果将养老金水平一步到位拉升至适度水平会使政府面临巨大的资金压力。因此，使我国养老金水平适度化的过程应该循序渐进。在此，建议建立基本养老金调整附加比率，努力将养老金拉至适度水平，当养老金达到适度水平后，附加比率取值为

0。基本比率和附加比率之和即为我国基本养老金调整比率，如公
式（5）所示，其中，R 为基本养老金调整比率，R_1 为基本比率，
R_2 为附加比率。

$$R = R_1 + R_2 \tag{5}$$

理性界定特殊调整的覆盖范围。为了保证特殊调整的公平性，
对基本养老金偏低的弱势企业退休人员应该一视同仁，采用一致
的特殊调整标准对其基本养老金进行调整，这有利于有效保障他
们的养老权益。同时，要为具有特殊贡献的退休群体建立特殊调
整标准，这既是对他们为我国经济和社会发展所做贡献的肯定，
又可激励国民经济效率的提高。上述两个特殊调整标准是并行的。
如果某一退休群体既属于基本养老金偏低的弱势企业退休人员，
又属于具有特殊贡献的群体，那么他们的基本养老金应该进行双
重调整。首先用弱势群体特殊调整机制将其养老金水平拉至一般
退休人员的水平附近，然后用特殊贡献群体特殊调整机制将其养
老金水平调至特殊贡献群体的养老金水平附近。

制定规范的基本养老金调整程序。基本养老金调整机制精算
公式应该固定化，不应随意变动。基本养老金调整机制的通知发
布时间应该固定化，以保证调整机制的精算过程基于固定期间的
经济数据，增强精算的准确性和连续性。应以科学的基本养老金
调整精算公式为基础，让基本养老金调整成为一项制度性的工作，
突出其精算化而非人为化，促进其程序化而非随意化，为准确有
效地确保广大企业退休人员的养老权益创造条件。

作为我国城镇企业职工基本养老保险制度的重要组成部分，
基本养老金调整机制是实现"老有所养"目标与构建和谐社会的
关键要素之一。针对基本养老金调整机制变迁过程中形成的问题，
我们既要构建科学的精算公式，以保证基本养老金调整的效率；
又要理性界定特殊调整的覆盖范围，以提高基本养老金调整的公
平性；还要建立规范的调整程序，以确保基本养老金调整的制度
化。公平和效率兼顾的程序化基本养老金调整机制可为切实保障
企业退休人员的老年生活提供有力支撑。

新型农村社会养老保险国家
财政责任的优化[*]

2009 年以来，新型农村社会养老保险（以下简称"新农保"）国家财政责任得以确立并不断完善。但是，新农保国家财政责任还存在财政支出水平较低、财政激励机制不合理、财政责任地区差异大、财政调整机制缺乏、财政监管机制不完善等问题。鉴于此，本节将从财政支出、财政激励、财政分担、财政调整和财政监管等方面探讨完善新农保财政责任的策略，以促进新农保财政责任的进一步优化。

一　新农保国家财政责任的规定

2007 年，宝鸡建立新农保制度，采取个人缴费、集体补贴和政府补贴的三方筹资模式，实行立足于血缘关系意义上的参保捆绑机制，通过财政专户管理建立完全个人账户积累的新农保制度。[①] 其后，在充分借鉴宝鸡经验的基础上，2009 年我国在全国范围内普遍建立了新农保制度。

新农保国家财政责任确立的依据是 2009 年发布的《国务院关于开展新型农村社会养老保险试点的指导意见》。新农保国家财政责任采取缴费环节的入口补贴和给付环节的出口补贴相结合的方式。在入口环节，财政补贴采取按人群的方式，主要由选择较高

---

[*]　本文以《新型农村社会养老保险国家财政责任的优化》为题发表于《江汉论坛》2014 年第 6 期，丁建定为第一作者，张登利为第二作者。

[①]　杨斌：《影响农民参加农村社会养老保险的需求因素分析——基于宝鸡模式的研究》，《兰州商学院学报》2009 年第 6 期。

缴费档次的参保居民增加财政补贴额。（见表1）在出口环节，财政补贴采取分地区的方式，主要由中央政府和地方政府共同承担补贴责任。（见表2）

表1 新农保"入口"环节分人群的财政补贴政策

参保人群	中央财政	地方财政
选择最低档次的普通参保居民	不补	不低于每人每年30元
选择较高档次的普通参保居民	不补	每人每年30元加上适当鼓励
特殊参保居民（缴费困难群体）	不补	每人每年30元加上最低缴费档次的全部或者部分

资料来源：根据《国务院关于开展新型农村社会养老保险试点的指导意见》和《国务院关于开展城镇居民社会养老保险试点的指导意见》整理。

表2 新农保"出口"环节分地区的财政补贴政策

参保人群	基础部分		增发部分	
	中央财政	地方财政	中央财政	地方财政
东部地区参保居民	每人每月27.5元	每人每月27.5元	0	增发养老金的全部
中西部地区参保居民	每人每月55元	0	0	增发养老金的全部

资料来源：根据《国务院关于开展新型农村社会养老保险试点的指导意见》和《国务院关于开展城镇居民社会养老保险试点的指导意见》整理。

与城镇企业职工养老保险相比，新农保国家财政责任是一种典型的显性责任。财政补贴政策对新农保制度的推进作用是显著的，也是国家更好地为国民"老有所养"履行了财政责任。《国务院关于开展新型农村社会养老保险试点的指导意见》实施以来，新农保"广覆盖"的目标得到了具体落实。在新农保制度的实施过程中，公共财政不同程度的投入和参与，最直接的影响就是增加了政策的可信度，农民的参保积极性较之前有了显著提高。

二 新农保国家财政责任存在的问题

新农保制度是关乎农民养老的一项重要惠民政策，这项政策对我国政府财政责任的合理定位提出了方方面面的挑战。它从试点到推广经历了较长时间，也进行了各种修正和完善，现阶段仍然存在一些突出问题。

新农保财政支出水平较低。新农保财政支出水平突出地表现在中央财政补贴水平上。按照《国务院关于开展新型农村社会养老保险试点的指导意见》的规定，中央财政为东部地区农村居民提供每人每月 27.5 元的基础养老金，为中西部地区农村居民提供每人每月 55 元的基础养老金。假设农村养老保险的覆盖率为100%，以 2009 年数据计算，2009 年中央财政补贴新农保 546.86亿元，占该年中央财政收入的 1.52%，占同期国家社会保障和就业总支出 7851.85 亿元的 3.07%，新农保中央财政补贴总体压力较小。① 从实际运行情况来看，2009 年农村养老保险覆盖率为12.57%，由此可见中央财政实际支出水平较低。同样以 2009 年数据来计算，2009 年全国地方财政对新农保的补贴金额总共是241.1997 亿元，占同年全国地方财政收入（32602.59 亿元）和支出（61044.44 亿元）的比例分别仅为 0.74% 和 0.40%。占比最低的是经济条件较好的上海市，其 2009 年新农保财政补贴支出占财政收入的比例仅为 0.09%。可见，地方财政在新农保上的财政支出水平也非常低。

新农保财政激励机制不合理。完善的财政激励机制应该有助于农村居民积极参加新农保，有助于农村居民选择较高水平的缴费档次。笔者在调查中发现，许多农村居民选择不参保的原因在于财政支持缺乏激励作用，并且在现有财政激励机制下，农村居民多选择较低缴费档次。财政责任激励机制不合理主要体现在两

---

① 毕红霞：《财政支持农村社保的差异性及其有限责任》，《改革》2011 年第2 期。

个方面，一是新农保的财政补贴水平低导致新农保的待遇水平低，进而影响农村居民的参保决策，二是新农保地方财政补贴政策的激励性太差。如河南省新农保政策规定农民缴费档次为 100 元、200 元、300 元、400 元和 500 元，省、市两级财政对参保人缴费给予补贴，其中省财政对参保人给予每人每年 20 元补贴，市财政给予每人每年 10 元补贴。不同缴费档次的财政补贴额度相同，导致农村居民选择较高缴费档次的意愿不强。如河南省通许县 2470 名参保居民中有 93.78% 的农村居民选择的缴费档次为 100 元，选择 200 元、300 元、400 元和 500 元缴费档次的分别为 3.64%、0.45%、0.28% 和 0.06%。①

新农保财政责任地区差异较大。新农保财政责任的地区差异不仅突出地表现为东部地区与中西部地区中央财政补贴水平存在较大差异，而且也体现在同一省份不同地区地方财政补贴的差别上。在基础养老金上，中央财政对东部地区和中西部地区财政补贴不同，为东部地区提供 50% 的基础养老金，为中西部地区提供全额基础养老金。中央财政对不同地区基础养老金的补贴差异考虑到了不同地区经济发展状况的差异，但形成了农村居民公平获取基础养老金财政补贴权利的差异。

新农保地方财政补贴差异主要表现为两个方面。一是不同地区的地方财政补贴规模存在差异。如表 3 和表 4 所示，新农保地方财政补贴有定额补贴、比例补贴的方式，如江苏常熟、陕西陈仓、陕西商南、吉林长春、江西为定额补贴，而江苏高淳则为比例补贴，补贴方式的差异会形成差异化的地方财政补贴规模。同时，同一省份不同地区的地方财政补贴规模也存在差异，如江苏常熟和江苏高淳、湖北的不同地区都存在差异。二是不同地区的地方财政补贴比例存在差异。按照省级财政在财政补贴中的占比，新农保地方财政补贴的分担主要存在以下情况：省级财政补贴占较大比例，如江西 80%、河南通许 67% 和吉林长春 60%；省级财政

---

① 张思锋：《新型农村社会养老保险制度试点研究》，人民出版社，2011，第 86 页。

承担50%的财政补贴，如陕西商南；省级财政补贴占较小比例，如湖北黄陂；省级财政不补贴，如江苏高淳。

表3　我国部分地区新农保地方财政缴费补贴及分担情况

地区	缴费补贴
江苏常熟	每人每年60元（市镇各负担50%）
河南通许	每人每年30元（省补20元，市补10元）
陕西陈仓	缴费100~200元者补30元、300元者补40元、400元者补45元、500元以上者补50元（省市县分担比例为50%、25%、25%）
陕西商南	缴费100~200元者补30元、300元者补40元、400元者补45元、500元以上者补50元（省市县分担比例为50%、10%、4）%）
吉林长春	缴费100元者补30元、200元者补35元、300元者补40元、400元者补45元、500元者补50元（省市县分担比例为60%、20%、20%）
江西	每人每年30元（省县分担比例为80%、20%）
江苏高淳	补贴率为4%（市补2%、县和镇分别补助1%）

资料来源：根据不同地区新农保资料整理。江苏高淳个人缴费基数为本县上一年度农村居民人均纯收入，缴费比例为8%，个人缴纳4%，市政府补贴2%，县政府补贴1%，镇政府补贴1%。

表4　湖北省部分地区新农保地方财政补贴情况

单位：元/（人·年）

地区	省级财政补贴	地级财政补贴	县级财政补贴
黄陂区	20	275	275
宜都市	20	60	10
钟祥、安陆、石首市	20	0	10
梁子湖区	20	5	区乡各2.5

资料来源：何晖：《新型农村社会养老保险县级财政补贴风险识别》，《海南大学学报》2011年第6期。

新农保财政调整机制缺乏。在财政调整机制方面，有新农保财政调整制度化规定，但没有新农保财政调整的事实。根据新农保制度的规定，国家应根据经济发展和物价变动等情况，适时调整全国新农保基础养老金的最低标准。而新农保基础养老金主要来源于财政补贴，因此调整基础养老金就要求新农保财政补贴的调整。但 2009～2013 年，新农保基础养老金一直保持在 55 元的待遇水平上，没有进行调整，因此也就缺乏国家财政的补贴。同时，新农保财政调整缺乏具体的操作化规定，即待遇调整指数、财政补贴指数与物价变动指数、经济发展指数之间缺乏明确的计算公式。

新农保财政监管机制不完善。新农保的审查稽核手段还不能有效杜绝瞒报、多领等问题。① 根据 2012 年《新型农村社会养老保险、城镇居民社会养老保险和城乡居民社会养老保险基金审计情况》，新农保资金管理和业务管理存在较多问题。在资金管理环节，2 个省本级、17 个市本级和 287 个县的经办机构等部门和单位多头开户 468 个、违规开户 478 个，3 个市本级和 117 个县新农保基金预算编制不规范，1 个省本级、9 个市本级和 86 个县 40.26 亿元三项社会养老保险基金未被纳入财政专户管理，16 个县社保等部门延压养老保险费收入 6038.94 万元，13.35 亿元三项社会养老保险基金存在会计记账和核算错误等问题；在业务管理环节，2 个省本级、14 个市本级和 209 个县 17.22 亿元财政补助资金未及时足额拨付到位，2 个省本级、1 个市本级和 59 个县将 17.56 亿元新农保、城居保个人账户基金用于发放基础养老金，49 个县未及时发放 134.25 万人养老保险待遇 4.16 亿元，部分地区存在将养老保险费收入存储在社保经办人员个人存折上等业务管理不规范问题，涉及金额 5733.7 万元。资金管理和业务管理问题的出现，说明在新农保财政预算、财政补贴环节存在财政监管乏力的问题，这些问题又导致新农保财政补贴被套取和挪用。

三　新农保国家财政责任的完善

新农保制度的实施要循序渐进，左右协调，走可持续发展之

---

① 席恒：《新农保服务供给能力与管理绩效亟待提高》，《中国劳动保障报》2010 年 9 月 10 日。

路。① 当前，在"保基本、广覆盖"的基础上，应本着适度、适时、协调、可持续等原则对政策进行合理调整，使之更加符合实际形势的变化，更加有效地促进社会和谐发展。

建立新农保财政调整机制。新农保财政补贴调整机制应从构建多支柱养老保险制度的目标出发，根据经济增长、地方财政实力、物价水平等因素给予合理调整。新农保制度属于多支柱养老保险制度中的一类。在多支柱养老保险制度框架下，农村居民养老金来源包括基本养老金、补充养老金和商业养老金。基本养老金包括基础养老金和个人账户养老金，补充养老金相当于城镇企业职工的企业年金，商业养老金包括个人储蓄和商业养老保险。

在基本养老金中，基础养老金的合意替代率可以选择为 20% ~ 30%，个人账户养老金的合意替代率可以选择为 10% ~ 15%。而目前新农保基础养老金的实际替代率为 13.86%，个人账户养老金的实际替代率为 3.37% ~ 15.97%。② 新农保基础养老金和个人账户养老金的实际替代率应向合意替代率靠近，在现行制度框架下，新农保养老金替代率的提升意味着新农保财政补贴规模的调整。在新农保财政补贴规模的调整上，应分别增加中央财政和地方财政对新农保的财政补贴。中央财政主要是对新农保基础养老金给予财政补贴，地方财政主要是对个人账户养老金和基础养老金增加部分给予财政补贴。中央财政调整规模的计算公式应是农村 60 岁及以上居民数量乘以基础养老金合意替代率与实际替代率差额所对应的财政规模。不同地区地方财政调整规模的计算公式是该地区农村居民的人数乘以选择较高个人账户缴费档次所对应的财政补贴额。

改革新农保财政激励机制。要通过改革新农保财政激励机制，实现以下目标。首先，鼓励农村居民积极参保。鼓励农村居民参保的财政激励机制主要是提高新农保的待遇水平。一方面，要提

---

① 丁建定：《新农保的"协调"与"配合"》，《中国社会保障》2010 年第 7 期。

② 邓大松：《新型农村社会养老保险替代率的测算与分析》，《山西财经大学学报》2010 年第 4 期。

高新农保基础养老金水平。如扩大中央财政补贴规模，使得新农保基础养老金的替代率逐步增加到 20% ~ 30%。另一方面，要提高新农保个人账户养老金水平，即通过地方财政补贴促使农村居民选择较高缴费档次和较长缴费时间，从而提高新农保个人账户积累额，最终提高个人账户养老金水平。其次，鼓励农村居民选择较高的缴费档次。要将均一财政补贴方式改为差额财政补贴方式，同时适当完善差额财政补贴方式。可在基本财政补贴不变的情况下，提高较高缴费档次的财政补贴水平，引导农村居民选择较高缴费档次。最后，鼓励农村居民缴费时间的延长。可通过建立缴费时间和财政补贴的关系，对于选择较长缴费时间的农村居民，适当增加新农保基础养老金，这样既能鼓励参保居民缴费的积极性，又不会产生新的不公平性。

优化新农保财政分担机制。新农保基础养老金的发展应向国民年金的方向转变。国民年金的实质是不同地区的农村居民可以享受均等的基础养老金，并且国家财政对于不同地区基础养老金的财政补贴应该相同。因此，应将中央财政对东部地区和中西部地区差异化的财政支出策略，改变为中央财政对东部地区和中西部地区均一化的财政支出策略。同时，要建立合理的新农保地方财政分担机制，避免某一层级政府新农保财政责任的畸轻畸重。换句话说，应尽可能避免新农保财政责任单由省级政府承担或单由县级政府承担，新农保财政责任应是均衡、分担的财政责任，而在分担的财政责任框架下，不同层级政府新农保财政责任的大小取决于该级政府当地经济状况的好坏。省、市、县三级财政可以按照不同的比例来承担相应责任，尤其是作为政策实施主体的县级政府应成为财政压力的主要承担者。财政收入水平较高的县级政府应多承担，而财政收入水平较低的县级政府可以按照一定比例少承担。

完善新农保财政监管机制。要建立多主体参与的新农保财政监管机制。新农保财政监管主体包括各级人大常委会、财政部门、审计部门、社会保险行政部门、社会监督部门。各级人大常委会主要负责审议新农保财政收支的预算和监督新农保财政资金的使

新型农村社会养老保险国家财政责任的优化 | 383

用。财政部门和审计部门主要对新农保财政基金的投入、使用和运营等进行专门监管。社会保险行政部门应及时对新农保各主体在基金筹集和给付环节进行把关，建立起完善的养老保险基金投资监管制度。社会监督部门应是由专家、媒体等组成的监督主体，专家应发挥其职业技能，对新农保财政基金的筹集、使用等进行合理测算，媒体应宣传和报道新农保财政资金的利用情况。同时，要建立统一的新农保信息平台。在统一的新农保信息平台上，农村居民个人的缴费信息、财政补贴、给付信息应该具有唯一性，并且不同地区新农保信息可以共享。另外，新农保信息的公示和披露应该及时，并接受不同部门、群体和个人的监督。

关于我国社会救助法几个问题的思考[*]

一 社会救助法必须合理确定救助目标与理念

社会救助法需要树立正确的社会救助制度目标。社会救助制度的直接目标应该是当国民遭遇社会因素、自然因素以及个人因素所带来的贫困时能够享有社会救助，使其基本生活得以保障。因各种风险而不能维持基本生活需要的贫困居民，有从国家和社会获得物质帮助和相关服务的权利，社会救助制度是提供此类物质帮助和相关服务的重要制度，通过完善的社会救助制度，处于特殊贫困之中的公民既能够获得基本生活需要的满足，又可以为其摆脱贫困乃至实现个人发展提供有利的条件。

社会救助制度的间接目标包括社会、经济、政治与道德目标四个方面。社会救助制度的政治目标是指通过实施社会救助制度实现社会基本稳定，社会救助制度的社会目标是指通过实施社会救助制度实现社会公平正义，社会救助制度的经济目标是指通过实施社会救助制度实现经济稳步发展，社会救助制度的道德目标是指通过实施社会救助制度实现社会道德水平提高。社会救助制度的目标选择对社会救助政策的选择以及社会救助制度的发展进程具有直接影响，关注社会救助制度的政治与社会目标有利于促进社会救助制度的快速发展，关注社会救助制度的经济与道德目

---

* 本文以《关于我国社会救助法几个问题的思考》为题发表于《苏州大学学报》（哲学社会科学版）2011 年第 5 期，丁建定为第一作者，张巍为第二作者。小部分删节。

标则可能导致社会救助制度的紧缩或改革。

我国社会救助制度的目标经历了从被动地选择单一性制度目标，到主动地选择社会救助多种制度目标的协调发展过程。改革开放初期，我国社会救助制度的目标体现出强烈的经济目标取向，包括社会救助制度在内的整个社会保障制度改革主要服务于经济体制改革，这是一种被动的单一性社会救助制度目标选择。其后，我国社会救助制度的政治目标取向逐步明显，维护社会稳定成为我国社会救助制度发展和完善的主要制度动机，这同样是一种被动的单一性制度目标选择。近几年，我国社会救助制度的目标开始从被动地选择单一的经济或政治目标，逐步转变为通过主动地选择社会救助的社会目标进而促进经济、政治、社会与道德目标的协调发展，社会救助制度改革不再仅被作为经济体制改革的配套措施，也不再仅被当作维护社会稳定的制度工具，而被赋予实现社会公平、维护社会稳定、促进经济发展与提升社会道德的重要作用。①

社会救助法应该推进我国社会救助制度目标从被动地选择单一性制度目标向主动地选择多种目标的协调发展的转变，避免追求单一性社会救助制度目标所导致的其他社会救助制度目标的受损，实现社会救助制度多种目标的协调发展，推动我国社会救助制度更加完善，从而使社会救助制度在促进我国和谐社会的建设和发展中更好地发挥积极作用。

社会救助法还应该确立积极的社会救助理念。积极的社会救助理念强调社会救助是维护公民权利的基本手段，而不是政府或者社会的施舍，贫困群体接受社会救助不是一种耻辱，而是其享受基本公民权利的体现，政府应该积极主动地完善社会救助制度，为贫困群体提供尽可能有效的社会救助，保证贫困群体的基本生活水平，社会救助制度应该是保证贫困群体基本生活水平的基本社会政策，是维护和实现社会公平的基本手段。②

---

① 丁建定：《我国和谐社会建设需要合理的社会保障制度》，《人口与经济》2009年第3期。

② 景天魁：《"底线公平"的社会保障体系》，《中国社会保障》2008年第1期。

积极的社会救助理念强调社会救助的标准为保障社会救助对象的基本生活水平，而不是基本生存水平。现代社会救助制度的基本特征是保障救助对象的基本生活水平，这也是社会救助制度维护社会公平正义的基本功能，随着社会经济的发展变化，我国社会救助的标准必须以保证救助对象的基本生活水平为发展目标，而不能长期停留在保证救助对象的基本生存水平上。

积极的社会救助理念强调社会救助对贫困群体自我获得劳动收入能力的培养，而不是仅仅向他们提供经济救助。社会救助制度不仅应该向贫困群体提供必要的经济帮助，保证贫困群体的基本生活水平，而且应该对贫困群体提供其他有效的帮助，帮助他们提高自身获得工作机会的能力，从而使他们能够通过自己的劳动获得收入，尤其是对那些具有正常劳动能力的贫困群体，更应该将对其获得劳动收入能力的扶持放在重要位置。[1]

积极的社会救助理念强调的是社会救助的综合性，而不是救助措施的单一性。社会救助制度应该是一种综合性的救助体系，它应该包括生活救助、专项救助及临时救助等多种救助制度，而不仅仅是基本生活救助这种单一性的救助项目，[2] 只有建立一种综合性的社会救助制度体系，才能够使社会救助制度有效发挥贫困救助与贫困预防的双重功能。

二　社会救助法必须合理规定
救助内容及其内在关系

社会救助法应该对我国社会救助制度的基本内容及其相互关系做出合理规定。毫无疑问，生活救助是社会救助的基本内容，最低生活保障、生活救助制度也是社会救助制度的核心内容。政府应该根据当地维持基本生活水平所需要的费用情况，制定并公

---

[1]　马用浩：《消除能力贫困：解决城市贫困问题的新视角》，《探索与争鸣》2003年第 2 期。

[2]　何慧超：《可行能力视野下的中国城市贫困治理理念的重构》，《湖北社会科学》2008 年第 11 期。

布最低生活保障标准，然后调查、评估救助申请人的家庭平均收入和财产状况，如果申请人的家庭平均收入和财产状况低于当地最低生活保障标准，则可以获得政府提供的最低生活保障。贫困者所获得的最低生活保障金额是其家庭平均收入与当地最低生活保障标准之间的差额。当其家庭成员的平均收入发生变化时，政府工作人员根据其家庭平均收入变化情况，决定增加、减少或停止发放最低生活保障金。

需要指出的是，生活救助只是社会救助的一个方面，最低生活保障制度也仅是社会救助制度的一项内容，社会救助需求还包括其他许多方面，社会救助制度的内容也应该涉及其他制度项目。因此，社会救助法必须在完善和规范以提供基本生活保障为主的最低生活保障制度的基础上，推进专项救助制度和临时救助制度的建立和完善。专项救助的目的是解决贫困群体的特殊困难，满足救助对象的各种特殊需求，主要包括农村五保供养、医疗救助、住房救助、教育救助等方面。[①] 临时救助的对象主要是遭遇突发性自然灾害的贫困者以及特殊救助需求者，其主要内容有自然灾害救助、流浪乞讨人员救助与法律援助等。

社会救助法不仅应该合理规定我国社会救助制度的基本内容，而且应该对社会救助制度相关内容的关系做出合理的规定。我国社会救助制度的核心内容是最低生活保障制度，其补充内容应该是专项救助制度，其特色内容应为临时救助制度，社会救助制度的内容之间应该具有相互补充和相互协调的关系。

社会救助制度的救助内容应该综合化，是一种以最低生活保障制度等生活救助制度为主，以五保供养、医疗、教育、住房等专项救助制度为补充，以流浪乞讨人员救助、法律援助和灾害救助等临时救助制度为特殊形式的综合性社会救助体系。[②] 生活救助以保障居民基本生活为目标，是社会救助体系的主干，最低生活

---

① 张浩淼：《关于我国专项救助制度建设的思考》，《学习与实践》2007 年第 6 期。

② 郑功成：《中国社会保障改革与发展战略：总论卷》，人民出版社，2011，第 16 页。

保障制度是整个社会救助体系的核心，在发展和完善我国社会救助制度的过程中，必须以最低生活保障制度为基础，对整个社会救助体系进行整合。在生活救助的基础上，救助对象可能会面临就医、住房、教育等方面的特殊困难和需求，因此，应该实施专项社会救助，以作为最低生活保障制度的有益补充。同时，灾害救助、流浪乞讨人员救助与法律援助等临时救助为特殊需要群体提供必要的相关救助。以最低生活保障制度为核心的生活救助制度，以五保供养、医疗救助、住房救助、教育救助为主的专项救助制度，以灾害救助、流浪乞讨人员救助和法律援助为基本内容的临时救助制度，共同构成我国社会救助制度内容体系。

三 社会救助法必须合理规定
救助的财政责任

社会救助法必须对社会救助的财政责任做出合理的规定。国家作为社会的管理者，其社会职能必须以缓和社会矛盾、谋求社会安定、保障社会成员生存权利与增进社会福利为己任。提供社会救助是国家的基本责任，实施社会救助是维护公民生存权利的重要措施，政府应该是我国社会救助制度的重要主体，我国社会救助制度应该是一种以政府为主导的社会救助。[1] 政府在社会救助中的主体责任主要是建立社会救助制度，承担大部分社会救助资金，并合理承担社会救助管理责任。

政府在社会救助制度中的主体责任包括各级政府承担社会救助责任的合理化，特别是各级政府合理分担社会救助财政负担。[2] 为了提高社会救助资金的使用效率和推动社会救助在促进社会公平方面作用的发挥，建议将社会救助资金收支纳入省级政府预算，实行省级统筹。中央政府对各省社会救助的财政支持要遵循公平

---

① 洪大用：《社会救助的目标与我国现阶段社会救助的评估》，《甘肃社会科学》2007 年第 4 期。

② 丁建定：《构建我国新型城市社会救助制度的原则与途径》，《东岳论丛》2009 年第 2 期。

性原则，各省所获得的中央政府转移支付的社会救助资金数量应该有所差别，但这种差别应该是建立在充分考虑各省财政实力、社会救助标准、社会救助需求等因素的基础之上，也就是说，应该是实现公平的差别。

各地生活成本、救助标准与应享受救助的人口数量存在不同，所需要的财政资金也不尽相同。经济较发达省份的社会救助标准较高，从而有可能使得更多的人具有享受社会救助待遇的资格，其所需社会救助资金总量很可能远远高于经济较落后地区。同时，应该看到，省级财政在社会救助方面的支出应该保持在一个合理的水平之上，即应保持合理的财政支出结构。如果盲目要求东部地区各省加大对社会救助的投入，很可能导致异化的财政支出结构，给其经济社会发展带来不利影响。因此，在社会救助方面，中西部地区获得的中央政府补贴一定要高于东部地区的做法未必合理，这种做法很可能导致东部地区的社会救助标准低于适度水平，以保证其财政支出结构的合理化。理性的做法应该是，在综合考虑各地社会救助标准、社会救助需求人数等的基础上，科学制定对各地的中央转移支付标准。

要合理划分中央、省、市、区（县）在社会救助方面的财政责任。[①] 中央政府和省级政府应承担社会救助财政的主要责任。各省对所辖各市的社会救助资金的转移支付应充分考虑各市的财政状况，对经济水平较差的市给予较多的资金支持，同时各市要安排一定的配套资金，促进社会救助事业的发展。各市对各区（县）的社会救助资金支持亦应向经济水平较差的区（县）倾斜，同时各区（县）要安排发展社会救助事业的配套资金。通过建立上述财政机制，既可以提高社会救助资金的使用效率，又有利于在省级统筹区域内使公民平等地享有社会救助权益。

在我国社会救助的主体结构中，政府固然是第一责任主体，但只靠政府这一单一主体来构建社会救助的安全网是绝对不够的，

---

① 郑功成：《中国社会保障改革与发展战略：总论卷》，人民出版社，2011，第26页。

除了政府救助之外，非政府组织和社会成员也是我国社会救助主体的组成部分。在强调社会救助制度中政府责任主体的同时，社会救助法应该对非政府组织、企业或个人等多种主体在社会救助中的作用和地位做出科学合理的规定，在完善、健全政府救助的同时，创造条件开发社会救助资源，推进非政府组织和社会成员之间的社会互助，形成以政府为主导、以非政府组织为补充的面对社会各类弱势群体的社会救助财政支持系统。

四 社会救助法必须合理确定
救助标准的调整机制

社会救助法必须确立合理的救助标准调整机制。科学合理的社会救助标准调整机制必须体现以下几个方面的特点。

首先，宏观协调与微观协调相结合。建立合理的社会救助标准调整机制必须与国家宏观社会经济发展状况相协调，其中最主要的是与国家经济发展水平、整体物价水平以及区域社会经济发展差别相协调，社会经济发展水平是决定社会救助标准调整的基础因素，物价水平的变化是影响社会救助标准调整的直接因素，区域社会经济发展的差别是社会救助标准调整中不能回避的现实问题。与此同时，社会救助标准的调整还必须考虑与最低工资标准和相关社会保障津贴的协调，最低工资标准对低保标准的调整具有重要影响，因为最低工资标准往往是确定最低贫困线的重要影响因素。社会救助制度是整个社会保障制度的基础，社会救助标准的调整还必须与各项社会保障津贴标准的调整相协调，并保持合理的差别。① 只有与宏观意义的社会经济发展和微观意义的社会保障制度相协调的社会救助标准调整机制才是合理的机制，单纯强调社会救助标准应该不断调整，或者不能根据社会经济发展以及相关社会保障津贴标准的变化，而对社会救助标准做出调整

---

① 杨立雄：《最低生活保障制度实施过程中存在的问题》，《社会》2003 年第 4 期。

都是不可取的。

其次，保证最低生存标准与保障基本生活标准相结合。社会救助标准是关系贫困群体实际生活水平的一个重要因素，长期以来，我国的社会救助标准始终停留在以维持救助对象的最低生存标准的水平上，随着社会经济的发展与人们生活水平的提高，特别是随着社会保障制度的发展，这种最低生存保障的标准已经不能适应社会需要，在建立合理的社会救助标准调整机制时，必须将保障贫困群体基本生活作为社会救助制度的基本标准，而不能继续将保证贫困群体的最低生存作为社会救助制度的既定标准。[1] 当然，实现从保证最低生存标准到保障基本生活标准的转变，既需要一个物质基础的准备过程，又需要一个社会观念的转变过程，在这个转变过程中，保证贫困群体的最低生存标准仍将是我国未来一个时期最低生活保障的基本标准，但必须将保障贫困群体的基本生活标准作为社会救助标准调整的基本目标。

再次，基本生活救助与收入获得能力培养相结合。我国目前的社会救助制度基本上仍然是以最低生活保障制度为核心的单一性救助制度，最低生活保障制度本身仍只具有生活救助的单一性功能，生活救助成为我国最低生活保障制度的单一性制度目标，这不仅不利于我国最低生活保障制度的正常发展，使得我国最低生活保障制度本身缺乏各种相关的配套性救助制度，而且使得我国的最低生活保障制度不能有效缓解贫困群体的贫困状况，并有可能导致最低生活保障对象长期陷于贫困之中。[2] 因此，在建立合理的最低生活保障标准调整机制时，应该改变上述单一性生活救助的社会救助制度目标，将提高社会救助对象通过自己的劳动获得收入的能力作为实施社会救助制度的重要目标之一，从而将社会救助制度的基本生活救助目标与提高社会救助对象的收入获得能力目标有机结合起来，实现社会救助对象的基本生活保障与发

---

[1] 李迎生：《城市低保制度运行的现实困境与改革的路径选择》，《江海学刊》2007 年第 2 期。

[2] 刘喜堂：《关于城市低保标准的几个问题》，《中国民政》2006 年第 9 期。

展能力培养的有机结合，使现行的社会救助标准从一种保证贫困群体生存的救助性标准，转变为一种满足贫困群体的基本生活的保障性标准，进而转变为一种能够促进救助对象的收入能力提高的发展性标准。[①]

总之，社会救助制度是社会保障制度的基本内容，社会救助法是发展和完善社会救助制度的基本依据，我国的社会救助法必须对社会救助制度的相关方面做出合理的法律规定，尤其必须对社会救助制度的基本目标和基本理念、基本内容及其内在关系、财政责任机制以及救助标准的调整机制等重要方面做出科学合理的法律规定，只有这样，我国的社会救助制度才能在科学合理的制度目标和理念下，完善各项救助制度内容，保证救助财政来源的合理性与可持续性，并使得社会救助标准真正能够为贫困群体提供有尊严的基本生活。

---

① 丁建定：《建立合理的城市居民低保标准调整机制的几个理论问题》，《中南民族大学学报》2009 年第 4 期。

构建我国城市居民最低生活保障标准调整机制的几个问题[*]

我国城市居民最低生活保障（以下简称"低保"）制度已经走过 10 余个年头，低保制度在缓解城市特困群体生活困难方面发挥了非常重要的作用，但是，作为与城市贫困群体的基本生活密切相关的低保标准的调整问题，仍然是一个需要尽快解决的问题。近年来，随着物价水平的不断变化以及退休人员退休金标准的逐年提高，低保标准的调整问题也成为一个社会关注的问题。笔者在此不欲对低保标准调整机制的所有方面进行论述，仅就建立低保标准调整机制的主要理论问题略陈管见。

一　树立积极的低保理念是建立合理的低保标准调整机制的关键

建立合理的低保标准调整机制需要转变对贫困问题的传统认识，并确立起积极的低保救助理念。传统的观念认为贫困主要是由个人原因造成的，因而应该由个人承担责任并通过个人努力加以解决，政府和社会不必要为各种社会问题所导致的贫困的解决承担主要责任。这种对贫困原因及其解决途径的认识势必导致一种消极的低保救助理念，这种理念的主要特点是把低保救助视为政府或者社会的施舍而不是政府或者社会的责任，认为接受低保

---

* 本文以《建立合理的城市居民低保标准调整机制的几个理论问题探讨》为题发表于《中南民族大学学报》（人文社会科学版）2009 年第 6 期；发表后被中国人民大学复印报刊资料《社会保障制度》2009 年第 6 期全文复印。

救助是一种耻辱而不是公民的一项基本权利，将低保的标准限定为仅仅是一种维持最低生存的标准而不是保障基本生活的标准，只对低保对象提供维持生存的经济性救助，忽视对贫困群体自我获得劳动收入能力的培养，只依靠单一的低保制度，缺乏与低保制度相配套的其他相关救助制度。[1]

上述对贫困问题原因的传统认识以及消极的低保理念，势必影响我国低保制度的健康发展和合理实施。随着社会经济的发展与进步，应该逐步转变对贫困问题的原因以及低保理念的认识。实际上，随着社会经济的发展，特别是随着工业社会的发展，大部分贫困者的致贫已经主要不是由个人因素造成的，而是由社会原因造成的，是社会发展中没有及时建立和实施有效的社会调控所导致的后果，[2] 因此，社会应该对贫困者提供合理标准的救助，并把向贫困群体提供合理标准的低保视为政府和社会的应尽之责。同时，还应该逐步确立积极的低保救助理念。只有确立起积极的低保救助理念，才能建立起合理的低保标准调整机制。

积极的低保理念强调低保是公民应该享有的基本权利，而不是政府或者社会的施舍。贫困群体享受低保不是一种耻辱，而是其享受基本公民权利的体现，政府应该积极主动地完善低保制度，为贫困群体提供尽可能合理标准的低保，保证贫困群体的基本生活水平。积极的低保理念强调低保的标准为保障受助者的基本生活水平，而不是基本生存水平。现代社会救助制度的基本特征是保障受助者的基本生活水平，这也是我国低保制度维护社会公平正义的基本功能，随着社会经济的发展变化，我国的低保标准必须以保证受助者的基本生活水平为目标，而不能长期停留在保证受助者的基本生存水平上。积极的低保理念强调的是低保对贫困群体自我获得劳动收入能力的培养，而不是仅仅向他们提供经济救助。低保制度不仅应该向贫困群体提供必要的经济帮助，保证

① 丁建定：《构建我国新型城市社会救助制度的原则与途径》，《东岳论丛》2009年第 2 期。
② 丁建定：《从济贫到社会保险》，中国社会科学出版社，2000，第 41 页。

贫困群体的基本生活水平，更应该对贫困群体提供其他有效的帮助，帮助他们提高自身获得工作机会的能力，从而通过自己的劳动获得收入，尤其是对那些具有正常劳动能力的贫困群体，更应该将对其获得劳动收入能力的扶持放在重要位置，[①] 低保标准的确定必须有助于贫困群体自我获得收入能力的提高。积极的低保理念强调低保救助的综合性，而不是救助措施的单一性。低保救助制度应该是一种综合性的救助制度体系，它既应该包括低保即生活救助，也应该包括教育救助、医疗救助、住房救助以及其他必要的救助项目，而不仅仅是低保即基本生活救助这种单一性的救助项目，[②] 只有建立一种综合性的低保救助制度体系，才能够使低保制度有效发挥贫困救助与贫困预防的双重功能。低保标准的确定必须考虑相关社会救助制度的完善程度。

二 确定科学的调整原则是建立合理的低保标准调整机制的重点

　　低保标准的调整必须遵循科学、合理的原则，科学合理的低保标准调整原则应该建立在积极的低保理念基础上，根据低保制度自身特点与社会经济发展状况来确立，笔者认为，我国低保标准调整机制的建立应该遵循以下几个主要原则。

　　第一，宏观协调与微观协调相结合。低保标准的调整是一个涉及具有宏观意义的社会经济发展状况与具有微观意义的劳动与社会保障制度的复杂问题，建立合理的低保标准调整机制必须与国家宏观社会经济发展状况相协调，其中最主要的是与国家经济发展水平、整体物价水平以及区域社会经济发展差别相协调，社会经济发展水平是决定低保标准调整的基础因素，物价水平的变化是影响低保标准调整的直接因素，区域社会经济发展的差别是

①　马用浩：《消除能力贫困：解决城市贫困问题的新视角》，《探索与争鸣》2003年第2期。
②　何慧超：《可行能力视野下的中国城市贫困治理理念的重构》，《湖北社会科学》2008年第11期。

低保标准调整中不能回避的现实问题。与此同时，低保标准的调整还必须考虑与劳动和社会保障制度相关方面的协调，其中工资制度尤其是最低工资标准对低保标准的调整具有重要影响，因为最低工资标准往往是确定最低贫困线的重要影响因素。低保制度是整个社会保障制度的基础，低保标准的调整还必须与各项社会保险津贴标准的调整相协调，并保持合理的差别。只有与宏观意义的社会经济发展和微观意义的社会保障制度相协调的低保标准调整机制才是合理的机制，单纯强调低保标准应该不断调整，或者不能根据社会经济发展以及相关社会保障津贴标准的变化而对低保标准做出及时合理的调整，都是不可取的。

第二，保证最低生存标准与保障基本生活标准相结合。低保标准是关系到城市贫困群体实际生活水平的一个重要因素。长期以来，我国的低保标准始终停留在以维持低保对象的最低生存标准的水平上，低保标准不仅远远低于一般社会保险津贴的标准，而且远远低于最低工资标准，各地低保标准的制定往往以当地最低工资标准的一半作为最低贫困线，最低贫困线也就成为低保标准的最高封顶线，同时实行补足差额的发放办法，即低保标准相当于家庭人均收入与最低贫困线之间的差额。[①] 这种保证最低生存的低保标准事实上使得贫困群体永远处于贫困之中，从而使得低保制度不能发挥帮助贫困者走出贫困的积极功能，只能发挥不断地制造它所需要的贫困者的消极影响。随着社会经济的发展与人们生活水平的提高，特别是随着社会保障制度的发展，这种最低生存保证的低保标准已经不能适应社会进步与和谐社会建设的需要，在建立合理的低保标准调整机制时，必须将保障贫困群体的基本生活作为低保制度的基本标准，而不能继续将保证贫困群体的最低生存作为低保制度的既定标准。保障贫困群体的基本生活标准不是只考虑维持低保对象的最低生存状态，而是要给他们提供一种有尊严的生活状态，于是，适度提高低保标准成为我国低

---

① 洪大用：《中国城市居民最低生活保障标准的相关分析》，《北京行政学院学报》2003 年第 3 期。

保制度改革和完善的关键问题所在。当然，实现从保证最低生存标准到保障基本生活标准的转变既需要一个物质基础的准备过程，也需要一个社会观念的转变过程，在这个转变过程中，保证贫困群体的最低生存标准仍将会是我国未来一个时期低保制度的基本标准，但必须将保障贫困群体的基本生活标准作为低保标准改革和调整的基本目标，将目前所实施的保证最低生存的标准与未来应该实施的保障基本生活的标准合理地衔接起来，尽快缩短从保证最低生存标准转变为保障基本生活标准的过渡期，从而尽快建立起合理的低保标准的调整机制。

第三，基本生活救助与收入获得能力培养相结合。我国目前的社会救助制度基本上仍然是一项以低保制度为核心的单一性救助制度，低保制度本身基本上仍只具有生活救助的单一性功能，生活救助成为我国低保制度的单一性制度目标，其主要原因之一与现行低保标准过低密切相关。这种单一性的低保制度目标不利于我国低保制度的正常发展，使得我国低保制度本身缺乏各种相关的配套性救助制度，如教育救助、医疗救助、住房救助等来补充和完善低保制度的不足，[1] 更重要的是不利于低保制度积极作用的发挥，使得我国的低保制度不能有效缓解贫困群体的贫困状况，并有可能导致低保对象长期陷于贫困之中。因此，在建立合理的低保标准调整机制时，应该改变上述单一性生活救助的低保制度目标，将提高低保对象通过自己的劳动获得收入的能力作为实施低保制度的重要目标之一，从而将低保制度的基本生活救助目标与提高低保对象的收入获得能力目标有机结合起来，实现低保对象的基本生活保障与发展能力培养的有机结合，使现行的低保标准从一种保证贫困群体生存的救助性标准，转变为一种满足贫困群体的基本生活的保障性标准，进而转变为一种能够促进低保对象的收入能力提高的发展性标准，[2] 这样，我国的低保制度才能够

---

① 张浩淼：《关于我国专项救助制度建设的思考》，《学习与实践》2007 年第 6 期。

② 唐春秋：《关于建立发展性低保标准的探索》，《重庆二商大学学报》2004 年第 4 期。

符合其作为社会保障的基础性制度的本质属性，低保标准才能够发挥其作为低保制度的核心因素对保障贫困群体基本生活、改善贫困群体自身获得收入的能力状况的积极作用。

第四，常态主动调整与动态及时调整相结合。低保是一项对城市贫困群体的生活具有直接重要影响的社会保障制度，城市贫困群体又是一个对物价水平与工资水平的些微变化具有最高敏感度的群体，因此，低保标准不应该是一个静态的标准，而应该是一个动态的标准。低保标准的调整应该把常态主动调整与动态及时调整相结合。所谓常态主动调整是指，政府在制定和实施低保制度时就应明确提出，低保标准应该根据经济发展、社会变化、物价水平、工资水平以及相关社会保障津贴等因素的变化而主动做出调整，并明确规定低保标准调整的具体时间、财政来源途径、调整幅度、调整频率等，主动定期对城镇低保标准进行调整。所谓动态及时调整是指，政府低保管理部门在建立一种低保标准的常态主动调整机制的基础上，还应当对市场价格、居民生活、经济发展等与低保标准息息相关的变化有更大的敏感性，善于从现实状况出发去预测未来，及时根据影响民众生活水平的相关因素的变化，尤其是根据对贫困群体生活水平具有直接影响的物价水平的变化调整低保标准，建立一种低保标准的动态及时调整机制。低保标准的常态主动调整机制具有相对的机制稳定性，旨在使低保标准在一个较长时间内能够保持相对稳定。低保标准的动态及时调整具有相对的制度灵活性，旨在使低保标准在一个相对较短的时间内能够及时满足贫困群体的生活所需，建立合理的低保标准调整机制必须将常态主动调整与动态及时调整结合起来。[1]

第五，常态增长机制与动态补贴机制相结合。低保标准的调整不仅应该遵循常态主动调整与动态及时调整相结合的原则，而且还应该遵循常态增长机制与动态补贴机制相结合的原则，前者主要是指低保标准调整的时间与过程，后者则主要是指低保标准

---

[1] 毛慧琼：《合理构建城市居民最低生活标准的动态调整机制》，华中科技大学硕士学位论文，2008。

调整的高低与幅度，两者对于建立合理的低保标准调整机制同样重要。总的来说，随着社会经济的发展以及人们生活水平的逐渐提高，低保标准调整总体上应该是一种不断提高的趋势，即一种常态增长的机制，政府低保管理部门应该根据经济发展、社会进步与工资提高的状况逐步提高低保标准，从而使贫困群体的生活水平能够随着社会经济的发展而不断得以提高。与此同时，经济发展、物价水平、就业状况以及工资水平也会出现短期内的变化，这些因素会对城市贫困群体的生活带来更加显著的影响，因此，政府低保管理部门在建立低保标准的常态增长机制的同时，还必须建立低保标准的动态补贴机制，[①] 根据城镇居民基本生活消费品价格上涨幅度，及时为低保对象提供必要的维持其基本生活消费品的价格补贴，使得低保标准的常态增长机制与动态补贴机制相结合。低保标准动态补贴机制的有效运行需要完善的城镇居民基本生活消费品价格变动应急救助预案，当城镇居民基本生活消费品价格出现较大幅度增长，且持续时间较长时，应及时启动应急救助预案，为城市低保家庭提供应急性生活救助。[②] 只有这样，才能建立起合理的低保标准调整机制，更好地保障贫困群体的基本生活。

三 创造良好的制度环境是建立合理的低保标准调整机制的基础

低保标准的调整是一种机制而不单单是一项政策或措施，建立合理的低保标准调整机制还必须有良好的制度环境作为基础。

第一，建立和完善城市居民低保标准的相关法规。目前，关于低保标准调整的主要法规依据是《城市居民最低生活保障条例》第六条，该条规定："城市居民最低生活保障标准，按照当地维持

---

① 唐均：《关于建立低保标准调整机制的建议》，《社会观察》2008 年第 9 期。
② 曹春艳：《我国城市居民最低生活保障标准的影响因素与效应研究》，《当代经济科学》2007 年第 2 期。

城市居民基本生活所必需的衣、食、住费用，并适当考虑水电燃煤（燃气）费用以及未成年人的义务教育费用确定。直辖市、设区的市的城市居民最低生活保障标准，由市人民政府民政部门会同财政、统计、物价等部门制定，报本级人民政府批准并公布执行；县（县级市）的城市居民最低生活保障标准，由县（县级市）人民政府民政部门会同财政、统计、物价等部门制定，报本级人民政府批准并报上一级人民政府备案后公布执行。城市居民最低生活保障标准需要提高时，依照前两款的规定重新核定。"① 显然，该条规定只提出了低保标准根据什么确定，由何部门确定，而没有提出低保标准的调整机制。《城市居民最低生活保障条例》是我国现行低保制度的主要法规，各地的低保实施办法基本上按照该条例确定，从而导致整个城市居民低保标准缺乏合理的调整机制。因此，建立合理的低保标准调整机制必须建立和完善与城市居民低保标准直接相关的法规，修改和完善现行的《城市居民最低生活保障条例》，对低保标准调整的时间、财政来源、调整幅度、调整频率等做出明确规定，从而建立一种低保标准的正常主动调整机制而不是非常被动的应付手段。应当加强低保制度规范化建设，逐步扩大低保制度覆盖面，将大部分贫困群体纳入低保制度之中，并在此基础上主动、及时、适度调整低保标准，逐步提高低保标准，保障城市贫困人群的基本生活水平。

第二，建立和完善合理的低保资金筹集与发放机制。完善合理的低保资金筹集和发放体制是建立合理的低保标准调整机制的重要制度环境之一，建立合理的低保标准调整机制既需要有充足的低保资金作为基础，也需要将按规定标准提供的低保金及时足额地发放到低保对象手中。必须建立和完善以政府为主导、社会多方参与的低保资金多元化筹资机制，② 中央与地方各级财政每年的预算都要按照合理的比例及时安排好低保专项资金，落实关于

---

① 劳动和社会保障部等、中共中央文献研究室编《新时期劳动和社会保障重要文献选编》，中国劳动社会保障出版社、中央文献出版社，2002，第 416~420 页。

② 许琳：《论我国社会救助的多元化主体》，《中国软科学》2002 年第 8 期。

鼓励低保捐赠的优惠政策，如公开表彰、税收优惠以及使用的透明度，提高福利彩票收入中用于低保资金的比例。应该建立和完善低保资金筹集责任的各级政府分担机制，建立明确的中央、省、市、区四级对低保资金的投入体制，尤其是明确中央和省两级财政的低保筹资义务。鉴于我国地区经济、社会发展差异明显，可依据我国区域划分、地区经济发展和财政收入情况制定具体合理的中央、省、市、区四级政府的低保筹资分担比例，中央财政要加强对经济基础薄弱、财政紧张、低保人数较多的省市区的低保资金支持。应该实施"民政部门制定需求计划、财政审核筹措、财政和民政联合下拨、民政部门管理、街道和社区通过银行或邮局发放"的城市低保资金管理运行机制，[①] 保证低保资金按时足额发放到户。应该进一步强化低保对象的续保登记制度，严格执行低保金领取情况定期反馈相关规定，实现低保资金社会化发放，跟踪了解低保金是否按时足额发放到低保对象手中。

第三，完善家庭收入状况调查制度与低保对象管理制度。建立合理的低保标准调整机制需要以完善有效的家庭收入调查制度和低保对象管理制度为基础，低保标准调整的重要依据之一是在一定的经济发展、物价与工资水平下，贫困群体实际家庭收入与最低贫困线之间的差别，因此，贫困群体家庭收入状况调查成为影响低保标准调整机制的重要因素之一。在家庭收入状况调查中，应该综合利用个人申报法、入户调查法、邻里走访法、信函求证法、部门联动法、跟踪了解法以及居民代表评议法等方法，客观、全面、准确地对贫困家庭的收入状况进行评估，以便能够为低保标准的合理调整提供准确的依据。[②] 应该实行家庭收入调查前的告知制度，不配合调查或无故不按通知在家等候调查者，可按有关规定取消其低保享受资格或者推迟其领取低保的时间。要完善低保公示制度，保证公示内容的详细、准确、公正，及时更新公示

---

① 李春艳：《城市居民最低生活保障管理研究》，华中科技大学硕士学位论文，2007。
② 毛慧琼：《合理构建城市居民最低生活标准的动态调整机制》，华中科技大学硕士学位论文，2008。

内容，准确反映低保对象与标准的动态变化。应该完善低保对象的集体审批制度，吸收居民参与低保实施的监督工作，最大限度地保证低保工作的公开、公平与公正。应该加强对低保对象"隐性就业"的清理力度，建立严格的就业登记制度和有效的劳动合同管理制度，将涵盖就业、民政、卫生、工商、税务、金融、基本保险等各方面信息的《就业和社会保障手册》在企业和全体社会成员之间强制推行，由街道办事处统一发放、登记，并以此综合信息作为申请低保时的审核依据。应该推行低保对象的诚信积分制度，为低保申领者在申领过程中的诚信状况建立积分档案，诚信积分档案与能否获得领取低保的资格直接挂钩。应该完善低保对象的退出机制，适当增加和提高低保对象参加政策学习及公益劳动的次数与质量，加强低保对象再就业培训的务实性、针对性和多样性，使更多低保对象通过再就业培训提高技能，重新就业，退出低保。[①] 还应该切实强化低保对象再就业后最低工资方面的相关保障，防止其重新陷入贫困或做出"放弃就业、回归低保"的逆向选择。

第四，建立和完善低保信息系统与低保档案管理制度。建立合理的低保标准调整机制需要完善的低保信息系统与低保档案管理制度，低保标准的合理调整乃至整个低保制度的有效实施必须建立在获取准确、全面的各种低保信息的基础上。我国大部分城市的低保信息化建设还很落后，低保信息的收集和管理仍停留在原始的手工状态，因此应该加快建立市、区、街道办事处和社区四级的低保信息网络系统，配备各级管理和实施部门所必需的低保信息专用电脑，及时、全面、准确地掌握居民家庭的人员、收入和就业变动信息，实现低保管理信息化、系统化、准确化。应该逐步完善低保档案管理，低保档案管理应遵循分级分类管理、一户一档动态管理及双轨制管理的原则，对每一个低保家庭分区、街道办事处及社区三级按全额、差额、动态分类建档，新申报者

---

① 丁建定：《城市居民最低生活保障管理中的问题与完善对策》，《学习与实践》2008 年第 9 期。

按家庭成员收入、身体及家庭设施状况分类建档，纸质档案和电子档案同时归档存档，实行双轨制管理。[①] 应该建立严格的低保档案使用制度，低保档案使用情况应该被完整登记备查，每次的使用者、使用原因及使用效果等都应该记录在案，并注意低保档案的保密性。应该加强对现有低保工作者进行低保档案的管理和利用等的专业培训，增强低保工作者档案管理的专业性与档案管理的效果，使低保档案更好地发挥其在低保标准调整中的积极作用。

---

① 李红：《应不断创新低保档案服务机制》，《中国民政》2008 年第 6 期。

论中国社会福利制度类型的完善[*]

一 不断完善生活性社会福利制度

社会福利制度内容体系的完善是中国社会福利制度发展的先决条件。理顺社会福利制度各内容及项目之间的关系是完善中国社会福利制度的必然选择。中国社会福利制度内容体系应该是以生活性福利制度为基础，以发展性福利制度为核心，以幸福性福利制度为补充的。生活性社会福利制度是国家和社会通过收入补偿、福利设施、社会服务满足弱势群体生存需要的一种社会福利制度。它是社会福利的基本保障项目，是基本社会保障制度的补充。不断完善生活性社会福利制度，是保障公民的基本福利。它是发展社会主义市场经济的基本要求，是经济持续增长的新的强大动力，有助于以消费水平的实际提升缓解财富分配上的差距，是落实以人为本的科学发展观的基本要求，是构建和谐的公民社会的基本要求，是推进政府治理改革的重要基础。[①]

生活性社会福利制度主要包括针对弱势群体的住房福利、健康福利和安全保障制度及服务等。目前，中国已建立以住房公积

---

[*] 本文以《论中国社会福利制度类型的完善》为题发表于《贵州社会科学》2015 年第 6 期，丁建定为第一作者，何二毛为第二作者；发表后被《高等学校文科学术文摘》2015 年第 4 期摘要观点，中国人民大学复印报刊资料《社会保障制度》2015 年第 8 期全文复印。

[①] 王裕国：《将保障公民基本福利确立为我国现阶段的重要国策》，《消费经济》2006 年第 5 期。

金为核心的住房福利制度，^① 在城镇主要是住房公积金制度和限价商品房制度，在农村主要是宅基地制度。这些住房福利存在高福利的特点，使社会低收入住房困难群体基本无法享有这些福利项目。中国住房福利制度应该首先为弱势群体提供福利，在城乡住房救助基础上，适当提高弱势群体的住房条件。在现有住房福利制度中，适当调整福利供给方式。将城乡住房福利制度适度向弱势群体倾斜，在住房公积金贷款、限价商品房购买和宅基地流转等问题上，给予弱势群体优先权。将低收入群体住房配套设施建设与改善纳入住房福利项目，提升弱势群体的住房环境。将低收入群体住房补贴制度纳入住房福利项目，增强弱势群体的购房、租房等能力。住房福利制度在满足弱势群体住房需求的基础上，可适时扩大福利内容，改善现有住房福利项目，健全住房公积金制度、限价商品房制度和宅基地制度。

健康福利是为满足弱势群体的健康需要而提供的一项福利，健康福利制度包括基本卫生保健、公共卫生服务和社区卫生服务等。目前，中国健康福利制度内容体系已初步形成：国家基本药物制度在政府办基层医疗卫生机构实现全覆盖，基本药物安全性提高、价格下降，公立医院改革试点有序进行，基层医疗卫生服务体系基本建成，基本公共卫生服务均等化取得新进展。^② 作为基本社会保障制度补充的社会福利，健康福利制度应向弱势群体倾斜，医疗卫生补助及服务应及时供应给低收入就医困难的群体。健康福利制度应为这部分人员配备基本的医疗卫生资源，医疗卫生机构应为这部分人群提供就医方便的渠道，医疗卫生工作人员应为这部分人群提供更为便捷和人性化的基本医疗卫生服务。只有在健康福利制度能较好地满足弱势群体医疗需求的基础上，才能将基本卫生保健、公共卫生服务和社区卫生服务等福利内容扩大。

中国生活性社会福利制度应该还包括对社会成员安全需要的

---

① 李琨：《居民住房福利安排要体现"以人为本"》，《人民日报》2006 年 10 月 30 日。

② 《2012 年国务院政府工作报告》。

满足。安全的需要要求劳动安全、职业安全、生活稳定、希望免于灾难、希望未来有保障等，国家应为社会成员提供满足安全需要的福利。当风险成了当代人类的一个基本生存环境，安全就是一种基本福利。① 中国安全保障制度就是为满足社会成员的安全需要而提供的福利项目。中国政府一直在维护社会公共安全，例如安全生产监管、食品安全监管等。近年来，中国也开始着重加强弱势群体安全保障制度建设。《校车安全管理条例》和《专用校车安全国家标准》，保障了义务教育阶段学生上下学交通安全；《女职工劳动保护特别规定》，保障了妇女的劳动安全；《无障碍环境建设条例》，保障了残疾人的出行安全等。加强弱势群体的安全保障制度建设是符合中国社会福利制度特点的理性选择，能有效发挥其对基本社会保障制度的补充作用。中国安全保障制度仍处于建设并完善阶段，构建安全保障项目应将保护生命作为第一原则，特别是弱势群体生命安全问题。

生活性福利内容基本涉及社会成员生存需要的各个领域，但是每个福利项目定位有待重新设置，项目重点不突出，也较为忽视服务，其内容都存在需要进一步完善的地方。生活性社会福利制度应作为基本社会保障制度的补充，继续维持小福利概念，将制度向弱势群体倾斜，扩大部分住房福利、健康福利和安全保障制度的内容，实施补充型或选择性福利。

二 逐步构建发展性社会福利制度

发展性社会福利制度是国家和社会通过收入补偿、福利设施、社会服务，以满足社会成员发展需要的一种社会福利制度。中国社会福利制度内容体系的第二个层面就是发展性社会福利，它包括教育福利、职业福利等。教育福利是国家和社会为保障国民的受教育权利，提高国民素质，促进教育公平而承担的责任和义务，以及为此提供的公共资源和优惠条件。教育福利的功能决定了其

---

① 景天魁等:《福利社会学》，北京师范大学出版社，2010，第196页。

发展性，教育福利在经济社会发展中具有举足轻重的作用，如防
止贫困的代际传递、提高全民的基本素质、提升人力资源的品质、
增强经济和社会发展活力等。① 中国的教育福利内容，主要涉及以
"两免一补"的义务教育为核心的基础教育福利、以"奖、贷、
勤、补、减"为主体的高等教育福利、以助学金为特色的中等职
业教育福利和以特殊儿童为对象的特殊教育福利。可见，中国教
育福利已经是一种作为基本社会保障制度扩展的社会福利，正突
破小福利概念。从教育经费执行情况来看，中国教育福利的重点
在基础教育福利和高等教育福利。（见图1）

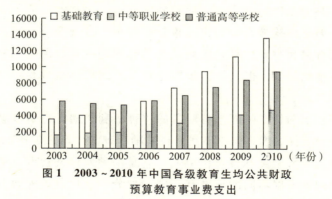

**图 1　2003～2010 年中国各级教育生均公共财政
预算教育事业费支出**

资料来源：根据《2010 年全国教育经费执行情况统计公告》数
据制图。

　　一个国家采取何种教育福利制度是由其独特的历史、价值观
念、国情国力和社会结构等诸多因素决定的。② 一直以来，中国教
育福利是补缺型制度，随着免费义务教育的推行，适度普惠型教
育福利开始发展。现阶段，中国主要实行的是针对基础教育的普
遍性福利选择，也是实施适度普惠构建发展型或普惠型社会福利
的过程。但是从基础教育福利内容体系来看，中国还应逐步建立
幼儿教育福利。幼儿作为弱势群体的典型，发展与之相关的福利

---

①　郑功成：《中国社会保障改革与发展战略：救助与福利卷》，人民出版社，
　　2011，第 202～203 页。
②　尹力：《多元化教育福利制度构想》，《中国教育学刊》2009 年第 3 期。

内容是社会福利应有之义，政府应重视幼儿教育，逐步提供免费的幼儿教育福利和服务。

在基础教育福利稳步扩展和提升的同时，还应逐步突破小福利概念构建完善的教育福利制度体系。中国的职业教育福利刚刚起步，目前只有针对中等职业学校的助学金制度，逐步构建起中等职业教育福利和高等教育福利是发展普遍性教育福利的必由之路。特殊教育一直被中国政府重视，但是重教育轻服务的现状严重阻碍了特殊教育对象福利的提升，逐步构建起特殊教育福利服务体系是发展特殊教育福利的途径。高等教育福利在中国一直是稳步提升的，相对其他教育福利制度内容，它基本形成了完整的框架。但是高等教育福利仍然重物质帮助、忽视服务，逐步构建高等教育福利服务体系是发展高等教育福利内容的路径。完善中国教育福利制度，也就是逐步构建发展型或普惠型教育福利制度内容体系。

职业福利是专门面向劳动者的一种福利待遇，它是以就业为前提的补偿性制度。职业福利旨在鼓励和刺激生产、工作积极性，激发职工最大限度地发挥潜能等，它是一种发展性福利。中国职业福利内容依据不同的标准有不同的划分，项目设置大致分为法定福利和非法定福利两大类型（见表1），职工法定福利比较固定，由立法强制实施。非法定福利是企业自主建立的，具有灵活性，与每个企业自身性质、状况相关。（见表1）

表 1　中国职业福利内容构成

福利类型	类别	具体项目
法定福利	社会保险	养老保险、医疗保险、失业保险、工伤保险、生育保险
	法定假期（休假）	法定节假日、公休假日、带薪年休假、探亲假等
	公积金	住房公积金
非法定福利	企业安全与健康福利	补充养老保险（年金），补充医疗保险，实物福利，职工生活困难补助，集中购买人寿保险、健康保险，住房补贴，定期体检，生日津贴，防暑降温补贴等

福利类型	类别	具体项目
非法定福利	企业设施性福利	职工食堂、医院、宿舍、托儿所、幼儿园、子弟学校、上下班交通车或补贴、免费工作餐等
	企业文娱性福利	免费或低费的优惠券、职工运动会、联欢会、健康教育讲座、兴建文娱设施、书报补贴等
	企业培训性福利	岗前培训、员工定期培训计划、员工进修计划、资助员工子女受教育等
	企业服务性福利	组织职工聚会、旅游或提供疗养机会，心理、法律咨询性服务等

资料来源：孙光德：《社会保障概论》（第三版），中国人民大学出版社，2008，第313～315页。

目前，中国职业福利内容较为繁杂，并未形成一个体系，也未建立法定福利制度和非法定福利制度。法定福利应作为基本社会保障制度的扩展，突破小福利概念，实施惠及更多劳动者的社会保险、公积金和法定假期制度；非法定福利应作为基本社会保障制度的补充，继续维持小福利概念，福利供给向企业低收入或生活困难职工倾斜，适度提升企业职工整体福利水平。

在法定福利方面，企业职工社会保险和住房福利发展较为成熟。目前，部分企业建立了补充医疗和养老保险，大部分企业职工能享有住房公积金及服务。此外，中国法定假期（休假）方面的福利并未形成统一的制度体系，其福利内容还较为有限。随着《国务院关于职工探亲待遇的规定》《全国年节及纪念日放假办法》《职工带薪年休假条例》和《企业职工带薪年休假实施办法》的出台，中国休假福利内容已经基本成形。但是关于婚假、计划生育假、丧假等的具体规定并未出台，中国应构建统一的休假福利制度内容体系。

在非法定福利方面，每个单位或社会团体职业福利项目的设置都不同，影响着中国职业福利的构建。从福利内容来看，目前，中国非法定职业福利已经开始突破小福利概念，不再局限于对困难职工生活工作的福利供给。但是，片面无限制地提升职工福利，可能会拉大困难职工福利与其他职工福利的差距，凸显制度分配不合理，也不利于单位或社会团体整体福利的提升。即使同一单位或社会团体内部由于岗位性质不同，职工福利也存在很大差异。中国非法定福利供给仍应向低收入困难职工倾斜，缩小本企业职工之间的福利差距和收入差距。同时，单位或社会团体应适当提升职业福利。现阶段企业职工福利提升速度过快，存在总量适度的问题。职工福利费规模过大，不利于制度内容的统一安排，也不利于制度公平性的发挥。应该在逐步构建法定福利制度的基础上，逐步统一基本的职工应享有的非法定福利，同时允许单位或社会团体适度提供其他非法定福利。项目齐全的职业福利有利于社会福利制度整体内容体系的完善。

三 稳步发展幸福性社会福利制度

社会福利制度内容体系的第三个层面是幸福性社会福利制度，它是国家和社会通过收入补偿、福利设施、社会服务，以满足社会成员享受需要的一种社会福利制度，是国民福利体系的基础福利项目，主要包括文化康乐福利、居住环境福利和养老服务等。

文化康乐福利是指国家和社会为满足人们文化康乐的精神需要而兴办的具有福利性质的文体活动设施和相应的服务，包括公园、图书馆、博物馆、群众艺术馆、文化康乐中心等场馆以及群众性体育运动设施等，① 旨在提升社会成员在文化康乐方面的精神需要，是关乎社会成员幸福的一项福利制度。中国的文化康乐福利内容较广，并未形成制度体系，从内容上可以分为文化康乐设施福利和文化康乐福利服务。只有稳定发展文化康乐福利，才能满足社会成员在文化康乐方面的福利需求。

居住环境福利需求是居住福利需求中较高层次的需求，它是社会成员享有合格的住所后出现的一种福利需求，它关乎社会成员幸福感的获得。居住环境福利是一种幸福性福利，环境美好是

---

① 张广利：《社会保障实务教程》，华东理工大学出版社，2010，第 295 页。

基本的福利需求，① 随着经济的发展、生活水平的提高，社会成员
对居住环境的福利需求会越来越强烈。中国环境保护措施取得明
显成效，一定程度上提升了社会成员的居住环境福利。中国政府
虽然在一定程度上满足了社会成员对居住环境的福利需求，但政
府推进环境保护的出发点是发展经济，居住福利的理念在中国并
未完全建立。中国在加强环境保护的同时，应从社会成员的福利
需求出发，稳定发展居住环境福利。

中国养老服务需求包括"老有所养、老有所医、老有所为、
老有所学、老有所乐"。生活性社会福利制度和发展性社会福利制
度能满足老年人的生存层次和发展层次的福利需求。但是中国社
会福利制度对老年人心理慰藉、精神赡养、文化娱乐、全面康复
等更高层次的需要缺乏服务。② 要使老年人幸福地安度晚年，要稳
步发展幸福性社会福利、尽快发展社会养老服务。长期以来，中
国实行以家庭养老为主的养老模式，但随着计划生育基本国策的
实施，以及经济社会的转型，家庭规模日趋小型化，家庭的养老
功能趋于弱化。随着人口老龄化、高龄化的加剧，失能、半失能
老年人的数量将不断增加，照料和护理问题将日益突出。发展养
老服务是完善中国社会福利制度内容体系的当务之急。根据老年
人养老需求，构建适合中国国情的社会养老服务体系，将是中国
幸福性社会福利发展的选择。

四　确立国民福利的理念和目标

社会福利制度是社会保障制度内容体系的有机组成部分，整
合社会福利制度内容与完善社会福利制度体系是中国社会福利制
度未来发展的必然选择。制度整合是中国社会福利制度发展的目
标，体系完善是中国社会福利制度发展的途径。

---

① 景天魁等：《福利社会学》，北京师范大学出版社，2010，第 202 页。
② 郑功成：《中国社会保障改革与发展战略：救助与福利卷》，人民出版社，
2011，第 171 页。

无论是社会福利制度整合，还是社会福利体系完善，关键在于根据社会发展进程合理确定社会福利的内涵，科学定位社会福利的理念和目标。西方国家的社会福利有着宽泛的含义，属于"大福利"概念，是国家和社会为全体国民提高生活质量而实行的一种社会保障制度。[①] 大福利概念认为社会福利的外延大于或等于社会保障。在中国社会福利制度体系中，长期占主导地位的是小福利概念，即狭义的社会福利，是指对生活能力较弱的儿童、老人、母子、家庭、残疾人、慢性精神病人等的社会照顾和社会服务。

大福利概念和小福利概念有着明显的边界（见表 2）：大福利以公民福利需求类型为基础，小福利以特殊人群特定福利需求为限度。虽然中国社会福利制度一直在小福利概念下发展，但随着"十二五"规划中适度普惠型社会福利目标的提出，中国社会福利的内涵也在悄然发生变化。"十二五"规划纲要明确指出：以扶老、助残、救孤、济困为重点，推动社会福利由补缺型向适度普惠型转变，逐步提高国民福利水平。"普惠"是要建立一种全体国民均能享受的福利模式，"适度"是指中国社会福利的建设具有阶段性。[②] 社会福利模式的转变，意味着中国社会福利制度开始逐步突破小福利概念，逐渐扩展社会福利的内涵。中国已经具备从小福利迈向大福利所需要的经济条件、思想基础和实践基础，全球金融危机为中国从小福利迈向大福利提供了机遇，从小福利迈向大福利是中国特色福利制度发展的新阶段。[③] 中国社会福利制度从小福利迈向大福利是一个逐渐发展的过程。在中国社会福利模式发生转变以及中国特色福利制度形成的过程中，合理界定社会福利的内涵显得尤为重要，应该依据中国社会和经济发展阶段的特点，尽快确立国民福利的理念。（见表 2）

---

① 丁建定：《社会保障概论》，华东师范大学出版社，2006，第 90 页。

② 戴建兵：《论我国适度普惠型社会福利制度的构建与发展》，《华东师范大学学报》2012 年第 1 期。

③ 景天魁：《从小福利迈向大福利：中国特色福利制度的新阶段》，《理论前沿》2009 年第 11 期。

表 2　大福利概念和小福利概念比较

大福利	小福利
以全体社会成员为对象的社会福利； 以社会成员的基本福利需求为本的社会福利； 多元主体共同提供福利支持的社会福利； 包括社会救助、社会保险、公共福利和社会互助四种供给方式的社会福利	社会福利是国家和社会为弱势群体提供的收入和服务保障； 社会福利是由民政部门代表国家提供给弱势群体（如老人、残疾人、孤儿和优抚对象等）的收入和服务保障； 社会保障体系包括社会救助、社会保险和社会福利三个层次。社会福利是社会保障体系的最高层次

　　资料来源：景天魁：《从小福利迈向大福利：中国特色福利制度的新阶段》，《理论前沿》2009 年第 11 期。

　　在合理界定社会福利制度理念时，应理清社会福利与几个相近概念的关系。首先，与基本社会保障制度的关系。基本社会保障制度是保障公民的基本生活，社会福利制度是促进公民的发展与幸福。其次，与福利国家的关系。社会福利不同于"福利国家"和"高福利"，福利国家的核心不只是因为公民享有"基本社会保障"，而是因为其享有"社会（公共）福利"。最后，与国民福利的关系。社会福利享有对象具有特定性及有限性，国民福利享有对象具有公民性与普惠性。

　　国民福利是指国家和社会为满足全体社会成员的物质及精神生活的基本需要而兴办的公益性设施和提供的相关服务，它以老年人、儿童、残疾人等弱势群体为重点，面向一般社会成员，以实现社会整体利益为根本理念和目标。国民福利是每个社会成员福利的总和，谋求的是最大的社会利益。弱势群体在自然、经济、社会和文化方面均处于低下状态，社会福利制度向这部分群体倾斜是有利于提升社会整体福利水平的，也有利于提高社会成员整体生活质量。国民福利能增强社会成员的参与意识，防止社会的离心倾向，将每个社会成员都纳入一个社会整体中，促进社会的紧密结合与和谐发展。随着社会经济的发展，适度扩展社会福利的内涵是发展中国社会福利制度的必然选择。

　　在这样的理念下，中国社会福利模式的转变应该具有阶段性，社会福利的定位也应该具有层级性。作为基本社会保障制度补充的社会福利，应维持小福利概念，扩大部分福利内容，实施补充型福利或选择性福利；作为基本社会保障制度扩展的社会福利，应突破小福利概念，实施适度普惠，构建发展型或普惠型社会福利；作为国民福利体系基础的社会福利，应确立大福利概念，构建国民福利体系，从补充型福利走向发展型社会福利与幸福型社会福利。

中国社会福利制度未来发展的必然选择在于合理定位社会福利制度目标，构建国民福利体系。同时，中国社会福利制度发展还应重视社会服务的地位，完善国民福利体系，关注社会福利结构，促进国民福利体系的建立。从社会福利走向国民福利，构建适度普惠型的国民福利制度，是中国社会福利制度发展的理性选择。其关键在于对现行社会福利制度进行整合与完善，即促进社会福利制度内容、结构与层次体系的完善，并推动社会福利制度与基本社会保障服务、慈善事业发展的有效衔接。

综上所述，社会福利制度是中国社会保障制度的重要组成部分，生活性社会福利制度是基本社会保障制度的补充，发展性社会福利制度是基本社会保障制度的扩展，幸福性社会福利制度则是基本社会保障制度的提升，国民福利制度又是整个社会福利制度发展的趋向。因此，中国社会福利制度的完善，应该逐步完善不同类型的福利制度，不断完善生活性社会福利制度，逐步构建发展性社会福利制度，稳步发展幸福性社会福利制度，进而逐步走向国民福利制度。

居家养老服务：认识误区、
理性原则及完善对策*

一 居家养老服务的地位及存在的认识误区

养老服务是社会福利服务的核心内容，也是社会保障内容体系的重要组成部分。西方国家现代社会保障制度的内容体系经历了一个从社会保险制度到社会救助制度，再到进一步发展和完善社会福利制度以及社会福利服务体系的过程。社会保险制度与社会救助制度的核心功能是保障民众的基本生活，社会福利制度与社会福利服务的核心功能则是促进和实现民众的幸福，社会福利制度、社会福利服务、社会救助制度与社会保险制度共同构成社会保障制度的内容体系，它们"共同为全体国民构成一个健全的安全网，并在保障民生、改善民生的过程中充分发挥自身不可替代的作用"。① 可以说，一个国家之所以被称为"福利国家"，不仅因为其具有社会保险制度与社会救助制度等基本社会保障制度，而且因为其具有完善的社会福利制度与社会福利服务体系。显然，包含居家养老服务在内的社会养老服务体系构成社会福利服务体系的核心内容，也是现代社会保障制度内容体系的延伸和拓展。

中国已经建立起包括社会保险制度与社会救助制度在内的基

---

* 本文以《居家养老服务：认识误区、理性原则及完善对策》为题发表于《中国人民大学学报》2013 年第 2 期；发表后被中国人民大学复印报刊资料《社会保障制度》2013 年第 6 期全文复印。

① 郑功成：《中国社会保障改革与发展报告：救助与福利卷》，人民出版社，2011，第 53 ~ 54 页。

本社会保障制度，中国未来社会保障制度内容体系建设的重点，应该是在完善基本社会保障制度的基础上，发展和完善社会福利制度与社会福利服务体系。值得关注的是"十二五"规划纲要提出了"坚持家庭、社区和福利机构相结合，逐步健全社会福利服务体系，推动社会福利服务社会化"。① 民政部《社会养老服务体系建设规划（2011~2015年）》也指出，"社会养老服务体系建设应以居家为基础、社区为依托、机构为支撑"。② 新修订并通过的《中华人民共和国老年人权益保障法》也明确指出，"国家建立和完善以居家为基础、社区为依托、机构为支撑的社会养老服务体系"。③ 中共十八大的报告更明确指出，"积极应对人口老龄化，大力发展老龄服务事业和产业"。④ 上述法律与重要文件构成包括居家养老服务在内的社会养老服务体系建设的基本法律与政策依据。

但是，法律规定与政策出台并不表明在对居家养老服务的认识方面不存在误区，一些误区不仅事实上存在而且消极影响不容忽视，如不加以澄清和改变，将对包括居家养老服务在内的整个社会养老服务体系的建设和完善产生不利影响。主要认识误区表现为以下几个方面。

首先，将居家养老等同于家庭养老。现代居家养老与传统家庭养老的本质不同，前者源于工业化，其基本支持系统为社会关系，责任主体与支撑单位包括家庭、社会与政府。后者适应于农业社会，其基本支持系统为血缘关系，责任主体和支撑单位为家庭或宗亲。从传统家庭养老服务走向现代居家养老服务是工业化与城市化所使然，也是应对人口老龄化和家庭核心化的必然。

其次，将社区养老等同于机构养老。社区养老绝不是机构养老，社区养老需要社区养老设施，但这些设施绝不是具有法人代

---

① 《中华人民共和国国民经济与社会发展第十二个五年规划纲要》。
② 中华人民共和国民政部：《社会养老服务体系建设规划（2011~2015年）》。
③ 《中华人民共和国老年人权益保障法》，2012年12月28日第十一届全国人民代表大会常务委员会第三十次会议修订。
④ 胡锦涛：《坚定不移沿着中国特色社会主义道路前进　为全面建成小康社会而奋斗》，人民出版社，2012，第37页。

表的养老机构，而是公共服务设施，社区养老是为居家养老提供必要的依托和辅助，是为了更好地实现居家养老的效果。而机构养老则是在居家和社区养老无效时不得已而选择的养老方式，居家养老与社区养老对象包括能够自理和部分失能的绝大部分老年人群，机构养老对象仅为完全失能或者年迈的孤寡者等少部分老年群体。

最后，将机构养老服务等同于市场化。机构养老绝不等同于市场化养老，虽然养老机构在社会养老服务体系中具有支撑作用，养老服务机构在建设和运行中也具有一定的市场化，且市场化在一定程度上可以满足部分老年人较高的养老需求，但养老机构的首要和核心属性是公益性，市场化属性是其部分和次要的属性，也是为了更好地发挥其公益性的功能与属性。在机构养老服务中，尚需进一步澄清的还有，市场化绝不等同于高端化，市场化是为了整合社会养老服务资源而采取的手段，提供质量优良、价格适度的养老服务才是机构养老服务的根本目标，高端化应主要表现在养老服务人才、服务内容、服务质量等方面，而非高端化的甚至豪华化的养老院舍。

二　中国居家养老服务完善的
理论与经验基础

中国居家养老服务完善的理论基础主要包括适度普惠型福利理论、基本公共服务均等化理论与福利多元主义理论。适度普惠型福利理论主张，社会福利制度不仅包括社会保险制度和社会救助制度等基本社会保障制度，而且包括比较完善的社会福利制度和社会福利服务体系，更重要的是，人人都公平享有基本社会保障制度、社会福利制度与社会福利服务。[1] 适度普惠型福利理论对中国居家养老服务的完善具有指导意义，它不仅将基本养老保障制度与老年福利制度和养老服务体系结合起来，而且强调养老服

***

[1]　丁建定：《社会福利思想》，华中科技大学出版社，2009，第146～148页。

务发展和完善中的公平性和适度性。

基本公共服务均等化理论认为,基本公共服务是政府确保社会成员人人都能享有、与公民基本权利和基本需求相关的社会服务,显然,基本公共服务是政府的基本责任,是公民的基本权利,它体现了发展的社会属性。[①] 作为基本公共服务的核心内容之一,包括居家养老服务在内的社会养老服务体系的发展,对于保障老年人生活质量具有重要的意义。应该将大力发展居家养老服务作为基本公共服务发展的重要内容之一,政府通过建立居家养老的政策支持体系,对社区养老服务基础设施进行投入,建立设施齐全、专业服务、收费合理的养老服务机构等,支持和促进居家养老服务的发展。

福利多元主义理论认为,市场、国家和家庭提供的福利总和是社会总福利,国家是现今最主要但并非唯一的福利提供者,市场也是福利的来源之一。市场、国家和家庭作为单独的福利提供者都存在一定的缺陷,国家、市场和家庭之间与其说是相互竞争的关系,不如说是相互补充的关系。[②] 福利多元主义告诉我们,包括居家养老服务在内的社会养老服务实际上并非政府单方面的责任和义务,社会养老服务的发展需要国家、市场与家庭三方共同做出努力。居家养老服务是社会养老服务体系的重要内容和方式,特别是在中国这样具有浓重家庭养老服务传统的国家,发展和完善居家养老服务是符合中国传统文化、适合中国基本国情的养老服务方式。

国外居家养老服务的发展经验可以概括为两个方面。一方面,国外养老服务经历了一个从机构化到去机构化进而走向居家养老服务的过程。19 世纪,欧洲各国相继建立了许多机构,将需要照顾的孤儿、老人、精神病人等集中于机构中提供服务和照顾。但随着时间的推移,机构服务存在的诸多缺陷表现出来,尤其是机

---

① 郑功成:《中国社会保障制度改革与发展战略:总论卷》,人民出版社,2011,第 130~144 页。

② 彭华民:《西方社会福利理论前沿》,中国社会出版社,2009,第 13~21 页。

构化使得老年人形成依赖，丧失自我或者自立意识。上述弊端引起西方社会的反思，20世纪50年代初期，西方国家开始尝试老年福利服务正常化，肯定了需要服务者的个人权利，要求普通人应当将需要照顾的老人视为正常人，为其提供独立生活的便利，并向其提供既有助于其生活又不至于使其丧失自由与意愿的必要服务。① 20世纪70年代以来，西方福利国家的困境导致福利服务政策的变革，西方社会走向了自助、互助与国家保障相结合的福利理念。社会福利服务不仅应该依靠国家福利，而且应该依靠社会的力量，还应该发挥个人自助的作用，这不仅可以为民众提供充分的社会福利，而且可以避免过分的国家福利服务所带来的弊端，同时还有利于个人责任心与进取心的发展。于是，西方养老服务逐步走向去机构化的发展方向，居家、社区与机构相结合的养老服务成为一种重要的发展趋势。

另一方面，建立居家养老服务的政策支持体系。建立护理保险制度或者养老服务补贴制度，为养老服务提供必要的支持。建立护理保险制度的典型国家有日本、德国、韩国等，老年成员通过参加长期护理保险制度，为自己提供必要的老年护理及相关服务的费用；② 实行养老服务补贴制度的典型国家有英国、瑞典等，提供养老服务的家庭成员或者其他人员，都可以通过其所提供的养老服务获得一定的政府补贴，从而认可家庭成员所提供的养老服务。护理保险制度或者养老服务补贴制度有助于居家养老服务的稳定。

实行税收优惠或者购房优惠等政策，鼓励家庭成员与家庭老年人共同居住。中国香港实行的是对与年迈老人共同居住者的税收减免政策，以认同其所履行的赡养老人和提供养老服务的责任与义务；新加坡则实行与老年人共同居住者在购房时的优先与优惠政策，以期通过与家人共同居住而获得养老服务的便利。实行

---

① 徐永祥：《社区工作》，高等教育出版社，2008，第138~139页。
② 戴卫东：《国外长期护理保险制度：分析、评价及启示》，《人口与发展》2011年第5期。

税收优惠或者购房优惠等政策有助于居家养老服务的实施。

对提供居家养老服务的家庭成员给予社会保障缴费认同，鼓励家庭成员主动提供对老年人的居家养老服务。英国和瑞典等福利国家是实行这种政策的典型国家，其政策规定，家庭成员每照顾未成年家庭成员、长期患病的家庭成员以及年迈的家庭成员一年，可以免缴一定周数的社会保障费，亦视同其缴纳一定周数的社会保障税费。这些国家实施上述政策的基本理念是，家庭成员对未成年家庭成员、长期患病的家庭成员以及年迈的家庭成员所提供的服务，实际上是其所履行的一种社会责任，理应得到社会的认可和制度的认同。

此外，一些国家和地区还实行其他一些居家养老服务的支持政策，如完善社区养老服务基础设施，为居家养老服务提供必要依托；建立适合民众需求与支付能力的养老服务机构，为居家养老服务提供必要支撑；组织和动员非政府组织和志愿者提供居家养老服务，为居家养老服务提供人力资源支持；积极培养专业养老服务工作者，为居家养老服务提供专业化服务指导与专业化服务；建立居家养老服务的服务标准，为居家养老服务提供必要的评价指标等。

三　中国居家养老服务完善的基本理念与原则

确保老年人生活质量是完善居家养老服务的基本理念。居家、社区以及机构养老方式虽然不同，但都是为了保证老年人的生活质量。老年人的生活质量不仅指老年人的物质生活质量，而且包括老年人在精神慰藉、自我意识与尊严、相关权益的维护与实现等方面的内容。能够确保老年人的生活质量成为选择养老服务的基本前提，并在此前提下，根据老年人服务需求的相关条件和影响因素，决定养老服务方式。自力养老、居家养老、社区养老与机构养老都是保证和实现老年人生活质量的养老服务途径，且居家养老服务应更加有助于确保和实现老年人生活质量。

　　尊重老年人选择意愿是完善居家养老服务的基本理念之一。是否尊重老年人的选择意愿直接影响老年人物质生活与精神生活的质量高低，老年人选择的意愿包括许多方面，《中华人民共和国老年人权益保障法》对老年人在选择养老方式、住所、签订赡养协议、婚姻、财产处置等方面的选择权都做出了玥确规定，如"老年人养老以居家为基础，家庭成员应当尊重、关心和照料老年人"。"赡养人应当履行对老年人经济上供养、生活上照料和精神上慰藉的义务，照顾老年人的特殊需要。""对生活不能自理的老年人，赡养人应当承担照料责任；不能亲自照料的，可以按照老年人的意愿委托他人或者养老机构等照料。"① 居家养老服务必须尊重和尽量满足老年人的选择意愿。

　　共同责任理念是完善居家养老服务必须确立的另一重要理念。随着中国社会的变迁，家庭结构开始发生显著变化，家庭的养老服务功能逐渐退化，而人口老龄化不断加剧家庭养老服务的重担，这使得传统家庭养老走向现代居家养老，从而使得养老服务的内涵与实质发生显著变化，前者是指以家庭成员为唯一责任主体的养老服务，后者则是家庭、社会与政府责任相结合的养老服务，是家庭、社区和机构养老服务等多种方式的有机结合。传统家庭养老服务与现代居家养老服务的根本区别在于养老服务责任主体的变化，现代居家养老服务的根本特征是政府责任的引入，形成家庭、社会与政府共同责任理念。

　　居家养老服务必须坚持以下几个理性原则。首先，自力为主，家庭与社区为辅。居家养老服务的基本宗旨是依靠家庭成员所提供的服务，为家庭老年成员提供必要的养老服务，以保障老年家庭成员生活质量，并满足老年家庭成员的心理意愿。对于具有一定自我养老服务能力的老年家庭成员来说，自力养老应该成为主要的养老服务来源，这不仅有助于老年家庭成员养老能力的培养和发展，而且有助于在一定时间内减轻家庭成员提供养老服务的

---

　　① 《中华人民共和国老年人权益保障法》，2012 年 12 月 28 日第十一届全国人民代表大会常务委员会第三十次会议修订。

压力，更有助于老年家庭成员自我认同感、自我价值感的实现，当然，在自力养老服务方式中，无法通过自我实现的其他养老服务需求，则由家庭成员和社区提供必要的、及时的和周到的辅助性服务，特别是在心理慰藉等方面更是如此。

其次，居家为主，社区与机构为辅。居家养老服务应该是中国社会养老服务体系建设的基础，这是中国传统文化与现实国情所使然，也是一些国家和地区养老服务经验的启示，社会养老服务体系建设必须以居家养老服务为主。但居家养老服务需要一定的社区养老服务设施作为依托，也需要规范合理的养老服务机构作为支撑，才能使居家养老服务具有必要的服务依托与机构支持，共同构建一个居家养老服务的供给体系。

最后，家庭为主，政府和社会支持。居家养老服务与家庭养老服务存在根本区别，前者强调养老服务中的家庭、政府与社会的多方责任，后者则强调养老服务中的家庭单方责任，因此，居家养老服务的发展，必须坚持家庭的养老服务责任，同时也应该确立政府与社会在养老服务中的责任，家庭应该成为提供居家养老服务的主体，政府应该强调家庭成员所提供居家养老服务的社会责任，并采取多种必要的政策予以支持。全社会都应该将提供养老服务作为公民履行社会义务的重要内容，通过志愿者组织、中介组织等提供力所能及的养老服务。

四 中国居家养老服务完善的重要对策建议

首先，合理界定居家养老服务的基本关系。根据民政部《社会养老服务体系建设规划（2011~2015年)》，居家养老服务是中国社会养老服务体系的基础，亦即中国社会养老服务体系完善的核心与重点是居家养老。因此，应该从目标选择、功能定位、政策支持、环境建设、方式选择、队伍素质、平台建设、城乡统筹以及运行机制等诸多方面采取有效措施，推进居家养老服务的完善。居家养老服务是基础并不是说居家养老服务是唯一，居家养老服务的实施既需要社区养老服务作为依托，也需要机构养老服务作为支撑。

社区养老服务则是居家养老服务的依托，是为了更好地实现居家养老服务的效果。居家养老服务离不开社区养老服务，社区养老服务的本质目的是服务于居家养老服务，是实现居家养老服务的必要条件，社区养老服务不仅为居家养老提供服务支持，而且对居家养老服务提供短期的设施支持。因此，发展居家养老服务需要完善社区养老服务设施，发展社区养老照顾，应该"本着就近、就便和实用的原则，开展全托、日托、临托等多种形式的老年社区照料服务"。社区养老服务需要建立和完善相关养老服务设施，但这些社区养老服务设施并非具有法人地位与资格的养老服务机构，而是具有多种服务功能的综合性服务设施。

机构养老服务是居家养老服务的支撑，在居家与社区养老服务根本无法实现养老服务基本需求时，由养老服务机构承担养老服务。发展居家养老服务必须"统筹发展机构养老服务。按照统筹规划、合理布局的原则，……推进供养型、养护型、医护型养老机构建设"。[①] 机构养老服务是支撑并不是说机构养老服务是主导，统筹发展养老服务机构并不是说养老服务要以机构化为导向，机构养老仅是在居家养老和社区养老服务不能满足养老服务需求时的特殊服务安排，即机构养老仅是居家养老和社区养老的必要补充。

其次，合理选择居家养老服务的基本方式。应该根据老年人自理能力和养老服务需求的不同程度，选择不同的养老服务方式。对于那些并非高龄、身体健康、具有一定自理能力的老年人，应提倡自力养老服务，同时由家庭成员和社区提供必要的、及时的辅助性养老服务，尤其是精神慰藉方面的服务，这不仅有助于提升和保持老年人自理能力和健康心态，而且有助于降低社会养老服务成本。

对于一定程度上需依靠家庭成员提供养老服务的老年人，应

---

① 全国老龄工作委员会：《中国老龄事业发展"十二五"规划》。

该实施居家养老服务方式，由家庭成员并借助于社区养老服务设施提供居家养老服务。居家养老服务包含生活照料、家政服务、康复护理、医疗保健、精神慰藉等，以上门服务为主要形式。有条件的地方可以探索对居家养老的失能老年人给予专项补贴，鼓励他们配置必要的康复辅具，提高生活自理能力和生活质量。

对于需要家庭成员提供必要的养老服务而家庭成员又不可能提供全天候养老服务的老年人，则可以实施以居家养老服务为主、社区养老服务为辅的居家与社区养老服务相结合的方式。社区养老服务主要提供日间照料和居家养老支持两类功能，主要面向家庭日间暂时无人或者无力照护的社区老年人提供服务。因此，就近性与便利性应成为社区养老服务的基本属性，应该"建立适应老年人需要的生活服务、文化体育活动、日间照料、疾病护理与康复等服务设施和网点，就近为老年人提供服务"。①

根据不同老年人的状况选择不同的居家养老服务方式，必须注意多种方式之间的相互协调与配合，在自力养老服务中，需要家庭与社区提供辅助性养老服务；在居家养老服务中，需要社区提供依托和机构提供支撑；在社区养老服务中，其核心内容是居家养老服务，并需要机构提供养老服务指导。自力养老、家庭养老与社区养老等养老服务方式相互依赖、相互支持，共同构成居家养老服务的基本方式，任何过于强调单一养老服务方式的观点与做法，都不利于居家养老服务乃至整个社会养老服务体系的完善。

再次，逐步完善居家养老服务的政策支持体系。尽快试点建立长期护理保险制度与养老服务补贴制度，为养老服务提供必要的支持。应该在城镇职工基本养老保险制度的参加者中试点建立长期护理保险制度，逐步实现长期护理保险从自愿性参加到强制性参加的转变，并实施国家、企业与退休者个人共同缴费机制；与此同时，在领取农村居民与城镇居民基本养老保险者中，达到

---

① 《中华人民共和国老年人权益保障法》，2012年12月28日第十一届全国人民代表大会常务委员会第三十次会议修订。

一定年龄或者根据失能情况享受由政府提供的养老服务补贴。

逐步建立有助于完善居家养老服务的收入所得税优惠或者购房优惠等政策。在收入所得税优惠政策方面，可以借鉴中国香港所实行的赡养年迈父母以及与年迈父母一同居住者的纳税优惠政策，认同家庭成员所履行的赡养老人和提供养老服务的责任与义务；在购房优惠政策方面，可以借鉴新加坡所实行的与老年人共同居住者的购房优先与优惠政策，实行与父母（包括岳父母）及祖父母一起居住者在购买经济适用房等方面享有优先和优惠权。

对提供居家养老服务的家庭成员给予履行社会责任的认同。家庭成员每照顾年迈的家庭成员一年，可以免缴一定月数的社会保障费，亦即视同其缴纳一定月数的社会保障费，因为家庭成员对年迈的家庭成员所提供的养老服务，实际上是其所履行的一种社会责任，而非仅仅是一种血缘、家庭和伦理方面的责任与义务。

对社区养老服务设施建设加大投入。居家养老服务需要依托社区养老服务设施，加大社区养老服务设施的建设投入，是居家养老服务政策支持体系的重要内容，应结合城乡社区服务设施建设，增加养老设施网点，提高社区养老服务设施的便利性，增强社区养老服务能力，打造居家养老服务平台。尤其是在农村，更应该建设方便老年人口就近获得养老服务的社区养老服务设施。①只有增强社区养老服务设施的便利性和就近性，才能够更好地发挥社区养老服务作为居家养老服务的依托作用。

居家养老所需要的其他支持政策还包括组织和动员非政府组织和志愿者提供居家养老服务，为居家养老服务提供人力资源支持；培养大批的专业养老服务工作者，为居家养老服务提供专业化服务及指导；建立居家养老服务的服务标准，为居家养老服务提供规范化指标等。

最后，逐步改善居家养老服务的基础环境。完善居家养老服务需要不断改善老年人的物质与精神生活环境。应加快老年人活

---

① 杨宜勇：《论我国居家养老服务体系的发展》，《中共中央党校学报》2011 年第 5 期。

动场所和便利化设施建设，充分考虑老年人需求，推进街道和社区老年人生活配套设施建设，改善老年人的基本生活环境。要突出推进高龄和失能老年人居家养老服务设施与环境的无障碍改造，推行无障碍进社区、进家庭。要关注老年人精神文化生活。积极支持社会力量参与发展老年教育，鼓励创作老年题材的文艺作品，各类媒体应积极开设老年服务专栏，要完善老年体育健身活动场所，支持老年群众开展各种文化娱乐活动，提高老年人精神文化的幸福程度。

完善居家养老服务还需要弘扬孝亲敬老以及老有所为的良好传统。强化家庭内尊老敬老道德建设，提倡亲情互助，营造温馨和谐的居家养老氛围，发挥家庭养老的基础作用，提高老年人居家养老的幸福指数。对青少年进行尊老敬老的传统美德教育，丰富孝亲敬老教育内容，开展形式多样的尊老敬老活动，营造良好的居家养老服务社会环境。重视老年人社会参与，不断提升老年人的自我认同与自我价值感。

完善居家养老服务还需要切实保障老年人权益。新修订的《中华人民共和国老年人权益保障法》，对居家养老服务相关方面如居家养老的定位，养老服务的原则、内容、方式与机制等做出法律规定。把高龄、孤独、空巢、失能和行为能力不健全的老年人列为维权服务的重点对象，在涉及老年人医疗、保险、救助、赡养、住房、婚姻等方面，为老年人提供及时、便利、高效、优质的法律服务，切实保障老年人的合法权益。

综上所述，居家养老服务是在工业化与城镇化背景下社会养老服务体系的基础，其与传统家庭养老服务的本质不同。将居家养老等同于家庭养老、社区养老等同于机构养老、机构养老服务等同于市场化等主要误区将影响居家养老服务乃至整个社会养老服务体系的完善；中国居家养老服务完善的理论基础包括适度普惠型福利、基本公共服务均等化以及福利多元主义等理论，国外养老服务从机构化到"去机构化"的演变及其居家养老服务政策支持体系的完善，为中国居家养老服务的完善提供重要经验；居家养老服务的完善需要确立尊重老年人选择意愿，确保老年人生活质量以及家庭、社会与政府共同责任等基本理念；需要坚持自力为主、家庭与社区为辅，居家为主、社区与机构为辅，家庭为主、政府与社会支持等理性原则；应推进居家养老、社区养老与机构养老的相互协调，将自力养老、居家养老、社区养老有机结合起来，尽快建立包括长期护理保险制度与养老服务补贴制度、收入所得税优惠或购房优惠制度、对家庭成员提供养老服务的社会责任认同机制、对社区养老服务设施的政府投入以及加强居家养老服务队伍与服务质量的规范化和标准化等与居家养老服务直接相关的政策支持体系，并不断改善老年人的物质生活、精神生活与权益保障等居家养老所需的基础环境。

主要参考文献

艾哈德：《大众的福利》，丁安新译，武汉大学出版社，1995。

安德森：《福利资本主义的三个世界》，郑秉文译，法律出版社，2003。

贝弗里奇：《贝弗里奇报告》，华迎放译，中国劳动社会保障出版社，2004。

布莱尔：《新英国》，曹振寰等译，世界知识出版社，1998。

陈佳贵：《中国社会保障发展报告（2010）》，社会科学文献出版社，2010。

邓大松：《美国社会保障制度研究》，武汉大学出版社，1999。

邓大松：《中国社会保障若干重大问题研究》，海天出版社，2000。

复旦大学日本研究中心编《日本社会保障制度》，复旦大学出版社，1996。

顾俊礼主编《福利国家论析》，经济管理出版社，2002。

顾昕：《走向全民医保：中国新医改的战略与战术》，中国劳动社会保障出版社，2008。

国际劳工局编《社会保障：新共识》，中国劳动社会保障出版社，2004。

洪大用：《转型时期中国社会救助》，辽宁教育出版社，2004。

胡晓义：《走向和谐：中国社会保障发展 60 年》，中国劳动社会保障出版社，2009。

怀特科、费德里科：《当今世界的社会福利》，解俊杰译，法律出版社，2003。

霍尔茨曼等编《21 世纪可持续发展的养老金制度》，胡劲松等译，中国劳动社会保障出版社，2004。

霍尔茨曼、帕尔默编《养老金改革——名义账户制的问题与前景》，郑秉文译，中国劳动社会保障出版社，2006。

霍尔茨曼：《21世纪的老年收入保障——养老金制度改革国际比较》，郑秉文译，中国劳动社会保障出版社，2006。

霍斯金斯：《21世纪初的社会保障》，侯宝琴译，中国劳动社会保障出版社，2004。

黄安年：《当代美国的社会保障政策》，中国社会科学出版社，1998。

吉尔伯特：《社会福利的目标定位》，郑秉文等译，中国劳动社会保障出版社，2004。

卡特：《信守诺言——美国养老社会保险制度改革思路》，李珍等译，中国劳动社会保障出版社，2003。

考夫曼：《社会福利国家面临的挑战》，王学东译，商务印书馆，2004。

柯卉兵：《分裂与整合：社会保障地区差异与转移支付研究》，中国社会科学出版社，2010。

李连友：《基本养老保险制度中政府作用研究》，湖南人民出版社，2004。

李迎生：《社会保障与社会结构转型：二元社会保障体系研究》，中国人民大学出版社，2001。

李珍、孙永勇、张昭华：《中国社会养老保险基金管理体制选择》，人民出版社，2005。

林义主编《农村社会保障的国际比较及启示研究》，中国劳动社会保障出版社，2006。

林毓铭：《社会保障与政府职能研究》，人民出版社，2008。

刘昌平、殷宝明、谢婷：《中国新型农村社会养老保险制度研究》，中国社会科学出版社，2008。

刘燕斌主编《面向新世纪的全球就业》，中国劳动社会保障出版社，2000。

柳拯：《中国农村最低生活保障制度政策过程与实施效果研

究》，中国社会出版社，2009。

卢海元：《和谐社会的基石：中国特色新型养老保险制度研究》，群众出版社，2009。

罗伯逊：《美国的社会保障》，金勇进等译，中国人民大学出版社，1995。

吕学静：《现代各国社会保障制度》，中国劳动社会保障出版社，2006。

米什拉：《资本主义社会的福利国家》，郑秉文译，法律出版社，2003。

闵凡祥：《国家与社会——英国社会福利观念的变迁与撒切尔政府社会福利改革研究》，重庆出版社，2009。

穆怀中、柳清瑞：《中国养老保险制度改革关键问题研究》，中国劳动社会保障出版社，2006。

皮尔逊：《福利制度的新政治学》，汪淳波等译，商务印书馆，2004。

石宏伟：《中国城乡二元化社会保障制度的改革与创新》，中国社会科学出版社，2008。

宋士云：《中国农村社会保障结构与变迁》，人民出版社，2006。

田德文：《欧盟社会政策与欧洲一体化》，社会科学文献出版社，2005。

童星、林闽钢主编《中国农村社会保障》，人民出版社，2011。

王国军：《社会保障：从二元到三维》，对外经济贸易大学出版社，2005。

王国军：《中国社会保障制度一体化研究》，科学出版社，2011。

王三秀：《农村最低生活保障制度的目标转型》，中国社会科学出版社，2010。

张奇林：《美国医疗保障制度研究》，人民出版社，2005。

张新生：《我国二元经济与农村多元过渡社会保障研究》，经济科学出版社，2009。

张蕴岭：《北欧社会福利制度及中国社会保障制度的改革》，经济科学出版社，1993。

郑功成：《中国社会保障改革与发展战略：理念、目标与行动方案》，人民出版社，2008。

郑功成：《中国社会保障30年》，人民日报出版社，2008。

郑功成：《中国社会保障改革与发展战略：总论卷》，人民出版社，2011。

周弘主编《国外社会福利制度》，中国社会出版社，2002。

周弘：《福利国家向何处去》，社会科学文献出版社，2006。

朱青：《中国社会保障制度完善与财政支出结构优化研究》，中国人民大学出版社，2010。

邹东涛、李欣欣：《社会保障：体系完善与制度创新》，社会科学文献出版社，2011。

A. Cochrance, *Comparing Welfare State*, London: Macmillan Press Ltd. , 1993.

Andrew Dilnot, *Pensions Policy in the United Kingdom*, London: The Institute for Fiscal Studies, 1994.

Anthony Forder, *Theories of Welfare*, London: Rutledge and Kegan Paul, 1984.

Alexzander Davidson, *Two Model of Welfare*, Stockholm: Almqvist and Wiksell International, 1989.

Arthur Gould, *Capitalist Welfare Systems: A Comparison of Japan, Britain and Sweden*, London: Longman, 1993.

Bent Greve, *Comparative Welfare System*, London: Macmillan Press Ltd. , 1996.

David Black, *Pension Scheme and Pension Funds in the United Kingdom*, Oxford: Clarendon Press, 1995.

Derek Fraser, *The Evolution of the British Welfare State*, *A thstory of Social Policy since the Industrial Revolution*, London: Macmillan Press Ltd. , 1984.

E. P. Hennock, *British Social Reform and German Precedent*, *The Case of Social Insurance*, *1880 – 1914*, Oxford: Clarendon Press, 1987.

Eric Einhorn, *Modern Welfare States*, New York: Praeger, 1989.

G. V. Rimlinger, *Welfare Policy*, *Industrialization in Europe*, *America and Russia*, New York: John Wiley and Sons Inc. , 1971.

G. A. Ritter, *Social Welfare in Britain and Germany*, *Origins and Development*, New York: Berg Publishers Ltd. , 1986.

Hellen Fawcett, *Welfare Policy in Britain*, *the Road from 1945*, London: Macmillan Press Ltd. , 1999.

Industrial Relations Consoler Inc. of New York, *A Historical Basis for Unemployment Insurance*, Minnesota: The University of Minnesota Press, 1934.

Joel F. Handler, *The Poverty of Welfare Reform*, New Haven: Yale University Press, 1995.

John S. Ambler, *The French Welfare State*, New York: New York University Press, 1991.

John Brown, *The British Welfare State*, *A Critical History*, Oxford: Blackwell, 1995.

J. R. Hay, *The Development of the British Welfare State*, *1880 – 1975*, London: Edward Arnold Ltd. , 1978.

Julian Le Grand, *Privatization and the Welfare State*, London: George Allen and Unwin, 1987.

Karl J. Hoker, *Social Welfare in Sweden*, Stockholm: The Swedish Institute, 1949.

M. A. Crowther, *The Workhouse System*, *The History of One English Social Institution*, *1834 – 1929*, London: Methuen, 1983.

Maurice Mulard, *The Politics of the Social Policy in Europe*, Cheltenham: Edward Elgar Publishing, 1997.

Meyerson Per-Martin, *The Welfare State in Crisis*, Stockholm: Thomas Borgstrom, 1982.

Murry Charles, *Losing Ground*, *American Social Policy 1950 – 1980*, Basic Books, 1984.

Norman Furniss, *Futures for the Welfare State*, Indiana: Indiana University Press, 1986.

Pat Thane, *The Foundation of the Welfare State*, London: Longman, 1983.

Peter A. Kohler, *The Evolution of the Social Insurance*, *1881 − 1981*, *Studies of Germany*, *France*, *Great Britain*, *Austria and Swithland*, New York: 1982.

Rex Pope, *Social Welfare in Britain*, *1885 − 1985*, London: Croom Helm, 1986.

Richard B. Freeman, *The Welfare State in Transition*, *Reforming the Swedish Model*, Chicago: The University of Chicago Press, 1997.

Robert M. Page, *British Social Welfare in the Twentieth Century*, London: Macmillan Press Ltd. , 1999.

Sven E. Ollson, *Social Policy and Welfare State in Sweden*, Lund: Arkiv Folag, 1993.

Vic George, *Modern Thinkers on Welfare*, London: Prentice Hall, 1995.

Walter I. Trattner, *From Poor Law to Welfare State*, New York: The Free Press, 1989.

W. J. Mommsen, *The Emergence of the Welfare State in Britain and Germany*, London: Croom Helm, 1981.

图书在版编目（CIP）数据

社会保障制度论：西方的实践与中国的探索／丁建
定著． -- 北京：社会科学文献出版社，2016.11
（华中科技大学社会学文库. 教授文集系列）
ISBN 978 - 7 - 5097 - 9639 - 9

Ⅰ.①社…　Ⅱ.①丁…　Ⅲ.①社会保障制度 - 研究 -
中国　Ⅳ.①D632.1

中国版本图书馆 CIP 数据核字（2016）第 205467 号

华中科技大学社会学文库·教授文集系列

社会保障制度论
——西方的实践与中国的探索

著　　者／丁建定

出 版 人／谢寿光
项目统筹／谢蕊芬　任晓霞
责任编辑／任晓霞　王　莉

出　　　版／社会科学文献出版社·社会学编辑部（010）59367159
　　　　　　地址：北京市北三环中路甲 29 号院华龙大厦　邮编：100029
　　　　　　网址：www. ssap. com. cn
发　　　行／市场营销中心（010）59367081　59367018
印　　　装／三河市尚艺印装有限公司

规　　　格／开　本：787mm × 1092mm　1/16
　　　　　　印　张：28　字　数：390 千字
版　　　次／2016 年 11 月第 1 版　2016 年 11 月第 1 次印刷
书　　　号／ISBN 978 - 7 - 5097 - 9639 - 9
定　　　价／118.00 元

本书如有印装质量问题，请与读者服务中心（010 - 59367028）联系